부산의 첫 선교사들

유영식 | 이상규 | 존 브라운 | 탁지일 공저

한국장로교출판사

서문

한국선교의 감격스러운 이야기는 부산으로부터 시작한다. 19세기 말 미국과 일본에서 북경으로 가거나 상해에서 서울이나 블라디보스토크로 가는 모든 승객과 화물은 반드시 부산을 거쳐야만 했기 때문에 부산은 한국에 오는 초기 선교사들이 가장 처음 밟았던 한국 땅이었다. 하지만 이러한 부산의 역사적 중요성은 한국교회사 서술에서 오랜 기간 간과되어 왔다.

물론 1876년 개항 이래로 부산은 일본의 영향력 아래 능욕당하고 있었지만, 그럼에도 불구하고 부산은 일본 천황의 땅이 아니라 '삼천리반도 금수강산'의 일부였다. 또한 많은 선교사들의 최종 목적지는 서울이었지만, 부산은 단순히 서울로 가기 위한 경유지만은 아니었다.

한국교회사의 초기 사료들을 보면 부산이 서울, 평양과 함께 북미교회에 의한 초기 선교가 집중적으로 이루어지던 한국선교의 한 중심이었다는 사실을 분명하게 보여 주고 있기 때문이다.

그리하여 한국선교사(韓國宣敎史)에서 부산의 의미를 재발견하고, 부산 지역에 첫 복음의 씨앗을 뿌린 신실한 복음전도자들의 삶과 사역을 밝힐 목적으로, 2004년부터 2006년까지 3년 동안 부산장신대학교 부산경남교회사연구소 주관으로 연속기획강좌가 진행되었다.

2004년에는 부산 지역의 첫 상주 선교사들인 "캐나다 교회의 게일(James Gale)과 하디(Robert Hardie)"에 대하여 진행되었고 두 선교사를 전공하신 토론토 대학교의 유영식 교수님께서 담당하셨다.

2005년에는 부산 지역의 첫 순교 선교사인 "호주 교회의 데이비스(Henry Davies)"에 대하여, 오랜 기간 부산, 경남지역에서 선교사로 사역하신 호주연합교회의 변조은(John Brown) 목사님께서 담당하셨다.

2006년에는 부산의 첫 교회의 기초를 놓은 "미국 교회의 베어드(William Baird)"에 대하여, 부산경남교회사의 개척자이며 권위자이신 고신대학교의 이상규 교수님께서 연구와 발표를 해 주셨다. 이를 통해 부산 지역 첫 선교사들의 헌신적인 삶과 사역을 자세히 조명해 볼 수 있는 소중한 기회를 가질 수 있었다.

이 책은 이러한 3년 동안의 연속기획강좌의 결과물이라고 할 수 있으며, 강좌에서 발표된 세 편의 연구논문과 함께 한국선교의 기원에 관한 논문, 그리고 이들 선교사들의 자필기록 등이 함께 포함되었다.

이 책을 통해 이 땅에 예수 신앙을 전하고자 헌신적으로 사역했던 초기 복음전도자들의 기도와 찬양이 오늘을 사는 우리에게 들려지기를 소망한다.

이렇듯 소중한 연구 결과물을 허락하신 하나님께 먼저 감사드리며, 처음부터 끝까지 사랑과 관심으로 함께해 주신 부산장신대학교의 모든 분들, 연구와 발표를 해 주신 토론토 대학교 유영식 교수님, 고신대학교 이상규 교수님, 호주의 변조은(John Brown) 목사님, 논찬을 해 주신 경성대학교 박의영 목사님, 연속기획강좌 자원봉사자들, 그리고 한국장로교출판사 사장 박노원 목사님과 직원 여러분에게 깊은 감사를 드린다.

2007년 2월
부산장신대학교에서 **탁 지 일**

서문 / 3

1부 부산에서 시작하는 한국선교의 역사

   1. 한국선교의 기원문제 : 제물포인가, 부산인가? / 10

2부 캐나다장로교회의 부산선교 : 부산의 첫 상주 선교사들

   2. 제임스 게일의 삶과 선교 / 36
   3. 로버트 하디의 부산선교 / 170

3부 호주 빅토리아장로교회의 부산선교 : 부산의 첫 순교 선교사

   4. 헨리 데이비스의 생애 / 188
   5. 헨리 데이비스의 일기 / 201

차례

6. 데이비스의 죽음에 관한 게일의 편지 / 229
7. 호주에서 온 제2진 선교사들 / 233

4부 미국 북장로교회의 부산선교 : 부산의 첫 교회 설립자

8. 윌리엄 베어드의 부산에서의 활동 / 264
9. 윌리엄 베어드의 부산선교, 1891~1895 / 298

부록

초기 부산경남 지역 교회설립 현황, 1892~1906 / 356

1 부산에서 시작하는 한국선교의 역사

1. 한국선교의 기원문제 : 제물포인가, 부산인가? (탁지일)

한국선교의 기원문제 : 제물포인가, 부산인가?

탁지일
(부산장신대학교)

1. 문제제기

한국선교는 알렌(Horace N. Allen, 1858-1932)의 조선 도착을 그 기원(紀元)으로 하고 있다.

「朝鮮예수敎長老會史記」는 "예수敎의 由來"라는 항목에서 알렌이 1884년 9월 20일에 경성에 내주(內住)하였으며, 언더우드(Horace G. Underwood, 1859-1916)와 아펜젤러(Henry G. Appenzeller, 1858-1902) 등의 첫 상주 선교사들이 조선에 입국하여 선교함으로써 한국교회가 '창건'(創建)되었다고 기록하고 있다.

主後 一八八四年(甲申) 七月 四日에 韓美條約이 成立되매 自是로 傳道의 門이 始開하야 是年 九月 二十日에 北美合衆國 長老會 宣敎師 安連夫婦가 京城에 內住하고 翌年 四月에 長老會 宣敎師 元杜尤와 美監理會 宣敎師 亞扁薛羅가 繼來하고 同年 六月에 醫師 혜론夫婦가 亦來하야 並力宣敎함으로 敎會가 創建하니라.[1]

이 사기(史記)의 다른 기록에 따르면, 1893년에 장로교선교공의회가 "基督敎가 我朝鮮에 來韓한 지 十年에 未滿하야" 설립되었다고 기록하여 기독교가 조선에 들어온 시기를 역시 알렌의 입국에 근거하고 있음을 보여 주고 있다.[2] 또한 알렌의 입국 25년 후인 1909년에는 '미국장로교 한국선교 25주년 기념대회'가 평양에서 개최되었고, 50년 후인 1934년에는 '한국선교 50주년 희년 기념행사'가 서울에서 개최되었는데, 양자가 모두 알렌의 조선 입국을 그 기원으로 하고 있다(1884 - 1909).

대한예수교장로회(통합)도 '한국교회 100주년'과 '한국선교 120주년'을 기념하는 그 역사적 기원을 미국 북장로교회의 첫 상주 선교사인 알렌의 조선 도착 사건에 두고 있다. 이를 기원으로 대한예수교장로회(통합)는 1984년 9월부터 1985년 4월까지 알렌과 언더우드의 내한을 기원으로 하는 '한국교회 100주년'을 기념하였다.[3]

그런데 여기에 우리가 분명히 짚고 넘어가야 할 역사적 사실이 하나 있다. 그것은 알렌의 조선 도착 시점을 그 기원으로 하여 한국교회 100주년과 한국선교 120주년 등을 기념한다면, 그 기원일은 '1884년

---

1. 朝鮮예수敎長老會, 「朝鮮예수敎長老會史記」(서울 : 조선기독교 창문사, 1928), p. 9. 한국기독교역사연구소에서 만든 「조선예수교장로회사기」, 자료총서 26집 (서울 : 기독교역사연구소, 2000), 상권에서 인용.
2. Ibid., p. 17.
3. 한국교회100주년준비위원회, 「한국교회 100주년 지침서」(서울 : 대한예수교장로회총회, 1982), p. 13.

9월 20일 제물포'가 아니라 '1884년 9월 14일 부산'이 되어야 한다는 것이다. 그 이유는 알렌이 처음 도착해서 밟은 조선의 땅은 제물포가 아니라 바로 부산이기 때문이다. 하지만 대부분의 한국교회사는 알렌, 언더우드, 아펜젤러의 역사적인 '조선(부산) 도착'보다는 '제물포 혹은 서울 도착'에 대해서만 주로 서술하고 있다. 심지어 영남 지역의 장로교회의 역사를 각 노회를 중심으로 종합적으로 기술한 「韓國嶺南敎會史」에서마저도 부산에 대한 언급은 없이 알렌의 조선 도착을 1884년 9월 20일 제물포로 기록하고 있다.

> 한국 땅에 복음이 맨 먼저 전해진 것은 1884년 훨씬 이전의 일이었으나 굳이 이해를 선교의 기준으로 한 것은 한국에 선교를 목적으로 미국 장로교회의 해외 선교본부로부터 임명을 받은 선교사인 호레이스 알렌(Horace N. Allen)이 이해 9월 20일 한국 땅에 상륙했기 때문이었다.[4]

하지만 인류의 역사는 콜럼버스가 원주민들의 땅에 첫발을 내딛은 1492년 10월 12일을 '신대륙 발견의 날'로 기록하며, 미국의 우주비행사들이 인류 역사상 처음으로 달에 첫발을 내딛은 1969년 7월 20일을 '인간의 첫 달 착륙의 날'로 기록하고 있다. 이것은 콜럼버스가 산타마리아호에서 내려 상륙한 곳은 산살바도르의 바하마군도(The Bahama Islands of San Salvador)의 한 작은 섬이었지만 분명히 아메리카 대륙이었으며, 우주비행사들이 착륙한 '고요의 바다'(The Sea of Tranquility)도 역시 달이었기 때문이다. 마찬가지로 콜럼버스의 신대륙 도착처럼 그리고 우주비행사들의 달 착륙처럼, 알렌의 조선 도착은 '1884년 9월 20일 제물포 입항' 혹은 '9월 22일 서울 입경'이 아니라 '1884년 9월

---

4. 嶺南敎會史編纂委員會, 「韓國嶺南敎會史」(서울 : 양서각, 1987), p. 21.

14일 부산 입항'이다.

따라서 알렌이라는 한 선교사의 입국사건을 한국선교의 역사적 기원으로서 설정하고 있다면 그 이야기는 '1884년 9월 20일 제물포' 혹은 '9월 22일 서울'이 아니라 '9월 14일 부산'으로부터 시작해야 한다.

2. 조선의 관문 부산

19세기 말부터 20세기 초까지 일본을 통해 조선에 왔던 선교사들이 처음 밟은 조선의 땅은 제물포가 아니라 부산이었다. 부산은 선편으로 북미나 일본으로부터 조선으로 들어오는 관문이었다. 1876년에 개항된 부산은 원산(1880년 개항)과 제물포(1883년 개항)와 비교해 볼 때 당시 가장 큰 규모의 개항지였다. 1898년부터 1902년까지 각 항구에 입항한 연평균 선박 수와 적재량을 비교한 아래의 표를 참조하면 당시 부산항의 규모를 짐작할 수 있다.[5]

부 산				제물포			
범 선		기 선		범 선		기 선	
선박 수	적재량	선박 수	적재량	선박 수	적재량	선박 수	적재량
726	27,086	569	287,725	596	19,968	415	206,996
총 1,295척				총 1,011척			

북미에서 조선에 이르는 길에 대해 언더우드는 *The Call of Korea* 에서 "밴쿠버, 타코마, 시애틀, 샌프란시스코와 같은 북미의 서부해안에서 출발하여 태평양을 약 12~18일간 항해하면 일본 요코하마에 도착하게 된다. 그리고 서쪽으로 계속 수 시간을 항해하면 조선에 이른

---

5. Angus Hamilton, *Korea*(London : William Heinemann, 1904), p. 301 참조.

다."고 설명하고 있다.[6]

일본에서 부산으로 오는 선편은 나가사키로부터 왔다. 바다를 사이에 두고 중국과 조선을 마주하고 있는 나가사키는 1571년 개항 후, 포르투갈과 네덜란드 등의 외국과의 교역이 활발하게 이루어진 교통의 요충지 역할을 해 온 도시이다. 또한 나가사키는 한국 역사와도 관련이 깊은데 고려와 몽고 연합군이 일본을 공격한 곳도 나가사키 일대였고 조선을 자주 침범하던 왜구의 본거지 또한 나가사키였으며, 1906년 조선통신사가 최초로 방문한 일본 땅이 바로 이곳이었다. 1549년 처음 일본을 방문한 서양인인 로마가톨릭교회의 자비엘 신부가 온 곳도 나가사키였다.[7]

---

6. Horace. G. Underwood, *The Call of Korea*(New York : Young People's Missionary Movement of the United States and Canada, 1908), p. 15. 이 당시 나가사키에서 부산까지 군함으로 약 15시간이 걸렸다. 대한성서공회, 「대한성서공회사 I」(서울 : 대한성서공회, 1993), p. 101. "밴쿠버에서 배를 타서 서쪽으로 계속 가면 일본의 요코하마에 닿는다. 일본열도를 빠져나가면 한반도에 이르게 되는데 바로 이 나라가 조선이다. 캐나다에서 보면 바로 일본 너머에 있다." George William Gilmore, *Corea of Today*(New York : T. Nelson and Sons, 1894), pp. 7-8.

7. 개항 이후 나가사키로부터 많은 일본인들이 조선에 이주하였는데, 그 이유는 나가사키 지역의 해양면적에 비하여 어민의 수가 과다하였고 또한 이로 인한 경쟁적 조업으로 이 지역의 어업자원이 고갈되어 새로운 어장을 찾고 있던 중에 부산 지역이 가깝고 또한 여러 자연 조건이 나가사키와 비슷하고 어자원도 풍부했기 때문이다. 釜山經濟史編纂委員會, 「釜山經濟史」(부산 : 부산상공회의소, 1989), p. 362. 김경남, "한말 일제하 부산지역 도시형성과 공업구조의 특성," 「지역과 역사」 p. 233에서 재인용. 1877년에는 부산에 일본의 단독 조계인 일본전관거류지가 설치되었고, "여기에 영사관, 경찰서, 은행, 병원, 상업회의소, 전신국 등 조선을 침탈하는 데 필요한 공공건물을 세우는 등 새로운 시가를 형성하였다." 부경역사연구소, 「부산의 역사」(부산 : 도서출판 선인, 2003), p. 30. 그리고 이들은 부산의 건물과 토지를 매입하기 시작하였다. 김경남, "한말 일제하 부산지역 도시형성과 공업구조의 특성," pp. 225-239 참조. 이를 통해 일본은 부산을 침략의 교두보로 개발하기 시작하였다. 1884년에는 부산-나가사키 간 해저전선이 개통되기에 이르렀다.

부산의 첫 선교사들

나가사키에서 조선에 이르는 항해는 선교사들에게는 그렇게 수월한 길이 아니었다.

알렌은 1908년에 펴낸 *Things Korean*에서 일본에서 조선에 이르는 길에 대해 "미국에서 조선으로 여행을 할 경우 숨 막힐 듯한 작은 일본 근해 항로선을 타고 일본에서 조선까지 가야 하는 일은 가장 견디기 어려운 고충이었다."고 회상하고 있다.[8]

1888년 미국 북장로교회의 선교사로 조선에 입국한 다니엘 기포드는 *Every-Day Life in Korea : A Collection of Studies and Stories*에서 일본에서 부산을 거쳐 제물포와 서울로 가는 길을 구체적으로 설명한다.

---

8. 호레이스 N. 알렌, *Things Korean*, 윤후남 역, 「알렌의 조선 체류기」(서울 : 예영커뮤니케이션, 1996), p. 58. 이후 사정이 조금씩 나아졌는데 1891년부터는 캐나다 밴쿠버로부터 일본과 중국으로 오가는 5,905톤급 규모의 세 척의 증기선이 다니기 시작하였다. 그 세 척의 증기선의 이름은 각각 Empress of India(1891년에 진수), Empress of Japan(1891년에 진수), Empress of China(1891년에 진수)로 불리었는데 캐나다 동부해안 핼리팩스(Halifax)로부터 밴쿠버까지 기차로 와서 이들 증기선을 타고 일본이나 중국에 도착하는데, 보통 4~11월에는 총 684시간, 그 외의 기간에는 732시간이 소요되었다. 이 증기선의 속도는 평소에는 16노트 그리고 비상시에는 17.5노트였다. 이들 중 Empress of Japan은 1922년까지 그리고 Empress of China는 1912년까지 밴쿠버에서 일본의 요코하마, 고베, 나가사키, 상하이, 홍콩을 정기적으로 운항하였다. 아래는 이들 세 증기선의 사진들이다(http://www.greatships.net, 왼편으로부터 Empress of India〈1890〉, Empress of Japan〈1890〉, Empress of China〈1891〉).

조선을 찾는 방문객 중 거의 모든 사람이 일본 나가사키에서 일본 유센 게이샤 선적의 증기선을 타고 한반도의 남동쪽에 위치한 항구인 부산에 첫발을 들여놓는다. 다음 방문객들은 서해안을 따라 계속 거친 파도를 헤치고 반쯤 올라온다.[9)]

63세의 나이로 1894년 2월에 한국에 도착하여 1897년까지 모두 네 차례에 걸쳐 한국을 방문한 비숍(Isabella Bird Bishop, 1931-1904)이 1897년에 출간한 그녀의 여행기(Korea and Her Neighbors)는 다른 어떤 자료보다도 상세하게 일본에서 부산에 이르는 여정을 관련 지도와 함께 제공하고 있다. 그 지도에 표시된 그녀의 여정에 따르면, 일본에서 조선에 이르는 선편은 나가사키에서 출발하여 부산에 기착한 후 제물포, 서울, 평양, 원산으로 이어졌던 것을 알 수 있다.[10)]

비숍의 책에 실린 당시 해상경로가 표시된 지도

---

9. 다니엘 기포드, *Every-Day Life in Korea : A Collection of Studies and Stories*, 「조선의 풍속과 선교」(서울 : 한국기독교역사연구소, 1995), p. 10.
10. I. B. 비숍, *Korea and Her Neighbors*, 신복룡 역, 「조선과 그 이웃 나라들」 (서울 : 집문당, 2004), pp. 48-49의 지도(General Map of Korea and Neigh -bouring Countries : Mrs. Bishop's Route).

부산의 첫 선교사들

비숍은 아래와 같이 일본 나가사키로부터 조선의 부산과 제물포에 이르는 길을 자세하게 설명한다.

> 나가사키(長崎)에서 조선의 남단에 위치한 부산(釜山)까지는 기선으로 15시간이 걸린다. …… 1885년 초반 일본 우선(郵船)회사는 5주마다 블라디보스토크와 부산을 왕래하는 기선 1대와 한 달에 한 번씩 제물포(濟物浦)와 부산을 왕래하는 작은 배를 운행한다. 지금은 크든 작든 간에 부산에 기선이 기착하지 않는 날이 없다. …… 황해에 있는 섬들은 거칠고 험상궂고 바위투성이의 갈색이며 사람이 거의 살지 않았다. 단조롭고도 견딜 수 없는 이틀 동안에 더 많은 섬과 흙탕물을 지나고, 수많은 강어귀와 정크선을 지난 다음 3일째가 되는 오후에 우리를 태운 히고마루는 서울의 입구인 제물포에 정박했다. …… 섬이 점처럼 늘어서 있는 한강 어귀에 있는 제물포로부터 서울의 강나루인 마포(麻布)까지 56마일은 배편을 이용하여 올라갈 수 있다.[11]

비숍의 책 제1장의 제목은 "조선의 첫인상"이며, 여기서 그녀는 '부산'에 대해 자세히 묘사하고 있다. 즉, 반세기 동안 세계 각국을 여행한 그녀에게는 적어도 서울이 아니라 '부산이 조선의 첫인상'이었다. 그리고 이어지는 제2장의 제목은 "서울의 첫인상"이며 여기에서는 조선의 왕도 서울에 대해 쓰고 있다.

이처럼 누구든지 북미에서 일본을 거쳐 조선에 올 경우 분명히 부산은 가장 처음 접하게 되는 조선의 땅이었다.[12] 이것은 19세기 말 조선

---

11. Ibid., pp. 33–34, 39, 45. 캐나다 선교사 게일은 1889년 8월 같은 히고마루를 타고 부산에 와서 약 1년 반 가량 부산에 체류한다. Richard Rutt, *History of the Korean People*(Seoul : Royal Asiatic Society, 1972), pp. 15ff. 이상규, 「부산지방 기독교전래사」(서울 : 글마당, 2001), p. 36에서 재인용.
12. 1905년 1월 1일 경부선 철도 개통 이후에는 상황이 호전되었는데, 부산에서 제물포나 서울까지 10시간이 소요되었다. Angus Hamilton, *Korea*, p. 301. 알

에 온 첫 상주 선교사들인 알렌, 언더우드, 아펜젤러에게도 예외는 아니었다.

3. 알렌의 조선 입국경로

한국교회는 알렌의 조선 도착 시기를 그 기원으로 하여 한국교회 100주년과 한국선교 120주년을 기념하고 있다. 그렇다면 그 기원일은 '1884년 9월 20일 제물포'가 아니라 알렌이 부산에 도착한 '1884년 9월 14일 부산'이 되어야 한다. 하지만 그럼에도 불구하고 알렌의 조선 도착에 관한 대부분의 한국교회사의 서술에는 부산에 관한 기록은 보이지 않고, 그 대신 아래와 같이 알렌의 제물포 및 서울 도착에 대해서만 주로 초점을 맞추고 있다.

> 이 청년 의사는 1884년 9월 14일에 上海에서 發程하여 그달 20일에 濟物浦에 닿았고 이틀 후에는 서울에 들어왔다.[13]

> 알렌 의사는 1884년 9월 14일에 상해를 떠나 7일 만인 9월 20일에 지금의 인천인 제물포에 도착하였다. 그리고 22일에는 서울에 도착하여 한국에 들어온 최초의 주재 선교사가 되었다.[14]

렌은 이 기차에 대해 다음과 같이 설명한다. "부산에서 서울까지 가는 데는 미국에서 만들었거나 미국 객차를 본 따서 제작된 객차가 달린 기관차를 타면 하루가 걸린다. 기차가 나는 듯이 달리는 동안 식당차에서는 맛이 좋은 음식이 제공되고, 창밖으로는 멀리 산 중턱에 자리 잡은 고대의 폐허가 된 절과 멀리서도 그림같이 아름답게 보이는 작은 마을들이 스쳐 지나간다." 호레이스 N. 알렌, *Things Korean*, 윤후남 역, 「알렌의 조선 체류기」, p. 58.
13. 백낙준, 「韓國改新敎史 : 1832-1910」(서울 : 연세대학교출판부, 1985), p. 86.
14. Allen D. Clark, *History of Korean Church*, 곽안전, 심재원 역, 「한국교회사」 (서울 : 대한기독교서회, 1950), p. 39.

부산의 첫 선교사들

그가 1884년 9월 22일, 서울에 들어와서 영국 및 미국 공사관과 그 이외의 서양 공관의 부속 의사(醫師)의 신분으로 짐을 풀었을 때 그는 자기가 선교사라는 것을 당분간 외부에 밝힐 생각을 하지 않았다.[15]

알렌은 9월 14일에 상해에서 행선하여 20일에 제물포에 도착하였고, 22일에 서울에 들어오게 되었다. 그는 한국에 상주하는 최초의 개신교 선교사가 되었던 것이다.[16]

중국 상해에서 의료 선교사로 일하던 호레이스 알렌이 한국선교의 뜻을 품고 미국의 장로교 선교부에 한국 선교사로서 일할 것을 청원하여 허락을 받고 1884년 9월 20일에 제물포에 도착하였다. 이것이 장로교 선교사로는 최초의 한국 입국이 된다.[17]

하지만 「알렌의 日記」에 기록된 그의 조선 입국경로를 보면, 알렌은 분명 '1884년 9월 20일'이나 '9월 22일'이 아니라 '9월 14일'에 선교지 조선(부산)에 첫발을 내딛었다.[18]

뉴욕 공립도서관에 보관되어 있고, 한미외교사연구의 사료로 활용되는 알렌문서(The Horace Newton Allen Manuscript Collection)의 *The Allen Diary* 제1부(1883. 8. 20. ‒ 1886. 10. 25.)에는 알렌이 중국 상하이를 떠나 난징호편으로 와서 '1884년 9월 14일 주일' 조선 땅 부산항에 첫발을 내린 그 역사적인 순간을 다음과 같이 기록하고 있다.

---

15. 민경배, 「韓國基督敎會史」(서울 : 대한기독교서회, 1982), p. 150.
16. 한국기독교사연구회, 「한국 기독교의 역사 I」(서울 : 기독교문사, 1989), p. 181.
17. 한국기독교100주년기념사업회, 「한국 기독교100년과 오늘의 한국」(서울 : 한국기독교100주년기념사업협의회, 1988), p. 131.
18. *The Allen Dairy*, 김원모 역, 「알렌의 日記」(서울 : 단국대학교출판부, 1991).

부산은 완전히 倭色도시이다. 도시 변두리로 가지 않고는 조선사람이라곤 거의 찾아볼 수 없을 정도이다. 일본인은 아주 우아한 백색건물을 영사관으로 사용하고 있었다. 서양사람으로는 釜山稅關長 로바트(W. N. Lovatt), 港務官 파스튜니우스(Pasthunious), 레이놀즈(Reynolds) 씨, 저지(Jersey) 씨, 크로브스(Crobs) 씨와 그의 이탈리아인 보조원 등이다. 부산은 北路電線(Northern Telegraphic Lines)과 연결되어 있다. 부산은 훌륭한 항구이다. 그러나 전기가 없고 편의 시설이 없었다.[19]

부산 용두산 아래 해관부두 전경

위의 사진은 1880년 중반 알렌이 내한할 당시의 부산 용두산 아래 해관부두의 전경이다. 뒤쪽 중앙에 알렌이 '아주 우아한 백색건물'(a pretty white building)이라고 묘사한 일본영사관의 모습이 보인다.[20] 알

---

19. Ibid., pp. 22-23. 이듬해 부산에 도착한 아펜젤러도 부산에 상륙하여 부산세관장인 로바트를 만났다. "1876년 강화도조약으로 부산의 개항이 결정된 후 용두산 주변의 땅 약 10만 평을 일본인을 위한 거주지로 개방하였다. …… 즉, 일본 영토와 다름없게 된 것이다." 부경역사연구소, 「부산의 역사」, p. 70. 1900년 부산의 일본 거주민의 수는 6,004명이었으며 이듬해에는 7,014명으로 늘었다. Angus Hamilton, Korea, p. 178.
20. 김재승 편저, 「記錄寫眞으로 보는 釜山·釜山港 130年」(부산 : 부산광역시 중구

렌은 부산에 잠시 머물며 부산과 그 변두리를 관찰한 것으로 보인다. 부산에 거주하던 몇몇 외국인들과의 직접적인 만남을 언급하고 있으며, 직접 경험한 전기와 편의 시설의 불편함도 토로하고 있다.[21] 이러한 기록에 비추어 볼 때 알렌의 기록은 그가 배 안에서 바라보거나 혹은 간접적으로 전해 들은 내용이 아니라 직접 보고, 듣고, 경험한 내용들인 것을 알 수 있다. 알렌은 이로부터 약 일주일 뒤인 9월 20일 토요일에 제물포에 도착한다.[22]

4. 언더우드와 아펜젤러의 조선 입국경로

알렌의 경우와 마찬가지로 언더우드와 아펜젤러의 조선 입국에 대한 서술도 역시 '1885년 4월 2일 부산'이 아니라 '1885년 4월 5일 제물포'로 대부분 기술되어 있다. 물론 1885년 4월 5일이 부활주일이라는 교회사적 상징성과 의미가 담겨져 있는 것은 분명하지만 그럼에도 불구하고 언더우드와 아펜젤러가 조선에 도착한 날과 장소는 '1885년 4월 2일 부산'인 것 또한 분명한 역사적 사실이다.

청, 2005), p. 35.
21. "Fusan is a wholly Japanese town, but few Coreans to be seen without going into the country. The Japanese have a pretty white building as consulate. The foreigners there are Mr. W. N. Lovatt, Commissioner of Customs, Capt. Pasthunious Harbor Master, Mr. Reynolds, Mr. Jersey and Mr. Crabs with an Italian assistant. Fusan is connected with the Northern Telegraphic Lines. It has a good harbor but no lights and conveniences." Ibid., p. 399.
22. 1891년부터 부산에서 선교한 윌리엄 베어드(William M. Baird, 1862-1931)에 따르면, "미국과 일본으로부터 북경으로 가는 그리고 상하이에서 서울이나 블라디보스토크로 가는 모든 승객과 화물은 반드시 부산을 거쳐야 했다." William M. Baird, *William M. Baird of Korea : A Profile*(Ockland, California, 1968), p. 19.

언더우드의 자필 편지에 따르면 그는 일본 요코하마에서 도착한 뒤 증기선을 이용하여 나가사키로 가서 부산으로 오게 된 것으로 되어 있다. 하지만 그의 편지 어디에도 부산에 대한 언급은 보이지 않는다. 다만 최종 목적지인 제물포와 서울에 대한 관심만이 있을 뿐이다.

1885년 4월 5일 부활절 날 아침에 仁川항구 안에는 체료 마루號(Tserio Maru)라는 조그만 배 한 척이 닻을 내리고 있었다. 이 배는 언더우드, 아펜젤러 夫妻, 그리고 이 나라의 실정을 파악하려는 美國會 衆敎會 宣敎本部의 테일러(Taylor) 박사와 스쿠더(Scudder) 박사 등 선교사들이 타고 온 배였다. 이와 같이 장로교 목사와 감리교 목사는 같은 날 한국에 도착하였다.[23]

언더우드와 아펜젤러 목사 내외는 한국의 정세가 다소 안정되었다는 소식을 듣고 다시 일본을 떠나 1885년 4월 5일 곧 그해의 부활절 날 아침에 인천에 상륙하게 되었다.[24]

1885년 4월 5일은 한국에 프로테스탄트 선교사가 첫발을 내디딘 날이요, 복음의 씨가 미국인에 의해서 뿌려지기 시작한 날이다. 이날 인천(仁川)에 상륙한 이들은 장로교의 언더우드, 감리교의 아펜젤러 부처 세 사람이었다.[25]

북장로회의 언더우드와 미감리회의 아펜젤러 부부가 3월 31일 일본 나가사키를 떠났다. 그들이 탄 배는 4월 2일에 부산에 잠시 정박했다가 다시 사흘 걸려 4월 5일 오후에 인천 제물포항에 도착했다. 이로써 미감리회와 북장로회의 한국선교는 본격적으로 시작되었다.[26]

---

23. 백낙준, 「韓國改新敎史 : 1832 - 1910」, p. 118.
24. Allen D. Clark, 곽안전, 「한국교회사」, p. 42.
25. 민경배, 「韓國基督敎會史」, p. 152.

부산의 첫 선교사들

한국의 선교를 관망만 하고 있던 미국장로교 선교부는 드디어 호레이스 언더우드(Horace G. Underwood)를 한국의 최초 선교목사로 임명하였고 그는 1885년 4월 5일에 감리교 선교사 아펜젤러 일행과 함께 한국에 도착하였다.[27]

언더우드는 엘린우드(Ellinwood)에게 1885년 2월 16일에 보낸 편지에서조차 "3월 26일 전에는 한국의 제물포항으로 가는 배가 없어서 그때까지 햅번 박사 댁에 머무르려 합니다."라고만 쓰고 있다.[28] 그리고 약 두 달 후인 4월 19일에 엘린우드에게 보낸 편지에서 조선 도착의 소식을 전하면서 "드디어 이곳 서울에 왔습니다. 여름처럼 겨울에 다니는 기선이 좀더 많았다면 이곳에 훨씬 빨리 올 수 있었을 겁니다."라고 쓰고 있다.[29] 왜 언더우드는 그의 첫 편지들에서 그가 처음 밟은 조선 땅인 부산에 대한 언급을 하지 않은 것일까? 언더우드는 조선이라는 나라보다는 서울이라는 도시에 오기를 원했던 것일까? 그의 "Here I am at last in Seoul."이라는 말에서 'at last'의 의미를 어떻게 받아들여야 할까? 그의 목적지는 조선이 아니라 서울이었을까? 아니면 그에게는 서울이 곧 조선이었을까?

릴리어스 언더우드도 *Underwood of Korea*에서 그녀의 남편 언더우드의 일본 요코하마에서의 체류와 조선으로 오는 선편에 대해 다음과 같이 상세하게 기록하고 있지만 역시 부산 도착에 대한 언급은 없다.

---

26. 한국기독교사연구회, 「한국기독교의 역사 I」, pp. 185-186.
27. 한국기독교100주년기념사업회, 「한국 기독교100년과 오늘의 한국」, p. 131.
28. 「언더우드 목사의 선교편지(1885-1916)」(서울 : 장로회신학대학교 출판부, 2002), p. 29. 이 책에는 1885년 2월 18일자로 되어 있으나 「새문안교회 문헌 사료집」에 실린 언더우드의 편지 사본에 따르면 2월 16일이다. 새문안교회역사편찬위원회 편, 「새문안교회 문헌 사료집」(서울 : 새문안교회역사편찬위원회, 1987), p. 16.
29. 「언더우드 목사의 선교편지(1885-1916)」, p. 32.

한국과 같이 외떨어진 곳에 가는 증기선은 자주 있는 것이 아니기 때문에 기다리는 동안 언더우드는 배 위에서, 그리고 선원들의 집에서 특별예배를 드리고 복음을 전파하였다. …… 몇 달이 지나자 웬만한 예인선보다 별로 클 것이 없는 증기선이 한국으로 출항할 준비를 갖추었으므로 언더우드는 고베항이나 나가사키항으로 가야 했는데 필자는 그중 어느 곳이었는지 잊어버렸다. …… 언더우드는 가족 없이 혼자 제물포에 도착하였다.[30]

그녀의 기록에서 부산에 대한 언급은 1891년 언더우드가 선교본부를 세우기 위해 베어드와 함께 다시 부산을 찾는 시기에 이르러서야 찾아볼 수 있다.

선교사 자신들도 그들의 조선선교가 '조선 땅인 부산 도착'이 아니라 '제물포 입항 혹은 서울 입경'에서부터 시작된다고 생각했던 것인가? 릴리어스 언더우드는 그녀의 조선생활을 기록한 *Fifteen Years Among The Top Knots*라는 책의 처음을 "구름이 끼고 바람이 불던 1888년 3월 어느 날에 나는 제물포 항구에 내렸다."라는 문장으로 시작하고 있다.[31]

그렇다면 과연 조선에 온 미국 북장로교회의 첫 상주 선교사들에게 부산은 그저 지나쳐 가는 경유지에 불과한 곳이었을까? 하지만 다행히도 이후 그들의 조선에서의 선교사역을 보면, 부산은 그들의 단순한 경유지가 아니라 조선선교를 위한 중요한 선교 거점으로 변해 있는 것을 볼 수 있다.[32]

---

30. L. H. 언더우드, *Underwood of Korea*, 이만열 역, 「언더우드 : 한국에 온 첫 선교사」(서울 : 기독교문사, 1999), pp. 48-50.
31. L. H. 언더우드, *Fifteen Years Among The Top-Knots*, 김철 역, 「언더우드 부인의 조선 생활」(서울 : 뿌리깊은 나무, 1984), p. 16.
32. 부산은 1884년 이전부터 개신교의 접촉이 시도되던 곳이었다. 알렌이 부산에 오기 한 해 전인 1883년에 이미 부산에 성경이 배포되었다. 일본의 스코틀랜드 성서공회(NBSS)의 톰슨 목사는 일본 기독교인인 나가사카를 부산에 보내 같은

부산의 첫 선교사들

미국 북장로교회는 서울뿐만 아니라 부산과 평양에도 선교적 관심이 많았다. 1891년 부산과 평양에 선교본부를 설치하고, 부산에는 윌리엄 베어드를 그리고 평양에는 사무엘 마펫(Samuel A. Moffett, 1864-1939)을 파송하였다. 언더우드의 기록에 따르면 미국 북장로교회 소속 선교사들에 의한 의료, 여성, 교육 분야 등에서 다양한 선교가 이 지역에서 진행되고 있었다.[33] 또한 언더우드 자신도 복음화해야 할 75만 명의 생명이 경상남도에 있다고 보고하고 있다.[34] 게다가 부산에 대한 선교를 본격적으로 시작한 것도 언더우드였다. 릴리어스 언더우드는 미국 북장로교회에 부산선교의 시작을 다음과 같이 기록하고 있다.

> 1891년 2월, 언더우드는 새로 도착한 베어드 씨(Mr. Baird)와 함께 새로운 선교지부를 세울 자리를 고르기 위해 부산으로 가야 할 일이 생겼다. 거기서 우리의 작은 선교회를 출발시키기로 결정했던 것이다. …… 당시 부산(the town of Fusan)은 한국인보다 일본인이 더 많은 것처럼 보였으며, 거기에 있는 일본인들은 그 지방 사람들처럼 쉽게 접근할 수 있는 층이 아닌 것으로 여겨졌다. 그래서 언더우드는 선량하고 평범한 지방민들이 살고 있는 부산에서 약 8km쯤 떨어진 곳에 부지를 매입하자고 주장했던 것이다. 현재 이 사람들이 한국교회의 근간을 이루고 있다.[35]

조선에 처음 올 때에는 별다른 관심조차 끌지 못했던 '부산'은 훗날 언

해 6월부터 8월까지 성경을 배포하게 한 후 일본으로 돌아갔으며, 1884년 4월 13일에는 자신이 직접 부산에 와서 성경보급소를 설치하고 성경을 배포하였다. 「대한성서공회사 I」, pp. 100-103.
33. Horace G. Underwood, *The Call of Korea*, pp. 156-157 참조.
34. Ibid., p. 156.
35. L. H. 언더우드, 「언더우드 : 한국에 온 첫 선교사」, p. 115.

더우드에게는 중요한 '선교 거점'이 되었다. 그리고 언더우드에게 그의 아픈 몸을 회복할 수 있는 '쉼터'를 제공하기도 하였다. 언더우드는 후두염으로 고생할 때 "남쪽 항구의 온화한 기후가 병세의 호전을 가져올지도 모른다는 희망을 가지고, 몇 주간 부산을 방문하였다."[36]라고 고백한다.

5. 부산에서 시작하는 한국선교의 역사

한국교회사의 서술에서 부산 이야기가 실종 혹은 약화된 원인은 무엇일까? 혹시 개항을 통해 일본인들의 거주지가 되어 버린 아픈 역사를 가지고 있는 부산이라는 주변보다는 그래도 조선의 정치외교의 중심인 서울이 한국교회사의 시작이기를 원했던 것은 아닐까? 아니면 알렌과 언더우드는 조선의 상류층을 통한 효과적인 선교에 더 많은 관심을 갖고 있었기에, 그들의 주된 관심은 오직 서울에 있었던 것일까? 하지만 분명한 사실 하나는 일제가 침략했던 36년 동안의 삼천리반도는 일본 천황의 땅이 아니라 언젠가는 되찾을 금수강산이었던 것처럼, 당시 개항지 부산은 일본인들의 절대적인 영향력하에 있었지만 분명히 '삼천리반도 금수강산'의 한 부분이었다.

알렌과 언더우드의 서울에 초점을 맞춘 선교적 관심은 그들의 기록을 통해서 어렵지 않게 접할 수 있다. 1883년 8월 20일부터 1886년 10월 25일까지 기록된 그의 일기 서문에서 알렌은 아래와 같이 그의 주된 관심사가 무엇인지 드러내고 있다.

> 본 일기에는 본인이 醫療宣教師로 中國에 부임했던 당시의 일기가 포함되어 있다. 나는 中國宣教를 그만두고, 선교가 허용되지 아니한

---

36. Ibid., p. 259.

부산의 첫 선교사들

朝鮮으로 건너갔다. 부임 초기에는 주한 미국공사관부 의사로 근무하다가 甲申政變 발발 시 중상을 입은 閔泳翊를 치료, 그의 생명을 구제해 준 덕택으로 조선 왕실의 侍醫가 되었고 조선 정부는 본인에게 병원을 마련해 주었다. 그 후 서울주재 각국 공사관부 의사로도 근무했다. 본 일기에는 공식적이고도 정치적인 성격을 띤 내용이 많이 포함되어 있다. 즉, 조선 정부가 워싱턴에 常駐公使館을 개설하기 위하여 초대 주미전권공사(朴定陽)를 파견하자 본인은 조선공사를 수행해 워싱턴에 가서 淸의 對韓宗主權 주장을 분쇄하고 조선의 독립권을 확립한 것이다.[37]

알렌이 조선을 위해 최선을 다할 수 있는 장소는 분명 부산이 아니라 서울이었던 것처럼 보인다. 그는 조선 왕실의 '시의'였고, 서울 주재 각국 공사관부의 '의사'였으며, 주미전권공사의 '외교자문'이었다. 그는 개항 후 일본인들의 영향력하에 있던 부산에 대한 관심보다는 서울에 머물며 기울어져 가는 조선왕실의 주권회복을 돕는 '주 매개자'(主媒介者, chief instrument)가 되기를 원하고 있었다.[38]

언더우드 역시 서울의 정치 지도자들을 통한 효과적인 조선선교를 생각하고 있었다. 1885년 2월 16일자 언더우드의 편지에서 언더우드는 상류층 정치 지도자들을 통한 조선선교 계획을 숨기지 않고 있다.

---

37. *The Allen Dairy*, 「알렌의 日記」, p. 19.
38. Ibid. 이후로도 알렌은 선교사역으로 인한 조선왕실과의 마찰을 원하지 않았고 이로 인해 알렌의 선교사로서의 정체성에 의문을 제기했던 언더우드와 논쟁하기도 하였다. 민경배, 「韓國基督敎會史」, p. 150 참조. 이러한 알렌과 언더우드 간의 이견에 대해, 민경배는 "알렌이 조선 정부의 금법(禁法)에 될수록 충실하자는 의도에서 나온 조심성 때문에 발생했던 것이라 볼 수 있다."고 그 원인을 분석한다. Ibid., p. 131. 이러한 선교방법상의 차이로 인해 알렌은 동료 선교사들과 지속적인 마찰을 겪게 되고 한국교회는 그 비정치화의 문제로 인한 첫 시련을 경험한다. Ibid., pp. 199ff 참조.

언더우드는 갑신정변의 실패를 보며, "최근 개화당이 정국을 장악하려는 시도가 성공을 거두었다면 틀림없이 선교사역이 크게 활발해져 증가한 사역을 감당할 일손이 부족하였을 것입니다."라고 아쉬워했다.[39]

반면 언더우드와 같은 배를 타고 한날한시에 조선에 온 감리교 선교사 아펜젤러에게서는 그가 처음 밟은 선교지 부산에 대한 관심과 배려의 마음을 느낄 수 있다. 그는 조선 도착 후 처음으로 미국 북감리교회 해외선교부에 보낸 1885년 4월 9일자 편지에서 조선으로의 여정과 그가 첫발을 내딛은 부산에 대해 다음과 같이 적고 있다.

> 한국 선교사들은 지난 2월 27일 아침 일본에 도착했다. 미스비시 기선회사는 한 달에 한 번 한국행 기선을 운행하는데, 우리가 일본에 도착한 후 첫 배가 3월 23일에 떠났고, 우리는 그 배에 몸을 싣고 있었다. …… 3월 28일 나가사키에 도착해서 보트를 타고 온 선교부의 Long 형제와 Kitchen 형제를 만났다. …… 우리는 3월 31일 나가사키를 떠나 한국으로 향했다. 가는 도중 조그마한 섬 두 곳에서 잠깐 머물렀고, 4월 2일 부산에 도착했는데, 부산은 이 나라의 남동해안에 자리 잡고 있는 개항장이다. …… 9시에 상륙해서 세관장인 W. N. Lovatt 씨를 방문하고 곧바로 한국의 오랜 마을인 부산으로 3마일 정도 걸어서 들어갔다. …… 다음날 우리는 제물포를 향해서 부산을 출발했다. 춥고 비가 내리는 좋지 못한 날씨였다. 이런 날씨가 여행 기간 내내 계속되었기

---

39. 「언더우드 목사의 선교편지(1885-1916)」, p. 31. 언더우드 이후의 선교사역은 그의 이러한 아쉬움을 넘어선 것을 알 수 있다. 그는 언더우드가 평양에서 개최된 '미국장로회 한국선교 25주년 기념대회'(The Quarts Centenial of the Korea Mission of the Presbyterian Church in the U. S. A.)에서 행한 연설 중 "모든 것을 시작하는 와중에서 아펜젤러 씨와 나는…… 여성들과 일반 대중들에게 복음이 필요하다는 것을 느꼈고 그래서 우리가 준비할 수 있었던 최선의 것을 그들에게 주었던 것입니다."라고 보고한다. 김문호 역, "언더우드 회상기," 「기독교사상」(1985. 4), pp. 80-81.

때문에 배는 느릿느릿 나아갔고 심한 뱃멀미를 오랫동안 해야 했다. 우리는 반도의 남단을 돌아 서쪽 해안을 따라 올라가서 이달 5일, 일요일 정오에 한강 입구로 들어왔고, 오후 3시에 이곳 제물포항에 닻을 내렸다.[40]

아펜젤러에게는 부산이 단순히 서울로 가기 위한 경유지가 아니라 선교지였음을 느낄 수 있다. 그는 부산을 돌아보면서 선교 현지에 대한 직접적인 배움의 시간을 갖는다. 그는 얼굴을 돌리는 여인네들을 보면서 조선인의 '은거정신'을 그리고 경작되는 땅을 바라보며 조선사람들의 무관심과 나태가 이 나라의 빈곤과 불행의 가장 큰 요인이 되고 있다고 나름대로 진단하며 그의 조선선교를 준비하는 모습을 볼 수 있다.[41] 하지만 알렌과 언더우드처럼 아펜젤러도 역시 이러한 조선의 문제가 정치적 중심인 서울의 사회질서 회복과 강력한 정부의 등장으로만 해결될 것이라고 보았다.

> 정치적으로 한국은 여전히 불안하다. 서울에는 불온한 요소들이 질서를 어지럽히고 있는데, 그것들이 완전히 뿌리 뽑힐 때까지는 그리고 허약하고 무질서한 정부가 강력해질 때까지는 '밝은 아침의 나라'(朝鮮)의 진보는 기대하기 힘들고 대신 많은 불화가 있을 것이다.[42]

주목할 만한 것은 캐나다에서 온 초기의 선교사들과 부산의 만남이다. 1888년과 1893년에 각각 조선에 온 캐나다 선교사들인 제임스 게

---

40. The Annual Report of the Missionary Society of the Methodist Episcopal Church(미감리교 선교회 보고서)에 실린 이만열 역, "Henry G. Appenzeller의 한국 도착 보고,"「기독교사상」(1985. 4), pp. 89-90.
41. Ibid., p. 90.
42. Ibid.

일(James Scarth Gale, 1863-1937)과 윌리엄 존 매켄지(William John McKenzie, 1861-1895)의 부산에 대한 언급과 감회가 아주 인상적이다.

그들의 부산 도착과 관련한 기록을 보면, 부산 도착 후 게일은 선교지 조선과 그 백성들에 대해 본격적인 연구를 시작하고 있고, 매켄지는 조선에서의 선교사역을 위해 생명을 걸고 헌신할 것을 다짐하고 있다. 적어도 게일과 매켄지에게 '부산'은 '조선'이었다.

게일은 1888년 한국에 와서 1928년까지 40여 년을 한국에서 사역하였다. 부산의 첫 상주 선교사이기도 하였던 그는 조선에 도착한 후, 그의 모교인 토론토 대학교 YMCA에 첫 편지를 보냈는데, 이 편지가 토론토 대학교 신문인 *Varsity*에 소개되었다. 게일 연구자인 토론토 대학교의 유영식은 이 편지를 인용하여 게일의 조선(부산) 도착 일시와 게일의 부산에 대한 첫인상을 다음과 같이 전해 주고 있다.

> 게일은 그날을 수요일이라고만 썼는데 1888년 12월 12일이 수요일이다. 게일이 편지를 쓴 날짜에는 'Yellow Sea. Dec. 14th, 1888'라고 기록되어 있고 "이 편지를 제물포로 향하는 조선의 황해에서 쓴다."고 소상하게 기록되어 있다. 게일이 부산에 도착하여 2일을 지내는 동안 두 차례 해안을 방문하였는데 조선사람은 "모두가 흰옷을 입었고, 일본 사람들보다 크며, 잘생긴 사람들인데 모두가 담뱃대를 가지고 다닌다. 담뱃대가 입에 있지 않으면 허리춤이나 뒷잔등에 꽂혀 있다."고 한국사람들에 대한 첫인상을 그렇게 묘사하였다. …… 12월 19일자 편지에는 "sailed up the Yellow Sea reaching Chemulpo on Saturday last at 3 pm."이라고 도착한 요일을 '토요일'이라고 명기하고 있는데 1888년 12월 15일이 토요일이다. 이상 게일의 자료들이 말하듯이 게일의 한국 도착 연대는 1888년 12월 12일임을 알 수 있다.[43]

---

43. 유영식은 1889년 2월 9일자 *Varsity*를 인용하여 이를 설명한다. 유영식, "제임

또한 1893년부터 1895년까지 한국교회의 요람지인 솔내에서 짧지만 불꽃 같은 삶을 살았던 매켄지는 그의 일기에서 조선의 관문인 부산을 바라보는 그의 감회를 자세히 설명하고 있다.

1893년 11월 27일, 보름간의 항해 끝에 배가 일본에 도착했고, 매켄지는 난생 처음으로 이교국에 그의 첫발을 내디뎠다. 일본 요코하마였다. …… 그는 요코하마에서 9일을 보냈다. …… 그는 일본 여객선을 타고 고베에 도착한 후 3일간 그곳에서 머물렀고 한국으로 가는 배를 바꾸어

스 게일 : 선교사, 학자, 저술가, 휴머니스트," 부산장신대학교 부산경남교회사연구소 주최 "부산경남 지역 초기선교의 역사"에 관한 제1회 연속기획강좌에서 발표된 미간행 논문. 많은 한국교회사 책들은 게일의 조선 도착을 12월 15일로 기록하고 있다. 이상규는 그의 「부산지방 기독교전래사」에서 유영식의 책 *Earlier Canadian Missionaries in Korea : A Study in History, 1888-1895* (Mississauga : The Society for Korean and Related Studies, 1987)을 인용하여 다음과 같이 기록하고 있다. "당시 캐나다에서 한국으로 오는 여정은 약 한 달이 소요되었는데, 1888년 11월 13일 선편으로 밴쿠버를 출발하여 일본 나가사끼를 거쳐 그해 12월 12일 부산에 도착하였고, 부산에서 28시간 체류했다고 한다. 다시 선편으로 15일 인천을 거쳐 서울로 들어갔다." 이상규, 「부산지방 기독교전래사」, pp. 34-35. 그 후 1889년 8월 게일은 다시 부산을 방문하는데, 부산에서의 게일의 사역에 대해 이상규는 "게일이 부산에서 일했던 기간 중의 선교활동에 대한 구체적인 기록이 없어 당시 상황을 정확히 알 수는 없지만, 그의 부산 체류 기간이 짧았고 특히 부산 체류 기간 중에는 한국어 공부에 전념했던 점을 고려해 볼 때 선교를 위한 구체적인 노력은 없었던 것으로 보인다. 단지 부산에 주재한 장로교의 첫 선교사로서 이 지역 선교를 위한 탐색과 연구의 기간을 보낸 것으로 판단된다."고 주장하고 있는데, 이는 당시 선교사의 선교지 언어 습득에 관련한 캐나다장로교회의 선교정책 규정에 비추어 볼 때 타당성이 있다. Ibid., p. 37. 캐나다장로교회의 *Regulations for Foreign Mission Work*(Toronto : Presbyterian Printing and Publishing Company Limited, 1891)의 "선교사의 의무"(Duties of Missionaries)에 따르면, 선교지의 언어 습득을 가장 선교사의 의무들 중 최우선 순위로 두고 있다. 선교지에 도착한 선교사는 일 년 후 읽고 말하기 시험을 보며, 불합격할 경우 다시 일 년 뒤에 재시험을 봐서 다시 불합격하면 그의 선교사역은 중단되었으며, 시험에 통과할 때까지 선교사역에 참여할 수 없도록 규정했다.

탔으며 도중에 나가사키에서 하루를 머물면서 네덜란드 개혁교회 선교회를 방문하기도 했다. 다음 달인 12월 12일, 마침내 한국 땅이 시야에 들어오자 흥분을 억제할 수 없었다.[44]

매켄지는 캐나다 동부 해안 출신이면서 캐나다 원주민 선교에 온 힘을 기울였었다. 그는 조선에 온 후에도 황해도 솔내에서 조선사람처럼 입고, 먹고, 살면서 복음을 전하다가 조선사람 곁에 묻혔다. 지금은 그 묻힌 자리마저도 잊혀져 버린 매켄지에게는 서울, 제물포, 부산이라는 구분은 무의미했다. 매켄지는 각기 다른 그 지역들이 그저 하나님께서 맡기신 선교지인 '조선'일 뿐이었다. 선교지 조선의 첫 관문인 부산을 바라보며 그는 다음과 같이 고백한다.

> 내가 선택한 바로 그 땅이 시야에 점점 가까이 오자 나는 나의 헌신이 필요함을 느꼈다. …… 갑판에 올라서서 난생 처음으로 울퉁불퉁한 조선의 산들을 보았다. 세상적 대사로서가 아니라 영원하신 왕 중의 왕의 대사로서 조선 땅에 서서히 접근해 가는 내 마음은 경의와 두려움으로 가득 차 있다. 아! 내가 맡은 사명이 얼마나 중요한가?[45]

매켄지가 부산의 땅을 감격과 설렘으로 밟은 후, 그는 조선말을 배우려 하였고 실제로 몇 마디 조선말을 배우며 선교지에서의 첫 기쁨을 느낀다. 그는 "부산에서의 첫날은 생명을 걸고 헌신하기로 다짐한 선교 현장을 이제 정면으로 대하게 되었다는 사실을 절감하면서 보냈다."[46]고 기록하고 있다.

---

44. 엘리자베스 매컬리, *A Corn of Wheat or The Life of Rev. W. J. McKenzie of Korea*, 유영식 역, 「케이프 브레튼에서 소래까지」(서울 : 대한기독교서회, 2002), pp. 66-67.
45. Ibid., p. 67.

부산의 첫 선교사들

6. 한국선교 120주년의 기원은 1884년 9월 14일 부산

부산은 19세기 말 일본을 통해 선편으로 들어오는 모든 선교사들이 처음 밟는 조선의 관문이었다. 첫 상주 선교사들인 알렌, 언더우드, 아펜젤러가 조선에 올 때 그들이 처음 도착하여 밟았던 조선의 땅도 제물포나 서울이 아닌 부산이었다.

1876년 개항 이래로 부산은 일본의 영향력 아래 능욕당하고 있었지만 그럼에도 불구하고 여전히 부산은 일본 천황의 땅이 아니라 삼천리반도 금수강산의 일부였다. 또한 부산은 서울, 평양과 함께 북미 교회에 의한 초기 선교가 집중적으로 이루어지던 부산경남 지역 선교의 중심이었다.

한국교회가 만약 '한국교회 100주년'과 '한국선교 120주년'을 첫 상주 선교사 알렌의 조선 도착을 기원으로 하여 기념한다면, 그 정확한 기원은 1884년 9월 20일 제물포 도착이나, 1884년 9월 22일 서울 도착이 아니라 1884년 9월 14일 부산 도착이다. 그렇기에 한국선교의 감격스러운 이야기는 제물포나 서울이 아니라 '부산'으로부터 시작된다.

---

46. Ibid., p. 69.

2 캐나다장로교회의 부산선교 :
부산의 첫 상주 선교사들

2. 제임스 게일의 삶과 선교 (유영식)
3. 로버트 하디의 부산선교 (유영식)

 제임스 게일의 삶과 선교

유영식
(캐나다 토론토 대학교 동양학부)

1. 유년 시절과 교육, 그리고 선교사가 되기까지

제임스 게일(James Scarth Gale, 츕一, 1863 - 1936)은 19세기 말에서 20세기 초까지 40여 년 동안 한국에서 활동한 캐나다 선교사이다.[1] 그

---

1. 게일의 한국이름은 '긔일' 혹은 '기일'이었다. 한자로는 '츕一'이다. 선교사들은 조선에 도착하면 우선 어학선생을 정하여 조선말을 배우기 시작하였다. 이렇게 사회생활을 시작한 선교사들은 조선이름이 필요하였다. 게일의 조선 도착에 대하여는 본문에서 설명하겠지만, 1888년 12월 12일 부산에 도착하였고 제물포를 거쳐 12월 16일(주일) 새벽에 서울에 왔다. 서울에 도착한 후 그의 누이(Jane)에게 보낸 첫 편지 12월 19일자(필자소장)에서 게일은 Mr. Song이라고 하는 사람

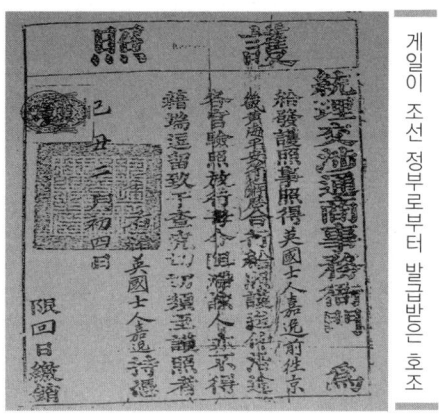

게일이 조선 정부로부터 발급받은 호조

는 한국 선교사뿐만 아니라 한국개화기의 계몽사상가, 학자, 저술가, 그리고 인문주의자로 한국사에 기억되는 '기일'한 선교사였다.[2]

1) 유년 시절과 교육

게일은 1863년 2월 19일 온타리오 주 엘마라고 하는 조그마한 농촌에서 스코틀랜드계의 아버지 존과 화란 계통의 어머니 마이아미 브레트 사이에서 6남매 중 5번째로 태어났다.[3] 게일가의 종교적 배경은 스코틀랜드장로교였다. 아버지 존은 고향 엘마에서 최초의 장로교회를

에게서 조선말을 배우기 시작했다고 했다. 그런데 오늘(12월 19일) 어떤 유생 한 분이 와서 내 이름 'Gale'을 보더니 조선어로 'Kee'라고 지어 주었다고 했다. 그래서 나의 조선이름은 '기 서방'이라고도 했다. 요즘 같으면 성(姓) 다음에 씨를 붙여 '김씨' 혹은 '박씨'라 하겠지만 당시는 벼슬이 없는 보통사람을 부를 때 그 성과 아울러서 '서방'이라는 명사를 붙여 '기 서방'이라고 부른 것이다. 그의 이름 중 둘째 음절 '일'(一)은 그의 영어이름의 발음에서(ge il) 자연스럽게 붙여진 것

창설하는 데 주역을 담당하였고, 후에는 그 교회의 장로가 되었다.[4] 게

으로 보인다. 초기 선교사들은 조약에 따라 조선 정부에서 발급하는 '호조'(護照)라고 하는 여행증명서를 소지하고 여행할 수 있었다. 게일은 1889년 조선 정부로부터 '호조'를 발급받고 경기도와 황해도를 여행한 바 있는데 그때의 호조에 가일(嘉逸)이라고 적혀 있는 것을 보면 정부 관리들은 Gale을 발음하는 대로 가일이라는 이름을 사용한 것으로도 보인다. 고춘섭 편저, 「연동교회 100년사」(서울 : 대한예수교장로회 연동교회, 1995), p. 128에는 "기일(奇一)이란 한국명은 1889년경 자신이 지은 이름인데 선교사로서 선교보다 집필에 전념하는 것을 기이하게 여긴 사람들에 의해 기이상(奇異常)이란 별명까지 얻었다."고 했다. Richard Rutt는 그의 *A Biography of James Scarth Gale and A New Edition of His History of the Korean People*(Royal Asiatic Society of Korea Branch, 1972)의 13쪽에서 게일의 한국이름을 'Ki Il'이라고 하고 'Ki'는 성인데 'strange' 혹은 'wonderful'이라는 뜻이고 'il'은 'one'을 의미한다고 하였다. '기이한 사람'이라는 뜻이다(이후로는 Rutt, *Biography*로 표기). 본 논문에서는 영어명 'Gale'의 한글표기 '게일'이라는 이름을 사용한다. 게일에 관한 최초의 연구는 캐나다인 John McNab이 쓴 *The Other Tongues*(Toronto : The Thorn Press, 1939)라는 책에 "Ambassador to the Hermit Kingdom"이라는 제목으로 게일에 관한 논문이 있다. 맥냅(McNab)은 게일이 안식년으로 토론토를 방문했을 때 만난 적이 있다. 한국 내에서는 위에 언급한 러트(Rutt)의 저술을 통하여 게일에 대한 관심이 시작되어 주 12에서 언급한 주홍근과 조정경의 석사논문이 있고, 그 외 게일의 한국학에 끼친 영향에 대한 다음과 같은 논문들이 있다. 이상규, "한국학 연구의 효시, 제임스 게일," 「한국선교, KMQ」(2001. 7.), pp. 106 - 111 ; 김봉희, "게일(James Scarth Gale, 奇一)의 韓國學 著述活動에 관한 硏究," 「서지학 연구」(1988. 1.), pp. 137 - 163 ; 黃希榮, "James Scarth Gale의 韓國學," 「한국학」 vol. 8(Winter, 1975), pp. 3 - 14.
2. 본 논문에서 언급하는 '선교사'(宣敎史)는 한국 개신교사(改新敎史)를 의미한다.
3. 게일의 가족사항에 관한 기록은 Scots Ancestry Research Society가 발행한 *The Ancestry of John Gale*에 의한 것이다. 게일이 출생한 엘마는 토론토 서북쪽 약 200km에 위치한 현 인구 400여 명의 조그마한 농촌이다. 게일 농장과 게일의 생가는 1930년대에 이민 온 화란 계통의 농부가 현재 소유하고 있다. 게일의 유년 시절은 Rutt, 1 - 6쪽을 참조 ; Young Sik Yoo, "James Scarth Gale : Canada's First Missionary to Korea," *Called to Witness*, ed. by John S. Moir(Toronto : Committee on History, The Presbyterian Church in Canada, 1991), pp. 57 - 67.
4. John Longman, *St. Andrew's Church, Alma : The One Hundred Anniversary*(Alma, Ontario : The Kirk Session, 1954), p. 5. 정연희, 「길따라 믿음따라」(서울 : 두란노서원, 1990), p. 191에 "게일 목사가 젊은 시절 다녔던 캐나다의 알마 연합

일가에는 캐나다 개신교사에 중요한 두 사람이 있는데, 그중 한 사람은 게일의 증조외할아버지였던 헨리 에슨(Henry Esson, 1793 – 1853)이다. 그는 캐나다장로교의 최초의 신학교로서 현재 토론토 대학교 내에 있는 낙스 신학교(Knox College)를 창설하였다.[5] 그리고 다른 한 사람은 친삼촌인 알렉산더 게일(Alexander Gale, 1800 – 1853)인데, 그는 온타리오 주 해밀톤 지역에 최초의 장로교회를 창설하고 초대목사로 시무하였으며, 후에는 낙스 신학교에서 고전을 강의하였던 교수였다.[6]

교회"라고 소개한 교회는 게일의 유년 시절의 교회가 아니다. 게일의 고향마을 알마(Alma)에 게일의 아버지(John Gale) 등이 1866년 건축한 교회는 현재 St. Andrew's Church(Presbyterian)로 현존하고 있다. 게일 모교회의 사진은 Young – sik Yoo, *Earlier Canadian Missionaries in Korea : A Study in History, 1888 – 1895*(Mississauga, Ontario : The Society for Korean and Related Studies, 1987)에 있는 사진을 참고 바람. 이후로는 Yoo, *Earlier*로 표기. 게일이 한국으로 떠나기 전 1888년 9월 27일 위의 St. Andrew's Church에서 송별예배를 드렸는데 그때 담임목사였던 John Davidson이 송별예배를 주관했다는 기록이 있다(*The Presbyterian Review*, October 11, 1888, Whole No, 198). 위에 언급한 Longman의 *St. Andrew's Church*에는 페이지 표시 없이 책의 중간에 John Davidson의 사진이 있고, 현재의 St. Andrew's Church에는 유일하게 John Davidson의 사진이 걸려 있다. 1988년 토론토를 중심으로 재 캐나다 한인 기독교인들은 게일 한국선교 100주년을 기념하는 학회, 기념예배, 게일의 모교회인 St. Andrew's Church에 게일선교 100주년 기념예배와 기념 동판을 봉헌하였다. 서울 연동장로교회 뜰에는 게일 선교 100주년을 기념하여 게일박사기념사업회(한카협회)에서 높이 80cm, 가로 69cm, 세로 38cm의 게일 흉상을 봉헌하였다. 흉상은 서울시립대학교 김창희의 작품이다.

5. 헨리 에슨(Henry Esson)은 게일의 증조외할아버지 되는 사람으로 토론토 시의 James Street에 있는 자신의 집에서 1844년 신학교육을 시작하였는데 그의 집은 캐나다장로교 신학교육의 본산인 현재의 낙스 신학교의 전신이다. 헨리 에슨과 낙스 신학교의 창설에 관하여는 Brian J. Fraser, *Church, College, and Clergy : A History of Theological Education at Knox College, Toronto, 1844 – 1994*(Montreal : McGill – Queen's University Press, 1995)을 참고할 것. 헨리 에슨의 사진(15×20cm)이 현재 낙스 신학교 도서관에 걸려 있다.

6. "The Romance of the Gales and Cleghorns," by Corea Cleghorn Fuller (n. d.) ; I. George Fischer, *A History of St. Paul's Presbyterian Church, Hamilton*(Hamilton, St. Paul's, 1982) ; "Alexander Gale," *Ecclesiastical*

게일은 나이아가라 폭포 부근의 세인트 캐서린(St. Catharines)의 대학예비고등학교(St. Catharines' Collegiate)를 졸업한 후 1884년에 토론토 대학교(University College)에 입학하였고, 대학에서 라틴어, 프랑스어, 독일어, 고전(Classics) 등 주로 언어와 문학, 논리학과 역사, 지리학 등을 공부한 것으로 기록되어 있다.[7] 게일이 대학 2학년이 되던 1885년 5월, 토론토를 떠나 프랑스 파리에서 그해 가을까지 유학한 적이 있는데 파리에 있을 때 그는 '맥콜 선교회'(McCall Mission〈Mission Populaire Evangelique〉)라는 도시선교회에서 선교활동을 하며 지냈다. 맥콜 선교회(McCall Mission)는 영국 회중교회 목사였던 로버트 휘테커 맥콜(Robert Whittaker McCall)이 1872년에 창설한 선교회로 초교파적이고, 어떤 특정 교단의 선교를 강조하지 않는 것이 특징이었다. 선교방법은 공장이나 빈민가를 방문하여 소그룹을 만들어 교육하면서 개종자를 인근 교회에 소개해 주었다.[8] 게일의 선교사 훈련은 맥콜 선교회을 통하여 형성되었고, 맥콜 선교회 선교단의 선교방법과 선교철학은 후일 게일에게 선교의 방향을 제공하는 데 큰 영향을 주었다. 게일의 불어 실력도 프랑스 유학을 통하여 더욱 향상되었다. 1886년 토론토 대학교에 복학하여 1888년에 문학사(B. A.)를 받고 졸업하였다. 여기

---

    and Missionary Record, (May 1854), pp. 102-103 ; Melville Bailey, "Alexander Gale," *Presbyterian History*, (May 1967), pp. 1-7 ; "Finding Aid for St. Paul's Record," in the Presbyterian Church of Canada Archives, compiled in 1989 by Elspeth Reid.
7. University of Toronto, Classes and Prize Lists, 1888.
8. Jerald C. Brauer, ed. *Dictionary of Church History*(The Westminster Press, 1971), p. 517. 게일과 맥콜 선교회에 관하여는 Yoo, *Earlier*, pp. 27-28 ; Young-sik Yoo, "The Impact of Canadian Missionaries in Korea : A Historical Survey of Early Canadian Mission Work, 1888-1898," Unpublished Ph. D. thesis, University of Toronto(1996), p. 142-143 참고. 이후로는 Yoo, *Impact*로 표기.

서 우리는 게일이 신학을 전공하지 않은 문학사였다는 것에 유념해야 한다.

2) 선교사가 되기까지

1880년대 말은 북미 대학생들 사이에서 세계선교학생자원운동(Student Volunteer Movement for Foreign Mission, SVM)이 활발하게 일어나던 시기였다. 북미에서의 SVM 운동은 1886년 무디(Dwight L. Moody, 1837-1899)의 주관으로 메사추세스의 헤르몬(Mount Hermon)에서 열린 하기수양회에서부터 시작된 선교운동으로 "우리 당대에 세계를 전도하자."를 모토로 북미 대학생들 사이에서 불꽃처럼 일어났던 운동이었다. 19세기 말 조선을 비롯한 아시아 지역에 왔던 대부분의 북미 선교사들은 바로 이 SVM 운동의 영향을 받은 사람들이었다고 해도 과언이 아니다. 1888년 통계에 의하면 캐나다에서도 게일을 포함하여 110명이 SVM의 세계선교 학생 자원자 명단에 서명하였다.[9]

캐나다에서 한국선교를 최초로 언급한 문건인 *Knox College Monthly* (*KCM*)에는 다음과 같은 기록이 있다. "조선, 마지막으로 복음의 문을 연 나라, 조선은 소리 높여 복음을 요청하고 있다. 1천 5백만의 영혼들이 복음의 사자들을 기다리고 있다. (현재 조선에는) 15명의 선교사들이 파송되었다. 선교사 한 사람이 캐나다에 있는 기독교인의 숫자만큼이나 많은 이교도들을 어떻게 선교할 수 있단 말인가?"[10]

---

9. Peter Bush, "The Foreign Mission Movement among Canadian Students, 1884-1923," unpublished paper, Knox College, University of Toronto(1987), p. 8. SVM과 캐나다장로회 선교에 대하여는 C. Mark Steinacher, "Some Influence of the Student Volunteer Movement on Canadian Presbyterianism, 1886-1925," *The Canadian Society of Presbyterian History*(The Committee, 1990), pp. 39-63 참고.

학생들 사이에서 일어났던 세계선교에 대한 열정과 *KCM*에 나타난 한국선교에 대한 호소는 게일의 모교인 유니버시티 칼리지(University College)의 기독학생청년회(UC-YMCA)로 하여금 그들의 대표 선교사를 조선에 파송하게 하는 촉매작용을 하였다. 1888년 기독학생청년회 회의록에는 유니버시티 칼리지 YMCA 선교회(University College YMCA Mission)의 첫 선교사로 게일(J. S. Gale)을 임명했고 조선(Corea)을 첫 선교지로 택했다.[11] 게일이 낙스 신학교에 편입하여 10개월 동안 신학교육을 받은 것으로 전해지고 있으나 게일이 선교사로 떠나기 전에 신학교육을 받은 기록은 찾아볼 수 없다.[12] 그는 선교사로서의 구비자격,

---

10. *KCM*(May 1887), p. 25. 본 논문에서 언급한 '조선' 혹은 '한국'의 명칭은 시대적 배경에 따라 두 개의 칭호를 병행하였다.

11. "University College YMCA Minutes"(April 12, 1888), p. 220 ; "Seven New Missionaries," *KCM*(June 1889), p. 105. ; Murray Ross, *The YMCA. in Canada : The Chronicle of a Century*(Toronto, Ontario : The Ryerson Press, 1951), p. 119. 일반적으로 게일을 파송한 선교단체를 '토론토 대학교 기독학생청년회'라고 하지만 좀더 분명하게는 게일의 모교인 유니버시티 칼리지(University College YMCA)이다.

12. 주홍근은 皮漁善神學敎 神學硏究院과 Indiana Christian University's Graduate School of Theology에 제출한 석사논문, "宣敎師 奇一의 生涯와 韓國基督敎에 끼친 貢獻"(1984)의 4쪽에서 이만열이 소장하고 있는 "Moffett, S. A, 'First Letters From, (sic) Korea(1890-1891)' 1894년 7월 24일"을 인용하여 "그는 (게일) 졸업 예정 전에 신학생으로 낙스 대학에 편입하여 10개월의 학과 과정을 마쳤다."라고 했고 ; 趙庭京은 "J. S. Gale의 韓國認識과 在韓活動에 關한 一研究"(이화여대 교육대학원 석사 논문, 1985)의 27쪽에서 자료 제시 없이 "게일이 당시 토론토 대학 재학 중임에도 불구하고 1887년 낙스 대학 신학과에 편입하여 10개월간의 학과 과정을 동시에 공부한 사실이……"라고 기록하고 있다. 게일과 낙스 신학교와의 관계에 대하여 Rutt, 10쪽에는 "He was due to graduate in 1888, and had registered to enter Knox College as a theological student."라고 기록되어 있는데 이는 "게일은 1888년 졸업 예정이었다. 그래서 낙스 신학교(Knox College)에 신학생으로 등록을 했었다."는 뜻이다. 러트(Rutt)의 기록이 함유하고 있는 의미는 게일이 낙스 신학교에서 신학을 이수했다는 뜻은 아니다. 게일의 낙스 신학교에서의 신학교육에 대한 필자의 물음에 러트가 보낸 1993년 4월 20일자의 회신에서 러트는 게일의 전기를 쓸 때에 낙스 신학교를 방문한

이를테면 신학을 전공했다든지, 안수를 받은 목사라든지 하는 자격을 갖추지 못했음에도 불구하고 "선교지에서 독자적인 선교 단체를 만들지 않고 다른 복음주의 교단과 협조하여 선교활동을 한다는 전제하에 그의 파송이 결정된다."[13] 기독학생청년회는 향후 8년간 게일에게 연봉 500달러를 지불하기로 계약을 맺는다.[14] 당시 게일과 같이 독신으로 조선에 파송된 사무엘 마펫(Samuel Moffett)과 같은 미국인 독신 선교사의 경우 연봉이 1,000달러였으니 이와 비교할 때 게일의 연봉은 절반밖에 되지 않는 것이었다.

적이 있으나 현재 자신은 게일이 낙스 신학교에서 수학했다는 증거를 기억할 수 없다고 했다. 필자는 주홍근 목사가 제시한 위의 자료를 확인해 보지는 못했다. 김인수가 번역 출판한 「마포삼열 목사의 선교편지, 1890-1904」(서울 : 장로회신학대학교 출판부, 2000)의 1894년 분에는 7월 6일부터 7월 26일까지의 편지가 수록되어 있는데, 물론 그럴 수 있는 일이지만 문제의 1894년 7월 24일의 편지는 김인수의 위 번역이 빠져 있다. 그런데 주홍근 목사가 인용한 기록에 문제점이 보인다. 주홍근 목사가 인용한 마포삼열의 'First Letters from Korea'의 편지의 묶음이 1890년부터 1891년까지를 포함하고 있다는 뜻이고, 이만열이 소장하고 있다는 바로 그 편지는 1894년 7월 24일 날짜의 편지라는 뜻이다. 필자가 석연치 않은 부분이 1894년 7월 24일 편지가 어떻게 1890년부터 1891년까지의 편지 묶음에 들어 있을 수 있느냐는 점이다. 필자는 낙스 신학교의 학적부 또는 기타의 문건들을 뒤져 보았으나 게일이 낙스 신학교에 입학했다든지 혹은 편입을 해서 신학교육을 받았다는 기록을 찾아볼 수 없었다. 그러나 게일이 유니버시티 칼리지(University College), 토론토 대학(University of Toronto)을 다닐 때 현재의 스파다이나 거리(Spadina Circle)에 위치한 건물이 낙스 신학교였는데 게일의 편지, 즉 그의 누이(Jen)에게 보낸(필자가 소장하고 있는) 서신들을 보면 게일은 바로 그 낙스 신학교의 기숙사에서 파리여행에서 돌아온 1886년부터 한국으로 떠난 1888년까지 살았던 것으로 나타나 있다. 이 건물은 1875년부터 1915년까지 낙스 신학교로 사용되었었고 1915년에 King's Circle에 위치한 현재의 건물로 옮겨졌다. 스파다이나 거리에 있던 낙스 신학교 건물은 현재 토론토 대학교에 속해 있다.
13. 기독학생청년회가 게일에게 준 Certificate. Yoo, *Earlier*에 있는 Certificate 참조 ; Rutt, pp. 10-11 참고.
14. "University College YMCA Mission to Corea," *KCM*(November 1888), p. 35 ; Ross, p. 118.

2. 한국 도착

게일이 조선을 향하여 선교사로 떠나는 흥분과 감격으로 가득 차 있을 무렵 허드슨 테일러(Hudson Taylor, 1832-1905)가 토론토를 방문하였고, 게일은 토론토를 떠나 조선으로 가기 바로 전날 밤 그를 만났다.[15] 이 만남에 대하여 "그(테일러)는 나의 손을 붙잡고 그의 침대 가에서 무릎을 꿇고 조선과 그곳을 향하여 떠나는 나를 위하여 하나님의 축복을 빌어 주었다. 그렇게도 작은 체구를 가진 그가 드린 짧은 기도였지만 그 순간은 내 인생에 새 기원을 주는 순간이었고 지난 50년 동안 나를 꼭 붙들고 있었던 사건이었다."[16]라고 게일은 회고하였다.

게일은 밴쿠버에서 드와이트 무디(Dwight Moody, 1837-1899)를 만났다. 내 배가 떠나는 전날 밤에 나는 무디 앞으로 인도되었다. "여기는 어떻게 왔으며 어디를 가는 중이냐?"라는 물음에 나는 "해외 학생선교를 자원하여 조선에 선교사로 가는 중입니다."라고 대답하였다. 그러자 그는 "장한 일이야. 내가 너를 위하여 기도해 주지.""라고 말했다고 한다.[17] 미지의 땅을 향하여 선교의 장도에 오르는 25세의 젊은 게일

---

15. Ada Sale, "Life of James Scarth Gale, D. D," (n. d.), p. 1. 게일은 1888년 10월 25일 기차 편으로 토론토를 떠나 밴쿠버를 향했다. 그렇다면 게일이 테일러를 만난 저녁은 1888년 10월 24일이 될 것이다.
16. "These Fifty Years," 게일의 미출판 회고록.
17. Ibid., 주홍근, "宣敎師 츄一," 4쪽에서 주홍근은 게일이 토론토를 떠나기 전 무디와 테일러를 동시에 만난 것으로 쓰고 있으나 테일러는 토론토에서 만났고 무디는 밴쿠버에서 만났다. 같은 페이지에서 주홍근은 "그는(게일) 1886년 허먼산 夏領會에서 무디의 설교에 감화를 받았으며……."라고 하여 게일이 무디의 하령회에 참석한 것으로 기록하고 있으나 게일이 1886년에 무디의 하령회에 참석했다는 기록은 찾아볼 수 없다. 「기독교대백과사전」, vol. 1, 506쪽에서도 게일이 "1886년 북미학생하령회에 참석하여 무디의 설교를 듣고 외지선교에 투신할 것을 결심하였다."고 했다. 그러나 게일은 1886년 여름에 불란서에서 토론토로 돌아왔다.

부산의 첫 선교사들

에게 당대 북미 기독교의 거성이요 젊은이들의 영적 우상인 테일러와 무디의 축복은 게일에게는 교황의 축복보다 훨씬 값있는 것이었다.[18]

게일이 부산에 도착한 날은 1888년 12월 12일이었다.[19] 선교사들이 선교지에 도착하여 선교지의 땅을 밟는 순간은 마치 우주 비행사가 달나라에 터치다운하는 감격적인 순간이다. 자신뿐만 아니라 선교사를 파송한 후원 단체에서도 기다리며 마음 졸이는 감격의 순간임은 부언할 필요가 없다. 당시 미국이나 캐나다에서 조선으로 오는 선교사들은 샌프란시스코나 혹은 밴쿠버를 떠나 일본 요코하마를 경유, 일단 부산에 도착하여 선교지에서 터치다운하는 감격을 경험한다. 그들이 남긴 조선에 대한 최초의 인상과 기록도 부산항을 묘사하는 것으로부터 시작된다. 부산에서 연료공급을 받은 후 다음 행선지인 제물포까지는 이틀이 걸렸다. 이러한 부산 도착 기록에도 불구하고 역사는 선교사들의 조선 도착을 기록할 때 제물포 도착을 기준으로 한다. 선교사들은 부산 땅이 조선 땅인 줄 모르는 것은 아닌가 하는 생각을 하게 된다. 예컨대 한국 개신교의 첫 선교의 발을 내렸다는 언더우드, 아펜젤러 부부의 1885년 4월 5일 이른바 '부활절 착륙설'은 '부활절에 도착했다'는 기독교적 의미를 부여하기 위하여 의도적으로 강조된 것으로 추측한다. 개신교가 한국적 기독교를 강조하면서도, 개신교의 전래를 구교와 같이 한국적 기원에서 찾지 않는 것은 이상하다. 게일의 한국 도착 날짜에 대해서도 다양한 기록들이 있어 대표적인 몇 개의 설을 간추려 정리

---

18. J. S. Gale, "The Beginnings of Missionary Work in Korea," *Korea Mission Field*(April 1927), p. 70. 이후로는 *KMF*로 표기.
19. 게일은 그의 대학 동창생이었던 로버트 하크니스(Robert Harkness)와 그의 부인, 그리고 미국장로회 선교사 다니엘 기포드(Daniel Lyman Gifford)와 함께 같은 날 부산에 도착하였다. 그러나 하크니스는 건강상의 문제로 1년이 채 안 되어 일본으로 선교지를 옮겼다. 하크니스에 관하여는 Yoo, *Earlier*, pp. 37-39 ; Yoo, *Impact*, pp. 219-221 참고.

해 본다.

1) 1888년 12월 15일 도착설

*The History of Protestant Missions in Korea 1832 – 1919*의 143쪽에는 부산과 제물포의 구분이 없다. 그러나 *Biography*의 12쪽에는 1888년 12월 15일 부산 도착이 명기되어 있고, 「연동교회 90년사」(1984) 67쪽에도 12월 15일 부산 도착이 명기되어 있다.[20] 그리고 「한국 기독교문화운동사」(1987)의 103쪽에도 12월 15일 부산 도착이 명기되어 있다.

2) 1888년 12월 16일 도착설

History of the Korea Mission Presbyterian Church U. S. A. 1884 – 1934(1934)의 625쪽과 「한국 기독교의 역사」 I(1989)의 189쪽, 「신역 신구약전서」에 있는 이진호의 "해제"[21]와 주홍근의 논문, "宣敎師 奇一"[22]에는 1888년 12월 16일로 명시되어 있다.

게일은 1925년 신구약을 사역본으로 출판하였는데 성서문화사는 1986년 「新譯 新舊約全書」, 이른바 「게일 성경」을 영인본으로 출판하였다. 이진호는 위의 영인본 「게일 성경」에 쓴 "해제"에서 게일이 1888년 토론토 대학교 YMCA와 8년간 연 500달러의 보수를 받는 계약을 맺고 한국에 왔다고 전제하고 "(게일은) 일본 나가사키를 거쳐 윤치호의 통

---

20. 게일은 1900년부터 1927년 은퇴할 때까지 현재 서울에 있는 연동교회의 담임목사였다.
21. 「新譯 新舊約全書」(影印本, 서울 : 한국이공학사, 1986), pp. 1 – 15.
22. 주 12 참고.

역으로 그해 12월 16일 부산항에 도착하였다."²³⁾고 했다. "이때의 인연으로 1925년에 타산이 맞지 않음에도 불구하고 「게일 성경」을 출판해 주었다."고도 하였다.²⁴⁾ 이진호의 "해제"에 쓰인 게일의 부산 도착 날짜도 잘못되었지만 게일의 입국 때 윤치호가 통역을 했다는 것 또한 오류이다. 조선 정부는 좌옹 윤치호가 16세 되던 1881년 일본에 '신사유람단'을 파견하였는데, 유람단 가운데 한 명이었던 어윤중이 유길준과 윤치호를 자신의 수행원으로 삼아 함께 데리고 갔다. 이때 유길준은 복택유길(福澤諭吉)의 경응의숙에서 잠시 수학하였고, 윤치호는 중촌정직(中村正直)의 동인사(同人社)에 입학하였다. 윤치호는 "一八八二年 四月 外留 一年 만에 그립든 故國에 나(왔다)"가 다시 일본으로 건너가서 요코하마 주재 네덜란드 공사 부인으로부터 영어를 배우는 도중 초대 주한 미국공사 푸트(Lucius H. Foote)를 만났다.²⁵⁾ 윤치호는 푸트의 통역으로 1883년 5월 13일에 내한하였다.²⁶⁾ 그 후 윤치호는 미국공사관 통역관으로 일하였다.²⁷⁾ 그리고 그 후에는 통리통상사무아문(通理通商事務衙門)에 소속되어 주사로 일하였다.²⁸⁾ 1884년 갑신정변이 일어

---

23. 「新譯 新舊約全書」(影印本), p. 1 ; 리진호, 「한국 성서 백년사」(서울 : 대한기독교서회, 1996), p. 300.
24. Ibid., p. 2.
25. 「佐翁尹致昊先生畧傳」(기독교 조선 감리회 총리원, 1934), p. 28. 이후로는 「佐翁先生」으로 표기.
26. Ibid., p. 32. 백낙준, 「韓國改新敎史」(연세대학교출판부, 1973), p. 207에 윤치호는 "최초의 주한국미국공사 루시우스 H. 푸트(Lucius H. Foote) 장군을 따라 그의 通辯格으로 1884년 한국에 들어왔다."라고 하였다. Horace N. Allen, *Korea the Fact and Fancy*(Seoul : Methodist Publishing House, 1904), p. 162에는 푸트가 제물포에 도착한 날을 5월 12일로 기록하였다.
27. 尹致昊, "回顧三十年," J. S. Ryang, ed. *Southern Methodism in Korea : Thirtieth Anniversary*(Seoul : Methodist Episcopal Church, South, 1930), p. 73.
28. 좌옹윤치호문화사업위원회 편, 「좌옹 윤치호 선생 약전」(서울 : 좌옹윤치호문화사업위원회, 1999), p. 60에 윤치호는 미공사관 통역관으로 봉급 50원과 통리통상사무아문 주사로 쌀 한 섬을 받았다고 했다.

났을 때 김옥균 일파와 연루되어 내한한 지 약 10개월 후인 1885년 1월 19일 푸트의 도움으로 상해로 피신하였다.[29)]

윤치호는 미국 남감리교회 선교회가 운영하는 상해의 중서학원(中西學院)에서 얼마 동안 수학한 후 1888년 11월 4일에 미국 내쉬빌에 도착하여 밴더빌트(Vanderbilt) 대학과 조지아에 있는 에모리(Emory) 대학에서 수학하였고, 1893년 10월 하순 애틀랜타를 떠나기까지 약 5년간 미국에 있었다.[30)] 이진호가 1986년에 영인본으로 출판된 이른바「게일 성경」에서 게일이 조선에 입국할 때 윤치호가 통역을 맡았다는 주장은 주홍근 목사도 그의 논문에서 "게일은 일본 나가사키를 경유, 윤치호(尹致昊)의 통역을 도움받아 1888년 12월 16일 한국 땅 부산항에 입항하였고"[31)]라고 했다. 그러나 위에서 밝힌 것처럼 윤치호가 1885년 한국을 떠나 상해와 미국에서 약 10년을 지내다가 1893년에 귀국했다는 근거는 1888년 미국에 있었던 윤치호가 1888년에 내한한 게일의 통역을 어떻게 맡을 수 있었을까 하는 의문을 낳게 한다.

3) 기타 도착설

「한국교회 발전사」(1987) 126쪽에는 1889년에 게일이 입국한 것으로 기록하고, 「한국 기독교회사」(1982)의 158쪽에서는 1888년 12월로 기록되어 있다.

---

29. 「佐翁先生」, p. 48. 푸트는 1885년 1월 10일 공사직에서 은퇴함. Allen, p. 170 참고.
30. 윤치호의 미국유학에 관하여는 「佐翁先生」, pp. 56–63 ; 「좌옹 윤치호 선생 약전」(1999), pp. 88–95 참고.
31. 주홍근, p. 5.

4) 1888년 12월 12일 부산 도착

게일은 자신의 조선 도착 소식을 그를 파송한 모교 YMCA에 맨 처음 보냈고, 그 편지는 당시 토론토 대학교 신문인 *Varsity*에 소개되었다. 이 편지는 게일이 부산을 경유하여 제물포로 향하는 배 안에서 쓴 것으로 "Yellow Sea, Dec. 14th, 1888"이라고 썼다. 게일은 편지에서 "지난 수요일, 3시경에 조선의 남쪽 항구인 부산에 입항하였다."라고 쓰고 있다.[32] 필자가 이날을 1888년 달력에서 확인하여 보니 게일이 말한 그 수요일은 12월 12일이다. 게일이 서울에 도착하여 그의 누이(Jen)에게 보낸 1888년 12월 19일자 편지에는 "부산에 수요일날 도착했다."라고 썼다.[33] 이는 지난 수요일을 말한 것으로 그의 모교인 YMCA에 보낸 편지에 '지난 수요일'이라 쓴 날짜와 일치한다.

게일이 부산에 도착하여 이틀을 지내는 동안 두 차례 하선하였는데 조선사람들에 대한 첫인상을 "조선사람은 모두가 흰옷을 입었고, 일본사람들보다 크며, 잘생긴 사람들인데 모두가 담뱃대를 가지고 다닌다. 그런데 담뱃대가 입에 있지 않으면 허리춤이나 뒷잔등에 꽂혀 있다."라고 묘사하였다.[34] 위에서 언급한 누이에게 보낸 12월 19일자 편지에는 "제물포에는 지난 토요일 오후 3시에 도착하였다."라고 하여 제물포 도착 날짜를 '토요일'이라고 명기하고 있다.[35] 필자가 1888년 달력을 확인해 보니 그해 12월 15일은 '토요일'이었다. 이상 게일의 자료들이

---

32. *Varsity*(Feb. 9, 1889), p. 96.
33. 게일이 My dear Jen에게 보낸 "Seoul Corea or Korea, Dec. 19, 1888"의 편지. 필자소장.
34. *Varsity*(Feb. 9, 1889), p. 96.
35. 게일은 5남 1녀 중 5번째였다. 그에게는 소피아 존(Sophia Jane)이라는 누이가 있었는데, 그는 편지에서 존(Jen) 혹은 제니(Jennie)라고 썼다. 소피아 존이 1893년 딸을 낳았는데 게일은 질녀에게 'Corea'라는 이름을 지어 주었다.

말하듯이 게일이 부산에 도착한 날은 1888년 12월 12일이며, 부산에 2일 간 머무르는 동안 두 차례 하선하여 조선 땅을 밟은 것이 분명하다.[36]

3. 게일의 첫 조선 문화 체험

당시 서울에는 외국인 거주 지역(Foreign Compound)에 외국 공관원들과 선교사들이 함께 살고 있었다. 게일은 1888년 12월 19일자 누이에게 보낸 편지에서는 영국영사 콜린 포드(Colin Ford), 러시아 외교관 칼 웨버(Karl Waber) 등 여러 외교관들을 만난 사실들을 설명하고, 선교사들마저도 외국인 거주 지역에서 외국인들 하고만 지내는 환경에서는 조선의 문화를 배울 수 없다고 판단하고 자신은 그러한 환경을 떠나 조선사람이 되어 살겠다는 결심을 나타내 보였다.

게일은 조선에 온 지 약 3개월 후인 1889년 3월에 서울을 떠나 해주로 갔다. 누이에게 보낸 편지에 의하면 그가 해주 여행을 택한 동기는 "조선사람들을 보다 가까이 접하기 위해서"였다.[37] 해주에서 약 2주일을 보내면서 정착할 수 있는 집을 구하려 했으나 여의치 않던 차에 황해도 소래에서 온 기독교 신자 '안'(An)이라는 사람을 만난다.[38] 그리고 이 사람의 안내로 소래에 가게 된다.[39] 게일은 소래에서 6월 중순에 서

---

36. 게일의 한국 도착 날짜 1888년 12월 12일에 관하여는 Yoo, *Earlier*, p. 31 ; Yoo, *Impact*, p. 145에서 이미 논한 바 있다.
37. 1889년 3월 22일자로 게일이 그의 누이 제니에게 보낸 편지. 필자소장.
38. 게일은 'An'이라고만 했는데 오문환의 「교회순례기」(1929) 31쪽에서 안재경을 언급하였는데 오문환이 말한 안재경이 게일이 언급한 'An'이 아닌가 한다.
39. 소래는 일명 '솔래'라고도 알려진 마을로 황해도 장연군 대구면 송천리를 말하며 서상륜, 서경조 형제에 의하여 한국 최초의 개신교 교회가 세워진 마을이다. 솔래에서 한국 최초의 교회가 세워진 것에 대하여는 김대인, 「숨겨진 한국교회사」(한들출판사, 1995)를 참고.

울로 돌아왔는데, 해주와 주로 소래에서 약 3개월을 지내면서 "조선사 람과 조선 문화에 대하여 최초의 조선 문화 수업을 받았다."[40]고 술회 하였다. 소래에서 게일은 이창직(1866-1938)을 만났고, 그 후부터 이 창직은 '가족의 일원'이 되어 게일이 은퇴할 때까지 게일과 동고동락하 였다.[41] 소래에서 돌아온 게일은 그해(1889) 부산에 내려가 부산을 선 교의 본거지로 삼고 선교활동을 하다가 그 계획이 여의치 않아 서울에 머물다가 다시 원산에서 몇 년을 지낸 후, 1898년 서울에 와서 1900년 부터 현재의 연동교회의 담임목사로 선교사업을 시작하였다.

4. 부산선교에 대한 여러 기록들

어떤 사건의 시점(chronology)을 정하는 일은 사가들의 기준에 따라 달라질 수가 있는데, 한국 개신교의 역사적 시점을 외국 선교사들의 선교활동에 둘 것인가 아니면 피선교인의 기독교 수용에 둘 것인가 하 는 아직도 불일치된 견해를 예로 들 수 있을 것이다. 필자가 여기서 논 하는 시점을 '거주'라는 의미로 부여한다. '거주'의 사전적 의미는 '사 람이 일정한 곳에 자리를 잡고 머물러 삶'을 의미한다. 다시 표현하면 이동자(transitory)가 아닌 거주자(resident)를 의미한다. 하기야 거주 라는 의미도 기준에 따라 또 다를 수가 있지만 위와 같은 사전적 의미 의 거주를 바탕으로 하여, 인식 또는 납득할 수 있는 한도 내에서, 부 산 지역에서 개신교 선교사업을 맨 처음 시작한 때는 언제이고 개신교

---

40. Ada Sale, "Life of James," p. 3.
41. 인터뷰. 게일의 아들 조오지 게일. 1988년 6월 25일 토론토. 게일이 이창직을 만난 경위에 대하여는 James S. Gale, *Korean Sketches*(Fleming H. Revell, 1898), pp. 241-242 참고. 이후로는 KS로 표시 ; 이덕주, 「초기한국 기독교사 연구」(한국기독교역사연구소, 1995), pp. 399-402 참고.

선교사는 누구인가를 알아보고자 한다.

우선 게일 당대에 있었던 부산 혹은 경남 지역 선교와 언급되는 선교사들과 기록들을 연대순으로 나열하면 다음과 같다.

마포삼열이 엘린우드에게 보낸 편지(1890년)[42]

게다가 예비적인 사역은 이미 캐나다 토론토 낙스 대학의 YMCA가 파송한 게일이 부산에서 해 놓았습니다. 게일은 지금까지 약 열 달째 머물고 있습니다(1890년 7월 24일자 편지).

「한국개신교사」(1929년)[43]

게일 : 그(게일)는 1889년에 부산에서 선교사업을 시작하여 미국장노(로)교회 본부 선교사로 전임되던 1891년까지 토론토 대학 선교부 선교사로 일을 계속하였다(152쪽). 게일이 부산에서 1892년 봄까지 일하고 있다가(200쪽).

데이비스 : 그(데이비스)는 그 목적지 도착을 목전에 두고 당시 부산에 주재하던 게일에게 "빨리 와 주세요."란 급보를 보내게 되었다. 게일 목사의 주택에 옮겨 갔으나 천연두와 급성폐렴에 걸렸기 때문에 그만 1890년 4월 15일에 부산에서 사망하였다(198쪽).[44]

하디 : 하디 부처도 부산에 정착하고 게일과 같이 일할 예정이었으나 게일이 부산을 떠나게 되자 하디도 서울로 와서(200쪽).

베어드 : 1891년 미국 공사의 알선으로 (부산에) 처소를 잡고 1891년

---

42. 김인수, p. 33. 마포삼열은 낙스 대학교의 YMCA가 게일을 파송했다고 기록하고 있다.
43. 백낙준, 「한국개신교사, 1831-1910」(연세대학교출판사, 1985), 번역본.
44. 백낙준 박사는 데이비스 사망 날짜를 4월 15일이라 기록하였으나 데이비스는 4월 5일 오후 한 시경에 사망하였다. 백낙준 박사의 영문판(*History*)에는 'Mr.' 혹은 존칭어 없이 'J. S. Gale'이라고 표현하였으나 연세대학교 출판사의 번역본(1985)에는 '게일 목사'(198쪽)로 표기되었다. 게일은 부산에 체류하고 있던 당시에는 아직 목사가 아니었고, 1897년 5월 13일에 목사안수를 받았다.

부산의 첫 선교사들

에 W. M. 베어드 부처를 (부산에) 파송하여 상주하게 하였다(217쪽). 베어드 목사 부처는 (부산에) 사랑방 하나를 마련하고 남녀 손님들을 만나기도 하고 시골에 가기도 하였다(218쪽). 장로교회에서는 1896년에 W. M. 베어드를 부산 주재지에서 서울로 이주시켰다(245쪽).

History of the Korea Mission : Presbyterian Church, U. S. A. 1884 - 1934(1934년)[45]

게일 : 1889년 말경에 게일은 육로로 부산으로 갔다. …… 그가 부산에 체류하고 있던 다음해 봄에 인근 마을에 있던 헨리 데이비스로부터 "즉시 와 달라."는 연락을 받았다. …… 게일은 데이비스를 부산으로 데리고 왔고, 그(데이비스)는 1890년 4월 15일에 사망하였다(83쪽).[46] 그(게일)는 우리 선교회(미 북장로회)에 가입한 1891년까지 부산에서 거주하였다(96쪽).

하디 : 하디 의사와 그의 부인은 1890년 내한하여 부산에서 살았다(96쪽).

베어드 : 베어드 내외는 1891년에 (그들의) 거처를 부산에 잡았다(95쪽).

William M. Baird of Korea(1968년)[47]

1891년 2월 25일에 베어드 박사, 언더우드 박사, 그리고 한국인 교사와 함께 땅을 구입하기 위하여 부산에 갔다(13쪽). 그러니까 베어드 박사가 1891년 부산에서 선교사업을 시작한 곳은 조선인들의 거주지가

---

45. Harry A. Rhodes, *History of the Korea Mission : Presbyterian Church U. S. A., 1884-1934*(Seoul, 1934).
46. Harry A. Rhodes가 데이비스의 사망일을 4월 15일로 명기한 것은 백낙준의 *History*(영문판) 187쪽을 인용하였다. Rhodes, 94쪽의 note #7에는 176~177쪽이라고 했으나 영문판에 나타난 정확한 페이지는 187쪽이다.
47. Richard H. Baird, *William M. Baird of Korea*(Oakland, California, 1968), Mimiographed edition.

아니라 일본인 거주지였다(19쪽).

Biography(1972년)

그해(1889년) 8월 게일은 부산에서 정착하기 위하여(to live in Pusan) 서울을 떠났다. 그는 히꼬마루(Higo Maru)라는 일본 배를 타고 이창직과 쿠사바 카수다루(Kusaba Kasutaro)라는 일본인을 데리고 갔다. 게일은 부산에서 영구적으로 머물 작정으로……(15쪽).

게일과 이창직은 일본인 거주 지역과 항구의 중간 지점에 위치한 현재 초량 지역으로 알려진 언덕바지에 투숙하였다. 크리스마스 무렵 게일은 부산을 떠나 대구와 경주를 방문하였다(15쪽). 게일은 헤론과 함께 선편으로 서울에 와서 헤론의 집에 머물고 있었다. 게일이 침대 곁에서 지켜보는 가운데 헤론은 7월 26일(1890년)에 사망하였다(18쪽).

「부산지방 기독교전래사」(2001년)[48]

게일 : 부산에 거주했던 최초의 개신교 선교사는 캐나다인 게일이었다. 그는 약 1년간 부산에 체류하였다(34쪽). 1889년 8월 게일은 서울을 떠나 제물포로 가서 일본 증기선 '히꼬마루'로 부산에 왔는데……(36쪽). 1891년 봄까지 약 1년 반 동안 부산에 체류했다고 말하지만 이것은 정확치 않다(36쪽).

데이비스 : 1890년 3월 14일 (서울을 떠나)…… 20여 일간에 걸쳐 목적지인 부산에 도착…… 그러나 다음날인 4월 5일, 오후 1시경 세상을 떠났다(46쪽).

하디 : 1891년 4월 14일 부산으로 이주한 것이다. 하디는 부산에 온 후 1892년 11월 18일 부산을 떠나 원산으로 가기까지 일 년 반 동안 부산에서 활동하였다(40쪽).

베어드 : 베어드는 1891년 9월 부산에 옴으로써 이 지방 최초의 북장로교 선교사가 된 것이다(53쪽).

---

48. 이상규, 글마당, 2001.

위의 자료들에서 부산선교와 관련하여 거론된 선교사들 중 첫 번째 선교사는 게일이다. 마포삼열이 1890년 7월 24일에 쓴 편지에서는 게일이 부산에서 10개월 동안 선교를 위한 준비를 해 놓았다고 했고, "지금까지 열 달째 부산에 머물고 있다."라고 했는데 이는 게일과 부산선교를 규명하는 중요한 문건이다.[49] 마포삼열이 언급한 '10개월 동안'을 소급하면 게일이 부산에 도착한 시기가 1889년 5월 혹은 6월이라는 추정이 가능하다. 게일이 소래에서 1889년 6월에 서울에 돌아온 것을 감안하면 마포삼열의 기록은 5월인지 혹은 6월인지 다소 불명확한 점이 있기는 하다.

백낙준은 게일의 부산선교 시기를 1889년에서 1892년까지로 보고 있으며, 해리 로즈(Harry A. Rhodes)는 게일이 1889년에 부산으로 가서 1891년까지 부산에 거주하였다고 했다. 로트는 게일이 1889년 8월에 부산에 갔다가 헤론과 함께 서울에 돌아왔는데 돌아온 지 한 달 만인 6월에 헤론이 이질에 걸렸다고 기록한 것을 근거로 보면 게일은 1890년 5월에 서울에 왔을 가능성이 크고 부산에 약 9개월 동안 체류했다고 볼 수 있다. 이는 마포삼열이 주장한 '게일의 부산체류 10개월'과 대동소이하다. 이상규는 위에서 언급한 「부산지방 기독교전래사」를 통하여 게일이 '부산에서 거주했던 최초의 개신교 선교사'이며 게일은 약 1년간 부산에 체류하였다고 주장한다.

이상의 자료들이 우리에게 시사하는 것은 게일이 선교를 목적으로 약 10개월간 부산에서 거주하였다는 사실이다. 그런데 부산에서 게일의 활동들에 관한 기록의 흔적이 없다는 것 때문에 게일을 부산의 첫 개신교 선교사로 칭하는 데에 문제가 있다.[50] 그러나 그렇게 말하는 이

---

49. 마포삼열이 말한 "지금까지 열 달째 부산에 머물고 있습니다."라는 표현은 마포삼열이 편지를 쓴 1890년 7월 24일 그때까지 부산에 있었다는 의미를 내포하고 있으나 게일은 1890년 6월에 서울로 돌아왔다.

상규도 위에서 보았듯이 "부산에 거주했던 최초의 개신교 선교사는 캐나다인 게일이었다."라는 결론을 내리고 있다.

5. 게일의 부산선교와 그가 남긴 자료들

게일 자신은 부산선교와 그의 활동을 어떻게 표현하고 있는가? 게일이 조선에 도착하여 조선말과 문화를 익힐 계획으로 해주와 소래를 찾아갔던 일은 말 그대로 조선말과 문화를 배우기 위한 조선 문화와의 첫 대면 시기이다. 앞에서 언급한 바 있지만 그곳 소래에서 게일은 한 학자 이창직을 만났고 게일의 아들 조오지는 이창직이 '한 식구의 일원'으로 살았다고 회고하였다. 게일의 두 번째 부인 에이더 세일(Ada Sale)이 쓴 *Life of James Scarth Gale*에 게일은 "나는(게일) 1889년 8월에 부산에 가서 1890년 6월까지 그곳에 머물러 있었다."라고 스스로 말하고 있다.[51] 그리고 "부산은 나의 집이 될 것"[52]이라는 등의 표현으로 보아 게일은 부산에 정착하고 싶은 의사가 있었음을 알 수 있다.

부산은 게일이 물색한 두 번째의 선교지로, 그 첫 번째는 해주였다. 게일은 해주에 집을 구입하여 정착 선교를 할 계획으로 조선사람에게 70불을 보냈으나 해주 사람들이 이를 용납하지 않았기 때문에 해주를 거쳐 소래로 간 것이다.[53]

부산에 체류하는 동안 게일은 초량 지역에 집을 구하고 현지생활에 만

---

50. Rutt, p. 16 ; 이상규도 이 점에 대하여 러트(Rutt)와 동일한 입장이다. 이상규, p. 37 참고.
51. Ada Sale, "The Life of James," p. 3.
52. "In going south I hope to make the whole distance in about three weeks right to Fusan which will be my home hereafter."라고 게일이 제인(Jane)에게 보낸 August 1, 1889년의 편지. 필자소장.
53. *KS*, p. 17.

족한 듯 1890년 기독학생청년회에 보낸 보고서에 "부산을 선교본부로 삼고 집(property)을 샀다."⁵⁴⁾고 보고하였다. 그는 1889년 봄 해주를 방문하고 그곳에 집을 구하여 선교본부로 삼고 선교활동을 하려 하였으나 집을 구할 수 없어 그 계획이 수포로 돌아가 결국 소래에서 3개월을 지냈던 경험과는 다른 체험을 부산에서 하게 되어 마음에 안정을 찾았던 것이다.

뒤에서 하디(Hardie)가 한국에 선교사로 오게 된 동기를 설명하겠지만 이 시기에 의과대학생기독청년회(The Medical Students' YMCA of Toronto, MS-YMCA)는 하디(Robert Alexander Hardie, 1865-1949)를 "게일과 함께 선교하게 하기 위하여"⁵⁵⁾ 한국에 파송했다.

6. 게일이 부산에서 남긴 자료들

1) 「대구 경주 여행」

게일이 부산에 체류하는 동안 그가 남긴 기록은 제인(Jane)에게 보낸 편지, 3편의 출판물, 데이비스와의 만남, 부산을 방문한 헤론과의 만남, 그리고 이창직과 일본인 쿠사바 카수타로와 찍은 위의 사진인데 모두가 게일이 부산에서 체류하는 동안 있었던 일로 부산선교 상황을 볼 수 있는 귀중한 자료들이다.

세 편의 출판물 가운데 하나가 바로 「대구 경주 여행」(*A Trip Through*

---

54. Gale's report "One Year in Korea"(Toronto, Ontario : Blackett Robinson, 1890), p. 10 ; Yoo, *Impact*, p. 146에서 재인용.
55. Avison Memoir(1940), p. 85. 의과대학생기독청년회가 하디를 파송하려고 할 그때 게일과 펜윅은 한국에 있었으며 의과대학생기독청년회는 그들로부터 하디 파송에 대한 정보를 입수하였고, 게일과 펜윅의 한국선교 보고를 통하여 한국선교의 영향을 받았다.

쿠사바 카스타로와 제임스 게일과 이창직이 부산에서

Inland)인데 글의 후미에 "Fusan, South Korea, Jan. 12. James S. Gale"이라고 써 있다. 「대구 경주 여행」에는 부산을 떠나 대구와 경주 여행 동안 일어난 일들이 소상하게 기록되어 있다. 게일은 대구를 'Takon' 이라고 썼으며 남도(경상)의 수도라고 했다. 부산을 떠날 때가 성탄절이 바로 지난 12월인데 토론토 날씨로 치면 햇볕이 따스한 4월의 날씨라고 했다. 마을 사람들은 게일을 중국사람 혹은 일본사람이라고 말하기도 했고, 대부분은 게일이 "무엇인지 모른다."[56]고 했다. 대구에 도착하였을 때는 감사에게 불려 갔으나 게일이 방에 들어서자 감사는 일어나 게일에게 매우 친절하고 예의 바르게 자리를 권했다고 한다. 대구에서 지냈던 한 장면을 게일은 다음과 같이 묘사하였다.

내가 그 시(대구)에서 머무는 4~5일 동안 밤마다 여러 계층을 망라한 방문객들이 내 방을 가득 메웠습니다. 그들이 그렇게도 예의 바르고, 친절하고, 공손한 까닭은 그들이 세상으로부터 오랫동안 어두운 삶을 살았기 때문이라는 것을 생각할 때 그것은 나를 퍽이나 슬프게 만들었습니다. 우리 서양의 습관, 법질서 등에 대하여 그들이 나에게 묻는 질문과

---

56. 주민들의 "무엇인지 모른다."는 표현은 그들이 게일을 사람인지 무엇인지 또 그를 사람으로도 봐 주지 않았다는 뜻이기도 하다.

부산의 첫 선교사들

우리의(미국의) 광활한 대지에 관한 이야기들을 내가 조선말로 저들에게 들려준다는 사실이 그들에게는 기쁜 일이었습니다. 그들이 옳은 것을 들을 때는 "그것은 옳습니다.", "그것은 옳습니다."라고 말하고 또한 그른 것을 들을 때는 "그것은 나쁜 일이요, 나쁜 일!"이라고 말하는 것은 인간의 양심에서 우러나는 정직성의 강한 증언입니다. (선교활동의) 제한과 법적인 제재에도 불구하고 나는 그들에게 우리의 모든 빛과 행복이 어디로부터 오는지 그 근원, 즉 메시야 예수에 대하여 말할 기회를 가졌습니다.[57]

게일은 기독교를 전파하는 일이 법적으로 허용되지 않았지만 주민들의 강한 정직함을 보고 예수를 전파하지 않을 수 없었다고 고백한다. 그런데 게일이 해주와 소래를 방문했던 3개월 여 동안에는 그의 어떤 기록에서도 대구에서와 같이 전도를 시도했다거나 또한 전도의 강열한 필요성을 느꼈다는 고백을 찾을 수 없다.

이것이 게일이 소래 여행 때 가지고 있던 태도와 부산과 대구 여행 때 가지고 있던 태도의 차이점이다. 소래 여행 때는 전도자로서의 게일이 아니라 조선 문화를 배우려는 견문의 태도를 가진 게일이었다. 그러나 부산으로 내려온 게일의 심정에는 분명히 선교의 둥지를 틀려는 결심이 있었음을 알 수 있다.

캐나다는 영국의 속국이었기 때문에 캐나다인은 조선과 영국 사이에 맺은 조약을 따랐다. 1883년 11월 26일 맺은 '한영 수호 통상 조약'에 "영국 신민은 여행권을 가지면 조선 국내 각지에서 유람이나 무역을 목적으로 여행할 수 있되 조선 정부에서 불허하는 서적 및 기타 출판물

---

57. James S. Gale, "A Trip Through Inland," *KCM*(March 1890), p. 280. 게일은 대구를 방문한 것에 대하여 *KS*, p. 123 ; *KMF*(May 1927), 107쪽에서도 언급하였다.

외에는 각종 상품의 수송 및 매매를 할 수 있다."라고 규정된 것으로 보아 공공연하게 본토인들을 향한 선교활동이 제한되어 있었다. 앞에서 게일이 말한 선교활동의 제한과 법적인 제재는 단순히 조약에 명기된 제재를 말한다기보다는 그가 부산을 여행할 때 여행증 발급과 더불어 영국 영사에게서 받은 경고를 연상하면서 한 말일 것이다.

게일은 부산에 갈 때 당시 서울 주재 영국 영사 힐러(Walter C. Hiller)가 서명한 여행증명서를 소지하였다. 게일은 누이(Jane)에게 보낸 편지에 힐러로부터 받은 편지의 내용도 함께 적었는데 여기 그 내용을 옮겨 본다.

> 본 여행증을 발송하면서 이 여행증이 당신의 선교사업을 인정하는 것이 아님을 첨부하여 경고합니다. 경고만으로 만족하다고 생각합니다. 따라서 본인은 당신으로부터 어떤 서약을 받는 관료적 절차가 필요하다고 생각하지 않습니다. 그 이유는 지나친 열심이 선교사업에 악영향을 야기할 수 있다는 것을 당신이 잘 알고 있기 때문입니다.[58]

바로 이러한 경고에도 불구하고 대구 시민들에게 메시야 예수에 대하여 말했다는 것은 그의 선교의 열정이 얼마나 강했는지를 알게 해 준다. 우리는 다음과 같은 게일의 또다른 태도를 통하여 당시 선교사들의 선교방법을 엿볼 수 있다.

게일이 대구를 여행하는 동안 자신이 기독교 선교사라는 신분을 밝힐 수 있는 기회가 있었으나 그렇게 하지 않았던 순간이 있었다. 감사는 게일에게 어디서 왔으며 무엇을 하는 사람이냐고 물었을 때 다음과 같이 대답하였다.

---

58. Gale's letter to Jane, Fusan, December 13th, 1889. 필자소장.

나는 그에게 내가 선교사라는 것을 말하지 않았다. 선교사를 설명하자면 하루는 걸릴 것이고, 설명을 다 들은 후에는 선교사가 그의 나라를 파괴하는 무슨 대단한 음모를 획책하고 있는 것으로 생각했을 것이다. 그래서 나는 당신의 나라를 둘러보고 당신의 백성들과 지내고자 하는 그냥 지나가는 객이라고 말했다.[59]

마을 사람들에게는 전도를 하면서 감사 앞에서는 자신의 선교사 신분을 밝히지 않은 점을 혹자는 게일이 이중적 태도를 가졌다고 비판할 수도 있다. 하지만 이는 게일이 암시한 것처럼 그 누구도 그 당시에 스스로 문제를 만들 필요는 없었다. 대구와 경주를 방문하고 부산에 돌아와 누이(Jane)에게 보낸 편지에서 그는 그해 1월 1일을 부산에서 약 일백 마일 떨어진 대구에서 보냈다고 했다.[60] 1890년 설날을 대구에서 보냈다는 말이다. 부산을 향하여 대구를 떠난 첫날은 인후(咽喉)증이 있어 경주 방문 계획을 포기하고 경주를 경유하여 부산으로 서둘러 왔다.

그는 경주를 대구와 비교하여 '그림같이 아름답고, 깊은 산속에 우뚝 솟은 성문과 정교하게 쌓아 올린 성벽으로 쌓여 있는 도시'라고 묘사하였다. 게일이 대구를 떠날 때가 되자 그의 말이 병이 나서 더 이상 여행을 할 수 없게 되었다. 그래서 그곳 감사에게 사정을 얘기했더니 다음날 아침 떠날 무렵 살이 찐 튼튼한 말을 보내 주었다고 한다. 당시 대구 감사가 마련해 준 말은 매 5마일 정도의 구간만 운행했던 관용 역마(驛馬)였기 때문에 부산까지 오는 약 3일 동안 15여 마리의 말을 바꾸어 탔다.[61]

---

59. Gale, "A Trip Through Inland," p. 279.
60. Gale's letter to his sister, Jane, dated Fusan Jan. 10th, 1890. 필자소장.
61. KS, p. 123.

2) "내 란"

부산에서 체류하는 동안 게일은 "내란"(Civil War)이라는 글을 써서 *KCM*에 기고하였다. 그 글의 후미에는 Fusan, South Korea. Jas. S. Gale이라고 발신지와 저자가 명기되어 있었다.[62] 선교 현장에서 전개되는 각 교단 간의 격렬한 경쟁은 독립 선교사의 자격으로 선교활동을 하고 있던 게일의 눈에는 하나의 내란으로 비쳐졌다.

> 어깨와 어깨를 맞대고 한 형제처럼 일하는 대신, 그들은 서로 이산되었고 각 중대(각 교단을 말함.)는 다른 중대와 식별하는 괴상한 옷을 입고 있는데 조선처럼 따뜻한 곳에서는 그 옷들이 분명히 귀찮고 불필요하게 보인다. 그러나 우리는 우리가 갖고 있는 생각들이 유익하지 않다는 것을 발견하였다. 왜냐하면 그러한 생각들은 조선사람들에게서 날아오는 총탄이 아니라 선교사들 각자에게 날아오는 총탄을 막는 갑옷으로 쓰이기 때문이다. 자세히 관찰해 보면 보루는(게일이 말한 보루란 조선에 온 원래의 목적, 즉 선교사업을 뜻함.) 팽개쳐졌고 교단이라는 화약으로 장전한 총포는 반대편 부대(교단)에 조준되어 있다. 근자에도 심각한 교전(교단 간의 다툼)이 있었다고 들었다. 그러나 사상자와 부상자가 몇이나 되는지 정확한 숫자는 알려지지 않았다. 좀더 주의 깊게 현재의 군비물들을 살펴보면 침례교의 폭탄, 감리교의 지뢰, 그리고 장로교의 총알과 포탄을 발견할 수 있을 것이다.[63]

게일은 그의 견해를 관철시키는 방법으로 제3자의 입을 인용하기도 하였다. 예를 들면 당시 부산에는 헌트(J. H. Hunt)라고 하는 영국계

---

62. Jas. S. Gale, "Civil War," *KCM*(February 1890), p. 222.
63. Ibid., p. 217.

세관원이 있었는데, 그는 전임지 중국에서 17년을 근무한 경험이 있는 아시아통 세관원으로 선교사 친구들을 많이 갖고 있는 사람이었다. 헌트는 선교사들 가운데서 일어나는 세속적인 다툼과 전쟁을 보아 왔다고 했고 자신은 그들과 합류하고 싶은 의향이 없다고 했다. "그런 세속적인 다툼과 전쟁의 이유가 무엇이냐?"고 게일이 헌트에게 물었다. "그것을 이해하는 일은 간단하지요. 그것은 한 교단이 다른 교단보다 숫자적으로 월등하게 많아지려고 하는 것인데 그래야만 본국에 훌륭한 보고서를 보낼 수 있기 때문입니다."라고 헌트는 대답하였다.[64] 게일은 지금 우리는 기독교인의 수량을 강조하는 시대에 살고 있다고 비판하고 그러한 지각없는 행동이 이교도들에게 서둘러 세례를 주는 결과를 낳았다고 했다. 그러나 본국 선교부는 이런 개종자들에 대한 숫자적 보고서를 받지 못하면 이 선교사업을 존속할 것인지 혹은 그들이 낸 선교비의 대가를 제대로 받고 있는지에 대하여 의문을 품는다는 것이다.

게일이 말하는 선교 현장에서 일어나는 선교사들 혹은 교단 간의 분쟁의 원인은 본국 교회의 선교정책에 있다고 비판하였다. 게일은 당대의 훌륭한 선교사들은 교단적 성을 쌓지도 않았고 개종자의 숫자를 세지도 않는다고 했다. 그는 리빙스톤을 예로 들어 리빙스톤은 그의 업적이나 그가 세운 교회에 대하여 언급한 적이 없고 그는 "나의 예수, 나의 임금이신 예수, 나의 생명이신 예수, 그리고 나의 전부이신 예수만을 최후의 말로 남겼다."[65]고 결론지었다.

게일이 부산에서 쓴 이 "내란"은 당시 특히 서울에서 선교활동을 하는 각 교단 선교사들 간에 일어난 경쟁을 몸소 경험한 폭로 기사의 성

---

64. Ibid., p. 218.
65. Ibid., p. 221.

격을 띠고 있다. 독립 선교사로서 교단적 배경이 없는 그가 당하는 서러움 내지는 고통을 대변하는 글이기도 했다. 이러한 당시의 선교사들 간의 갈등, 특히 교단 소속 선교사들 간의 선교지 패권 다툼은 게일로 하여금 서울을 떠나 아직 아무도 선교의 깃발을 꽂지 않은 부산에 가서 선교지를 확보하게 하는 원인이 되었을 것이다.

3) "IN FAR KOREA"

게일은 부산에서 체류하는 동안 토론토에서 발간하는 *Globe*라는 전국 일간지에 해주와 소래 여행 동안에 겪은 일을 소상하게 소개하는 글을 기고하였다. 1890년 *Globe*에 실린 제목은 다음과 같다. "IN FAR KOREA. A City Unknown to Newspaper Reporters, LETTER FROM MISSIONARY GALE. Glimpses of the People of the Land of Morning Calm." 게일이 *Globe*에 소개한 내용은 그의 출판물 *KS*(1898년) "First Impressions"에 더 자세하게 기록하였다. 그리고 게일은 다음에 언급하게 될 '지게꾼(The Coolie) 곽(Mr. Quak)'의 삽화와 함께 6장의 삽화를 그려 보냈다. 게일에게는 화가의 재능이 있었다. 필자가 소장하고 있는 유품 중에는 게일이 대학에 다닐 때 토론토 시가지를 그린 그림이 있고, 1885년 불란서에 유학을 갔을 때는 그곳의 풍물들을 손수 그렸다. 누이(Jane)에게 해주와 소래 등 시골에서 겪은 모습을 손수 그려 설명하였는데, 그의 그림 솜씨는 당시 동료들에게도 잘 알려진 듯하다. 미국 북장로회 선교부 총무 엘린우드가 마펫에게 당시 서울의 지도를 부탁했는데, 마펫이 "저는 제도를 잘 못하지만, 게일에게 부탁해서 게일 씨가 서둘러서 서울의 개략적인 스케치를 했습니다.[66] 그것을 보시면 선교회 건물이 어디 있는지 아실 수 있을 것입니다."라고 하면서 게일이 그린 서울 지도를 미국에 보냈다고 하는 기

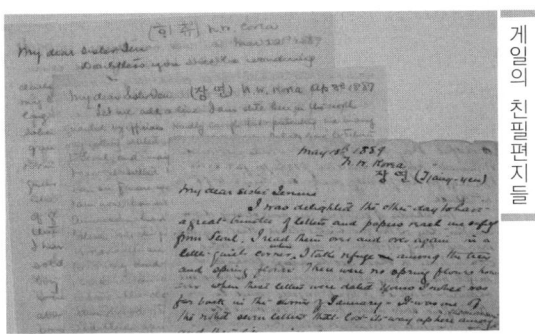

게일의 친필편지들

록을 보더라도 게일은 그림 솜씨가 있었던 것으로 추정된다.[67]

*Globe*에 기고한 "IN FAR KOREA"에서 우리의 주목을 끄는 것은 자신의 부산 체류에 대한 묘사이다. 게일은 "현재 조선에서 활동하고 있는 남자 선교사의 숫자는 15명 이하입니다. 미국장로교의 알렌 박사가 제물포에서 활동하고 (제가 부산에서 살고 있는 것을 제외하고는, 필자주) 주민의 수가 약 4십만인 수도 서울에서 살고 있습니다."라고 썼다. 게일은 토론토에서 발행하는 신문에 자신의 거주지를 부산으로 소개하고 있듯이 스스로를 부산에 거주하는 선교사로 소개한 것이다.

4) 누이에게 보낸 편지들

게일이 부산으로 떠나기 전 그의 누이 제니(Jennie)에게 보낸 1889년 8월 1일자 편지에 발신인 주소가 '부산'(Address Fusan Korea)이라고 쓰여 있고 다음과 같은 내용이 들어 있다.[68]

---

66. 김인수, 「마포삼열」, p. 85.
67. Ibid., p. 86.
68. 게일은 이 편지를 서울에서 쓰면서도 주소를 '부산'(Fusan Korea)이라고 쓴 이

언더우드(Underwood)와 함께 하는 일이 곧 끝날 것이며 그리고 YMCA에 관한 일이 끝나는 즉시 인구가 가장 밀집한 지역인 경상도(Keung Sang)로 떠날 예정입니다.[69] …… 부산까지는 약 3주일이 걸릴 것입니다. 부산에 도착 이후부터 부산은 나의 집이 될 것입니다(will be my home hereafter). 다른 모든 선교사들은 서울에 밀집해 있습니다. 내가 서울에 있을 하등에 이유가 없습니다. 남쪽에는(부산을 뜻함, 필자주) 일본인 거주지가 있습니다. 나는 그곳에서 거처를 임대할 수 있을 것이고 내 친구 이(이창직을 말함, 필자주)의 책임하에 한국의 법을 어기지 않으면서 성경판매소(a Bible Shop)를 운영할 수 있을 것입니다. 그리고 국내의 여기저기 아무 곳이나 (전도) 여행을 다닐 수 있을 것입니다. 현지(조선)에 있는 몇몇 선교사들은 조선사람들을 자기들과 같이 만들기 위한 노력을 하고 있는데, 나는 그들이 실수를 범하고 있다고 생각합니다. 우리들은 그렇게 할 수 없습니다. 그 어떤 변화도 그 반대여야 합니다. 우리들(선교사들)이 조선사람과 같이 되어야 합니다. 왜냐하면 조선사람들은 (기독교인으로 변한다 하여도) 여전히 조선사람이며 동시에 기독교인이기 때문입니다.[70]

편지에는 게일이 부산으로 내려가야만 하는 이유, 부산으로 내려가겠다는 강력한 의지, 그리고 부산에서 조선인 이창직으로 하여금 성서

유는 자신이 부산으로 간다고 했으니 회신은 부산으로 보내라는 뜻이다.
69. 게일이 바로 이 편지 전에 쓴 편지 1889년 7월 1일 날짜에는 'River Han'(한강, 필자주)에서 쓴다고 했고 당시에 언더우드와 함께 *Korean pocket dictionary*를 만든다고 쓰여 있다. '언더우드와의 일이 끝나면'이란 말은 사전편찬 작업이 끝나면이란 뜻이다.
70. 게일이 그의 누이(Jen)에게 보낸 편지. August 1, 1889, 1890년 기독학생청년회 보고서에서는 자신들의 선교사의 거주지를 'James Scarth Gale - Fusan, Korea'라 표기하고 게일의 봉급을 750달러로 인상해야 한다고 하며 회원들에게 게일 선교비 증액을 호소했다. 또한 게일은 부산을 선교본부로 삼을 계획인데 적당한 선교본부의 건물을 사려면 500달러가 필요하니 선교회는 이 기금을 마련해야 한다고 했다. "기독학생청년회"(1890), p. 4.

부산의 첫 선교사들

를 판매하게 하고 선교한다는 계획을 가지고 있음이 잘 드러나 있다. 우리는 게일이 누이에게 보낸 편지에서 게일 특유의 선교사로서의 태도, 즉 선교사는 조선인화(Koreanized missionary)되어야 하고 선교방법 역시 조선인화된 기독교(Koreanized Christianity)를 강조하는 모습을 볼 수 있다. 선교사는 서양 기독교를 건네주는 전달자(transmitter), 즉 선교활동의 행위자가 되어 피선교인들에게 그들과 똑같은 유형의 기독교를 요구한다면 그것은 잘못된 선교활동이라는 것이다. 선교사 자신이 피선교인들과 동질화(同質化)되어 선교사들이 한국에서 기독교를 전파할 때 자신의 기독교를 그대로 전하는 것이 아니라 조선에 심는 서양 기독교는 한국인에 맞게 여과된 '한국적 기독교'여야 한다는 의미이다. 우리는 여기서 외국인 선교사 게일이 100년 전인 그의 선교 초기부터 한국적 기독교를 시도했음을 알 수 있다. 이것이 게일의 선교철학이었다.

5) 게일과 데이비스의 만남

게일이 부산에 있던 1890년 봄, 호주 선교사 데이비스(Davies)의 죽음을 목격한다. 데이비스는 호주장로교 선교사로 1889년 10월에 조선에 도착하였는데, 그 이듬해인 1890년 3월 14일 서울을 떠나 1890년 4월 4일 금요일 부산에 도착하였다.[71] 데이비스와의 만남을 게일은 "그러니까 그제 비가 퍼붓고 있었는데 누군가가 문을 두드리기에 나는 문으로 나가 보았습니다.[72] 문에는 어떤 조선사람이 있었고, 그는 데이비

---

71. "Letter from Dr. J. S. Gale to Miss Mary T. Davies on the occasion of the death of her brother, the Rev. J. H. Davies," Edith A. Kerr and George Anderson(eds), *The Australian Presbyterian Mission*(Australian Presbyterian Board of Missions, 1970), p. 174. Mimeographed edition.

스가 부산에 오긴 했으나 몸이 많이 아파 가까이 있는 호텔에 있다고 말해 주었습니다."라고 기록하고 있다.[73]

게일은 데이비스를 자기 집으로 데리고 와서 일본인 의사 기타무라(Kitamura)를 불러 치료받게 하였고, 이창직과 교대로 그날 밤 간병하였다.[74] 하지만 데이비스는 천연두에 감염되어 4월 5일 오후 한 시경 사망하였다.[75] 당시 데이비스의 나이 33세였다.

이상규에 의하면 "당시 부산에 체류했던 캐나다 선교사 게일은 데이비스의 시신을 현재 부산시 중구 대청동 뒷산인 복병산(伏兵山)에 매장했는데 이곳은 후일 호주장로교의 부산선교를 위한 약속의 땅이 되었다."고 한다.[76]

---

72. 게일이 서울에 있는 데이비스의 누이인 메리(Mary T. Davies)에게 데이비스의 사망 소식을 알리는 편지를 쓴 날짜가 1890년 4월 6일 부산이라고 되어 있는 것을 보면, 게일이 데이비스를 만난 날짜는 4월 4일일 것이다.
73. Gale's letter to Mary T. Davies, p. 174. 게일은 그의 편지에 '호텔'(hotel)이라고 썼지만, 당시에 호텔이라고 부를 만한 숙소가 있었을 리 없다. 게일은 데이비스를 만나는 과정 그리고 그의 사망 과정을 KS(248–250쪽)에서 썼는데 249쪽에서는 "I found him (Davies) in a hut."라고 한 것을 보면 그 지역의 주막집 같은 곳에 있었을 것으로 추측된다.
74. 박용규, 「한국 기독교회사」(서울 : 생명의말씀사, 2004), 427쪽에 의하면 "일본인 의사 기타무라(Kitamura)는 독일교수 밑에서 훈련을 받은 숙련된 사람임."이라고 했다.
75. The Australian Presbyterian, 174~175쪽에서 게일은 그의 편지에서 데이비스의 사망 날짜를 분명히 밝히지 않고 있으나 게일이 데이비스를 만난 날짜가 4월 4일이고 게일의 편지 내용에 "지난 밤 간병했다."는 말과 "9시경에 데이비스에게 먹을 것을 구해 주기 위해 나갔다." 또는 "한 시에 사망했다."는 등의 기록을 종합하면 데이비스의 사망 날짜는 1890년 4월 5일인 것을 알 수 있다. 이상규, 「부산지방 기독교 전래사」, 46~47쪽에 의하면 데이비스는 어학선생, 하인, 매서인과 함께 1890년 3월 14일 서울을 떠나 경기도, 충청도, 경상도를 거치는 약 20여 일간의 여행 끝에 부산에 도착하였다고 하였다. 백낙준, 187쪽과 Rutt, 16쪽은 데이비스의 사망 날짜를 1890년 4월 15일이라고 하였다.
76. 이상규, p. 47.

6) 헤론의 부산 방문과 게일

당시 제중원 의료 선교사 헤론(John William Heron, 1856-1890)이 부산에 주재하고 있던 영국 세관원 헌트(J. H. Hunt)의 딸을 치료하기 위하여 1889년에 내한한 캐나다 출신 독립 선교사 펜윅(Fenwick)과 함께 부산에 왔다.[77] 헤론은 게일의 어려운 생활 여건과 주위의 비위생적 상황을 보고 게일의 생명에 위협이 된다고 느껴 자신과 함께 서울에 올라갈 것을 권유하였다. 게일은 당시의 불안정하고 불결한 여건과 데이비스의 사망을 지켜보았기 때문에 헤론의 제안을 받아들여 부산에 온 지 약 9개월 혹은 10개월 만인 1890년 5월 서울에 돌아왔다.[78] 게일은 헤론 집에서 손님으로 얼마 동안 헤론의 가족과 함께 지냈고 당시 마펫(Samuel Moffett)이 책임지고 있던 정동의 예수교 고아학당 학생들을 가르치는 교사로 잠시 일했다. 부산에 선교본부를 설치하려던 게일의 꿈은 헤론을 따라 서울로 오면서 일단 접게 되었다. 그런데 부산에서의 게일의 생명을 염려하여 게일을 서울에 데리고 온 헤론 자신이

---

77. Rutt, p. 16. 게일은 펜윅과 헤론이 부산에 온 것에 대하여 그의 *KS*(250-251쪽)에서 설명하였다. 펜윅(Malcolm C. Fenwick, 1865-1935)은 대한침례회의 창설자라고 일반적으로 알려져 있으나 그것은 사실과 다르다. 일반적으로 펜윅의 출생연대는 1863년으로 알려져 있으나 그의 고향 마크햄(Markham) 지역 인구조사(1881)에 의하면 펜윅은 1865년에 출생하였다. 그의 한국 도착에 대하여는 김용해, 「대한기독교침례회사」(1964), 11쪽에는 1890년 12월 8일에 내한했다고 했고, 일반적으로 1889년 12월 8일에 내한 혹은 제물포에 도착했다는 것으로 알려져 있다. 그러나 게일이 부산에서 1889년 12월 13일에 쓴 편지에는 "전일 전날 밤에(이틀 전날 밤)에 콰이마루(Qwari Maru)라는 배가 입항하였다. 나는 배 안으로 들어가 펜윅을 만났다."는 내용으로 보아 펜윅은 1889년 12월 11일에 부산에 도착한 것을 알 수 있다. 펜윅에 대하여는 Yoo, *Earlier*, pp. 41-56, Yoo, *Impact*, pp. 219-264 참고.
78. Ada, "Life of James" 3쪽에는 "나는 1889년 8월 부산에 갔고 그곳에서 1890년 6월까지 있었다."라고 했다.

귀경한 지 한 달이 채 못 된 1890년 7월 26일 세상을 떠났다. 게일은 데이비스의 죽음을 눈앞에서 보았듯이 헤론의 임종을 지켜보았다. 헤론의 나이 34살이었다. 게일은 두 사람의 동료 선교사들이 선교의 꽃을 피우지 못한 채 선교 현장에서 이슬로 사라지는 슬픈 현장을 목격한 장본인이 되었다.

헤론의 집에 기숙하던 게일은 헤론이 죽은 후에 또다시 방랑생활을 시작하였다. 말하자면 총각이 과부의 집에서 계속 기거하기가 어려웠던 것이다. 이때 게일은 1890년에 내한한 독신이던 사무엘 마펫(Samuel Moffett)과 친구가 되었다. 그들은 만주에서 성경을 조선어로 번역하고 만주 지역의 이른바 조선인 거주 지역(Corean Valley)에 있던 조선족들에게 선교의 문을 열었을 뿐만 아니라 Corean Primer(1877)와 History of Corea(1880), 그리고 The Manchus, or The Reigning Dynasty of China(1880) 등을 이미 출판하여 '동양통'으로 알려진 스코틀랜드장로회 선교사 로스(John Ross, 1842-1915)를 만나기 위하여 만주 봉천에 갔다. 게일과 마펫은 1891년 2월 27일 서울을 떠났다가 그해 6월 서울에 다시 돌아왔다. 그들의 여행은 4개월이 걸렸고 왕복 1,400마일의 거리였다.[79]

우리는 지금까지 필자가 설정한 '거주'라는 의미로 부산선교와 관계되는 게일 당대의 선교사들과 그들에 대한 기록들을 조사하였다. 최초의 부산선교 혹은 경남 지역에 관한 역사의 기록들은 게일을 다른 선교

---

79. Rutt, p. 20. 필자는 2002년 5월 만주 심양에 있는 로스(John Ross)가 살았던 그리고 의주 청년들과 성경을 번역하였다는 바로 그 방에 로스의 사진이 걸려 있는 것을 목격하였다. 그 방은 현재 교회 회의실로 사용되고 있었다. 바로 그 방이 게일과 마펫이 로스를 만나 이야기하고 숙식을 함께 했을 방이라는 생각이 들었다. 필자는 그 방에서 현재 그 교회의 장로 두 분과 마주 앉아 이야기를 나누었다.

부산의 첫 선교사들

사들의 선두에 두고 있다. 게일 자신의 글에서도 자신을 부산에 거주하는 첫 개신교 선교사로 묘사하고 있는 것도 보았다.

게일이 부산에 체류하면서 데이비스의 죽음을 목격하고 장사 지내 주던 일, 대구를 방문하고 전도의 기회가 있을 때 대구 시민들에게 전도를 했던 일, 게일이 남긴 기록들, 그리고 타인의 기록이나 게일 자신의 기록을 통하여 볼 때 부산에 거주하면서 선교의 문을 연 첫 개신교 선교사는 바로 캐나다 출신 독립 선교사 게일인 것을 알 수 있다. 따라서 게일이 부산에서 선교를 시작한 연대는 상기 자료들에서 보는 바와 같이 1889년 8월부터 1890년 5월 혹은 6월인 약 10개월 동안이라는 것도 알 수 있다.

7. 게일에게 첫 10년 동안에 일어난 3가지 변화

게일의 선교사생활은 방랑생활(Bohemian life)과 같다고 했다.[80] 게일의 '독립 선교사'라는 신분은 소속 교단의 교단 선교정책으로부터 자유로웠고, 독신이라는 점은 가족을 돌봐야 하는 가장의 책임과 의무로부터 자유로운, 말 그대로 자유로운(freelance) 선교사였다. 그래서 그의 말대로 방랑생활 같은 객이 되어 조선의 방방곡곡을 자유롭게 여행할 수 있었다. 게일 스스로도 "나는 지난 8년 동안 불행한 일이라고 할 수도 있겠지만, 각각 다른 경로를 통하여 각각 다른 계절에 조선 반도를 12차례나 왕래하였다. 어느 미국인이나 영국인도 그렇게 다양한 경험을 하면서 이 은둔의 나라를 횡단한 사람이 없다."[81]고 하였다. 게일은 조선에 도착한 후 미래의 선교활동을 위하여 조선사람과 조선 문화

---

80. Gale's letter to his sister, Jane, dated Oct. 22, 1889. 필자소장. 이때는 게일이 부산에 있을 때이다.
81. *KS*, p. 127.

에 익숙해야 한다는 것을 잘 알았고, 그 어느 선교사보다도 조선을 알기 위하여 노력하였다. 게일의 '조선인화'에 대하여 사무엘 마펫은 "(게일은) 입는 옷차림에 대한 것만 빼놓고는 조선사람이 살아가는 방식 그대로 살고 있습니다."[82]라고 했다. 또한 언어 실력과 조선사람들과의 융화에 대하여 "게일은 언어를 유창하게 구사하며, 2년 6개월 동안 조선에 있으면서 거의 조선집에 살고 조선 음식을 먹어서 조선사람들의 신임을 얻게 되었습니다."라고 했다.[83] 아무튼 게일에게는 조선에 도착한 후 첫 10여 년 동안 자신이 말하듯이 조선반도를 수차례 여행하는 '불행했던 일'이 오히려 조선사람들과 조선 문화를 익히는 '다행스러운 일'로 바뀌었을 뿐만 아니라 그의 조선 체류 첫 10여 년 동안 게일에게 일어났던 다음 3가지는 그에게 선교사로 활동할 수 있는 기반을 마련해 주었다.

1) 소속의 변화 : 경제적 안정과 교단 정착

이미 전술하였지만 게일의 연봉은 500불이었다. 게일과 같은 미국인 독신 선교사의 연봉이 1,000불이었던 것을 감안하면 게일은 가난뱅이 선교사였다. 그 빈약한 봉급마저도 모교 기독학생회의 멤버들이 내는 선교헌금이다 보니 막강한 재력을 가진 교단 후원을 받는 선교사와 비교할 때 얼마나 큰 경제적 불안을 느꼈을 것인지 짐작하기 어렵지 않다. 이러한 게일 후원 단체의 경제적 빈약함은 게일이 떠난 후 게일 후원회의 잔고가 겨우 57불 65센트였던 것만 보아도 알 수 있다.[84] 단순히 경제적 이유뿐만 아니라 당시 독립 선교사로서 직면할 수밖에 없

---

82. 김인수, p. 34.
83. Ibid., p. 90.
84. "Minutes of University College YMCA," pp. 88-89.

었던 외로움이나 선교활동의 제한 등 여러 가지 이유로 게일은 1891년 8월 31일 미국 북장로교 소속 선교사로 적을 옮겼다.[85] 게일이 미 북장로회 선교사로 소속을 옮긴 1891년부터는 기독학생청년회와의 인연을 끊게 되었는데 이런 사실과 일치하지 않는 기록들이 있다.

　게일과 기독학생청년회의 관계에 대하여 이만열은 그의 「한국 기독교문화운동사」(1992) 103쪽에서 "(게일은) 1890년 말 토론토 대학 YMCA 선교부가 '해체되자'(필자첨부) 1891년 2월(게일이 미국 북장로회로 옮긴 정확한 날짜는 1891년 8월 31일, 필자첨부) 미 북장로교 선교부에 소속"이라 함으로써 토론토 대학 YMCA가 1890년 해체되었기 때문에 1891년 2월 미 북장로회로 옮긴 것으로 주장하고 있으나 이는 사실이 아니다. 이상규는 "1890년 말경 캐나다 토론토 대학 YMCA 선교부가 해체되자 게일은 미 북장로교 선교부로 이적을 고려했는데 이 일은 1891년 8월 31일에야 실현되었다."라고 하였고, 백낙준의 「한국개신교사」(번역본) 200쪽에서는 "게일이 부산에서 1892년 봄까지 일하고 있다가 토론토 대학 학생기독교청년회와의 관계를 끊고"라고 주장하고 있다.[86] 이상란은 또 "게일의 한국 문학에 대한 뜨거운 열정이 결국은 게일로 하여금 그의 선교사의 사명을 소홀하게 만들었다. 그래서 캐나다 선교 단체로부터 축출을 당했다. (게일은) 그 후 미국 선교단과 결합하였다."[87] 라고 하여 게일의 한국 문학 연구 활동이 토론토 대학의 YMCA가 게일

---

85. Gale Memoir, p. 8 ; "Annual Report of University of Toronto YMCA," 1893-1894(Toronto : YMCA Publication, 1894), p. 2 ; *Varsity*(February 16, 1892), p. 189 ; "Rev. James S. Gale, D. D., Memorial Minutes," adopted by the Board of Foreign Missions of the Presbyterian Church of America, February 15, 1937.
86. 이상규, p. 37.
87. Sang Ran Lee, "Dr. James S. Gale as a Literary Translator," *East and West Studies* Series(Yonsei University, East West Research Press : Jan, 1994), p. 23.

을 축출하는 원인을 제공한 것으로 이해하고 있으나 이 역시 게일이 미 북장로교 선교부로 이적한 배경과는 거리가 먼 견해이다.

토론토 대학 YMCA가 해체되었기 때문이거나 혹은 게일 자신의 한국 문학 연구 때문이 아니라 게일 스스로 선교회의 적을 옮긴 것이었다. 그것은 위에서 설명한 것처럼 경제적인 이유 또는 독립 선교사로서의 존립이 어려웠던 당시 선교 현장의 환경 때문에 불가피하게 선교회를 옮겨야 할 처지에 놓였던 것이다. 사실 게일이 미 북장로교 선교부로 적을 옮기자 그를 후원하던 기독학생청년회는 당황하였다. 왜냐하면 자신들을 대표하는 후원 대상 선교사가 없어졌기 때문이다. 그들은 선교회 자체의 존립 문제에 대하여 심각한 토론을 하게 되었고 마침내 의과대학생기독청년회와 연합으로 하디를 후원하기로 결정하였다.[88] 이후 게일을 파송한 기독학생청년회와 하디를 파송한 의과대학생기독청년회는 1892년 Canadian Colleges' Mission(CCM)이라는 새로운 대학 선교 단체를 태동시켰다.[89] 어느 한 대학교의 학생선교 운동 단체의 창설 기원이 한국선교에 있다는 것은 매우 흥미로운 일이다. 더욱 흥미로운 것은 1800년대 말 토론토 시의 일반 YMCA 회원들이 '한국연합선교회'(Corea Union Mission)라는 선교 단체를 창설하여 로버트 하크네스, 말캄 펜윅을 한국에 파송한 사실이며 또한 게일을 파송한 기독학생청년회나 하디를 파송한 의과대학생기독청년회, 그리고 새로 탄생한 CCM 등 캐나다의 일반 기독교인들과 기독 학생들의 해외선교활동의 포커스가 한국이었다는 것 역시 흥미로운 사실이다.[90]

---

88. *Varsity*(February 9, 1892), p. 179 ; (December 7, 1892), p. 104.
89. "Annual Report of University of Toronto YMCA 1893-1894"(Toronto : Blackett Robinson, 1894), p. 2.
90. 1888년 기독학생청년회가 게일을 한국에 파송할 때 토론토 시의 일반인 YMCA 몇몇 회원들은 Corea Union Mission이라는 선교회를 조직하여 하크네스(Robert Harkness)와 그의 부인을 조선에 선교사로 파송하였다. 하크네스는

게일과 토론토 대학 YMCA 사이의 선교 후원 단절에 대하여 민경배는 캐나다장로회가 로버트 그리어슨(Robert Grierson), 맥레이(Duncan McRae), 풋트(William Foote)를 한국에 파송한 1898년에 게일에 대한 후원이 중지되었다고 하였다. "그런데 1898년 캐나다장로회가 한국선교를 시작했을 때, 캐나다 토론토 대학교에서는 이때까지 도와주던 한 사람의 재한(在韓) 선교사에 대한 후원을 중지한 일이 있었다. 제임스 게일(J. S. Gale)이 바로 그 선교사였다. 그는 1892년 봄까지 서울, 송내, 부산을 거쳐 광범위한 순회 전도에 종사하고, 곧 미 북장로교 선교부로 적을 옮겼던 것이지만, 토론토의 후원은 1898년까지 계속되었던 것이다."라고 주장하는데 이는 다음의 2가지 사실로 미루어 볼 때 근거가 미약하다.[91]

첫째, 잘 알려진 대로 매켄지(William John McKenzie)라고 하는 캐나다 선교사가 황해도 소래에서 1895년 갑작스럽게 사망하자 매켄지의 출신지인 핼리팩스를 중심으로 한 캐나다장로교 동부 해외 선교부에서 1898년에 앞에서 언급한 3인을 파송하였다.[92] 당시 캐나다장로교 해외

게일과 같이 토론토 대학교 내 유니버시티 칼리지를 졸업한 문학사로 게일의 친구였다. 그는 조선에 약 1년간 체류하다가 기후가 맞지 않아 일본으로 갔고, 약 6년간 일본에서 선교활동을 하다가 귀국하여 온타리오 주 콘월이라는 곳에서 목회하다가 1938년 사망하였다. 한국연합선교회(Corea Union Mission)는 하크네스의 후임으로 펜윅을 조선에 파송하였다. 한국연합선교회와 하크네스와 펜윅에 관하여는 Yoo, *Earlier*, pp. 37 - 53 ; Yoo, *Impact*, pp. 219 - 264 참고 바람.

91. 閔庚培, 「韓國基督敎會史」(서울 : 기독교서회, 1972), p. 136 ; (서울 : 기독교서회, 1980 증보판), p. 136 ; (서울 : 기독교서회, 1982 개정판), p. 158.
92. 매켄지에 관하여는 Elizabeth McCully, *A Corn of Wheat or the Life of the W. J. McKenzie of Korea*(Toronto : Westminster Press, 1903)와 필자의 번역본 「한알의 밀이 떨어져 죽으면 : 매켄지 선교사의 일생」(대한예수교장로회 총회교육부, 1985) ; 그리고 수정 첨가본 「케이프 브레튼에서 소래까지 : 윌리엄 존 매켄지 선교사의 생애와 황해도 선교기」(서울 : 기독교서회, 2002)를 참고하기 바람. Yoo, *Earlier*, pp. 75 - 83, 105 - 112 ; Yoo, *Impact*, pp.

선교부는 핼리팩스를 중심으로 한 동부(Eastern Division 혹은 Maritime Division)와 토론토를 중심으로 한 서부(Western Division)로 분리되어 있었다. 동부 해외 선교부는 주로 아프리카 지역에서 선교활동을 하였는데 상기 3인을 한국에 파송하면서 캐나다장로교회는 공식적으로 한국선교를 시작하였다. 서부 해외 선교부는 중국에 선교활동을 하고 있었는데 1900년 초부터 한국에 선교사를 파송하기 시작하였다. 이렇게 동부 해외 선교부와 서부 해외 선교부가 한국에서 분리된 선교활동을 하다가 1913년 '캐나다장로교 해외 선교부'(Foreign Mission Board of the Presbyterian Church in Canada)라는 통합기구를 탄생시켰다. 캐나다장로회의 한국선교부의 역사적인 관계를 볼 때 캐나다장로회 선교부와 게일을 파송한 토론토 대학 내 기독학생회(UC-YMCA)와는 아무런 관계가 없다는 것을 알 수 있고 또한 장로교 선교부와 기독학생청년회 사이에 어떤 협약을 찾을 수 없다.[93]

둘째, 위의 3인이 한국에 도착한 연대는 1898년이다. 게일은 이보다 7년 전인 1891년에 이미 미국 북장로회 선교부로 적을 옮긴 상태였는데 경제적인 어려움으로 인해 자신들이 파송한 선교사를 후원할 수 없었던 학생들로 구성된 기독학생청년회가 1898년까지 7년 동안이나 후원을 계속하였다는 것은 납득하기 어렵다.

앞서 게일이 쓴 "내란"을 통하여 언급한 바 있지만 게일은 당시 선교현장에서 일어나는 교단 간의 경쟁과 긴장 속에서 비교단 선교사가 당하는 제도적 어려움, 거기다가 경제적 불안 등이 겹쳐서 독립선교후원회로부터 교단후원회로 스스로 옮겨 선교사로서의 제도적 또는 경제적 안정을 동시에 확보하려고 하였을 것으로 생각된다.

395-435 참고.
93. The Acts and Proceedings of the Fortieth General Assembly of the Presbyterian Church in Canada(June 3-10, 1914), pp. 99-108 참고.

부산의 첫 선교사들

하디 부부와 조선인 요리사

2) 결혼 : 정착과 생활의 안정

앞에서 언급하였지만 게일이 부산에서 선교활동을 할 때 부산에 내려온 헤론은 게일의 생명을 염려한 나머지 게일과 함께 서울에 왔고, 게일은 헤론의 집에서 함께 지냈다. 그런데 동료 선교사 게일을 염려했던 헤론이 1890년 세상을 떠났다. 헤론이 사망하자 당시 서울의 선교사들 사이에서는 젊고 예쁜 헤론의 미망인과 총각이었던 게일과 마펫 사이에 누가 헤론의 미망인과 짝이 될지 이야기가 오가던 중 결국 "캐나다인과 결혼한다."라는 소문이 퍼졌다. 게일이 헤론의 집에서 잠시 기숙했던 것이 인연이 되었던지 게일은 헤론의 미망인 해리엇 깁슨(Harriet Gibson)과 1892년 4월 7일 결혼하였다.

헤론의 미망인 해리엇 깁슨은 32세였고 게일은 29세 총각이었다. 결혼 후 게일은 남편으로 그리고 헤론의 두 딸 애니와 제시의 아버지로 살아야 했다. 결혼한 그해 6월 게일의 가족은 선교지를 옮겨 원산 봉수대에 집을 마련하고 원산에서 선교활동을 하였다. 후에 언급하겠지만 게일은 원산에 있는 동안 존 버니언(John Bunyan)의 *Pilgrim's Progress* (vol. 1)를 「텬로력뎡」이라는 제목으로 번역하였고 「한영자전」(*Korean*

−*English Dictionary*)을 출판하였다.

3) 목사안수 : 선교사로서의 자격 구비

게일이 조선에 도착했을 때 게일의 선교사 자격은 평신도 독립 선교사였다. 선교 현장에서 안수받지 않은 선교사가 직면하는 어려움 때문에(예를 들면, 개종자에게 세례를 줄 수 없는 점이나 성찬식을 집례할 수 없는 점) 사무엘 마펫의 도움으로 1897년 5월 13일 미국 인디애나 주 뉴 알바니 노회에서 목사안수를 받았다.[94]

이상에서 본 바와 같이 게일이 조선에 온 첫 10여 년은 미 북장로회로 선교사의 적을 옮김으로 재정안정, 결혼을 통한 생활안정과 정착, 안수받은 선교사 특히 "조선사람이 살아가는 방식 그대로 살고 있는"[95] 조선인화 된 그의 선교사의 생활양식(modus vivendi) 등 선교사로서의 조선선교를 위한 여건들을 준비하는 시기였다.

8. 게일의 선교방법 : 한국적 기독교

위에서 묘사한 바와 같이 게일은 선교 현장에 도착하여 10여 년 동안에 목사안수를 받는 등 선교사로서의 구비조건을 갖추고 12차례 이상 조선의 곳곳을 두루 순회하면서 피선교지의 문화 생태와 피선교인들의 심성을 터득하여 본격적인 선교활동의 기초를 마련하였다. 게일이 현 서울 종로 5가 연못골교회의 담임목사로 부임한 것은 1900년이

---

94. "Rev. James S. Gale, D. D." Memorial Minute Adopted by The Board of Foreign Missions of The Presbyterian Church in The U. S. A. dated Feb. 15, 1937 ; Rutt, p. 30.
95. 김인수, p. 34.

었다.[96] 1904년 연못골교회 출석 인원은 163명이었고 1908년 통계는 800명으로 4년 동안 눈에 띄는 성장을 하였다.[97] 연못골교회의 교인 숫자 증가는 게일이 당시 그 지역의 사회적 특수성, 즉 그가 이해한 조선 문화를 목회 현장에 적용했던 것이 적중한 것으로 분석된다. 당시의 연못골은 천민들의 주거지 이른바 '칠천역'에 속하는 사람들이 사는 빈자들의 게토였기 때문에 연못골교회의 분포는 천민들이 많이 차지하고 있었다.[98] 그러나 게일이 부임해 오면서 양반들이 모이기 시작하였는데, 이에 대하여 「연동교회 90년사」는 "그것은 목사 게일의 종교적인 것만큼이나 교육적인 매력(社會開化思想)과 그의 한국학의 지식 때문이었다."라고 분석하였다.[99] 일부 양반들이 "상놈들과 섞이는 것"[100]을 꺼려하여 교회가 분열하는 일이 있긴 하였으나 연못골교회의 교인 구성은 당시 사회 각 계층을 망라함으로써 사회적 계급을 타파하는 모델 교회가 되었다.

게일은 연못골교회를 통하여 당시 한국사회의 폐습인 계급사회를 타파하는 방향으로 혁신적 교회 정치를 펼쳤는데, 그 구체적 방안 가운데 하나로 1904년 고찬익을 장로로 장립하여 명실공히 당회를 조직하였다. 고찬익(1861-1908)은 평안남도 안주 태생으로 원래는 이름도 없는 칠천역에 속하는 갓바치 천민 출신이었는데 게일은 그에게 고찬

---

96. 게일과 연동교회에 대하여는 연동교회90년사편찬위원회, 「연동교회 90년사」, (연동교회90년사편찬위원회, 1984) ; 고춘섭, 「연동교회 100년사, 1894-1994」 참고 바람.
97. James S. Gale, "Lotus Town Church," *Annual Report*(August 19, 1908), p. 1.
98. 「연동교회 90년사」, p. 86.
99. Ibid., p. 79.
100. 이능화의 부친 이원긍, 함태영의 부친 함우택 등은 연동교회를 떠나 1910년 묘동교회를 창설하였다. 이에 대하여는 「연동교회 90년사」, p. 86 ; 전택부, 「토박이 신앙산맥」(기독교출판사, 1977), p. 75 참고.

익이라는 이름을 지어 주기도 하였다.[101] 그는 게일이 서울에 올 때 따라와서 게일의 선교활동을 돕는 조사로 일했다. 고찬익은 장로가 되던 그해 평양 신학교에 입학하였으나 재학 중인 1908년에 사망하였다.

게일은 고찬익의 전도로 연못골교회 교인이 된 광대 출신의 임공진을 1915년 장로로 택하였다. 당시의 사회적 상황으로는 이해할 수 없을 정도로 대담한 시도였다. 게일은 연동교회에서의 기독교의 가르침을 통하여 기독교가 계급적 폐습을 타파하는 종교라는 모범을 보여 준 것이다.

게일은 1917년 임공진을 주축으로 한국음악연구회를 창설하고 거문고, 장구 등 조선의 악기를 예배에 도입하였다. 그는 조선인들의 예배에 서양 음악만을 이용하면 "조선 음악이 조선인들에게 주는 독특한 음악적 활력성을 상실한다."고 생각하여 조선인의 정취에 맞는 음악적인 요소를 예배에 도입해야 한다고 생각한 것이다.[102] 그 한 예가 경기 민요의 하나인 "양산도" 곡조에 게일 자신이 가사를 붙여 임공진이 교인들에게 가르쳐 준 "꽃과 새를 보라"라는 찬송이다. "이 노래는 1988년 7월 31일 연동교회에서 개최된 게일 목사 내한 100주년 기념예배 때 1, 3부 성가대에 의해 재연되었다. 그 후 무형문화재 박동진 국악에 의해 판소리로 성경이 불려져 그 명맥이 이어진 것으로 볼 수 있다."고 고춘섭은 말한다.[103]

게일은 기독교가 한국인의 기독교가 되기를 원했다. 신채호(1880-1936)는 한국인의 외래 종교로의 동화에 대하여 불교가 들어오면 왜 한국의 불교가 되지 않고 불교 한국이 되고, 유교가 들어와서는 왜 한국적 유교가 되지 않고 유교 한국이 되며, 기독교가 들어와서는 왜 한국

---

101. 고춘섭, 「연동교회 100년사」, p. 136.
102. *Korea : Seoul Station 1922-1923*(YMCA Press), p. 9.
103. 고춘섭, 「연동교회 100년사」, p. 197.

의 기독교가 아니 되고 기독교 한국이 되느냐고 개탄하였는데, 게일은 신채호와 같은 맥락에서 한국 기독교를 이해하고 그것을 안타까워했던 것 같다. 게일은 기독교가 한국인들에게 '외국 종교'로서 이식되는 것을 원하지 않았다. 게일은 서양 기독교가 한국인의 손에 의하여 한국적 기독교로 다시 탄생되는 한국적 기독교(Koreanized Christianity) 선교 패러다임을 시도한 선교사였다. 피선교인들에 대한 선교사들의 강한 차별 의식과 백인우월의 자세가 만연하던 이른바 선교사 시대를 감안하면 천민 출신 장로 피택이나 한국 음악을 예배에 도입하는 일 등과 같은 게일의 시도는 엄청난 발상이라고 하지 않을 수 없다. 게일은 서양 기독교가 한국화한 기독교가 되기를 노력한 선교사였다.

9. 게일의 교육 혁신과 개화파들과의 관계

1) 게일의 교육 혁신

게일은 조선사람들의 유교적 교육방법을 서양의 교육방법과 정반대라고 평하였다. 예컨대 서양교육은 학생의 지적인 능력(能力)을 발휘할 수 있도록 교육을 하는 한편, 조선의 교육방법은 지적인 능력개발을 막기 위하여 마치 붕대를 감거나 혹은 딱딱한 석고(石膏)를 칠한 것과 같다고 비교하였다. 그래서 한번 그러한 일들, 즉 붕대를 감거나 석고를 칠하는 일이 잘 이루어지기만 하면 학생의 지적 성장과 개발은 끝이 난다고 했다.[104] 이때부터 조선의 교육제도를 혁신해야 할 필요가 있다고 느끼기 시작한 것이다.

1886년 미국 북장로교 의료 선교사로 내한한 엘러스(Annie, J. Ellers)

---

104. KS, p. 177.

는 1887년 6월에 이른바 정동여학교를 세웠다. 엘러스는 약 1년 후인 1887년 7월 5일부로 미 북장로교 의료 선교사직을 사임하고 당시 육영공원 영어 교수로 있던 벙커(Dalziel A. Bunker, 1853-1932)와 그해 결혼하였다. 육영공원이 1894년 폐쇄되고 남편인 벙커가 감리교 계통의 배제학당에서 일하면서 미국 감리교 선교사로 적을 옮김에 따라 엘러스도 미국 감리교로 이적하게 되었다. 엘러스가 세운 정동여학교의 운영이 어렵게 되자 게일은 상기 정동여학교를 연못골로 이전하고 연동여학교로 개명하였고, 1902년 연동여자중학교라는 이름으로 고치고 교육의 질을 중학교로 승격시켜 다양한 커리큘럼을 도입하였다. 이 연동여자중학교가 1909년 구한말 사립학교령 제정에 따라 학교명을 정신여학교로 개칭하고 정식 인가를 받았을 때 게일은 그 학교의 설립자가 되었다.[105] 정신의 연동 시절 「그리스도신문」은 연동여자중학교에서는 국문과 성경 외에 음악, 산술, 지리, 역사, 화학 등 "마음으로 하는 공부와 힘으로 하는 공부"를 가르친다고 소개하였다.[106] 그리고 정신학교에 대하여 「朝鮮敎育史」는 "所謂 正規 高等普通學敎規程이 나기 前에는 이 學敎(정신학교)가 梨花보다도 모든 다른 學敎보다도 名聲이 좋았다.[107] 家庭的으로 또 頑固하지 않게 잘 가르친다고 하였었다."라고 기록하였다.[108]

게일은 1901년 연못골교회당과 자기 집에서 6명의 남자 아이들을 불러 '예수교중학교'(Intermediate School)라 명명하고 제도적으로 한 단

---

105. 김우규, '정신여학교,' 「기독교대백과사전」, vol. 13(기독교문사, 1984), p. 984.
106. 「그리스도신문」, 6권 15호(1902. 4. 11). 李萬烈, 「韓國基督敎文化運動史」(서울 : 대한기독교출판사, 1992), p. 79의 주 115에서 재인용.
107. 여기서 말하는 '고등보통학교규정'은 조선총독부가 1919년 12월에 발표한 고등보통학교와 여자고등보통학교의 규칙을 말한다. 이에 대하여는 孫仁銖, 「韓國近代敎育史」(延世大學校出版部, 1971), p. 162 참조.
108. 李萬珪, 「朝鮮敎育史」下(서울 : 서울신문사, 1947), p. 69.

계 높여 교육을 시작하였다. 1905년에는 '경신'이라는 이름으로 개명 하였는데 이것이 경신학교의 전신이다.[109] 그런데 바로 이 게일이 설립 한 학교를 언더우드가 1886년에 설립한 이른바 '언더우드 학당'의 후신 으로 보는 견해는 역사적이 아니다.

"1886년 언더우드에 의하여 창설된 본 선교회(Northern Presbyterian) 산하의 첫 학교를(고아학당을 말함.) 폐당하기로 건의했고, 본 선교회의 총무(미 북장로회)가 조선을 방문했을 때 승인했던 1897년까지 그 학교는 계속되었습니다."[110] '폐당'의 이유는 "많은 선교사들에게는 전도사업 이 교육사업보다 더 긴급하게 보이기 때문"[111]에 폐당을 결정했다는 것 이다. 언더우드는 곧이어 베어드 박사의 말을 인용하였는데 베어드가 말한 다음 글에서 우리는 고아학당을 비롯하여 초기 선교사들이 운영 하는 학교의 실정이 어떤 정도였는지 알 수 있고 또한 게일이 시도한 교육개혁이 한국 교육사에 어떤 의미가 있는지 알 수 있다.

    1897년 전에는 극히 소수의 선교사 학교들로 시작하였다. 부산, 서울 근교, 평양, 소래, 그리고 전국 여기저기에 또다른 학교가 있었는데, 그 학교들은 교회와 연관이 있었다. 이 학교들은 대개가 매우 초보를 가르치는 학교로서 학교라고 불릴 수도 없는 정도였다. 학교에서는 몇 명의 꼬마 사내들이 구식 조선 선생에게서 기초 공부를 배웠다. 그런데 그 구식 조선 선생은 한자를 아는 것을 제외하고는 생도들이 아는 것 이상을 알지 못하는 사람이었다.[112]

---

109. Rutt, p. 36 ; 고춘섭 편저, 「경신사」(경신사편찬위원회, 1991), pp. 185, 209.
110. Horace H. Underwood, *Modern Education in Korea*(NY : International Press, 1926), p. 50.
111. Ibid., p. 52.
112. Ibid.

1896년 언더우드(L. H. Underwood)가 "(선교사가 세운 학교에서) 이들 여아들에게 외국식 교육을 시켜 저들이 장차 담당할 새 가정생활에 맞지 않게 하는 것은 큰 잘못이라고 생각한다. 우리들은 그들을 한국인 신자로 만들고자 원할 뿐이며 미국형의 숙녀를 만들고자 하는 것은 아니다."라며 베어드가 한 말을 재확인시켜 주었다. 이런 교육현상이 당시의 선교사들이 조선인을 상대로 하는 교육의 실상이라는 것과 학교의 운영방침이었다는 것을 말해 준다.[113] 그래서 백낙준은 "이리하여 초창기 선교사들은 상류계급에서 학생들을 끌지도 못하였고, 교육 수준을 높이 올리지 못하였다."[114]라고 평가한 것이다. 학교라고도 불릴 수 없는 학교, 조선의 어린이들에게 외국식 교육을 시키는 것은 큰 잘못이라는 인식, 선교사들이 조선의 젊은이들을 교육시키는 목적은 오로지 한국인 신자로만 만들기를 원할 뿐인 바로 그 시대에 고작 한문을 읽고, 한글을 배우고, 성경이나 가르치던 교육이 바로 1886~1897년에 이루어졌다. 이 시대는 학생들을 끌지도 못하고, 교육의 수준도 낮은 시대로 선교사들의 학교교육은 고아학당의 폐당을 시점으로 그 시대의 선교사들의 학교교육 자체도 사라졌다.

그런데 1900년에 들어서면서 한국 교육사에 획기적인 전환점이 온 것이다. 위에서 언급한 1901년 게일이 새로운 모델의 학교 예수교중학교, 즉 학교제도를 강화한 '중학교' 수준의 학교를 창설한 것이 그것이다. 게일은 중학교로 한 단계 수준을 높여 교재를 개발하여 교육의 질을 높일 뿐만 아니라 학교운영을 체계화하였다. 이러한 게일의 교육혁신에 대하여 언더우드도 "게일 박사는 1901년 등록, 학생 6명으로 예수교중학교를 개설하였다."고 기록했다.[115] 언더우드의 '언더우드 학

---

113. 언더우드가 피어슨(A. T. Pierson)에게 보낸 편지. *The Missionary Review of the World*(December, 1890), p. 943. Paik, 번역본, p. 139에서 재인용.
114. Paik, 번역본, p. 141.

당', 마펫의 '예수교학당', 밀러의 '민로아학당'으로 이어지는 학당이 1897년 폐당된 것을 1901년 게일이 재건하였다는 주장도 있다.[116] 하지만 언더우드가 그의 *Modern Education in Korea*(54쪽)에서 말한 의미는 게일은 선교부와 관계없이, 다른 말로 하면 선교부에서 1886년에 설립했던 고아학당과는 무관하게, 또다른 말로 하면 고아학당의 후신도 아닌 독립적인 예수교중학교를 게일이 1901년에 직접 설립하였다는 것이다.[117] 게일이 1901년에 창설한 이른바 이 학교가 1905년에 '경신'이라는 이름으로 개명을 하여 경신 시대가 시작된 것이다.[118] 따라서 한국 교육사에 새로운 전환점이 되는 시기이다.

 자신의 의지와 계획으로 세운 학교에서 게일은 교육 혁신의 한 방법으로 이창직과 함께 우선 교과서 편집 작업을 시도하였다. 그렇게 하여 나온 것이 1903년의 「유몽천자」(牖蒙千字) 卷之一(권지일)이다.[119] 卷之一에 수록된 영문목차를 보면, The Earth, Races, Customs, Dress, Head Dress, Animals, Birds, Fish, Astronomy, Clouds, Rain, Snow, Thunder and Lightning, Earthquakes, Volcanoes, Fruits, Arithmetic, Trade, Money, Time and Timepieces, Exercise, Sickness, Iron or Steel, Lead, Works가 있고 마지막에는 卷之一에 수록된 1,008자의 한글단어를 한문을 달아 뜻을 풀이하여 사전식으로 정리하였다. 게일의 이러한 천문학, 지리학, 수학, 과학 등을

---

115. Horace H. Underwood, *Modern Education in Korea*(NY : International Press, 1926), p. 54.
116. '경신학교,' 「기독교대백과사전」, vol. 1(교문사, 1980), p. 616.
117. Underwood, "Dr. J. S. Gale was directed to open such a school," *Modern Education*, p. 54.
118. 고춘섭, 「경신사」, pp. 210-211. 언더우드는 게일의 예수교중학교는 1907년에 배재(Pai Chai)와 통합했다고 했다. Ibid., p. 54 참고.
119. 「牖蒙千字」卷之二는 1904년, 卷之三은 1905년, 卷之四는 1904년에 각각 출판하였다.

포함한 교과 과정개혁의 모델은 1900년 초에 운영하는 다른 선교사들의 학교에 영향을 끼친 것으로 언더우드는 기록하였다.[120]

「유몽천자」卷之一 서문에 "이 책은 태서 사람의 아해 교육 식히는 규례를 의방 하야 지은 책이니 초학입덕지 문이라 대저 아해를 가르치는 법은 쉬운데서브터 시작하야 슬기로온 말노써 그 마음을 여러 밝히고 그 지식을 널녀 주는 거시 가장 요긴한 고로."라고 하여 서양 교육법을 소개하고 단계적 교육을 통하여 사람의 마음을 개방하는 교육법을 새로 도입하여 교육의 질을 향상시키겠다는 뜻을 알렸다. 전술한 대로 게일의 그러한 꿈과 계획이 *Korean Sketches*에 나타난 것을 보면 조선의 젊은이들에 대한 그의 교육의 꿈과 계획은 선교 초기에 이미 형성된 것으로 보인다.

게일은 나아가서 교육에 대한 체계적 연구의 필요성을 인지하고, 1904년 당시 독립협회 사건으로 연루되어 감옥에 있다가 나온 이원긍, 홍재기, 유성준, 김정식 등과 더불의 그의 자택에서 교육진흥을 위한 대한교육협회(The Korean Education Association)를 창설하였는데, 이는 한국 최초의 민간 교육진흥 단체이다.[121]

2) 게일과 개화파 인사들

게일은 당대의 젊은이들에게 근대화에 대한 개화 의식과 독립 정신을 길러 주는 데 크게 기여하였다. 이승만의 전기를 쓴 이원순은 이상재, 윤치호, 이승만 등이 독립협회 사건으로 투옥되었을 때 게일의 영향을 받아 이승만이 기독교로 개종하였다고 했다.[122] 이른바 '개혁당 사

---

120. Underwood, *Modern Education*, p. 54.
121. Rutt, p. 34 ; 고춘섭, 「연동교회 100년사」, p. 162. 대한교육협회에 대하여는 崔起榮, 「韓國近代啓蒙運動硏究」(一潮閣, 1997), pp. 198 이하 참고.

건'에 연루된 정치범들이 1904년 감옥에서 풀려 나오자 많은 사람들이 게일의 연동교회에 출석하기 시작하였는데「연동교회 90년사」는 이런 사실을 다음과 같이 기록하고 있다. "연동교회에도 애국지사 이상재 옹을 필두로 이원긍, 김정식, 홍재기 등 제씨가 운집하니 교회는 이후 독립운동자의 소굴과 같다. 아닌 게 아니라 실상인즉 애국지사들의 면회장도 되고 상의소도 되고 연락소로 이용당하였던 것이다."[123] 애국지사들과 게일의 연동교회와의 관계를「한국 YMCA 운동사」(1986)는 다음과 같이 기록하고 있다. "1904년 3월 12일 (투옥된 독립투사들이) 석방되어 게일 목사가 목회하는 연동교회에 무더기로 입교하였다."[124] 게일은 한성 감옥을 '복당'(house of blessing) 혹은 여러 신학교들 중에서 가장 좋은 또다른 하나의 신학교(other theological school)라고 했다.[125] 1928년에 이능화가 쓴「朝鮮基督敎及外交史」에는 그들에 관하여 좀 더 자세한 기록을 남기고 있다. 이능화가 밝힌 옥중동지들의 명단은 그의 부친 이원긍, 이상재, 유성준, 김정식, 이승인, 홍재기, 이승만, 안국선, 김린 등이다.[126] 이능화는 민족 지도자들과 연동교회와 게일의 관계를 다음과 같이 기록하였다. "광무 8년 일로전쟁이 일어나 비로소 (위의 언급한 독립투사들이, 필자주) 석방되니 다시금 하늘과 해를 보고 경성에 있는 게일 목사가 주간하는 연동교회에 나가니라. 돌아가신 아버지(이원긍을 말함, 필자주)는 시를 지어 다음과 같이 의지를 보였다.

---

122. 이원순,「인간 이승만」(신태양사, 1989), p. 70.
123. 「연동교회 90년사」, p. 78.
124. 「한국 YMCA 운동사」(대한YMCA연맹, 1986), p. 14.
125. James S. Gale, *Korea in Transition*(New York : Young People's Missionary Movement of the U. S. and Canada, 1909), p. 182. 이후로는 KIT. KIT는 M. Wolff는 1911년 덴마크어로 번역 출판하였다.
126. 李能和,「朝鮮基督敎及外交史」(서울, 1928), p. 205. 한성 감옥 수감 정치범들에 대하여는 유영익,「젊은 날의 이승만」(연세대학교출판부, 2002), pp. 29-42 참고.

'넓은 세계에 크게 마음을 가름이여, 이제까지 구덩이에 갇히어 떠돌아 다님이여, 비로소 세상을 구하는 진리를 깨달아, 드디어 연동에 나아가 복음을 듣노라'."[127] 세상을 구하고 나라를 구하는 진리를 이제야 깨닫고 게일의 연동교회에 나가서 그 복음을 듣게 되었다는 이원긍의 고백이다. 따라서 게일이 당시의 민족 지도자들에게 얼마나 큰 영향을 끼쳤는가를 알 수 있는 대목이다. 그런데 게일을 따라 연동교회에 모여들었던 그들은 결국 양반, 상민, 천민의 신분 계급 때문에 연동교회를 떠나게 되었다고 한다. 이원긍은 이종만과 더불어 묘동교회를 만들었고, 월남 선생은 윤치호와 신흥우와 더불어 중앙기독교청년회로, 유성준은 박봉승과 더불어 안국동교회로 옮겨 가게 되었다.[128] 그들이 원래의 뜻과는 어긋나게 게일과 연동교회를 떠나게 된 이유는 앞에서 말했듯이 게일이 연동교회에서 사회적 계급을 타파하는 선교방침을 썼기 때문이었지만 결국 게일과 연동교회는 당시 민족 지도자들의 또다른 활동 무대를 길러 낸 종자교회(種子敎會)의 역할을 한 셈이다.

게일은 김정식과 함께 1906년에 현재의 연동교회 자리인 연지동 136번지에 애린당(愛隣堂)을 건축하였는데 김정식은 그곳에서 기거하였다.[129] 그는 후일 조선 YMCA 총무와 재일본 조선 YMCA 총무직을 맞고 조선 유학생들의 보호자 역할을 하였다.[130]

한국 근대사에 '진리의 사람'이라 추앙받는 다석 류영모 부자가 게일의 연동교회와도 인연을 맺었는데, 먼저 그의 부친 유명근이 게일의

---

127. 이능화, p. 205.
128. Ibid.
129. 박영호, 「진리의 사람 다석 류영모」 상(두레, 2001), p. 129. 애린당은 게일과 김정식이 교인 자녀들을 교육시키기 위한 목적으로 1906년에 세운 교육 부속 건물로 여기서 연동 남여 소학교를 시작하였다. 애린당에 대하여는 「연동교회 90년사」, p. 81 ; 고춘섭, 「연동교회 100년사」, pp. 167-168 참고.
130. Ibid., p. 206.

연동교회와 관계를 맺는다.[131] 유명근은 게일이 연동교회에 재직하고 있던 시기에 영수라는 직분을 갖고 연동교회의 목회 행정에 관여하였다.[132] 다석은 게일이 가르친 경신학교에서 게일로부터 성경을 배우면서 서양 학문과 접할 수 있었다.[133] 박영호는 "류영모는 연동교회에 다닐 때 산 신약전서를 일생 동안 고이 간직하면서 날마다 읽었다."고 했다.[134] 게일이 목회하던 연동교회는 다석에게는 신앙의 어머니요 경신학교는 다석 학문의 못자리였다. 「오산학교 70년사」에는 "그(류영모)는 1890년 경성에서 출생하였다. 당시 선교사가 경영하던 경신학교를 수석으로 졸업하고 곧 오산으로 오게 되었다. 그는 오산학교에서 물리학과 천문학을 가르쳤다. 그러나 부친인 유명근이 연동교회 장로였고, 쭉 기독교 집안에서 자라온 터라 그는 줄곧 신앙으로 학생들에게 큰 영향을 미쳤다."라고 기록하였다.[135] 게일이 경신학교와 연동교회를 통하여 류영모에게 얼마나 큰 영향을 끼쳤는지 알 수 있는 부분이다. 아버지가 영수 혹은 장로로 시무하는 연동교회에 출석하는 것은 자연스러운 일이었겠지만 아버지 류명근과 같은 나이 또래인 "김정식은 류영모에게 예수를 가르쳐 준 은사였다".[136] 그리고 류영모는 수시로 애린

---

131. 박영호, 「진리의 사람 다석 류영모」의 제목에서 인용.
132. 영수란 장로교회의 조직 중 아직 완전한 조직체를 이루지 못한 교회의 목사를 도와 교회의 행정과 사무를 보조하는 직분을 맡은 사람을 말함. 박용규는 그의 「한국 기독교회사」 (1)(서울 : 생명의 말씀사, 2005), 1002쪽에서 한국 최초의 영수제도 도입은 1894년이라고 했다. 유명근의 이름이 나타난 1923년의 교회 직분의 서열은 목사, 동사목사, 영수, 강도사, 전도부인, 장로, 집사(남, 여), 주일학교, 면려회, 흥신회로 되어 있고, 유명근이 '영수'라는 직분으로 「연동교회 100년사」에 기록된 연대는 1923~1932년이다(장로라는 직분으로는 1932~1933, 1932년에는 영수와 장로 이중기록).
133. 박영호, p. 139.
134. Ibid., p. 133.
135. 「소양 주기철 목사 자료집」 II (주기철목사기념사업회, 2004), p. 90.
136. 박영호, pp. 126, 129.

당을 찾아가 김정식과 교회 일을 도우면서 그의 가르침을 받았다고 한다.[137] 다석이 연동교회에 다니면서 마음 깊이 새겼던 게일의 설교는 미래의 꿈을 가지라는 것이었다고 회고했다. 류영모는 그때 들은 게일의 설교 한마디를 기억하고 있었다. "어느 선교사(게일)가 이르기를 우리가 사는 이게 모두 꿈인지 몰라요. 그러나 꿈이더라도 깨우지는 마세요. 나는 지금 좋은 꿈을 꾸고 있어요. 여러분 모두 나와 함께 좋은 꿈을 꾸어 봅시다."[138]

감옥에서 풀려나오긴 하였으나 장래가 불안하기만 했던 젊은 애국지사들이 연동교회에 출석하기 시작한 1900년대 초는 나라 역시 나라로서 제 구실을 할 수 없었던 식물인간과 같은 시대였다. 바로 이때 나라를 건지려는 애국 애족의 젊은이들에게 게일은 미래의 희망과 꿈을 탄생하게 하는 조산원의 역할을 하였고, 게일의 연동교회는 그들에게 꿈의 인큐베이터 역할을 하였다.

게일이 중심이 된 연동교회가 당대의 젊은이들에게 어떤 역할을 하였는가에 대하여 박영호는 이렇게 말한다. "어버이를 잃은 고아들이 저희끼리 붙어서 체온을 나누고 정의를 나누듯이 나라 잃은 이 백성들은 일제(日帝)의 탄압 아래 연동교회에 모여 시름과 아픔을 달랬다. 류영모도 그 속의 한 사람이었다. 류영모는 교회에 안 나가기로 하고도 교우가 궁금하거나 교회가 어려움에 놓였을 때는 찾아가 예배에 참석하기도 했다. 그야말로 연동교회는 모교(母校)가 아닌 모교회로 잊지 않았다."[139]

일제강점기에 독립운동에 참여했던 상당수가 게일 당시의 연동교회에 출석하거나, 게일이 법적인 창설자로 되어 있고 그가 가르쳤던 정

---

137. Ibid., p. 129.
138. Ibid., p. 133.
139. Ibid., p. 136.

부산의 첫 선교사들

신여학교나 경신학교와 연관되어 있었는데, 이것도 게일과 개화기의 젊은이들 사이의 관계를 잘 보여 준다. 예컨대 1907년 네덜란드 헤이그에서 열렸던 세계만국평화회의에 밀사로 파송된 이상설(1871-1917), 이준(1858-1907), 이위종 3인 가운데 이준은 연동교회 출신이었다.[140] 독립선언문을 작성한 최남선(1890-1957)은 경신학교 교사였으며[141] 연동교회에 출석하고 있었다.[142] 독립선언문 서명 33인 가운데 하나였던 이갑성도 경신학교 졸업생이며 연동교회 교인이었고, 이상재, 함태영 등도 연동교회 교인이었다.[143] 1919년 대한민국 애국부인회가 창설되었는데 회장 김마리아, 부회장 이해경, 부회장 김영순, 재무 장선희 등 모두가 정신학교 출신으로 연동교회 교인이었다.[144]

특히 부회장 이해경은 이창직의 딸이었다. 언급한 모든 애국지사들의 애국운동이 전적으로 게일의 영향을 받았기 때문이라는 주장은 아니지만, 게일의 정신적 지도 아래서 운영되던 학교와 교회의 연계가 있었다는 것은 부인할 수 없는 사실이다. 한국의 젊은이들을 교육하고 미래를 향한 지도자를 양성하려는 게일의 꿈은 한국의 젊은이들을 해외에 유학시키는 일에까지 미친다.

한국에 온 초기 선교사들이 이른바 '네비우스 선교방법'을 채택하고 삼자운동을 펼쳤다고 하는 것은 잘 알려진 사실이다. 미국 남장로교 선교사 레이놀드(William D. Reynolds, 1867-1951)는 네비우스 선교방법을 수정하여 현실적으로 한국선교 현장에서 현지인 교역자를 양성할

---

140. 「연동교회 90년사」, p. 87.
141. 고춘섭, 「경신사」, p. 1155.
142. 「연동교회 90년사」, p. 110 ; 고춘섭, 「연동교회 100년사」, p. 220 ; 김성열, 「한국근대인물백인선」(동아일보, 1985), pp. 253-255에서 최남선은 천주교로 개종하였고 1955년 세례를 받았는데 세례명은 피터(Peter)였다고 한다.
143. 「연동교회 90년사」, p. 110.
144. Ibid.

때에 지켜야 할 4가지의 'Do'와 3가지의 'Don't'를 1896년 천명하였는데 'Don't'의 3번째가 선교 초기에는 현지인 미래 지도자를 미국에 보내 교육을 시키지 말라는 항목이었다.[145] 그것은 미국에서 교육을 받은 현지인 지도자가 귀국하여 자기와 같은 현지인 선교 대상자들을 상대로 선교활동할 때 그들의 지적 성장과 사고방식이 피선교인들과 차이가 나므로 발생할 수 있는 문제점을 미연에 방지하기 위한 것이었다. 레이놀드의 그와 같은 피선교인 교육지침이 나온 지 일 년 후 북장로회의 스왈른(William L. Swallen, 1865-1954)은 레이놀드의 '3가지 원칙'과 유사한 '4가지 주의사항'를 발표하였는데 4번째 주의사항이 "영리하고 신실한 현지인 신자를 절대로 미국에 보낼 생각도 말라."[146]였다. 그 이유는 유학을 보내는 것은 곧 그를 위축(spoil)시킨다는 것이다. 선교사들의 우려는 교육 수준이 월등한 현지인 지도자와 피지도자 사이에 발생할 수 있는 문제점을 우려하여 사전에 방지하려는 의도도 있었겠지만, 그 진의는 선교사들의 입장에서 보면, 한국인의 지적 수준이 선교사 자신들의 지적 수준보다 높아질 것을 미연에 방지하려는 의도가 있었다고 볼 수 있다.

선교정책으로 현지인 미국 유학을 금지하는 상황에도 불구하고 게일은 한국의 젊은이들의 미국 유학을 권장하였다. 이승만이 1904년 출옥 후 미국 유학의 꿈을 갖고 게일에게 미국 유학 추천서를 부탁하였을 때 워싱턴 D. C.에 있는 장로교회의 당시 명성 있는 루이스 햄린(Lewis T. Hamlin)에게 긴 소개장을 써 주었다.[147] 이승만은 게일이 써 준 소개

---

145. W. D. Reynolds, "The Native Ministry," *Korean Repository*(May 1896), pp. 105-108. 한국교회사문헌연구원 발행 영인본. 이후로는 *KR* ; 한국기독교사연구회, 「한국 기독교의 역사」 I(기독교문사, 1991), p. 224.
146. W. L. Swallen, "The Training of Native Ministry," *KR*(May 1897), p. 174.
147. Robert R. Oliver, *Syngman Rhee : The Man Behind the Myth*(New York : Dodd Mead and Co., 1955), p. 95 ; Avison Memoir, p. 278에 의하면, 게

장을 가지고 햄린(Hamlin)을 찾아가 도움을 청했다. 게일이 이승만에게 써 준 소개장의 수신인은 "워싱턴 D. C.와 미국 모든 지역의 기독교인들에게"라고 되어 있는데, 이 소개장에서 게일은 이승만을 소상하게 소개하고 끝맺음에는 이승만을 "훌륭한 가문 출신, 학자, 그리고 하나님이 사용하실 크리스천으로 친구들 중에서 완전한 인격을 소유한 자"라고 하였다.[148]

---

[148] 게일은 이 편지를 1904년 11월 2일에 "워싱턴 D. C.와 미국 모든 지역의 기독교인들에게", 즉 워싱턴 교우들과 미국 각지의 기독교인들에게 썼다. 게일과 햄린의 관계에 대하여는 고춘섭, 「연동교회 100년사」, pp. 158 - 163 참고. 게일과 햄린의 인연은 게일의 장모인 깁슨(원래이름은 Sarah Ann Kelly, 1832 - ?), 즉 처가를 통하여 맺어졌다. 깁슨 가는 워싱턴 D. C.에 친척들이 살고 깁슨도 D. C.에서 살다가 게일 가족이 원산에서 살고 있던 1893년에 게일의 부인이 된 딸 해리엇 깁슨(Harriet Gibson)을 찾아와서 원산에서 함께 지냈다. 깁슨이 원산에 온 후 게일이 지은 집을 지을 때 햄린이 시무하던 바로 그 교회의 경제적 보조를 받기도 하였다. 게일이 요꼬하마에서 사전 출판을 마치고 첫 안식년을 가질 때 게일 가족은 D. C.에 머무르고 있었고 이때 햄린을 알게 된 것이다. 게일 가족은 워싱턴 지역 주일학교를 대표하는 선교사로 지명을 받기도 하였다. 1903년 게일이 D. C.에 소재한 하워드(Howard) 대학으로부터 명예박사학위를 받은 것도 햄린의 주선으로 가능하였다. 햄린과 한국과의 관계는 게일 이전부터였는데, 1894년 6월 20일 서재필이 뮤리엘 암스트롱과 워싱턴 D. C.에서 재혼할 때에 주례를 서 준 것으로 시작된다. 이에 대하여는 이정식, 「서재필 : 미국망명 시절」(정음사, 1984), pp. 45 - 46 참고. 이승만이 독립협회 사건으로 투옥되었다가 1904년 감옥에서 풀려 나온 그해에 게일을 찾아가 세례받기를 청했다고 한다. 게일은 이승만이 배제 출신이므로 감리교가 이승만에게 세례를 줄 우선권이 있다고 생각하여 우선 감리교에 가서 세례받을 것을 권하였다고 한다. 그런데 이승만은 워싱턴 D. C.의 햄린 목사에게서 1905년 4월 23일 세례를 받았다. 게일이 당시 명성 있는 감리교인인 젊은 이승만에게 세례를 베풀지 않았던 것은 교단 간의 미묘한 감정이 깔려 있기 때문이었으리라는 생각이 들기도 하며, 그러한 미묘한 감정을 피하여 자신의 소개장을 가지고 찾아가는 햄린에게 세례받을 것을 제안하지 않았나 하는 추측을 해 본다. 이승만의 세례에 대하여는 고춘섭, 「연동교회 100년사」, p. 162 참고. 햄린에 관하여는 Water Dyson, *Howard University, The Capstone of Negro Education, A History : 1867 - 1940*(Washington, D. C. : The Graduate School Howard University, 1940), pp. 390 - 391 참고.

이승만은 알렌(Horace Allen)을 찾아가 같은 부탁을 하였다. 그러나 알렌의 태도는 'Don't'의 경우였다. 한때 주한 미국공사로 근무한 적이 있고 당시 미국 상원의원직에 있던 딘스모어(Hugh A. Dinsmore)에게 보낸 편지에서 그의 태도가 나타난다. "나는 이승만에게 미국의 어느 누구에게도 편지(추천서)를 써 주는 것을 거절하였습니다. 나는 그가 가는 것(미국 유학)을 최선을 다하여 막았습니다."[149] 알렌은 자기는 고사하고 남에게까지 이승만을 위한 추천서를 써 주지 못하도록 하였다는 것이고 딘스모어에게도 그렇게 말한 것이다.

또다른 경우를 보면 게일은 1905년 김일환이라는 청년을 그의 누이 편으로 캐나다에 유학을 보낸 사례가 있다. 앞서 말한 바와 같이 게일에게는 누이(Jane)가 있었는데 당시에는 결혼하여 온타리오 주의 베를린(Berlin, 현재는 Kitchener)이라는 곳에 살고 있었다. 김일환의 일기에 의하면, 그는 1905년 7월에 베를린에 있는 누이의 집에 도착하여 베를린 직업학교(Berlin Vocational School)에 다녔다. 약 2년 후 뉴욕으로 건너가 사업에 종사하였는데 그의 미국생활은 잘 알려져 있지 않다.[150] 게일이 어떤 연유로 김일환을 캐나다에 가서 공부하도록 했는지 게일과 김일환의 관계를 규명할 수 있는 자료는 발견하지 못했다. 필자는 김일환이 경신학교나 연동교회와 관계가 있을까 하여 경신학교 및 연동교회에 관한 문건들을 조사하였으나 어떤 단서도 찾을 수가 없

---

148. Avison Memoir, pp. 278-280.
149. Oliver, p. 96.
150. Young-sik Yoo, "Canada and Korea : A Shared History," *Canada and Korea : Perspectives 2000*, ed. by R. W. L Guisso and Young-sik Yoo(Toronto : Centre for Korean Studies, 2002), pp. 29-30. 이후로는 Yoo, *Canada and Korea*로 표기. 김일환에 대하여는 그의 일기, Berlin Vocational School에 낸 등록금 영수증 또는 김일환이 뉴욕과 뉴저지에서 Jane에게 보낸 편지에 의함. 필자소장.

었다. 필자가 소장하고 있는 그의 일기에는 서울 YMCA의 간사였던 길레트(Gillett)와 주고받은 편지, 관립영어학교(Emperial English School)에 관한 내용이 있고, 역시 필자가 소장하고 있는 김일환이 서울에서부터 캐나다로 가지고 온 것으로 보이는 *The New Illustrated Pronouncing Dictionary of the English Language*에는 "官立英語學校 Property of Kim Yil Whan"이라는 육필이 적혀 있다. 관립영어학교는 구한말 외국어 통역관을 양성하기 위하여 정부에서 1894년에 세운 영어학교를 말하는데 김일환이 정부가 세운 이 영어학교에 다녔다는 증거 자료이다. 또 하나의 다른 가능성은 김일환이 육영공원의 학생이 아니었나 하는 추측이다.

고종 23년(1886)에 미국인 교사들, 길모어(Gilmore), 벙커(Bunker), 그리고 헐버트(Hulbert)를 초빙하여 조선 정부가 서구의 근대식 교육을 조선의 젊은이들에게 교수하기 위하여 세운 최초의 근대 교육기관인 육영공원을 세웠다는 것은 익히 아는 일이다. 학생 선발은 문무 관리의 아들, 고관의 아들, 또는 고관이 추천하는 사람이었다. 그러나 유학에 젖은 상층사회 자녀들의 신학문에 대한 의욕 부족이나 육영공원을 운영하는 관리들의 운영비 횡령 등의 운영 부실은 미국인 교사들로 하여금 사임하게 하는 결과를 초래했다. 이런저런 이유로 육영공원은 설립한 지 10년이 채 못 된 고종 31년(1894)에 폐교되었다. 조선 정부는 육영공원 학생들을 배제학당에 위탁하기로 계약을 체결하였는데 김일환의 이름이 「배재 백년사」에 기록된 것을 보면 그가 육영공원에 다니다가 배제로 옮긴 것이 아닌가 하는 풀이도 가능하게 한다.[151] 육영공원에 입학할 수 있는 자격은 고위층 자녀들 아니면 당시 영향력 있는 사람의 추천이 있어야 했는데 김일환은 어떤 카테고리에 속하는 학생이

---

151. 「배재 백년사」(1989), p. 54.

었을까? 김일환이 조선을 떠나던 1905년 7월에 서울의 사진관(M. Kikuta)에서 찍은 가족사진에는 김일환의 형으로 보이는 서구식 의상을 한 청년, 어머니로 보이는 부인, 그리고 누이동생으로 보이는 한복 입은 젊은 여자가 있는데 아버지가 없는 것을 보면 가족 상황은 홀어머니, 형, 그리고 누이동생이었던 것으로 추측된다.[152] 김일환과 관립영어학교, 그리고 김일환과 게일과의 관계는 아직도 풀리지 않는 숙제이다. 위에서 언급한 김일환의 일기에 "釜山셔 神戶까지 同行한 친구 五人과 민찬호와 문경호 諸氏가 배에 올라 作別하고……."라는 구절로 보아 김일환은 민찬호와 문경호 등과 친구였다는 것을 알 수 있다. 그러면 민찬호와 문경호는 누구인가? 민찬호가 언제 미국에 왔는지는 알 수 없으나 김원용의 「재미한인오십년사」(1959)에는 "호노루루 예배당 교역자" 명단에 민찬호가 있고(50, 56쪽), "민찬호 목사가 와서"(64쪽), "교역자는 민찬호"(67쪽) 등으로 보아 1910년대 이전에 미국에 온 것이며, 그는 기독교 목사로서 독립운동에 활발하게 참여한 것으로 보인다. 그 한 예로 미주의 대표적인 독립운동단체인 대한국민회가 1918년 파리강화회의에 참석할 대표로 이승만, 정한경, 민찬호를 임명하였다는 사실이다.[153] 문경호는 1903년 혹은 1904년에 이미 미국에 와 있었던

---

152. 필자소장. 사진 뒷면에는 Seoul, Korea. July 1905라고 적혀 있다. 또다른 김일환이 캐나다에 올 때에 가지고 온 것으로 생각되는 *English and Chinese Grammatical Primer*(1902)에는 'Kim Eung Whan Seoul Korea'라는 육필이 있는 것으로 보아 사진에 있는 청년은 김일환의 형의 이름이 김응환인 것으로 보인다. 김일환에 관하여는 Yoo, *Canada and Korea*. p. 29 참조.
153. 김원용, 「재미한인오십년사」(Reedley, California, 1959), p. 117. 「재미한인오십년사」는 원래 페이지 수가 없는 것을 필자가 순서적으로 매긴 것이다 ; 「한국사대계」(8권)(삼진사, 1973), p. 165 ; Hyung-chan Kim and Wayne Patterson, ed. *The Koreans in America 1882-1974*(NY : Oceana Publications, Inc., 1974), p. 27. 대한인국민회는 1909년 2월 1일 창설한 국민회를 1910년 5월 10일 개칭한 이름이다.

것으로 보인다.[154] 김일환을 간접 투시할 수 있는 또 하나의 자료는 그가 베를린에 있을 때 받은 것으로 생각되는 콜로라도에서 독립운동을 하던 1907년에 찍은 오홍영의 사진이다.[155]

위의 자료들이 증명하는 것은 김일환은 민찬호와 오홍영 등 1900년 초 북미의 독립운동을 하던 애국인사들과 친분을 갖고 있었다는 것이다. 김일환 자신이 북미에서 애국운동을 한 기록은 현재까지는 나타나지 않으나 그가 1920년대 가주(캘리포니아주)에서 사업을 하였다는 기록으로 보아 경제적으로 독립지사들을 도와주지 않았나 하는 짐작을 가능하게 한다.[156]

어쨌든 우리는 게일이 이승만의 미국 유학을 도왔던 사실과 김일환은 누이에게 직접 유학을 시키게 한 점 등을 통해서 "한국인을 미국에 유학 보내지 말라."는 선교사들에게 알려진 일반적인 사실을 무시하고 미래의 한국인 지도자 양성에 앞장섰음을 알게 된다. 게일의 일차적인 임무는 기독교 복음선교였다. 그러나 그는 한국인들에게 복음을 전할 뿐 아니라 그들을 교육시키고 깨우치는 일, 즉 계몽하는 사회목회에 앞장서서 당대의 조선 젊은이들에게 개화사상을 심어 주어 쇠약한 국운을 바로잡을 꿈을 심는 밑거름이 되었다. 게일은 한국사회의 계급을 타파하는 선교방법 그리고 서양의 문물을 조선의 젊은이들에게 전달하는 개방적 선교의 문을 연 선구자였다. 나아가서 게일은 교육회, 부용회, 조선음악연구회 같은 원어민 문화 단체를 창설하여 체계적이고 과학적인 방법으로 조선 문화와 기독교 문화의 접목을 시도한 당대

---

154. 김원용, p. 84.
155. 필자가 소장하고 있는 오홍영의 사진 뒷면에는 "친애하는 김일환에게, 1907년 12월 25일 콜로라도 주 콜로라도 스프링스에서 오홍영"이라고 썼다. 오홍영의 애국운동은 방선주, 「재미한인의 독립운동」(한림대학교, 1989), p. 175 참고.
156. 김원용, p. 289.

에는 보기 힘든 앞서 가는 선교사였다.

10. 게일의 학문적 업적

*Biography*는 게일을 연구하는 후학들에게 참고서 역할을 한다. 게일의 생애에 대한 자세한 묘사, *A New Edition of His History of the Korean People*에 붙인 꼼꼼한 해설들, 그리고 게일의 방대한 저작들의 서지 목록을 보면 학자적 존경심을 불러일으킨다. 간혹 후학들이 게일의 한국학 연구, 게일의 학술 업적의 연구도 거슬러 올라가면 모두 러트(Rutt)의 서지에 뿌리를 두고 있음을 알 수 있다.[157] 여기에서는 그의 대표적인 몇 개의 학문적 업적만을 논하고자 한다.

1) 성경번역

게일이 한국성서번역사 또는 한국어 보급에 남긴 큰 업적은 바로 신구약 번역에 있다. 만주 봉천에서 의주 출신 초대 기독교인들이 주축이 되어 번역한 이른바 '로스역'은 후대 선교사들에게는 "사용된 용어들이 평안도 사투리로 쓰여 있을 뿐 아니라 지나치게 과장된 문제로 쓰여 있기 때문에"[158] 사실상 선반 위에 놓이게 되었다. 무용지물이 되었다는

---

157. 게일의 한국학 및 학술적 업적은 다음의 논문들에서 찾아볼 수 있다. 이상규, "한국학 연구의 효시, 제임스 게일,"「한국선교, KMQ」(2001. 7.), pp. 106-111 ; 김봉희, "게일(James Scarth Gale, 奇一)의 韓國學 著述活同에 관한 硏究,"「서지학 연구」(1988. 1.), pp. 137-163 ; 각주 12번에서 언급한 주홍근의 논문과 조정경의 논문 ; 황희영, "James Scarth Gale의 한국학,"「한국학」(Winter 1975), pp. 3-14.
158. W. D. Reynolds, "Fifty Years of Bible Translation and Revision," *KMF* (June 1935), p. 116.

말이다. 한국의 현지 선교사들은 1893년 공인 성경번역위원을 조직하고 성서번역작업을 하였는데 게일은 31년간 성서번역위원직을 맡았다. 초기번역위원의 구성은 교단 대표 선교사와 그들을 돕는 한국인으로 구성되었다. 번역방법에 있어서 게일은 일반적으로 자유역(free translation)을 선호하였고 보수 진영의 비게일계는 축자역(literal translation)을 선호하였다. 번역위원회는 1921년에 창세기를 번역하였는데 창세기 번역을 놓고 자유역을 선호하는 게일과 축자역을 선호하는 양자 간에 의견이 대립하였다. 축자역을 선호하는 측이 게일을 평한 예를 보자.

기일 씨가 내놓은 시범역 창세기는 한국어 번역문을 너무 유려하게 만들고자 하는 데만 관심을 기울였기 때문에 너무나도 많은 중요한 단어와 개념들이 삭제돼 버리고 말았다. 특히 앞으로 한국교회와 목회자들이 현대의 고등비판에 직면하게 되는 날이 올 것인데, 일반적으로 사용되는 저들의 성서가 가능한 한 히브리어 본문의 축자적 번역이어야 한다는 것은 그때를 위해서도 대단히 중요하다고 생각된다. 비록 한국어 표현이 좀 어색하게 되는 한이 있더라도 축자역은 지켜야 한다고 본다.[159]

이에 반하여 게일은 논박하기를 번역이란 "현지인의 풍속에 따라야 한다."고 전제하고 그의 반대자들을 "풋내기"(inexperienced)[160]들이라고 혹평하였다.[161] 한국어는 히브리어나 그리스어와는 문형이 다르기 때문에 번역할 때에 "어떤 용어가 주어진 환경에 적합한가를 우선적으로 생각해야 한다."는 것이다.[162] 아래의 대조표는 창세기 1장에서 '하나님'이라는 단어가 게일 번역과 비교하여 다른 번역에서 쓰인 빈도수

---

159. 민영진, 「국역성서연구」(성광문화사, 1984), pp. 149 – 150.
160. Rutt, p. 72.
161. James Gale, "Principles of Translation"(1892), p. 6.
162. Gale, "Principles," p. 5.

를 필자가 비교한 것이다.

성 경	'하나님'이라는 단어가 쓰인 횟수
킹제임스성경	32
한글개역성경(1956)	30
공동번역성경(1977)	28
게일성경	10

위에서 보듯이 게일성경은 다른 번역본에 비하여 3분의 1에 해당하는 비율로 '하나님'이라는 단어를 축소하였다. 창세기 1장에서 사용된 글자(letter) 수를 비교하는 또다른 예를 들어 보자.

Verse	KJV Letters	Gale Letters	CTV Letters	Verse	KJV Letters	Gale Letters	CTV Letters	Verse	KJV Letters	Gale Letters	CTV Letters
1	16	15	19	12	46	32	50	23	19	16	15
2	34	37	53	13	18	16	15	24	47	37	41
3	31	17	19	14	50	35	43	25	51	28	47
4	28	20	20	15	27	9	24	26	69	54	66
5	39	37	29	16	49	39	53	27	36	16	42
6	30	22	34	17	24	22	30	28	71	51	72
7	35	22	37	18	35	25	39	29	49	37	50
8	34	26	32	19	18	16	15	30	53	45	48
9	35	35	37	20	36	24	48	31	44	40	34
10	37	28	38	21	60	31	56	총계	1212	888	1217
11	44	32	51	22	47	34	52				

범례 : Verse=절 수, Letters=글자 수, KJV=킹제임스본, Gale=게일성경, CTV=공동번역(1977)

창세기 1장에 사용한 글자의 수를 보면, 킹제임스본은 1,212자이고, 공동번역은 1,217자, 그리고 게일번역은 888자로 킹제임스본과 공동번역 성경에 비하면 게일번역은 4분의 3에 해당한다. 상기 두 예에서 보듯이 게일의 번역은 글자의 수를 많이 축소한 것을 알 수 있다.

자유역과 축자역을 놓고 선교사들 간에 논쟁이 심화되자 번역을 위임했던 영국성서번역위원회는 "모든 번역은 현지인의 용어가 허락하는 한 축자번역이어야 함."[163]이라고 게일에게 불리한 판결(verdict)을 내렸다. 이에 대한 게일의 대응도 만만하지 않았다.

> 본인은 성서번역위원으로 지난 31년간 봉사하였다. 히브리어 원전 신약성경의 많은 부분을 번역하였고 구약성경의 상당 부분도 번역하였다. 따라서 본인은 성경번역에 한하여는 노익장이다. 그럼에도 불구하고 번역위원회는 나를 따돌리고 지난 30년 동안의 내가 생을 바쳐 이룬 업적을 거의 협박을 하다시피 고스란히 위원회에 넘겨줄 것을 요구하고 있다. 사실상 내 평생 공들여 만든 원고를 그 풋내기 위원들은 나와는 하등의 아무 관계없이 어떤 형태로든지 자기들의 원하는 대로 최종판을 낼 것이다.[164]

결국 게일은 1923년 번역위원회에서 사임하고 1925년 일명 「게일성경」이라는 신구약을 출판하였다. 이는 한국 최초의 신구약 사역본이다. 번역위원회는 후일 게일을 명예회원으로 초대하였고 게일의 한국인 번역 조력인 이원모를 번역위원회에 다시 고용하였다. 이원모의 재고용은 비록 게일의 사역성경이 교권에 의하여 공인받지 못하고 (unrecognized), 교회 관료(church bureaucrats)에 의하여 사용금지당하기는 하였으나 '공인 번역본'을 완성하는 데 지침의 역할을 하였다는 것을 알 수 있다.[165]

---

163. Rutt, p. 72.
164. James Gale, "Literary Report : Bible Translation"(1923), p. 1.
165. Young-sik Yoo, "'Speaking in Tongues' : The Conflict Between Church Sanctioned and Private Translations of the Bible in Late Nineteenth-

성경번역을 통하여 빚어진 선교사 사회의 갈등은 게일과 같은 진보 성향의 그룹과 알렌 크락과 같은 보수 성향의 그룹이 대립하는 양상이 나타나는 계기가 되기도 하였다.

2)「한영자전」[166]

게일은 원산에서 1892~1897년까지 살았고 한국 최초의「한영자뎐」을 1897년 요코하마에서 출판하였다. 그의 서문을 보면 사전 출판을 위한 어휘 수집 등 출판 작업이 원산에서 생활했던 6년 동안 이루어졌다는 것을 알 수 있다.[167] 초판에 수록된 어휘는 35,000자였다. 게일의「한영자전」은 사전 종류로서는 로버트(Pére Robert) 신부가 중심이 되어 파리 외방선교회 신부들이 출판한 *Dictionnaire coréen-francais*(1880), 언더우드(Horace G. Underwood)의 *A Concise Dictionary of the Korean Language* (1890, 1925), 스코트(James Scott)의 *English-Korean Dictionary*(1891) 다음으로 4번째가 된다.[168] 게일의「한영자전」은 1911년의 재판 때 15,000자

Century Korea," International Conference on Changing the Script : Translation and Cultural Transformation in Korea. York University, June 3-5, 1994, p. 24.
166. 게일의「한영자전」(*Korean-English Dictionary*)은 시간이 지나면서「한영자뎐」(1897),「한영자전」(1911),「한영대자전」(1931)이라는 이름으로 바뀌었다.
167. 게일의 부인(Hattie G. Gale〈Harriet Heron〉)이 게일의 누이(Jane)에게 1894년 9월 5일자 보낸 편지에 사전 편찬에 대한 언급이 나온다.
168. James Scott(1850-1920)는 영국태생으로 1872년에 중국에 외교관으로 파견되었다. 그 후 1887년부터 1892년까지는 조선에서 영국영사로 있었다. 그의 한국에 관한 출판물은 영한사전 외에 *A Corean Manual with Introductory Grammar*(1887, 1893)가 있다. 여기에 언급되지 않는 당대 선교사들이 출판한 사전에는 George H. Jones, *An English-Korean Dictionary*(Yokohama, 1914)와 William M. Baird, *An English-Korean and Korean-English Dictionary of Parliamentary, Ecclesiastical and Some Other Terms*(Seoul, 1928) 등이 있다.

를 첨부하여 총 50,000자를 수록하였고 1914년에는 부록(Part Ⅱ)으로 총 252쪽 Chinese-English Dictionary(The Chinese Character)를 출판하였다. 1931년에는 「韓英大字典」(The Unabridged Korean-English Dictionary)이란 제목으로 피터(Alexander A. Pieters)가 편집하여 기독교서회에서 3판을 출판하였다. 3판에는 75,000자가 수록되었다. 게일의 「한영자전」은 질적으로나 양적으로 지금까지 출판된 사전들을 훨씬 능가하였는데 그것은 그보다 먼저 나온 사전을 바탕으로 어휘 보완 작업이 가능했기 때문이었다. 게일 당시의 영자신문 The Seoul Press는 "일본학에서 체임벌린(Chamberlain) 교수가 중국 문학 분야에서 자일스(Giles)가 차지하고 있는 위치를 한국학에서는 게일이 차지하고 있다는 것은 논할 여지가 없다."라고 하였다.[169] 「한영자전」은 일본학의 체임벌린,[170] 중국학의 자일스,[171] 한국학의 게일이라는 동양학의 삼총사 속에 게일을 포함시킬 수 있게 하였다. 마틴(Samuel Martin)이 1967년 그의 한영사전을 출판할 때에 'New'라는 단어를 붙여 New Korean-English Dictionary라는 제목으로 출판한 것을 보아도 게일의 「한영자전」이 그때까지 차지하고 있던 위치를 능히 짐작할 수 있다.[172]

3) 「텬로력뎡」 : 번역 문학의 효시

게일은 많은 서양 작품들을 한글로 번역하였는데 그 가운데 가장 많

---

169. The Seoul Press(September 6, 1911).
170. Basil Hall Chamberlain(1850-1935)은 일본학 학자로 Things Japanese (1905) ; The Classical Poetry of Japanese(1880) 등 다수의 일본학 관련 책을 저술하였다.
171. Herbert Allen Giles(1845-1935)은 Chinese-English Dictionary(1892) ; Religion of Ancient China ; History of Chinese Literature 등 다수의 중국학 학술서를 저술한 중국학 학자였다.
172. Rutt, p. 74

이 알려진 것으로는 존 버니언(John Bunyan, 1628 - 1688)의 「천로역정」 (*Pilgrim's Progress* Part I)을 들 수 있다.[173] 「텬로력뎡」은 게일이 원산에 체류하던 1895년에 출판되었다. 러트는 게일이 「텬로력뎡」을 상하이에서 1893년에 출판하였으며 출판을 위하여 1893년 여름에 가족을 데리고 상하이에 갔다고 했다.[174] 일반적으로 알려진 「텬로력뎡」은 The Trilingual Press 판(1895년)이다. 만약 러트가 언급한 1893년 상하이 판(1893 Shanghai Version)이 발견되면 한국 번역 문학사를 2년 앞당길 수 있는 결정판이 될 수 있다.[175] 러트는 필자의 문의에 '1893년 상하이 판'의 근거를 확실하게 기억할 수 없으니 대영박물관(British Library)에 문의하라고 했다. 하지만 대영박물관이 소장하고 있는 것은 모두가 중국어본이며 한글본으로 된 문제의 '1893년 상하이 판'의 소장 기록은 없다고 하였다.[176] 전택부는 "게일 선교사는 자기 부인과 함께 존 버니언의 「천로역정」을 번역하여 1894년 출간했는데"[177]라고 하여 「텬로력뎡」의 1894년 출판설을 언급하였다. 전택부는 자료제공으로

---

173. *Pilgrim's Progress*의 Part I은 1678년에 Part Ⅱ는 1684년에 각각 출판되었다. 게일의 「텬로력뎡」은 Part I만의 번역이다. *Pilgrim's Progress*의 1678년 초판에는 The Pilgrim's Progress from This World to That which is to come : Delivered under the Similitude of a DREAM Wherein is Discovered, The manner of his setting out, His Dangerous Journey ; And safe Arrival at the Desired Countrey라는 긴 제목이 붙여 있다.
174. Rutt, p. 27.
175. 일반적으로 「텬로력뎡」이 서양문학작품의 최초의 한글번역이라는 주장에 대하여 「아라비안 나이트」의 번역 「유옥역전」이 더 앞선 작품이라는 주장도 있다. 「중앙일보」, 1973년 2월 7일자 "한국인이 번역한 한국 최초의 서양 문학" 참조.
176. 필자에게 보낸 20 April 1993 러트의 편지. 대영박물관 담당자 맥킬로프(Beth McKillop)가 필자에게 14 December 2001년에 보낸 전자우편과 「천로역정」 표지 우편물.
177. 전택부, "김준건," 「기독교대백과사전」, vol. 3(교문사, 1982), p. 292. 김준건으로 알려진 그의 이름은 김준근이다. 이름에 대하여는 주 191 참조.

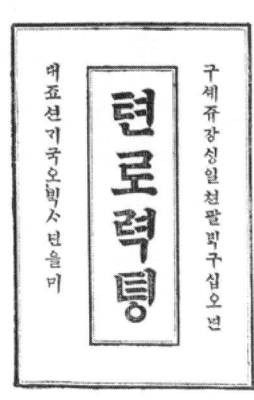

러트의 *Biography*를 제시하고 있는 것으로 보아 러트가 말한 1893년은 출판과정에서 오자가 난 듯하다. 「텬로력뎡과 개화기 국어」(1998)에서 김동언은 「텬로력뎡」은 삽화가 있는 목판본과 삽화가 없는 연활자본이 있다고 하고,[178] 현재 숭실대 박물관에 소장된 연활자본, 즉 "이 책이 *Biography*(1983, 27쪽)에 기록된 것은 중국 상해에서 인쇄된 것이 아닐 수 있다."라고 했다.[179] 그런데 문제는 러트가 상해본에는 삽화가 있다고 했는데, 상해에서 출판된 것과 같을 것이라고 가정하는 숭실대의 연활자본에는 삽화가 없다.[180]

  필자가 숭실대 소장의 연활자본을 확인해 보지는 못했으나 김동언의 언급처럼 "이 두 가지(연활자본과 목판본)는 서문까지 내용이 똑같기 때문에 어느 것이 먼저인지를 알기는 쉽지 않으나 여러 정황으로 목판본이 최초의 것이 아닌가 한다"(28쪽). "연활자본의 경우는 서문이 목판본의 그것과 같기 때문에"(30, 50쪽)라고 하여 연활자본보다는 오히

---

178. 김동언, 「텬로력뎡과 개화기 국어」(한국문화사, 1998), p. 28.
179. Ibid., pp. 30, 50.
180. Ibid.

려 "목판본이 최초가 아닌가 한다."고 판단을 내렸다. 필자가 소장한 「텬로력뎡」은 김동언이 사용한 동일 목판본(1895)으로 서문 말미에 "구세쥬강생일쳔팔백구십사년원산셩회긔일셔"라고 적혀 있다. 이를 보면 번역은 1894년에 완성하였고 인쇄를 1895년에 한 것으로 여겨진다. 이상에서 본 대로 연활자본을 상해본이라 하더라도 러트가 말한 1893년 판은 아닌 것이 분명하다. 미국 국회 도서목록에도 '1893년 상하이 판'에 대한 아무런 기록이 없는 것을 보면 러트가 언급한 '1893년 상하이 판'의 존재는 여전히 숙제로 남는다.

러트는 「천로역정」의 번역은 게일의 부인인 해리엇(Harriet Gale)이 전 남편인 헤론(John Heron)과 사별 후 시작하였는데, 게일과 이창직이 번역을 완성하였다고 하였고,[181] 게일 자신의 표현으로는 "이창직과 함께" 천로역정을 번역하였다고 했다.[182] 김동언은 "해리엇이 한국어를 접하기 시작한 1884년부터 「텬로력뎡」의 서문을 쓴 1894년까지는 10년의 세월"[183]이라 하여 해리엇이 1884년에 내한 것을 암시하고 있으나 해리엇은 그의 남편 헤론과 1885년 6월 21일 한국에 도착하였다.[184] 그리고 번역을 시작한 1891년에는 7년이라는 세월이 지났으니 "(번역에 필요한) 한국어에 대한 어느 정도의 지식을 가지고 있었다고 보아야 할 것"이고 그가 서울에 살았으니 번역어는 "서울말이 중심이었을 것으로 본다."[185]고 했다. 우리는 해리엇의 한국어 실력을 잴 수

---

181. Rutt, p. 27.
182. James S. Gale, "The Death of Old Kim," *The Canadian College Missionary*(Oct. 1894), p. 111.
183. 김동언, p. 17.
184. 김승태, 박혜진 편, 「내한 선교사 총람 : 1884 - 1984」(한국기독교역사연구회, 1994), p. 294.
185. 김동언, p. 17. 「천로역정」 한글 제목장에는 번역자의 이름이 없고 영문 제목장에 'Mr. and Mrs. Jas. S. Gale'이라고 하여 이창직에 대한 언급은 없다. 해리엇(Harriet Gale)이 「천로역정」 번역에 관여했다는 기록은 Rutt의 27쪽

있는 아무런 증거는 없다. 그러나 밖에 나가서 한국사람들을 대하는 선교사도 아닌 선교사 부인으로 10년을 살았다고 하지만 "고전소설이 가지고 있던 만연체의 문장과 대화체 문장이 자유롭게 교환되는 소설 문장으로서의 특징을"[186] 번역할 수 있었을까 하는 의문을 갖게 된다. 집 안에 머물면서 남편의 선교사역을 돕는 선교사 부인들의 한국어 실력 은 집안일을 돌보는 현지 고용인들과 통하는 '피진 코리안'(Pigeon Korean) 정도로 알고 있었다고 보아도 큰 무리는 아닐 것이다.

해리엇이 미망인이 된 후 「천로역정」 번역을 시작했다고 하면, 게일 이 그와 결혼 후 「천로역정」 번역작업을 부인과 함께 했을 것이라는 것은 자연스러운 추리이지만, 실은 해리엇보다 게일이 먼저 「천로역정」 번역에 손을 대었고, 게일보다는 언더우드가 더 먼저 번역을 시도했다 는 것을 게일의 기록을 통해 알 수 있다. "지금까지 조선에서의 본인의 사역은 조선에 나와 있는 다른 선교사들과 더불어 협력사역을 하는 것 입니다. 한 가지 말씀을 드리자면, 언더우드 선교사는 미국에 있는 친 구들로부터 「천로역정」을 번역하라는 청탁을 받았습니다. 그런데 언 더우드는 시간이 용의하지 않아 나에게 시간이 허락되는 대로 번역을 부탁했습니다."[187] 여기에 언급한 게일의 보고서는 1890년에 출판된 보 고서인데 보고서의 전후를 보아 부산에서 서울로 돌아온 후에 작성한 것으로 보인다. 전술하였지만 게일은 헤론과 함께 1890년 5월에 부산 에서 서울로 올라와 장로교단 선교회가 운영하는 예수교 고아학당에서 마펫(Samuel Moffett)과 함께 학생들을 가르치고 있었다. 이런 시간적

의 기록과 영문 표지에 있는 Mrs. Gale 외에는 부인이 번역에 관여했다는 확 증을 잡을 만한 다른 기록을 아직까지는 찾지 못했다. 해리엇이 원산에 있는 동안 게일의 가족들에게 보낸 편지에는 사전 편찬에 관한 기록은 있는데 「천 로역정」에 관한 기록은 없다.
186. Ibid., p. 109.
187. "One Year in Korea"라는 게일의 보고서, p. 9.

인 시점과 부산에서 올라와 특별한 일이 없었던 게일은 마펫을 도와 학생들을 가르친 것을 보아도 알 수 있듯이 시간적으로 여유가 있어 그의 말대로 언더우드의 부탁을 받고 적어도 1890년 5월 이후에 「천로역정」 번역에 손을 댔다는 추리가 가능하다.

러트도 말했다시피 게일은 이창직의 도움으로 「천로역정」 번역을 마쳤다. 「텬로력뎡」 서문에서 1894년에 번역을 마쳤다고 밝혔는데, 그해는 해리엇이 한국에 온 지 9년, 게일은 6년이 되는 해이다. 이로 미루어 보아 이창직이 「천로역정」을 번역하는 데 큰 영향을 끼쳤다는 가능성은 서지적 근거가 없다고 하여도 부인하기 어려운 사실인데, 이는 곧 이창직은 한문본 「天路歷程」을 참고하였다는 말이다. 이창직의 공헌에 대하여 이덕주는 "전통적 한국의 이야기체 서술 양식 등은 한국에 온 지 7년밖에 되지 않은 게일로서는 도저히 이룰 수 없는 언어기술의 경지임을 쉽게 알 수 있으며, 이는 이창직의 기술이라고밖에 볼 수 없다."고 했다.[188] 한문본 「天路歷程」과 한글본 「텬로력뎡」을 대조해 보면 우선 책의 제목이 같고 사용된 인명과 지명이 동일한 것이 많기는 하지만 한문본에는 한글본보다 더 많은 인명, 지명이 사용되었고, 한문본과 영문본 「천로역정」에는 성경 절수가 더 많이 사용되었다.[189] 영

---

188. 이덕주, p. 401.
189. 필자가 대조한 「天路歷程」(上海 : 美華書館, 1869)에는 겨우 10개의 삽화가 있고 성경 인용절이 많이 있으나 한글본에서는 성경 인용절이 생략되었다. 영문본 1678년 초판 「천로역정」에는 성경 인용절이 있으나 삽화는 없다. 영문판 「천로역정」에는 1800년대 말부터 Frederick Barnard라는 화가의 삽화가 첨부되기 시작한 것으로 보인다. 한글본 「텬로력뎡」에서 사용된 인명과 지명은 위의 '1869년 상해본'과 동일한 점이 있는 것을 발견할 수 있는데 간단하게 비교하면 다음과 같다. 영어는 1678년 「천로역정」에 나오는 영어이름이고, 한문은 '1869년 상해본'에 나오는 한문이다. 固執(고집, Obstinate), 易遷(이천, Pliable), 虛華市(허화시, Vanity Fair). 영문원본과 '1869년 상해본'에는 성경 구절이 많이 인용되었는데 「텬로력뎡」은 모든 성경인용을 생략한 것이 눈에 띄고 43개의 삽화를 삽입한 것도 특이하다. 이는 한문본 「天路歷程」을 참

문본 「천로역정」과 한문본은 내용구성이 대화체 형식이 많고 한문본에는 겨우 10개의 삽화가 있는데 비하여 한글본에는 삽화가 무려 43개나 있다. 책의 구성도 원문을 이해하기 쉽게 서술체로 풀어 쓴 초역(抄譯)이고 전역(全譯)은 아니다.[190] 이런 여러 가지를 감안하면 한글본 「텬로력뎡」이 비록 제목과 그리고 얼마간의 한문본이 사용한 지명과 인명을 사용했다고는 하지만 한문본 「天路歷程」을 모방했다고는 볼 수 없고 한글본 「텬로력뎡」은 독창성이 있다고 보는 것이 옳다.

「텬로력뎡」의 한국 문학사적 의미는 그것이 최초의 서양 문학을 번역하였다는 데 있지만 거기다가 한자를 배제하고 순 한글로 쓰였다는 점과 기산(箕山)이라는 호를 가진 김준건 혹은 김준근이라는 한국인 화가가 그린 총 43개 삽화를 삽입하여 한국적 예술화를 시도하였다는 점도 높이 평가해야 한다. 한문 전용 시대 혹은 적어도 국한문 혼용 시대에 순 한글책을 출판한다는 것 자체가 대단한 용기일 뿐 아니라 한글의 중요성을 내다본 미래지향적인 감각을 소유했음을 입증하는 것이다.[191] 이러한 맥락에서 게일의 「텬로력뎡」은 한글 보급화에 선구자적 역할을

고하였다고 보지만 한글본 「텬로력뎡」의 독창성이라고 여기는 부분이다.
190. 오천영, 「천로역정」(조선기독교서회, 1949), "서언".
191. 기산의 삽화는 「천로역정」 상권에 26개, 하권에 17개 총 43개가 있다. 게일은 원산에 있을 때 기산을 만났다. 기산의 이름은 두 개로 알려져 있는데, 전택부, 「기독교대백과사전」, vol. 3(교문사, 1982), p. 292와 「토박이 신앙산맥」(기독교서회, 1977), p. 150에서 김준건이라 했고, 김광언은 김준근(金俊根)이라 쓰고 있다. Rutt, p. 27에서는 Kim Chun'gun이라 썼다. 생몰 연대도 알려지지 않은 기산의 일생은 한국 미술사의 수수께끼 가운데 하나이다. 그의 작품은 개화기 초에 한국을 여행하던 서구 저술가들에 의하여(예를 들면, William R. Carles, *Life in Corea*〈NY : McMillan, 1888〉 등) 사용되었고 비엔나 박물관 또는 대영박물관 등 세계 각지의 박물관에 약 1천여 점 이상이 흩어져 있다. 기산과 그의 작품에 대하여는 김광언, "기산 김준근의 풍속도 해제," *The Korean Relics in Western Europe*(The Korea Foundation, 1990), pp. 395–405 참고.

하였다.[192]

게일은 많은 영문 서적을 한글로 번역하였을 뿐 아니라 한국의 고전을 영어로 번역하여 한국을 서구세계에 소개하는 문화 전도사의 역할을 하였다. 그래서 "한국인의 문화를 서양에 소개한 가장 뛰어난 문학 해설자"[193]라는 평을 받았다. 이를테면 17세기 김만중(1637-1692)의 「구운몽」과 「춘향전」 등이다. 정규복은 그의 「구운몽연구」(1979)에서 게일이 한국에서 30여 년간 머물면서 얻은 경험으로 「구운몽」의 한문본과 한글본을 대본으로 하여 내용을 완비하였다고 평했다.[194]

4) 「한국 민족사」

게일은 단군 조선으로부터 조선왕조의 패망까지를 다룬 「한국 민족사」(*A History of the Korean People*, 이하 Gale-History)[195]를 쓰기 전 「동국통감」(東國通鑑)을 번역하여 1895년에 4회에 걸쳐 *KR*에 연제하였다.[196] 「동국통감」은 신라 초부터 고려 말까지의 편년 사서로서 조선 7대 세조가 유신(儒臣)들에게 명하여 편찬을 착수하게 하였으나 완성을 못 보고 9대 성종 1484년에 이르러야 서거정 등에 의하여 완성되었으며, 전체가 56권 26책으로 되어 있다. 「동국통감」은 중국 사마광(司

---

192. 김희보, "춘원 문학과 성서," 그리스도교와 겨레문화연구회 편, 「한글성서와 겨레문화」(서울 : 교문사, 1985), p. 3.
193. Henry J. Morgan, ed., *The Canadian Men and Women of the Time : A Handbook of Canadian Biography of Living Charaters*(Toronto : William Briggs, 1912), p. 428.
194. 정규복, 「구운몽연구」(고려대학교출판사, 1979), p. 80.
195. 게일의 *A History of the Korean People*은 *KMF*(July 1924-Sept. 1927)에 연재된 것을 말한다.
196. 1회(September 1895), pp. 321-327 ; 2회(January 1896), pp. 14-19 ; 3회(March 1896), pp. 95-100 ; 4회(May 1896), pp. 183-188.

馬光)의「자치통감」(資治通鑑)을 본떠서 지은 책으로「삼국사기」와「삼국유사」, 그리고 다른 중국 자료들을 저본으로 하였기 때문에 잘못된 부분이 있다고 평가되는 역사서일 뿐 아니라 모화숭유 색채의 역사서이다.

「동국통감」 번역 5년 후인 1900년에 게일은 "중국이 조선에 끼친 영향"(The Influence of China Upon Korea)이라는 논문을 Korean Branch of the Royal Asiatic Society에서 발표하였고 당시 Society의 창간호 첫 번째 논문으로 출판하였다. 게일은 위 논문에서 조선은 '작은 東國'(little Eastern Kingdom), 중국은 '大國'(the Great Empire)이라는 관계 속에서 양국 관계를 이해하였다. 중국 역사 가운데 한 위인인 기자가 주전 1122년에 평양에서 동국을 세우니 이가 곧 조선의 시조라고 했다.[197] 게일이 1897년에 쓴 글을 보면 기자(箕子)를 미국대륙을 발견한 콜럼버스와 미국을 건설한 초대대통령 조지 워싱턴을 겸한 인물로[198] 묘사하였다. 게일은 조선사람의 전통, 습관, 문화는 중국에 근원을 둔 것이라고 보았다. 이를테면 설총과 최충원도 조선의 유명한 학자인데 그들의 사상체계는 중국이 근원이라는 것이다.[199] "중국이 조선에 끼친 영향"이라는 논문은「동문선습」을 인용하여 다음과 같이 끝을 맺고 있다.

> 우리(조선)의 예법, 우리의 오락, 우리의 법률, 우리의 어법, 우리의 복장, 우리의 문학, 우리의 미덕 등 모든 것은 중국의 것들을 본뜬 것이다. (중국과 조선의) 특별한 관계는 위에 언급한 것들로부터 빛난 전통이 비쳐지며, 그 가르침은 후손들에게 전승된다. 조선 풍속의 우아함도 저

---

197. James S. Gale, "The Influence of China Upon Korea," *Transactions of the Korea Branch of the Royal Asiatic Society*(1900), p. 1.
198. James S. Gale, "A Trip Across Northern Korea," *KCM*(March 1897), p. 81.
199. "The Influence of China upon Korea," pp. 7, 13.

화려한 문화의 나라(중국을 말함, 필자주)와 같이 만들어 가면서 그래서 중국인들은 우리를 향하여 '조선은 작은 중국이야'라고 칭찬한다.[200]

「동국통감」과 「동몽선습」은 게일이 한국 역사를 배우면서 접한 1차 자료였다. 따라서 게일의 한국 역사 인식은 「동국통감」과 「동몽선습」에서 보인 대로 중국 편향적 인식을 벗어날 수 없었을 것으로 여긴다. 이러한 게일의 한국사와의 첫 대면을 러트는 게일이 「동국통감」을 번역할 때 "중국 원전을 번역한 이창직의 번역에 크게 의존하였을 것이고 그때까지는 조선 역사의 연표를 정립할 만한 믿을 수 있는 자료가 없었기 때문"[201]이라고 설명하였다.

게일은 중국이 대국이라는 인식과 조선이 동국이라는 인식은 그의 「한국 민족사」에서 자연스럽게 중국중심(Sino-centric) 흐름의 역사의 틀로 짜여질 수밖에 없었을 것이다. 그런데 게일이 「한국 민족사」를 쓸 때에는 "The Influence of China upon Korea"에서 주장한 기자 조선 기원설과 더불어 단군신화를 기자 조선보다 먼저 기록한 것을 보면 러트가 말한 바 있는 한국 역사 연구자료의 결핍으로 인하여 초기에 가졌던 그의 한국 역사 인식이 시간이 지난 후 새로운 시각으로 변화되었던 것으로 보인다. 그는 「한국 민족사」를 쓸 때에 시대 구분 없이 절 제목(Paragraph heading)만을 붙였다. 그런데 러트가 1972년에 출판한 *A New Edition of His History of the Korean People*에는 「한국 민족사」를 수정 보완하고 시대 구분을 첨가하여 건국(Foundations), 삼국시대(The Three Kingdoms), 통일신라시대(United Silla), 고려시대(Koryo), 조선시대(The Yi Dynasty)로 구분하였다.

---

200. Ibid., p. 24.
201. Rutt, p. 30.

게일은 인명과 지명에 한자로 토[202]를 달았는데 러트는 이를 삭제하였다. 「한국 민족사」는 책의 제목에서 보여 주듯이 건국 신화 속의 인물을 비롯하여 역사적 인물들을 중심으로 서술한 조선 인물사인데, 도교, 불교, 유교 등 한국 종교사를 기록하면서도 기독교의 한국 전래에 대하여는 언급이 없는 점이 특이하다. 게일이 한국 인물사를 쓸 때에 특히 문화사적 인물은 서구의 동시대 인물들과 대칭시켜 독자들이 이해하기 쉽도록 하였다. 예컨대 고려 말 성리학자 우탁(禹卓, 1262-1342 AD)과 권부(權簿, 1346 AD)는 이탈리아의 시인 단테(Alighieri Dante, 1265-1321)로, 이제현(李齊賢, 1287-1367)은 스위스의 전설적 영웅 윌리엄 텔, 그리고 고려 공민 왕 때의 문신 이존오(李存吾, 1341-1371)는 영국 시인 제프리 초서(Geoggrey Chaucer, ?-1400)와 동시대 문인으로 묘사하였다.

동서양에는 두 명의 위대한 성직자가 있는데, 서양에는 경건한 기도서와 묵상서를 쓴 토마스(Thomas a Kempis, 1380-1471)가 있고 동양에는 평생을 명상과 극기로 보낸 무학대사(1327-1405)가 있다고 했다. 전왕을 축출하고 왕위에 오른 점으로 볼 때 영국의 헨리 4세(Henry Ⅳ, 1367-1413)와 이성계(1335-1408)는 역사의 괘를 같이하는 인물이라고 평가했고, 이성계가 함흥에 스스로 유배되어 자신의 실수를 자탄하는 모습이나 헨리 4세가 밤잠을 이루지 못하고 불평하는 모습은 두 사람이 겪는 공통된 마음의 고통이라고 평했다. 이렇게 동서양의 문화를 한눈에 꿰뚫어 볼 수 있는 점이 게일다운 면이며, 이렇게 동양과 서양을 잇는 작업을 한 것이 게일다운 업적이다.

---

202. 게일은 단군(檀君), 이규보(李奎報), 국내성(國內城), 삼국사(三國史) 등 주요 인물과 지명 등은 한문 표기를 하였다.

11. 게일의 한국 기독교관

선교사 시대에 한국 기독교의 교회 운영과 행정(예를 들어 신학교육)은 미국 선교사들, 즉 마펫(Samuel Moffett, 1864-1939, in Korea 1890-1936), 클라크(Charles A. Clark, 1878-1961, in Korea 1902-1949), 레이놀드(William D. Reynolds, 1867-1951, in Korea 1892-1937) 등과 같은 정통 칼빈주의 후예들이 맡고 있었는데, 그들의 정통 보수성향에 대하여 클라크(Charles A. Clark)는 다음과 같이 말하였다. "초기 대부분의 선교사들은 스코틀랜드의 전통적 장로회 옹호주의자들의 후예들로서 저들은 선조들이 가르치고 믿는 그대로 성경을 믿어 왔고 현재도 그렇게 믿고 있다. 그들은 바로 그 기독교를 한국에 확고하게 이식시켰다. 어떻게나 견고하게 이식시켰는지 심지어는 오늘날에도 한국어로 쓰인 어떤 책도 성경의 유일한 권위를 받아들이지 않으면, 많은 한국 기독교인들에게 그 책은 금물이다."[203]

이른바 보수적 경향의 선교사들이 기독교 한국화, 그것도 청교도적 기독교 한국화를 지향했던 것과는 달리 게일은 앞에서 언급했던 한국적 기독교(Koreanized Christianity)의 형성을 지향하였다. 이것은 당시에 다른 선교사들에게서는 보기 힘들었던 대단한 사고의 도약이었다. 게일은 연동교회의 목회자로 시무하는 한편 평양 신학교에서 교수로 가르치기도 하였는데 평양 신학교가 "학생의 과잉 입학, 교제의 후진성, 지나친 보수적 교육법, 낡은 커리큘럼"[204]을 가지고 신학교를 운영

---

203. Charles A. Clark, *The Nevius Plan for Mission Work Illustrated in Korea*(Seoul : Christian Literature Society, 1937), p. 121f ; *Westminster Theological Journal*, vol. 29(1966-1967), p. 30.
204. 게일이 당시 평양 신학교의 교장이던 마펫(Samuel Moffett)에게 제출한 "Letter of Resignation", 필자소장 ; "Gale's Annual Report on Theological

한다고 비판하면서 교수직을 사임하였다. 게일의 생각에는 전통주의적 스코틀랜드의 후예들이 그들의 조상들로부터 배운 낡은 기독교관을 한국 신학생들에게 가르치는 것으로 판단하고 "보다 현대적이고 개방된 신학교육이 필요하다."[205]는 입장을 견지하였다. 게일의 신학적 견해는 당대의 다른 선교사들과 비교해 볼 때 실질적인 차이가 있었으니 "그들 보수적인 선교사들은 한국인이 당면한 현실문제에 대하여 신학적 대응책이 결여되어 있다."[206]고 비판하였다. 따라서 게일은 한국사람들의 눈에 자연스럽게 자유주의자로 비쳐졌다.

"한국 기독교 사상 총론"이라는 그의 논문에서 게일은 기독교가 한국적 기독교가 되어야 한다는 방향을 제시하였다. 그는 기독교가 어떤 괄목할 만한 물리적 성장을 했다 하더라도 고백적 신앙의 형태로 문자화되지 않으면 "종교의(기독교) 수용은 피상적이고 완전히 소화되지 않은 것"[207]이라고 주장하고, 기독교가 구태의연한 선교사들에 의하여 낡은 방법으로 한국인에게 주입되고 있는 것이 한국 기독교의 드러나지 않은 단점이라고 지적하였다. 게일은 한국 기독교 수용에 대하여 "한국 사회가 유교라는 폭군을 몰아낸 후 기독교라는 폭군으로 대치한 것은 슬픈 일이다. (유교와 기독교) 양자의 차이점이 있다면, 유교는 백성 전체에 대하여 폭군 노릇을 하였고, 기독교는 기독교인에게만 한정된다는 점이다."[208]라고 평하였다. 요즈음 들어 기독교의 한국 민족화 정체성을 논하지만 선교사 만연의 그 시대에 게일이 표방(標榜)한 한국적 기독교의 선교철학은 경악스러울 만한 발상이다.

Education"(1917-1918), p. 2.
205. Gale's "Letter of Resignation."
206. Gale's Annual Report(1917-1918), p. 2.
207. James Gale, "한국 기독교 사상 총론," p. 193.
208. Ibid., p. 189.

12. 게일의 일본에 대한 태도와 다른 견해들

　게일은 중국이 한국보다 문화적으로 우월할 뿐만 아니라 한국은 중국의 문화주권에 속한다는 역사 인식을 가지고 있었다. 그러나 당시의 제국주의자들의 침략 야욕을 지켜보면서 한국의 정치적 상황은 중국보다 일본의 영향을 받는 것으로 보았다. "3대 강국(중국, 일본, 러시아)의 압박이 한국에 접근해 오고 있는데, 1등급의 강국 일본이 선두에서 지배력을 행사하고 있다."라고 당시 한반도 주변 국제 정치 상황을 판단하였다.[209] 본 글에서는 지금까지 사가들의 기록에 나타난 게일의 일본에 대한 기록들, 게일 자신이 남긴 기록들을 통하여 일본에 대한 게일의 태도를 논하고자 한다.
　어떤 한국인들의 눈에는 게일이 친일 경향의 선교사로 보았다. 게일과 친분을 쌓고 교제하던 윤치호는 "게일 역시 친일을 선언하여 많은 한국 젊은이들이 그로부터 멀어지게 된 것은 다소 슬픈 일이다."[210]라고 했다. 윤치호가 말한 게일의 친일 선언이 어디에 근거를 두고 있는지 자료를 밝히지 않아 논하기는 애매하다.
　민경배는 "그런데 한국교회의 항일과 그 무력행사에 대한 반발은 놀랍게도 선교사들에게서 먼저 모질게 터져 나왔다. 게일은 '위조 애국의 미친 듯한 광란이 휩쓸어, 자결, 신체 절단, 허황한 맹세, 게릴라의 의거, 냉혹 무정의 저항'이 차 있다고 하며 범준한 자의 양식을 깎는 언사를 남기고 있다."라고 하여 게일의 일본 태도를 비판한다.[211] 민경배가

---

209. James S. Gale, *Korea in Transition*(NY : Young People's Missionary Movement of the United States and Canada, 1909), p. 134. 이후로는 *KIT*.
210. 「윤치호 일기」, 9권(1927), p. 118.
211. 閔庚培, 「韓國基督敎會史 : 韓國民族敎會形成過程史」(대한기독교서회, 1972),

보통사람들과 비교하여 선교사를 구별하고 있는 의미는 선교사라는 사람이 어떻게 그런 양식 없는 언사를 할 수 있느냐라는 의미로 분석된다. 민경배가 언급한 게일의 원문은 다음과 같다.

The Aftermath

"A mad sort of spurious patriotism started into being, with suicide, chopping off of fingers, sworn oaths, guerilla warfare, flint-lock resistance."[212]

위 문장은 게일의 *KIT* Chapter Ⅱ에 있는 "The Nation's Present Situation"에 들어 있다.[213] 상기 내용 바로 이전에 "최후의 위기"(The

---

p. 189 ; (대한기독교서회, 1980 증보판), p. 189 ; (대한기독교서회, 1982 개정판), p. 227 ; 閔庚培, 「韓國民族敎會形成史論」(연세대학교출판사, 1980), p. 50.
212. *KIT*, pp. 38-39.
213. 필자도 *KIT*를 편의상 게일의 저술로 표기하였으나 *KIT*의 Chapter Ⅶ과 Ⅷ은 게일의 저술이 아니다. *KIT*의 "Editorial Statement"(xi)와 (신복룡, 「전환기의 한국」(집문당, 1999), "편집자의 말"(11쪽)에서 밝힌 바와 같이 제7장과 제8장은 "게일 박사가 조선에 없기 때문에" 편집자가 부록과 더불어 첨가한 것이다. *KIT*는 1909년에 출판되었으니 편집인은 1907년이나 1908년에 원고를 준비하였을 것이다. "게일 박사가 조선에 없기 때문에"라고 기록하고 있는 이유는 게일이 1906년에 서울을 떠나 스위스 로잔에 갔기 때문이다. 부인 헤티는 1900년부터 그곳에서 결핵 치료를 받고 있었고, 두 양녀 쎄라와 제씨는 1900년부터 그곳에서 학교를 다니고 있었기 때문에 가족을 만나기 위하여 그곳에 간 것이다. 게일은 1907년 9월에 부인과 두 딸과 함께 한국으로 돌아왔다. 무려 7년 만에 서울 집에서 온 가족이 함께 사는 기쁨이 있었을 것이다. 게일 가족을 맞은 연동 교우들은 게일 가족을 환영하는 환영예배를 드리기도 하고 사랑스러운 날들을 보냈다. 그런데 불행스러운 일들이 이어 일어났다. 1908년은 게일의 생애에서 가장 슬픈 해로 기록될 것이다. 귀국한 지 6개월 만인 3월 28일(1908) 부인이 세상을 떠났다(Harriet Gale의 사망 날짜에 대하여는 주 269쪽을 참고 바람). 그리고 바로 그해 5월에는 고찬익(1861-1908) 장로가 세상을 떠났다. 게일에게는 죽마고우격인 두 사람이 있었는데 한 명은 1889년 소래에

Final Crisis)라는 소제목(Paragraph heading)의 내용은 다음과 같다.

> **The Final Crisis**
> "Again in July, 1907, another crisis was reached. The nation that had so long attempted to sail in a leaky boat, and had persistently clubbed any man who had tried to stop the chinks, was going down. The water was deep and all straws were caught at, Russia, The Hague, Mr. Hulbert, Hawaiian Petition, Bethell and Company, appeal to rifles ; but everything failed. The Japan‐Korea Treaty of July 24, 1907, resulted, and the last act of the drama was the exit of the old emperor‐king. ······ According to the understanding of the people at large, the last breath was drawn, and Korea had expired."[214]

1907년 7월 20일 고종이 퇴위되고, 7월 24일에는 이른바 '정미 7조약'을 체결하여 군대를 해체하자 해산군인들이 의병에 가담하여 전국 방방곡곡에서 일본군에 항거하였다. 1907년 당시 게일이 묘사한 조선의 현재 상황은 게일이 보기에 물이 새는 배가 더 이상 항해를 하지 못하고 침몰하듯이 몰락이라는 최후의 위기에 직면해 있었다. 게일은

서 만난 이창직이고, 다른 한 명은 원산에서 만난 고찬익이다. 게일은 선교 현장을 주제로 쓴 소설 *Vanguard*(1904)에서 고찬익을 주인공으로 삼기도 하였다. 부인과 고찬익을 잃은 슬픔에 쌓인 게일에게 다음해인 1909년에는 양친이 세상을 떠났다는 비보를 받았다. 이런 정황 가운데서 게일은 *KIT*에 첨가할 글들을 쓸 수 없었을 것으로 생각된다. 그러나 제8장에 있는 '가장 위대한 사람' 또는 '고찬익' 같은 글은 게일의 글이라는 서지적 근거를 찾을 수 없으나 게일의 글이 아니라는 의심은 하기 어렵다. 「전환기의 조선」, pp. 190‐191 참고. *Vanguard*는 심현녀, 「선구자」(서울 : 대한기독교서회, 1993)라는 제목으로 번역 출판하였다.

214. *KIT*, p. 38.

부산의 첫 선교사들

조선이 당면한 처지를 설명하기를, 물이 깊어(당면한 상황이 어렵다는 말) 러시아의 힘을 빌리고, 화란의 만국평화회의와 헐버트를 통한 국권 회복운동, 하와이 평화회담에 탄원하거나 또는 베델 등을 통하는 등 열강에 한국의 독립을 호소할 수 있는 모든 지푸라기들을 붙잡았지만(모든 방법을 다 동원했지만) 모두가 실패하였다는 것이 위 문장의 내용이다.

게일이 의미하는 일종의 열광적인 애국심을 나타내는 '자결', '혈서', '의병', '재래식 무기에 의존한 저항'들이란 1907년 전후에 일어난 전국적 의병의 항거를 뜻하기도 하고, 을사보호조약을 맺은 후 장지연의 시일야방성대곡(是日也放聲大哭)이라든지 최익현, 민중식, 류인석 등 또다른 많은 애국지사들이 전국 방방곡곡에서 일으켰던 결사항일의 의병들, 그리고 충정공 민영환이 망국의 책임을 통감하고 스스로 자결한 사실들을 의미할 수도 있다. 게일은 *KIT*(37쪽)에 민영환이 자결한 사실을 예로 들어 한국국민의 자결을 묘사하였다. 신복룡은 민영환이 자결한 부분을 다음과 같이 번역하였다.

> 1905년 11월 17일 한밤중에 서울 정동(貞洞)에 있는 경운궁(慶雲宮)에서는 모든 오욕된 시대의 서막이 되는 첫 번째 조치가 이루어졌다. 거기에는 온갖 부당한 처사가 행해지고 뉘우칠 수 없는 거짓말이 난무했다. 그것은 조선의 외교 업무에 관한 통제권을 일본 정부에 이양한다는 내용의 그날, 을사조약의 체결에 의해 이루어졌다. 이러한 소식을 접하자 민영환은 대한제국은 이제 망했으며, 자신은 자결하겠노라고 결심했다. 그는 자신의 모든 이웃들과 스스로 격리하여 자신의 뜻을 담은 몇 통의 유서를 남긴 뒤 무디고 짤막한 은장도로 스스로 목숨을 끊었다. 그의 이름 주위에 크게 쓴 "자기의 조국을 위해 죽는다는 것이 얼마나 기쁘고 훌륭한 일인가."라는 문장을 조선은 되새겨야만 할 것이다.[215]

민경배가 인용한 문제의 문장에 게일이 붙인 소제목은 "여파"(The Aftermath)라는 제목이다. 게일 문장의 전후 관계는 조선이 일본의 식민화되어 가는 최후의 위기를 맞은 조선사람들에게서 나타난 여파가 민영환의 자결이 보여 주듯이 '그러했었다'는 설명이 바로 문제의 문장이다.

---

215. 신복룡, 「전환기의 조선」, p. 40. 여기서 논할 주제는 아니나 *KIT*의 여러 곳에 'Keel'이라는 사람이 나온다. 「전환기의 조선」에서는 Keel을 '킬 목사'라 번역하여 마치 서양인으로 이해되기 쉬우나 Keel은 길선주 목사를 말한다. 예컨대 *KIT* 82쪽에는 "our brother, S. J. Keel, was once a Taoist"라 하여 길선주의 이름을 그렇게 쓰기도 했지만(「전환기의 조선」에서는 S. T. Keel이라 썼다.) 이야기의 내용이 평양대부흥운동에 관한 것이어서 의심의 여지가 없다. 게일은 길선주 목사를 초청하여 그의 아들 조지에게 세례를 베풀게 한 일과 그의 저술에서 길선주 목사를 언급하는 것으로 보아 길선주 목사를 존경한 것으로 보인다. *KIT*에서 가끔 'Esson Third'라는 이름이 나오는데 이는 게일 자신을 말한다. 주 282 참고 바람. *KIT*의 203쪽에 "Dr. Baird took the service." Dr. Baird를 「전환기의 조선」(153쪽)에서는 "베어드(Henry M. Baird, 1832 - 1906) : 미국장로교 목사, 필라델피아에서 출생, 그의 저서로는 「위그노사」(*History of Huguenots*)가 있다."라고 했는데 *KIT*가 말한 'Dr. Baird'는 「전환기의 조선」이 말한 'Dr. Baird'가 아니라 미 북장로교 선교사로 1891년 내한한 배위량(William Martyne Baird, 1862 - 1931)을 말한다. 본문은 1907년 평양대부흥에 관하여 말하고 있고, 베어드는 평양부흥운동의 주역 중 한 선교사였다. *KIT*의 131쪽 좌측 하단 'Itinerating'이라는 사진과 「전환기의 조선」 99쪽에 '선교여행'이라고 번역된 사진은 동일인물이다. 신복룡은 그의 「이방인이 본 조선 다시 읽기」(풀빛, 2002) 184쪽에 상기 *KIT*의 사진을 수록하고 '게일의 선교여행'이라는 설명을 붙였는데 사진 속의 인물은 게일이 아니라 1898년에 한국에 나가 성진 지역에서 선교활동을 한 로버트(Robert Grierson)의 아버지 존(John Grierson, 1827 - ?)이다. 존은 캐나다 헬리팩스에 살았고 그의 직업이 목수와 캐비넷 공이었다. 아들 로버트가 성진에서 병원을 건축한다는 소식을 듣고 연장통을 들고 1902년에 성진에 와서 병원과 아들의 집 짓는 일을 도왔다. 그의 나이 75세였다. *KIT*를 출판한 연대가 1909년이고 게일은 1863년생이니까 책을 출판한 그해에 찍은 사진이라고 하더라도 당시 게일은 46세였다. 사진의 인물은 외관으로 보기에도 46세의 젊은이는 아니다. 사진의 주인공이 존이라는 고증은 로버트와 함께 같은 해인 1898년 한국에 나간 던칸(Duncan McRae)의 딸 헬렌(Helen McRae)이 자신이 가지고 있던 *KIT*를 필자에게 주면서 *KIT*의 사진들은 자기 아버지가 찍은 사진들이라는 확인과 더불어 설명을 써 주었다. 헬렌은 1910년 함흥에서 출생하여 2001년에 사망하였다.

부산의 첫 선교사들

여기서 필자가 지적하고 싶은 것은 게일의 의도가 민경배의 이해처럼 한국교회의 항일운동을 비판하려는 것이 아니라 당시 대한제국이 직면해 있던 '최후의 위기'가 '그러했다'는 것이고, 그 최후의 위기를 넘기는 과정에서 '그러한 여파'가 일어났다는 묘사가 바로 문제의 '여파'라는 문장이다. 게일의 글을 인용한 민경배의 논문은 "애국과 반일(反日)의 민족교회"[216] 또는 "宣敎師들의 韓國敎會 非民族化의 過程"[217]이라는 소제에 포함되어 있다. 송길섭은 민경배가 이른바 한국 기독교의 '민족사관'을 강조하기 위하여 "反宣敎師的인 감정이 너무 노골적으로 나타나서 이것이 사료의 선택과 해석에 커다란 문제와 오류를 가져오게 만들었다."[218]고 평했는데, 바로 그러한 예로 민경배가 인용한 KIT의 "여파"를 "범준한 자의 양식을 깎는 언사를 남겼다."고 지적한 것은 아쉬움을 남긴다. 후에 설명하겠지만 위에서 송길섭이 지적한 사례는 송건호의 논문과 이덕주의 "초기 한국교회의 민족교회적 성격"이라는 논문에서도 나타난다. KIT의 "여파"의 내용을 들어 게일이 한국인의 항일운동을 혹평했다는 비판 자체도 원문의 뜻과 게일의 의도를 정확하게 읽어 내지 못했다는 것이지만 "여파"의 내용을 한국교회의 항일운동의 상황에 적용시키는 개념화(conceptionalization)의 방법론은 무리가 있었다.

게일의 내용은 한국교회와 연계되어 있지도 않고 한국교회에 가까이 가 있지도 않다. 다음에 또다른 사례들을 들겠지만 "최후의 위기"와 "여파"가 들어 있는 게일의 "The Nation's Present Situation"에서 총

---

216. 「韓國基督敎會史」 1972년 판과 1980년 판에는 180~190쪽에 들어 있고, 1982년 개정판에는 215~228쪽에 들어 있음.
217. 「韓國民族敎會形成史論」, pp. 36–54.
218. 송길섭, "民族敎會史觀의 展開," 閔庚培, 「韓國基督敎會史」(改訂版)에 대한 "書評," 「기독교사상」(1982. 10), p. 193.

29쪽(31-60쪽) 가운데 기독교와 관련된 용어가 쓰인 것만 보더라도 이 점은 분명하다. 기독교와 관련된 용어는 다음과 같다. 'true Christians' 1회(31쪽), 'hristianity' 1회(37쪽), 'Christian' 2회(40, 50쪽). 이런 단어들은 일반적인 개념으로 쓰이고 있을 뿐 민경배나 다른 논자들이 의미하는 한국교회 혹은 한국 기독교인 또는 한국교회의 항일운동이라는 개념으로 연결시킬 수 있는 내용이 아니다. 이러한 사례들은 맞춤번역(a custom-made translation)과 맞춤해석(a custom-made interpretation)의 한 사례들로 받아들일 수밖에 없다.

상기 민경배가 인용한 부분은 후대 역사가들에 의하여 민경배와 같은 맥락으로 종종 인용되고 있는데, 그 가운데 송건호는 민경배의 한글 번역을 다시 영문으로 번역하여 다음과 같이 또다른 왜곡된 번역물을 생산하였다.[219]

> Meanwhile, those who reacted most strongly against the anti-Japan movement staged by the Korean church and individual Christians were missionaries. Rev. J. S. Gale, the most

---

219. 趙庭京, "J. S. Gale의 "韓國認識과 在韓活動에 關한 一 硏究." 이화여자대학교 교육대학원, 석사학위논문, 1985, p. 19 ; 한규무, "게일(James S. Gale)의 한국 인식과 한국교회에 끼친 영향(1898-1910)을 중심으로," 「한국 기독교와 역사」, 제4호(1995), 166~167쪽에서 한규무는 문제의 페이지 하단 부분을 인용하고 "(게일은) 정치문제에 관한 언급을 회피했다."고 했다. 한규무의 논문에서 인용한 자료는 轉換期의 朝鮮이라고만 했는데 인용문의 내용이 신복룡의 번역과 같은 것으로 보아 신복룡의 번역의 「전환기의 조선」을 인용한 것으로 보이는데 한규무가 5차례 인용한 구절의 페이지는 신복룡의 「전환기의 조선」의 페이지와 일치하지 않고, 게일의 원문과도 페이지가 일치하지 않는 것을 발견할 수 있다. 그는 연구대상 연대를 1898~1910년으로 잡고 있는데, 게일이 한국에 도착한 연대가 1888년이니까 1888~1910년의 연구인데 제목에 나타난 1898년은 인쇄상의 실수로 짐작된다. 게일은 1895년 12월에 그의 「한영자전」을 출판하기 위하여 요꾸하마에 갔다가 사전 출판 후 1897년 3월에 안식년차 미국과 캐나다에 갔다. 1898년 4월에 원산으로 돌아왔다.

부산의 첫 선교사들

outspoken opponent of the church's patriotic movement, made remarks contemptuous of the Korean church, saying, 'The madness of self-styled patriotism sweeps⋯⋯ Suicides, amputation of parts of bodies, wild pledges, guerrilla-style uprisings and cold-blooded resistance are rampant.'[220]

송건호는 앞에서 언급한 민경배의 인용부분을 재인용하고 "Rev. J. S. Gale, the most outspoken opponent of the(Korean) church's patriotic movement"(게일 목사는 한국교회의 애국운동에 가장 혹독한 반대자, 필자주)라고 혹평했다. 송건호 역시 게일의 앞뒤의 원문을 참고하지 않고 민경배의 인용 부분만을 인용하여 자신이 펼치고자 하는 주장, 즉 한국 기독교의 항일운동에 대하여 '게일은 한국교회의 애국운동에 혹독한 반대자'라는 논조의 잣대로 재단해 버린 것이다.

또다른 예들을 들어 보자. 홍경만은 「한국근대개신교사연구」의 "한국 개신교의 정치적 성격"의 논문에서 앞의 민경배의 글을 근거로 "좀 더 심한 경우의 선교사들은 항일운동에 대하여 매우 비판적인 태도를 취하였다. 1888년에 來韓한 캐나다 선교사 게일은 '위조 애국의 미친 듯한 광란이 휩쓸었으며, 항일운동에 대해 自決, 身體切斷, 허황한 맹세, 게릴라 의거 냉혹무정의 저항이라고 혹평했다."[221]는 것이다. 그런

---

220. Song Kon-ho, "A History of the Christian Movement in Korea," *International Review of Mission*(January 1985), p. 23. 위 글 중 밑줄 친 부분은 민경배의 인용문을 송건호가 영문으로 재번역한 부분에 필자가 밑줄을 첨부하였음. 위 글에서 송건호는 자료를 제시하지 않았으나 필자가 송건호가 민경배의 번역을 재번역했다고 주장하는 배경에는 송건호의 인용문이 민경배의 번역인용문과 내용은 거의 비슷하지만 *KIT*에 있는 내용과는 다르기 때문이다. 또한 민경배의 논문은 1972년, 1980년, 1982년에 이미 출판되었기 때문에 송건호가 1985년에 논문을 쓸 때에 민경배의 논문을 참고하였을 것이라고 보는 것은 자연스러운 일이기 때문이다.

데 바로 이 문제의 한 절이 혹자에게는 게일의 친일을 규명하는 근거자료가 된다는 것이다. 이덕주는 그의 "초기 한국교회의 민족교회적 성격"이라는 논문에서 "1906년 통감부가 설치된 후 이토를 비롯한 일본 관리들의 선교사 회유정책과 본국 정부와 일본 정부 사이의 우호적 외교관계를 고려한 선교본부의 압력 등이 다각적으로 작용하여 선교사들 중에는 노골적으로 친일을 표방하는 인물들도 나왔다. …… 1907년 정미의병이 일어났을 때 이를 두고 '미친 광란의 위조된 애국주의'(mad sort of spurious patriotism)라고 매도했던 게일 등에서도 그러한 흔적을 찾아볼 수 있다."라고 하여 이 말을 근거로 게일을 포함하여 "선교사들 중에는 노골적으로 친일을 표방하였다."는 것이다.[222]

문제의 문장이 들어 있는 바로 전 "최후의 위기"(The Final Crisis)와 문제가 된 "여파"(The Aftermath)를 신복룡은 다음과 같이 번역하였다.

> 최후의 위기 : 1907년 7월에 또다른 위기가 닥쳐왔다. 구멍 뚫린 배를 타고 아주 오랫동안 항해해 왔고, 그 틈을 막으려고 노력해 온 사람을 계속 채찍질해 왔던 대한제국이 침몰하고 있었던 것이다. 바다는 깊었기 때문에 러시아와 헤이그 밀사 사건, 헐버트(H. B. Hulbert), (하와이 교민의 청원〈Hawaiian Petition〉), 베델(E. T. Bethell)과 대한매일신문사(大韓每日新聞社), 그리고 총에 의한 호소 등으로 지푸라기라도 잡으려 했으나 모든 일은 수포로 돌아갔다. 1907년 7월 24일 한일신협약(韓日新協約 : 丁未7條約)이 체결되었으며, 그 결과로 황제는 축출되었다. 고종(高宗)은 황제, 왕, 그리고 전제군주로서의 모든 권한을 새로운 세대에서 물려줄 것을 강요받았다. 극도의 반대도 아무런 소용이 없었으며, 저항도 없었다. 그를 영원히 내몰려는 일본의 의도를 뿌리치기에는

---

221. 홍경만, 「한국근대개신교사연구」(경인문화사, 2000), p. 80.
222. 이덕주, 「초기한국 기독교사연구」, p. 170. 이덕주가 인용한 자료는 *KIT*의 38~39쪽이다.

충분한 힘이 없었기 때문에 고종은 하는 수 없이 그에 동의하고 말았다. 일반 백성들이 판단하기에 이제 조선의 마지막 숨결은 끊어지고 소멸된 것이다.

여파 : 일종의 열광적인 애국심은 자결, 혈서, 그리고 게릴라전(義兵)과 재래식 무기에 의한 저항과 같은 형태로 나타났다.[223] 이는 아직도 상당한 정도로 계속되고 있지만, 경쟁 세력들에 의해 사로잡힌 계곡의 불쌍한 백성들은 조선의 실패한 과거로 인한 대가를 치르지 않으면 안 되었다. 조선이 이러한 위기를 어떠한 다른 방법으로 헤쳐 나가야 하는지, 그것의 옳고 그름은 어떤지, 그리고 무엇이 행해져야 하고 또한 행해져서는 안 되는지에 관한 문제는 우리가 다룰 문제가 아니다. 이것이 오늘날의 조선이다.[224]

위의 신복룡의 번역문 "일종의 열광적인 애국심은 자결, 혈서, 그리고 게릴라전(義兵)과 재래식 무기에 의한 저항과 같은 형태로 나타난다."는 표현에서 볼 수 있듯이 글을 쓴 당시의 한국 상황 "그것이 진정 어떠하였는가?"를 묘사한 것이 바로 그 문장이다. 게일의 말대로 "이것이 오늘날의 조선이다." 그런데 "문제는 우리가 다룰 문제가 아니다." 라는 말은 이것이 오늘날 우리 선교사들이 직면하고 있는 선교 현장이긴 하지만 선교사들이 해결할 수 있는 일이 아니라는 뜻이다. 그런데 바로 이 단절이 게일에게 한국교회의 항일과 그 무력행사에 반발하여 '묵시적으로 친일적이었다'는 부분이고, 게일 목사를 '한국교회의 애국운동에 가장 혹독한 반대자'라고 지칭하며, 게일의 친일적 흔적을 규명

---

223. *KIT*에는 "The Final Crisis"(최후의 위기)와 "The Aftermath"(여파)라는 절 제목이 있으나 신복룡의 번역에는 생략되어 있어 필자가 첨부하였다. 필자가 밑줄을 첨부한 부분이 민경배가 "'위조 애국의 미친 듯한 광란이 휩쓸어, 자결, 신체 절단, 허황한 맹세, 게릴라의 의거, 냉혹 무정의 저항'이 차 있다고 해서 범준한 자의 양식을 깎는 언사를 남기고 있다."라고 연결한 부분이다.
224. 신복룡, pp. 40 - 41.

하게 한 부분이다. 이러한 사례를 들어 송길섭은 "역사가는 모름지기 역사가가 말하는 것이 아니라 역사의 사실이 말하도록 해야 하는데 이 경우는 역사가의 상식을 넘어섰다."[225]고 말했다.

번역은 객관성이다. 내 주장을 펼치는 작업이 아니라는 말이다. 신복룡의 번역을 객관적으로 분석하면서 문제가 된 문장의 앞뒤를 보면, 그 한 줄의 문장으로 어떻게 한국 기독교의 항일운동과 연관지을 수 있었는지 의문을 갖게 되고, '한국교회의 애국운동에 혹독한 반대자' 혹은 '게일의 친일 흔적'이라고까지 확대해석할 수 있는지 의아하다. 이 문장의 그러한 해석과 평가는 게일의 의도와는 전혀 딴판이고 사건의 전후로 보아서도 부적절한 해석과 부적절한 평가임을 쉽게 알 수 있다. 게일이 KIT를 쓴 목적은 미국과 캐나다에 있는 젊은이들에게 해외선교 운동을 돕기 위한 교재로 사용하기 위하여 썼다. 필자가 게일의 마음을 잘 읽어 내는지는 알 수 없으나 게일은 KIT를 통하여 자신의 선교 현장의 현재 상황을 소개하고 조선사람들이 처한 당시의 애환을 마음으로 보듬으면서 선교에 임한다는 선교 현장 보고서가 바로 KIT의 1장부터 6장이다.

위의 사례를 보면서 역사의 기록은 사건의 앞과 뒤를 잘 헤아려 봐야 한다는 교훈을 배우게 되고, 따라서 역사의 평가란 역사적인 사건 바로 "그것이 진정 어떠하였는가?"(wie es eigentlich gewesen) 하는 것을 묘사하는 작업에서 벗어나면 오류를 생산해 낸다는 랑케의 교훈을 배우게 된다.[226] 후학은 선학의 연구업적을 귀하게 받아들이고 존경한다. 그러나 우리가 여기서 또 깨닫는 것은 선학의 업적을 도습(蹈襲)하고 부화뇌동(附和雷同, blind following)하는 학문의 연구 방법은 학문의 마

---

225. 송길섭, p. 194.
226. E. H. Carr, 길현모 역, 「역사란 무엇인가」(탐구당, 1973), p. 8.

이너스 성장을 가져올 뿐만 아니라 자칫하면 학문의 인플레 현상까지 불러온다는 것이다. *KIT*의 "여파"가 바로 이러한 현상이다. 역사는 영광스러운 것뿐만 아니라 부끄러운 것도 인정해야 한다는 것을 우리는 안다. 역사의 주인공이 기독교인이건 비기독교인이건 남자건 여자건 마찬가지다. 그러나 멀쩡한 선교사들을 친일파 혹은 반기독교적 또는 민족 반역자라는 딱지를 붙여 세상에 공포하는 역사는 받아들일 수 없다.[227] 그런데 그러한 논문들이 세속사를 연구하는 연구자들의 논문에서 나타나는 것이 아니라 기독교 역사를 연구하는 연구자들의 논문에서 나타나는 것은 한국 기독교의 안타까운 단면이다.

또다른 사례들을 보자. 민경배는 "한국교회 비정치화 문제의 시작"을 논하는 논문에서 게일이 말하기를 "내(게일) 생각에는 이 알렌의 이름을 선교사의 명부에서 아예 빼 버려야 마땅하다고 서슴지 않고 말하고 있었다."[228]고 하여 게일이 알렌의 이름을 선교사의 명단에서 빼 버려야 한다고 주장한 것으로 이해하고 있으나 이는 게일의 의도와는 정반대이다. 문제의 원문은 "Let us be thankful that the pioneers were just the right men for the work on hand. While the Hon. H. N. Allen, M. D., as a medical missionary opened the work, <u>in the mind of the writer he is disassociated from the missionary list.</u>"[229]이다. 위 문장을 신복룡은 다음과 같이 번역하였

---

227. 송길섭은 그의 「韓國基督敎會史」에 대한 "書評" 194쪽에서 「韓國基督敎會史」 317쪽에서 언급된 웰취 감독에 대하여 다음과 같이 평했다. "웰취는 미국 선교사로서 3·1운동 당시 한국에 있으면서 일제의 잔악성을 미국 교회에 폭로하며 심지어 일본에 건너가 당시의 일본 수상이던 하라(原散一)를 만나서 일본군의 비인도적 탄압을 항의하고 즉각적인 교회 탄압과 독립운동에 대한 억압을 중지할 것을 요구한 분인데 여기서 그가 하루아침에 친일파가 되고 민족 반역자로 나타난 것이다."
228. 閔庚培, 「韓國基督敎會史」(기독교서회, 1972), p. 164 ; (기독교서회, 1980 증보판), p. 164 ; (기독교서회, 1982 개정판), pp. 200-201.

는데 필자가 몇 자 첨부하였다.

> 자신의 일을 매우 성실하게 수행했던 개척 선교사들에게 감사드려야 한다. 그런데 내가(게일 자신을 말함, 필자첨부) 보기에 <u>의사 선교사들로서(의료 선교사로서 : 복수가 아님. 알렌 한 사람을 가리키는 말. "as a medical missionary"는 알렌을 반복하여 설명하는 설명구, 필자첨부) 역사(役事, 선교, 필자번역)를 시작한 알렌 박사(H. N. Allen)는 선교사의 명부에서 누락되어 있다.</u> 그는 입국할 때부터 1905년 그의 탁월한 경력에 종지부를 찍을 때까지 외교관으로서 일했다. 조선에서 그의 명성은 매우 높았으며 외국인뿐만 아니라 한국인들에게도 사랑과 존경을 받았다. 왜냐하면 그는 오랫동안 미국인과 한국인을 위해 성실히 그리고 훌륭하게 봉사했기 때문이다.[230]

여기서 번역상 조심스러운 부분은 "he (Allen) is disassociated from the missionary list"인데 그중에서도 'is disassociated'이다. 'disassociate'는 'dissociate'의 동의어로서 사전의 뜻은 '관계와 매듭을 끊다'라는 뜻이다. 신복룡은 이 부분을 '누락되어 있다'라고 번역하였다. 사전의 의미대로 다시 쓰자면, '알렌은 선교사들의 사이에서 인연 혹은 관계가 끊어졌다', 즉 '선교사 명단에서 누락되었다'는 뜻이다. 게일이 의미하는 것은 "게일 자신의 생각에는 알렌은 선교사업을 개척한 의료 선교사로 우리가 감사를 드려야 할 사람인데 어찌된 영문인지 우리 선교사들의 명단에 누락되어 있어 마음이 안타깝다."는 뜻을 내포하는 문맥이지 민경배가 말한 것처럼 알렌의 이름을 선교사의 명단에서 아예 빼 버리는 것이 마땅하다는 의미는 전혀 없다. 원문을 대조

---

229. *KIT*, p. 163. 밑줄 친 부분이 민경배가 인용한 부분.
230. 신복룡, p. 126. 밑줄 친 부분이 민경배가 인용한 문제의 부분을 신복룡은 그와 같이 번역하였다.

부산의 첫 선교사들

하면서 민경배의 해석과 원문의 차이에 대해 의아함을 느끼게 된다.

또 다음 예를 들어 보자. 민경배의 "韓國敎會와 神秘主義"라는 논문에 다음과 같은 글이 있다.

> 근대 선교에서 차지하는 한국선교의 성공을 두고, 일찍이 1910년 에든버러에서 會集하였던 '세계선교협의회'는 '近世史의 神秘'라고 격찬한 바 있다. 그리고 이와 같은 성공의 비결은 무엇보다도 한국교회 '信仰의 素朴性'에 있다고 진단하고 있었다. 얼마 후 韓國 監理敎會의 감독을 지낸 바 있는 웰치(Herbert Welch) 목사는 한국교회의 신비스러운 성장의 근거로서 '이 백성의 神秘的이요 情緖的인 性稟'을 들고 있었다. 奇一 (J. S. Gale) 목사가 韓國人의 성격을 가리켜 '세상에 맞지 않는 성품' (unfitness for the world)이라고 했을 때도 그 의미는 대동소이하다. 韓國의 기독교회의 神秘主義的 要所가 있는가 없는가 하는 문제는 우선 긍정적으로 보는 것이 좋겠지만, 그러한 판단을 내린 시대 사람들의 神學的 素質도 함께 이해하지 않으면 안 될 것이다. 神秘主義와 預言者的인 '말씀의 宗敎'를 날카롭게 대립시켜서 兩者 하나만이 옳을 뿐이요, 따라서 二者擇一을 강요했던 칼 바르트의 神學이 英美系를 비롯해서 문제된 것이 1928년 이후의 일이라고 한다면, 어떤 의미에서 웰치나 奇一의 말들은 用語의 定義를 거치지 아니한, 조심성 없는 발언들이라 볼 수도 있을 것이다.[231]

위의 글에서 민경배가 한국교회의 신비주의를 전개하기 위하여 선교사들의 말과 기록을 인용한 인용문들이 어떤 결과를 가지고 왔는지를 살펴보자.

첫째, 한국선교의 성공을 가리켜 '근세사의 신비'(近世史의 神秘)라는

---

231. 閔庚培, 「敎會와 民族」(大韓基督敎出版社, 1981), p. 280.

말의 원문은 "it(the success of the Christian propagation in Korea) constitutes one of the marvels of modern history"[232]이다. 여기서 번역상 문제가 되는 단어는 'marvel'이라는 단어이다. 한영사전은 'marvel'을 '놀램, 놀랠 만한 사람 또는 물건'이라는 말로 정의했고, 영영사전은 'causing wonder, surprising, or extraordinary' 혹은 'incredible' 또는 'miraculous'라는 말들로 정의하고 있다.

위의 사전의 뜻처럼 'marvel'이라는 단어에는 민경배가 뜻하는 '신비'(神秘)라는 뜻은 전연 없다. 인용된 같은 보고서 78쪽에서 한국교회의 성장에 대하여 "The growth of the (Korean) Church has been marvellous"라는 표현을 사용하기도 하였다. 민경배는 'marvel'이라는 단어를 '신비'(神秘)라고 번역하여 인용하였으나 아무리 의역을 하였다고 하더라도 뜻의 차이가 너무 크다. 한국에서 선교사업의 성공이나 한국교회의 성장을 영어권에서 '경이로운 일'이라는 표현을 사용하는 것이 일반적이다.

둘째, "이와 같은 성공의 비결은 무엇보다도 한국교회 '信仰(신앙)의 素朴性(소박성)'에 있다고 진단하고 있었다."에서 '한국교회 信仰(신앙)의 素朴性(소박성)'에 해당하는 원문은 "In character of Koreans are a quiet, mild, gentle race, marked by hospitality, generosity, patience, loyalty, and simplicity of faith."이다. '신앙의 소박성'이라 번역할지라도 원문이 뜻하는 것은 일반적으로 한국사람들의 성품이 그렇다는 것이지 민경배가 인용한 대로 한국교회가 그렇다는 것은 아

---

232. 「敎會와 民族」, p. 305에서 인용한 자료의 출처는 305의 주 1, *Report of Commission* I, World Missionary Conference, 1910, Oliphant Anderson & Ferrier, Edinburgh, p. 71이다. 1910년에 있었던 World Missionary Conference는 Report 형식으로 총 9권으로 출판되었는데, 민경배가 인용한 보고서는 *Carrying the Gospel to All the non-Christian World*(vol. 1)라는 보고서에 있고 필자가 첨부한 원문은 71쪽에서 인용하였다.

니다. 지나친 맞춤해석이다.

셋째, 웰치[233]의 말, "이 백성의 신비적이요 정서적인 성품을 들고 있었다."[234]의 원문은 "it is quite likely that the readiness of the Koreans to turn to Christianity comes from the mystical and emotional character of the people."이다. 'mystical'은 'mystic'의 동의어로서 한영사전에는 '비법의', '비전의', '신비적', '신비설의', '영감의'라는 뜻이 있다. 영영사전은 mystical을 'spiritually significant or symbolism'이라는 뜻으로 적고 있고, 동의어는 'mysterious'라고 정의하고 있는데 'mysterious'에 대하여는 'mysterious is applied to that which excites curiosity'라고 정의하고 있다. 'mystical' 혹은 'mysterious'는 'curiosity', 즉 '이상하고 묘해서 호기심이 있다'는 뜻이다. 그래서 가령 도저히 사건의 실마리를 잡을 수 없는 살인 사건을 'mysterious murder'라는 말로 사용한다. 일상생활에서 우리는 간혹 "그것은 미스테리야."라고도 표현한다. 웰치의 표현 "the mystical and emotional character of the (Korean) people"은 사회문화적 배경과 관련되어 있다. 좀더 설명하면, 신비주의라는 영어의 Mysticism의 'ism'은 예컨대 Communism, Buddhism, Animism, Nationalism 등에서 볼 수 있는 바와 같이 교리(doctrine), 이론(theory), 혹은 체계

---

233. Herbert Welch(1862-1969)는 미국 뉴욕에서 출생하였고, 드루 신학교를 졸업하였다. 한국과의 인연은 1916년 미 감리회 감독으로 피선되어 한국 감리회 감독으로 내한하면서부터이다. 일본 감리회의 감독직은 언제부터 맡았는지 알 수 없으나 1928년까지 한국 및 일본 감독을 역임했다고 한다. 윤춘병, 「한국감리교회 외국인 선교사」(감리교 본부 교육국, 1989), p. 115, 김승태, 박혜진 엮음, 「내한 선교사 총람, 1884-1984」, pp. 519-520 참고.
234. 「敎會와 民族」, p. 280의 자료 출처는 305 주 3의 H. Welch, The Missionary Significance of The Last Ten Years, A Survey in Korea, *The International Review of Missions*, Edinburgh, Vol. XI, (1922), p. 357. 원문은 필자가 첨부하였다.

(system)의 뜻을 함유하고 있는 형이상학적인 영적 세계 혹은 이념적이고 정치적인 시스템을 말한다. 이에 반하여 웰치가 사용한 mystical은 'curiosity'라는 의미를 함축하고 있다. 말하자면, 민경배는 한국교회의 신비주의를 설명하기 위한 정황증거(circumstantial evidence)로 언급한 웰치의 말을 적용하고 있으나 위에서 상고해 본 바와 같이 웰치가 말한 "the mystical and emotional character of the people"은 'ism'을 뜻하는 용어가 아니라 오히려 사회문화적이고 역사적인 배경을 뜻하는 용어라는 말이다. 용어 선택과 해석, 그리고 그 적용에 문제가 있다는 말이다.

필자가 이렇게 장황하게 설명하는 것은 역사 기록자의 작은 실수가 역사적 사건이나 역사적 인물을 잘못 이해할 수 있는 위험성을 지적하기 위해서이다.

넷째, "奇一(J. S. Gale) 목사가 韓國人의 성격을 가리켜 '세상에 맞지 않는 성품'(unfitness for the world)이라고 했을 때도 그 의미는 (위에서 웰치가 말한 것과) 대동소이했다."[235] 인용문의 원문은 다음과 같다(KS, 193쪽).

"So he passes from us one of the last and most unique remains of a civilization that has lived its day. His composure, his mastery of self, his moderation, his kindliness, his scholarship attainments, his dignity, his absolute good-for-nothingness, or better, unfitness for the world he lives in······ all combine to make him a mystery of humanity, that you cannot but feel kindly toward and intensely interested in."

"그래서 그는 시대를 이어온 문명의 마지막이면서 문명의 가장 특이

---

235. 「敎會와 民族」, 280쪽에 있는 자료 출처는 305 주 4의 J. S. Gale, *Korea Sketches*, Oliphant Anderson & Ferrier, Edinburgh, 1898, p. 193. 원문은 필자가 첨부하였다.

한 유물들로부터 사라져 갑니다. 그의 태연자약함, 그의 자제력, 그의 친절성, 그의 학자적 성취, 그의 품위, 그의 절대적인 무용성, 좀더 좋게 표현하면, 그가 지금 살고 있는 현 세상에는 맞지 않는 성품(지금과 같이 변화된 세상을 살아가기에 그의 유교사상은 절대적으로 무용하다는 말이며 그는 변화된〈혹은 개화된〉지금 세상을 살아갈 수 있는 준비를 갖추지 못한 유생이라는 뜻), 이런 모든 것들이 종합하여 그를 한 인간의 신비로 만듭니다. 그러한 (그의) 성품은 당신으로 하여금 (그에) 대하여 친절하게 느낄 뿐만 아니라 또한 열렬하게 (그에) 대하여 흥미를 느낄 수밖에 없습니다(필자번역)."[236]

위 인용문에서 무려 10번이나 쓰인 3인칭 단수 대명사 'he', 소유격 'his', 목적격 'him'은 누구를 가리키는 말인가는 민경배의 뜻과 게일이 뜻하는 것의 차이점을 가릴 수 있다. 인용문은 바로 전 페이지와 연결된 이야기인데 바로 전 192쪽에는 다음과 같은 기록이 있다. "I (Gale) once made a journey to Japan with a strict and devout Korean Confucianist, Mr. Cheung." 문제의 문장 안에 있는 'he'는 'Mr. Cheung'임을 누구나 알 수 있다. Mr. Cheung이 일본을 방문하여 "일 년을 지내면서"[237] 명치유신 이후 서구문명의 수입과 동시에 개화의 물결 속에 타락한 일본의 모습, 예컨대 "몸을 파는 여인들의 타락상"[238] 또는 "소위 존경을 받는 나라라는 영국과 미국계의 선원들이 술

---

236. 필자는 인용문의 이해가 난해하여 제3자인 토론토 대학교 낙스 신학교 도서관(Knox College Library)의 고문서 담당 크리스(Chris Tucker)의 도움을 받았다. 크리스에게 감사를 드린다. 문제의 인용문을 장문평은 다음과 같이 번역하였다. "그래서 그는 아직 남아 있던 최후의 가장 특이한 문명의 유해로부터 우리들 때문에 떠나고 만다. 그의 태연자약한 태도, 자제, 절제, 친절, 학식, 위엄, 철저한 안일, 또는 자기가 살고 있는 세계에 어울리지 않는 상태 등이다. 이런 모든 것은 우리들이 호의를 갖게 하고 또 깊이 흥미를 느끼게 한 인간성의 신비를 그에게 조성해 준다." 장문평, 「코리언 스케치」(현암사, 1971), p. 230.
237. KS, p. 192.

취하여 쾌락을 추구하는 모습"[239] 등 당시의 일본의 부패상을 목격하고 그에 대한 비판을 게일에게 하였다는 것이다.

그런데 일본이 개화를 통하여 타락하고 부패했다고 비판했던 "그는 (Mr. Cheung) 그의 옷을 벗었고, 그의 의관을 벗어 옆에 놓았습니다. 그러나 그의 심정만은 그가 고대로부터 지니고 있던 (조선의 전통적) 의복을 충신(忠信)했던 그 충성심이 여전이 잔존하고 있습니다."라고 한 것을 보면 게일의 눈에 그렇게 "엄격하고 열렬한 조선의 유생, Mr. Cheung"[240]도 변화 혹은 개화를 했다는 말이다. 그런 변화된 유생을 게일은 192~193쪽에 묘사하고 있고, 그 장을 끝내는 절이 바로 인용문이 들어 있는 절이다. 이로 보아 'he'가 곧 'Mr. Cheung'이라는 것으로도 충분하지만, 도대체 'Mr. Cheung'이 누구인지 규명해 보자. KS (192쪽)에서 게일이 묘사한 'Mr. Cheung'은 "같은 항구에서 함께 배를 타고 일본에 간 사람", "엄격하고 열렬한 유생"인 동시에 "그리스도와 기독교에 대하여 많이 들은 사람", "일본에서 1년을 지낸 사람,"[241] 또는 수시로 만나 (일 년 동안) 일본의 개화에 따른 도덕적 부패를 비판하면서도 끝내는 자신도 변화한 사람으로 게일이 그에 대하여 간단하지만 자세히 알고 있었다. 이러한 일련의 일들은 게일과 'Mr. Cheung'의

---

238. Ibid.
239. Ibid., p. 193.
240. KS, p. 193에 있는 원문은 "He had put off his dress and laid aside his topknot, but his heart remained still faithful to the garments of his ancient faith."인데 필자가 굵은 글씨로 표시한 부분을 「코리언 스케치」, 229쪽에는 "그도 옷을 벗고, 여자 옆에 누웠다."라고 번역하였는데 장문평의 그러한 번역은 원문과 너무 큰 차이가 있다.
241. "일본에서 1년을 지낸 사람"이라는 말은 게일과 함께 일 년을 지냈다는 말로 풀이 된다. 전술하였지만, 게일은 사전 출판을 위하여 1895년 12월 중순에 요꼬하마에 가서 사전 출판이 끝난 1897년 3월까지 지내다가 그 후에는 안식년으로 미국과 캐나다에 왔다. 게일과 'Mr. Cheung'은 1년 이상을 일본에서 함께 지냈다는 말이다.

사이가 오가며 만난 뜨내기 사이가 아니라는 것을 시사한다. 그런데 보다 흥미로운 일은 게일이 원산에서 사전을 준비하고 있던 1895년에 쓴 "Corea"라는 글 중에 'Mr. Cheung'이라는 이름이 등장한다.

> 나는 지금 Mr. Cheung이라고 하는 서울에서 온 새로운 학자와 함께 내 사전 수정 작업을 하고 있는 중인데, 그는 (서울에 있는) 어떤 장로교회의 교인이고 내 경험으로 말하면, 그는 내가 지금까지 만난 사람들 중에 최고의 한학자이다. 그의 나이는 38세인데 키는 작달막하며, 인상은 귀염성이 없고 무뚝뚝하다.[242]

위의 Mr. Cheung과 KS에 나타나는 Mr. Cheung의 유사성을 보면 이름의 철자가 같고, '한학자', '유생', '장로교인', '기독교에 대하여 많이 들은 사람'이라는 등 동일 인물이라는 것을 알 수 있지만, 무엇보다도 "Corea"라는 글에서 게일과 Mr. Cheung의 관계는 사전 출판과 관계된 인물이라는 것을 알게 된다. 그런데 게일이 1897년 1월 21일자로 요꼬하마에서 쓴 「한영자뎐」 서문에 정동명, 양시영, 이창직, 이득수, 이겸래, 양의종, 조종갑, 신면휴 등 사전 출판에 관여한 조선인들의 이름을 기록하였다. 1895년에 원산에서 쓴 "Corea"에 나타난 Mr. Cheung과 1897년에 「한영자뎐」 서문에 쓴 정동명, 그리고 1898년에 출판된 KS에 Mr. Cheung은 동일 인물임을 알 수 있다. 인용문의 'he'가 누구를 말하는가로 돌아가면 인용문의 'he'는 정동명을 말한다는 것이다. 결론적으로 민경배가 지칭하는 "세상에 맞지 않는 성품"에 대한 게일의 묘사는 민경배가 이해하는 집합명사(collective noun) 혹은 집합개념(collective concept)을 합류(合流)한 한국인의 성격을 묘사하는 것

---

242. James S. Gale, "Corea," *The Canadian College Missionary*(Feb. 1896), p. 26.

이 아니라 정동명의 개인의 성품을 묘사했다는 말이다.[243]

Mr. Cheung과 정동명이 동일인이라는 것을 규명하기 위하여 많은 곁길을 가야 했는데 본론으로 돌아와 말하자면, 원문을 대조하지 않은 독자는 민경배가 주장하는 것과 같이 게일이 집합개념으로 한국인의 성격을 세상에 맞지 않는 성품의 소유자들이라고 했다는 것을 믿을 수 밖에 없다. 그러나 원문에서 분명히 드러나듯이 이는 Mr. Cheung 혹은 정동명이라고 하는 개인에 대한 묘사이다.

그러나 여기서 문제가 되는 것은 Mr. Cheung이라는 한 사람의 이야기를 전체의 '한국인'으로 바꾸어 버릴 수 있는지가 의문이고, 3인층 단수 대명사인 'Mr. Cheung' 한 사람을 한국인이라는 집합명사 혹은 집합개념의 뜻으로 바꾸어 버릴 수 있는가 하는 것이다.

본 고에서 웰치나 게일이 말한 원문들을 대조하여 밝히고 사용된 용어들을 재풀이하는 것은 웰치나 게일이 말한 원문의 의미는 민경배가 의미하는 그런 뜻이 아니라는 것이다. 그런데 그 '아닌 것'을 가지고 '用語(용어)의 定義(정의)를 거치지 아니한' 혹은 '조심성 없는 발언' 등을 하며 선교사들을 배타적으로 폄하하는 것은 무리가 있는 것이다. 오히려 그렇게 말하는 저자의 내용이 동일한 비판을 역으로 초래할 수 있다고 생각한다.

역사를 보는 시각의 차이점으로 게일의 일본관을 오진한 또 한 예를

---

243. 鄭東鳴에 대하여는 이덕주, "초기 한글성서 번역에 관한 연구," 「한글성서와 겨레문화」(기독교문사, 1985), pp. 487-488 ; 고춘섭, 「경신사」, 144쪽의 정동명(鄭東明)과 1155쪽에 "정동시대"(1885-1897) 구 직원 명단에 鄭東鳴이 있는데 이는 1인 동명으로 한자의 '明'과 '鳴'만이 바뀌어 기록된 것으로 보인다. 李萬烈, 「韓國基督敎文化運動史」, 표지 바로 다음 "성서번역에 참가한 사람들"의 사진 뒷줄 맨 좌측에 정동명의 사진이 있다. 우리가 여기서 부수적으로 발견하는 것은 일반적으로 게일이 사전을 출판하기 위하여 요꼬하마에 갔을 때 이창직만을 대동한 것으로 알려졌으나 정동명도 동반한 사실을 알게 된 것이다.

부산의 첫 선교사들

들어 보자. 이상란은 "게일과 한국문학 : 조용한 아침의 나라, 그 문화적 의미"라는 논문에서 게일은 '지게꾼'(The Coolie)을 통하여 일본의 한국식민정책의 당위성을 은유적으로 표현한 것으로 이해했다.[244] 이상란이 그의 논문에서 인용한 영국의 빅토리아 시대 계관 시인 앨프레드 테니슨의 시가 서구인들의 "자기중심적 팽창주의 식민정책의 당위성을 인정하고 지원하는 그들의 역사를 만드는 담술 행위를 위한 은유라면, 게일의 한국 지게꾼의 속성 역시 한국의 어두운 식민 역사의 당위성을 상징하는 은유로 쓰였다고 볼 수 있다."[245]는 것이다. 이상란은 지게꾼을 다음과 같이 번역하였다.

> 당신이 한국 어느 거리에서 지게꾼을 처음 본다면 아마 당신은 그가 얼마나 마음 편한 작자인가 생각할 것이다. 성미 급한 외국인으로서 여름에 뜨거운 햇볕도, 덤벼드는 파리 떼들도, 발밑에서 풍기는 고약한 시궁창 냄새도 아랑곳하지 않고 물새인양 쭈그리고 앉아 쉬고 있는 지게꾼을 보고 있는 것같이 신기한 일은 아마 없을 것이다. 그를 둘러싸고 있는 분위기는 무관심이라기보다 평온이라고나 할까. 무관심이란 주위 환경에 만족하지 못하는 분위기를 말하는 반면 평온이란 자신의 주위 환경에 아주 만족하고 있는 것을 말한다. 한국의 지게꾼들은 이렇게 고통스러운 분위기에서도 편안히 앉아 있을 수 있을 뿐 아니라 그 더위에도 머리를 아래로 숙이고 입을 딱 벌리고 한잠 자고는 마치 폭신한 이불 속에서 단잠을 자고 나서 아침 목욕까지 끝낸 듯한 상쾌한 기분으로 깨기도 한다. 그 이유는 사실 그가 고통스러운 환경에 무관심하다든가 그가 더위를 먹어서 그런 것이 아니라 일어나서 맛있는 담배 한 대를 피울 수 있다는 기대감이 그를 그렇게 평온하게 만드는 것이다.[246]

---

244. 「캐나다 논총」, 제1집(한국캐나다학회, 1993), pp. 123-137.
245. Ibid., p. 124. 원문의 'The Coolie'를 이상란은 '지게꾼'이라 번역하였고, 「코리언 스케치」, 59쪽에는 '머슴'이라고 번역하였다.

이상란이 인용한 문장은 게일의 *KS*[247]의 "The Coolie"라는 장의 52~53쪽에 있는 부분이다. 게일의 *KS*에 들어 있는 이야기들은 그가 서문에서 밝힌 것과 같이 조선에 도착하여 약 9년 동안 경험한 이야기들, 즉 해주, 소래, 부산, 대구, 로스(John Ross)를 만나기 위하여 만주 심양을 여행하며 경험한 일들을 모아 출판한 것이다.[248]

게일이 "The Coolie"를 통하여 일본의 한국 식민정책의 당위성을 유도했다는 이상란의 주장은 다음과 같은 문제점을 안고 있다.

첫째는 상기 1896년의 *KR*(6쪽)에는 일본이라는 언급이 전혀 없고, *KS*에 소개된 19쪽 분량의(52 - 71쪽) "The Coolie"에서 56쪽에 "Japan - China war"라는 말 외에 일본이라는 말은 단 한 차례도 언급되지 않았다. 비록 '은유로 쓰였다'고는 하지만 쓰인 내용으로 보면 일본의 한국 식민지를 운운할 수 있는 문맥이 전혀 아니다.

둘째는 게일의 *KS*에는 한국이름이 곽(Mr. Quak)이라는 이름으로 두 군데서 등장하는데, 한 곳은 "First Impressions"라는 장이고[249] 다른 한 곳은 "The Coolie"라는 장인데[250] 이는 동일인물로 게일이 1889년

---

246. Ibid., pp. 123-124. 이상란의 글은 *Korean Sketches*(영인본, Royal Asiatic Society), 55쪽에서 인용함.
247. *KS*는 게일이 안식년으로 미국에 있는 동안인 1898년 다음의 6개 출판사에서 출판되었다. Fleming H. Revell Company ; 토론토에 있는 William Briggs, 몬트리올에 있는 C. W. Coates, 핼리팩스에 있는 S. F. Huestis, 그리고 Edinburgh and London의 Oliphant Anderson and Ferrier이다. 위의 각 출판사의 *KS*들은 표지와 규격과 모양은 다르지만 배열된 페이지 수는 모두 동일하다.
248. 게일이 "The Coolie"라는 글을 맨 처음 발표한 것은 *KR*(Nov. 1896)에 475~481쪽에 있고, 1898년에 출판한 *KS*의 "The Coolie"는 1896년에 *KR*에 기고한 "The Coolie"의 확대판이다.
249. *KS*, "First Impression"이라는 장의 36~38쪽에 3차례 나옴.
250. Ibid., p. 58. "First Impression"과 "The Coolie"에서 언급한 곽(Quak)은 앞에서 소개한 "In Far Korea"에 나오는 인물과 동일인물이다.

부산의 첫 선교사들

소래를 방문했을 때 만난 '지게꾼 곽'(The Coolie Quak)이다. 물론 "The Coolie"의 이야기 전체가 소래 출신 '지게꾼 곽'에 대한 것만은 아니지만, KS의 "The First Impressions"에서 언급한 '지게꾼 곽'의 이야기가 "The Coolie"에서 상당부분 반복된다. 예컨대 58쪽에 "마치 곽씨가 진 것과 같은 지게"라는 말이 인용되기도 한다. 또한 62쪽에서 언급한 "지난번 여행 중에 나의 지게꾼이" 혹은 65쪽에서 "내가 처음 방문했던 지역(해주, 장연 혹은 소래를 말함, 필자주)의 지게꾼들"을 운운하는 것으로 보아 게일의 "The Coolie"는 1889년에 그가 소래에서 만난 '지게꾼 곽씨' 등 게일이 해주, 소래 등지에서 지내는 동안 만난 지게꾼 혹은 만주를 여행할 때 동행했던 지게꾼들에 대한 묘사이다. 1889년 혹은 그 즈음에 만난 지게꾼의 이야기를 일본의 식민지 시대로까지 끌어올려 게일이 "The Coolie"을 통하여 일본의 식민정책의 당위성을 운운했다는 주장은 두 개의 다른 시대를 동일시하는 시대착오(anachronism)에 직면한다. 장문평은 문제의 내용을 다음과 같이 번역하였다.[251]

(민족의 본성을 간직하고 있는 머슴, 원문에는 없으나 장문평이 첨부한 절 제목). 얼핏 보기에도 그는 아주 태평이다. 신경질적이고 참을성이 없는 외국인에게 다른 무엇보다도 더 평온을 느끼게 해 주는 존재가 바로 이 머슴인데, 그들은 길가에 주저앉아 있든가 또는 뜨거운 햇살이나 주위에 모여드는 파리나 발아래의 유해한 도랑물에도 개의치 않고, 바닷새처럼 꼼짝 않으며(때로는 길게 줄을 지어서) 쪼그리고 앉아 일한다.
(태연자약하고 위대한 인간의 표본, 원문에는 없으나 장문평이 첨부한 절 제목 / "다른 사람들은 여러 가지를 두려워하고 변화를 꺼리는 등 항상 동요상태에 있지만, 조선의 머슴은 언제나 한결같이 태평하고,

---

251. 이상란이 인용한 부분은 KS의 52~53쪽에 있고, 장문평 번역에는 59~60쪽에 있는데 이상란은 중간의 한 절을 생략하였다.

육체적으로는 지칠 줄을 모르고, 서구 문명을 받아들일 여유를 가지고 있고, 콜레라나 기타 전염병이 유행할 때에도 즐겨 참외 껍질을 벗겨다 먹는다." 인용으로 표시한 부분은 이상란의 번역에서는 생략되었음.)

    그의 태도는 무관심한 편이라기보다 태평스런 편이다. 무관심하다는 것은 어떤 사람이 조화되어 있지 않는 상태를 가리키지만, 태평스럽다는 것은 완전히 정돈된 상태를 가리킨다. 조선의 머슴은 여러 시간을 고통스러운 자세로 앉아 있을 뿐만 아니라 동양의 잔혹한 태양 아래서 머리를 눕히고 입은 쫙 벌린 채 자더라도, 스프링이 든 침대용 요 위에서 자고 이른 아침에는 목욕을 한 사람처럼 가뿐하게 일어난다. 이런 사실은 그가 무관심한 편이 아니란 것을 입증한다. 무관심한 편이라면 일사병에 걸리고 말 것이다. 또 그가 가뿐하게 일어나서 담배를 즐긴다는 것은 그의 태평한 태도를 입증한다.

  번역은 번역자에 따라 내용뿐만 아니라 해석도 달라질 수 있는 것이지만, 위의 장문평의 번역을 객관적인 눈으로 재해석하더라도 게일의 "The Coolie"에 나타난 내용이 "한국의 어두운 식민 역사의 당위성을 상징하는 은유로 쓰였다."는 해석은 왜곡된 비판이다. 게일은 '지게꾼'이라는 주인공을 등장시켜 지게꾼에게서 나타나는 그러한 태연자약, 태평스러움이 한민족의 본성이라고 묘사하는 것이 "The Coolie"인데 게일은 조선 사람의 그러한 본성은 유교에 뿌리를 두었다고 보았다.[252] 어쨌든 "The Coolie"를 비롯하여 *KS*에 나오는 이야기들은 학술적 논문도 또는 식민지를 운운하는 글도 아닌 게일이 선교 초기 약 9년간 인상 깊게 목격하고 경험한 조선의 일반 민중에 대한 그의 따뜻한 공감이 생생하게 반영되어 있는 한국소묘(韓國素描)이다.[253]

  원본의 전후 배경에 대한 판단과 편향된 해석으로 인하여 원본의 원래

---

252. *KS*, p. 52.
253. "奇一과 韓國 文化,"「조선일보」(1958. 8. 4.).

의미가 왜곡되는 또다른 사례를 다음의 예에서 볼 수 있다.

민경배 논문[254]	조영렬 논문[255]
한국, 그것은 이제 사라졌는가.	한국 그것은 이제 사라졌는가!
먼 옛날 중국인마져도	먼 옛날 중국인들마저
어르신네(Superior man)의	어르신네의
고장이라 불렀던 나라,	고장이라고 불렀던 나라,
선비와 책과 붓의 나라,	선비와 필묵(筆墨)의 나라,
아름다운 가문(歌文)과	아름다운 가문(歌文)의 나라,
많은 거울의 나라,	
시(詩)와 수화(秀畵)의 나라,	시(詩), 수화(秀畵)의 나라……
효자 열부(孝子 烈婦)의 나라,	
숨은 도인의 나라, 하나님을	
바라보는 종교적 환상의 나라,	
이제 그 나라는 사라졌는가.	이제 그 나라는 사라졌는가! ……

민경배 논문과 조영렬 논문이 사용한 'C. L. S. 1924'는 대한기독교서회(The Christian Literature Society of Korea)가 1924년에 출판한 단

---

254. 閔庚培, 「韓國基督敎會史」(기독교서회, 1972), p. 234 ; (1980 증보판), p. 234 ; (1982 개정판), p. 280. 민경배의 논문이 인용한 자료의 출처는 J. S. Gale, *A History of The Korean People*, C. L. S, 1924, XXXVII라고 했고, 조영렬이 인용한 자료의 출처는 J. S. Gale, *A History of the Korean people*(sic, Seoul, C. L. S. 1924), 37로 표기했다. 민경배의 논문에 표기된 'XXXVII'는 페이지가 아니라 게일이 KMF에 연재한 「한국 민족사」(*A History of the Korean People*)의 장(Chapter)을 의미한다.
255. 조영렬, "재한선교사와 한국독립운동," 「한민족독립운동사 : 열강과 한국독립운동」, vol. 6(국사편찬위원회, 1989), p. 255. 조영렬 논문이 표기한 '37'은 민경배 논문의 'XXXVII'를 '37'로 변형하여 표기한 것으로 보이며 역시 페이지가 아니라 장(Chapter)을 말한다. 민 논문과 조 논문이 표기한 XXXII도 XXXIII의 오기이다.

행본으로 이해하고 있지만 「한국 민족사」는 단행본으로 출판한 흔적을 아직까지는 찾아볼 수 없다.[256] 「한국 민족사」는 1924년 7월부터 1927년 9월까지 *KMF*에 연재된 부분을 C. L. S.가 그대로 모은 모음집이다. 필자는 민경배 논문과 조영렬 논문이 인용한 이른바 'C. L. S. 1924년 본'을 참고하지 못했다. 필자는 토론토의 임마누엘 컬리지 소장본(이하 임마누엘 본)과 미국국회도서관본(이하 LC 본)을 참고하였는데 임마누엘 본에는 출판 연대 등 출판에 관한 아무런 정보 없이 *KMF*에 출판된 것을 그대로 모은 것이고, LC 본에는 출판에 관하여 "Seoul, The Christian Literature Society of Korea (1927), 'Published serially in The Korean mission field (sic) July 1924 to Sept. 1927'."[257]이라고 기록하였다.

앞에서 밝힌 바와 같이 「한국 민족사」는 1924년에 시작하여 1927년에 마지막회가 연재되었다. 그래서 LC 본에는 출판연대를 1927년이라고 한 것이다. 1927년에 연재를 마친 기사를 C. L. S.가 1924년에 출판했다는 민경배 논문과 조영렬 논문은 우선 연대적으로(Chrono-logically) 앞뒤가 맞지 않는다는 것을 알 수 있고 또 그럴 수도 없지 않은가? 「한국 민족사」가 단행본 격으로 출판된 것은 실은 단행본이 아니지만, 러트 게일의 전기와 「한국 민족사」를 합본하여 1972년에 The Royal Asiatic Society, Korea Branch가 출판한 *A Biography of James Scarth Gale and his History of The Korean People*이다(이하 Rutt 본). 민경배 논문과 조영렬 논문이 인용한 게일의 원문은 다음과 같은 내용이다.

---

256. Horace H. Underwood, *Bibliography on Korea*(韓國基督敎史研究會, 1984), 영인본, 13쪽과 182(#2872)쪽 참고.
257. *Library of Congress Catalogue*(Pre-56), vol. pp. 189, 225.

As we close let us once more glance at the Korea that is gone, 'the land of the Superior Man' as China long ago said of her ; the land of the scholar, the land of the book and the pen, the land of the beautiful vase and polished mirror ; the land of rarest, choicest fabrics ; the land of poems and painted pictures ; the land of the filial son, the devoted wife, the royal courtier ; the land of the hermit, the deeply religious seer whose final goal was God.[258]

우리는 이제 (이 장을) 마감하면서 오래전부터 중국사람들에게 '군자의 나라'(君子國)라고 불리던 나라, 학자의 나라, 책과 문필의 나라, 아름다운 도자기와 품위 있는 거울의 나라, 희귀한 최상품의 織物의 나라, 詩와 繪畫의 나라, 孝子, 良妻, 朝臣의 나라, 은자의 나라, 그들의 최종적 목표는 진지하게 신(하나님)을 찾는 종교 환상가의 나라인 조선을 다시 한번 더 살펴보자(필자번역).

위의 게일의 원문은 민경배의 "십자가를 걸머지는 한국교회"라는 논문에 있고, 조영렬의 "식민지 시대 재한 선교사들의 정치적 동향"이라는 논문에 있는데, 두 논문은 곧이어 '105인 사건'으로 연결되었고, 조영렬 논문은 민경배 논문과 다를 바 없이 게일의 원문을 하나의 정치적 의미가 담긴 내용으로 반영했다. 따라서 위의 논문들은 1910년 대한제국이 일본에 의하여 강제합방을 당하고 있을 때 게일은 감동 어린 필치와 지극히 감상적인 한마디로 한국교회가 당면한 비애와 시련을 방관하고 있었고, 일본의 침략에 대하여 주한미국 선교사 중 아무도 이에 대한 태도를 취하지 않는 가운데 게일은 고작 그런 감상적인 말을 했다

---

258. *KMF*(Sept. 1927), p. 197 ; Rutt, p. 319. 게일의 원문은 그대로 옮겼고, 부점은 Rutt 본을 따랐다. 러트는 게일의 원문을 현대어로 약간 바꾸었다.

는 내용이고, 따라서 일제의 강제합방에 방관했다는 비판이다. 그러나 이 또한 한국적 기독교를 주장하기 위한 "반선교사(反宣敎史)적 감정"[259]의 표현이다. 한국적 기독교를 주장하기 위한 방법론의 도출이 꼭 그렇게 송길섭이 지적한 대로 선교사에 대한 배타적이고 반선교사적 감정이어야 하는지 생각하게 된다.

필자는 위의 두 논문이 전개하는 식민지 시대 일부 선교사들이 취했던 태도를 인정하거나 부정하는 것이 아니라 인용된 게일 원문의 전후의 내용을 보면 그 원문은 게일이 정치적인 의도로 쓴 글이 아니라는 것과 그러한 내용을 이용하여 1910년대 조선에 대한 일본의 반기독교적 정책에 적용하는 방법론에 문제가 있다는 말이다. 또 한국 기독교와는 무관한 그런 내용을 임의로 확대해석하고 역사를 왜곡하는 위험을 범하여, 한 역사적인 인물을 반기독교적이거나 친일이었다는 논리로 몰아가는 평가는 무리가 있다는 말이다. 또다시 말하면 게일 원문은 민경배 논문과 조영렬 논문이 다루고 있는 기독교라는 주제와는 하등의 연관성(Relevancy)이 없다. 몇 가지 사례를 들어 보자.

우선 평서문의 내용을 감탄문(예컨대, 사라졌는가!) 또는 강조법(예컨대, 사라졌는가! 사라졌는가!)을 적용하여 번역하는 과정에서 원문의 뜻이 자연적으로 한쪽으로 기울어짐과 동시에 해석은 연구자가 의도하는 방향으로 전의되는 현상이 나타난다. 또한 인용하는 내용의 전후를 필요한 만큼 도려내는 과정에서 전체의 해석을 흐리게 만드는 결과를 가져왔다. 그러나 원문과 번역문을 비교해 본 독자는 상기 논자들의 논지에 대해 의심하는 결과를 초래하게 된다. 문학작품이라면 논리적 추리나 분석, 또는 정감(情感)적 상상(想像)을 통하여 이해할 수도 있다고 하겠으나 역사의식(歷史意識)을 시적으로 변용시켜 극화(劇化)하는 것

---

259. 송길섭, p. 193.

은 문제가 있다는 지적을 받지 않을 수 없다. 또한 상기 두 논문들은 그들 논문의 주제와 무관한 원문을 선택하여 그것을 취향에 맞게 다듬는 과정에서 오류를 생산해 내는 결과를 가져왔다. 예컨대 원문에 있는 "……final goal was God"의 'God'을 비록 '하나님'이라고 번역한다고 하여도 그 '하나님'을 기독교의 유일신 하나님으로 보기 어려운 것은 게일이 뜻하는 전체의 문맥은 기독교 문화를 꼬집어 말하는 것이 아니라 조선사람들의 일반적인 종교 문화 혹은 조선사람의 종교적 심성이 그렇다는 것이다. 게일의 '천'(天) 개념과 기독교의 하나님에 대한 개념이해는 좀더 심도 있게 다루어야 할 주제이지만, 게일은 한국인의 민속신앙에서 나타나는 '천' 혹은 '하나님'을 영문으로 번역할 때에 'God'이라고 번역하였다. 예를 들자면 명심보감(계선 편)에 나오는 "爲善者 天報之以福 爲不善者 天報之以禍"를 "The man who does right God rewards, the man who does wrong God punishes."라고 번역하였고 또한 천명 편의 "順天子 存 逆天子 亡"을 "He who obeys God, lives ; he who disobeys Him, dies."라고 번역하였으며, 순명 편의 "死生 有命 富貴 在天"을 "Life and death are ordered of God, so also riches and poverty."라고 번역하였다.[260] 이러한 예와 원문이 조선의 종교 문화를 지칭한다는 여러 가지 정황증거(circumstantial evidences)로 볼 때 본문에서 말한 'God'은 기독교의 하나님으로 볼 수 없다. 그런데 민경배 논문과 조영렬 논문이 다룬 주제가 기독교이기 때문에 '하나님'이라고 한 번역은(조영렬 논문은 전체 번역을 생략하고 '……'라는 표기로 연속성을 내포하고 있지만) 비록 기독교의 하나님이라는 명시가 없다고 하여도 두 논문은 기독교의 하나님으로 보았다고 말

---

260. 위의 번역들은 *KMF*(March 1912), pp. 86 - 87 ; (January 1914), p. 405 참고. 게일의 하나님과 천(天)의 명칭에 대하여는 *KMF*(March 1916), pp. 66 - 70 참고.

하는 것은 자연스러운 해석이다. 상기 민경배 논문과 조영렬 논문에서 나타날 수밖에 없는 문제는 기독교와 관계가 없는 문건을 기독교와 연관짓기 위하여 저자의 원문을 취사선택(alteration)하였기 때문에 원저자가 뜻하는 것과 전혀 다른 뜻으로 부화(孵化)되는 현상이 나타난 것이다. 따라서 원문을 대조하고 그 뜻을 헤아릴 수 없는 독자는 그것을 믿을 수밖에 없다.

평서문을 감탄문으로 바꾸어 버린 문맥은 다음에 따르는 말들 혹은 단어들이 그렇게 보조를 맞출 수밖에 없는 경우가 자동 발생한다. 예컨대 민경배 논문과 조영렬 논문이 번역한 "먼 옛날 중국인마저도 어르신네(Superior man)의 고장이라 불렀던 나라"에서 나타나는 표현이다. 그렇게 번역한 원문은 "the land of the Superior Man"이다. 이는 '군자의 나라'(君子國)라는 뜻이다. 약 30여 년 동안 중국인을 상대로 선교활동을 했던 중국학 학자인 영국인 제임스 레그(James Legge, 1815-1897)가 한서(Chinese classics, 漢書)를 번역할 때 '군자'(君子)를 'the Superior Man'이라고 하였다. 레그(Legge) 이후 영어권에서는 군자를 일반적으로 'the Superior Man'이라고 번역한다. 그 외에도 군자를 번역할 때 'the Cultured Man', 'a Noble Man', 'a Noble', 'a Princely Man', 'a Prince', 'Gentleman'이라는 용어를 사용한다. 게일은 레그의 번역을 따른 것이다.[261]

---

261. 게일이 고려 혹은 조선을 묘사할 때 '군자국'(君子國)이라는 용어를 사용한 예는 다음 글에서도 발견할 수 있다. James S. Gale, "The Christian Movement in Korea," *The Christian Movement in Japan, Korea and Formasa*(1922), p. 332에서 "Once it (Korea) was the Confucian Superior Man that ruled the day."(이하 *The Christian Movement*) ; The Christian Movement(1926), p. 377에서 "China once called Korea the 'Land of Courtesy'"라고 하였고 ; *KMF*(Feb. 1926), p. 27. 「한국 민족사」에서 몽고군의 고려 침략을 묘사할 때 "From being the land of the 'superior man' of Confucius she had fallen to be a den of thieves." 즉, 공자의 '군자국'(고

언급하는 원문의 내용은 「한국 민족사」의 마지막 연제 Chapter XXXVIII, 197(Sept. 1927)에 있는 내용이다. 게일은 지금까지 자기가 서술했던 아름답고 훌륭한 옛 조선의 문화가 19세기 말부터 걷잡을 수 없이 밀려오는 서구문명의 도입으로 인하여 사라져 가는 조선의 전통문화를 보고 안타깝다고 한탄한 것이다.[262] 그래서 다시 한번 조선이 이룩한 문화를 회상하면서 그의 연재를 마치겠다는 뜻으로 쓴 것이 문제의 본문이다. 인용된 원문 바로 다음 절에서 게일은 은유법을 이용하여 고구려의 제2대 유리 왕(瑠璃王)의 탄식을 자신의 탄식으로 대변하는 수사법을 사용한다.

유리 왕(BC 19 - AD 18)은 왕비가 죽자 화희(禾姬)라는 여자와 치희(雉姬)라는 두 여자를 택하여 계실(繼室)로 삼았다. 그런데 화희는 치희의 신분이 비첩(婢妾)이었다는 것을 희롱하여 치희를 차별화했다. 치희는 화희에게 원한을 품고 마침내 자기 집으로 돌아가 버렸다. 왕은 치희를 사랑하여 그를 찾아가서 돌아오기를 종용하였으나 치희는 왕의 청을 거절하고 돌아오지 않았다. 낙담한 왕이 어느 날 나무 밑에서 쉬고 있는데 바로 그때 꾀꼬리들이 모여들어 노는 것을 보고 수놈 꾀꼬리를 향하여 다음과 같은 시를 읊었다고 전한다. "꾀꼬리는 오락가락 암놈 수놈 즐기는데 외로울사 이내 몸은 뉘와 같이 돌아갈까."[263] 사랑하는

려)이 도적들(몽고 침략자들)의 소굴로 전락했다."라고 했다. 조선 곧 '군자국'이라는 동격 개념은 우리 나라 저술에서도 발견되는 바 문일평(1888-1936)은 그의 「호암전집」 vol. 2 "사안으로 본 조선"에서 중국인은 조선을 '군자국'으로 여긴다고 했고, 서양인들은 조선을 '신선국'으로 여긴다고 했다. 또한 신기철, 신용철 편저, 「새 우리말 큰 사전」 상(삼성출판사, 1979), 423쪽에는 옛날 중국에서는 우리 나라를 "풍속이 아름답고 예절이 바른 나라"라 하여 '군자국'(君子國)이라 불렀고 신라를 부를 때에도 군자국이라 불렀다고 사전에 기록하였다.
262. Gale - History(Sept. 1927), p. 196.
263. Gale - History(Sept. 1927), p. 197. 유리 왕에 대하여는 「三國史記」 金鍾權 譯(선진문화사, 단기 4293), pp. 240-241 참고. 시의 원문은 翩翩黃鳥, 雌雄

치희가 돌아올 수 없음을 알고 유리 왕이 탄식하였듯이 게일도 돌아올 수 없는 사라진 조선 문화의 상실을 은유법으로 그렇게 탄식한 것이다. 유리 왕이 치희를 잃고 애통하여 "황조가"(黃鳥歌)를 읊었듯이 게일은 잃어버린 조선의 문화를 애통해하여 유리 왕의 황조가를 이용하여 그의 슬픔을 표현한 것이 바로 인용문이다.

이상에서 살펴본 바와 같이 상기 민경배 논문과 조영렬 논문에서 인용한 원문은 정치성 있는 내용이 아닐뿐더러 더군다나 기독교와 관계를 지을 수 있는 내용도 아니다. 반복하지만 중국사람들까지도 '군자의 나라'라고 칭송했던 조선 문화가 서구문명의 침투로 사라져 가는 모습을 보면서 그의 통한의 심정을 애절하게 표현한 것이 바로 문제의 내용이다. 위와 같은 내용을 인용하여 기독교의 사건과 연관짓고 게일의 정치적 성분을 좌(左)라 우(右)라 설(設)하는 것은 무리가 따른다.

「연동교회 90년사」는 게일의 '친일적(親日的) 경향'[264] 또는 그에 대한 세평(世評), 즉 '그가 친일파라는 평'[265]은 "그의 후처 때문에 받기 쉬웠던 오해임이 틀림없다."[266]고 했다. 이 문제에 대하여 위의 「연동교회 90년사」는 객관적이고 과학적인 근거 없이 그렇게 보는 것은 "그녀는 일본을 좋아했다(좋아했기 때문에)."[267]라고 설명한다. 「연동교회 100년사」에는 이 부분에 대한 언급이 없다. 당대의 선교사들의 눈에 비치는 에이더 세일(Ada Sale)과 일본사람들과의 관계는 "그녀는 일본에서 유년 시절을 보내면서 일본어를 습득하였기 때문에 일본 정부 인사들과 자

相依, 念我之獨, 誰其與歸, p. 241.
264. 「연동교회 90년사」, p. 92.
265. Ibid., p. 121. 「연동교회 90년사」는 게일은 "민비 시해사건이나", "일본의 침략과 악독한 학살을 통박하는 글을 남기고 있다."고 하였으나 그 글들에 대한 서지적 근거나 설명은 밝히지 않았다.
266. Ibid.
267. Ibid., p. 92.

유스럽게 어울렸을 뿐만 아니라 일본 정부 측 인사들과 선교사들 사이에 상호 이해를 증진시켜 조화를 이루는 데 영향력을 발휘하였다."[268]라고 했다. 게일의 첫째 부인이었던 해리엇 깁슨(Harriet Gibson)은 1908년에 사망하였고[269] 2년 후인 1910년 4월 7일 게일은 영국계 에이더 세일(Ada Louisa Sale)과 재혼하였는데 에이더 세일의 아버지 조지 세일(George Sale, 1841 - ?)은 일본(Yokohama)에서 사업을 하던 사업가였고 에이더는 일본에서 교육을 받고 성장하였다.[270]

---

268. *Korea : Seoul Station* 1922 - 1923(Printed by YMCA Press), p. 9.
269. 헤론(John Heron)의 미망이고 게일의 첫 번째 부인 해리엇(Hariett Gibson Gale)의 사망일자에 대하여 Rutt, p. 47 ;「연동교회 90년사」, p. 88 ;「연동교회 100년사」, p. 132 ; 김승태, 박혜진 편,「내한선교사총람」, p. 194에는 1908년 3월 29일로 기록되어 있다. 그러나 Donald N. Clark, *Yanghwajin Seoul Foreigners' Cemetery, Korea : An Informal History, 1890 - 1984* (Yongsan Library, 1984), p. 32 ; 신호철,「양화진 선교사」(대한예수교장로회 서울서노회, 2003), p. 154에는 3월 28일로 기록되어 있다. 필자가 소장하고 있는 해리엇(Harriet Gibson Gale)의 부고에는 출생일을 1860년 6월 17일 그리고 사망일은 1908년 3월 28일로 기록되어 있다. 위의 클라크(Clark)과 신호철의 기록은 양화진에 있는 비문에 새겨진 날짜를 기록하였을 것이다. 그 날짜가 부고에 기록된 날짜와 같은 것을 보면 그의 사망 날짜는 3월 29일이 아닌 3월 28일로 보아야 할 것이다.
270. Ada, "Life of James," p. 6 ; Rutt, p. 48. 신복룡은 게일이 "1910년에는 재일 미국인 루이스(Louis)와 재혼했다."고「전환기의 조선」 7쪽에서 기록하고 있다. 영어이름 Louis는 남성격이다. "Louis와 결혼했다."는 말을 성(性, gender)으로만 이해하면 게일은 남성과 결혼했다는 말이 된다. 세브란스 병원 건립의 기금을 준 세브란스(Severance) 씨의 이름(first name)은 루이스(Louis)이다. 루이스의 여성격은 Louise 혹은 Louisa인데 게일의 두 번째 부인의 이름은 Ada Louisa Sale이고 그는 영국 태생으로 그의 아버지가 일본에서 사업을 하고 있던 영국인 실업가이다.「전환기의 조선」, 6~7쪽에 있는 게일에 대한 연혁의 근거는「기독교대백과사전」(기독교문사, 1981)의 '게일' 항에서 인용한 것으로 보이나(7쪽의 하단 주 1) 상기 백과사전의 '게일' 항에는 많은 오류가 있다. 몇 가지만 예를 들자면 "토론토에서 중·고등학교를 마치고", "86년에 북미 학생 하령수련회에 참석하여", "83년에 방미친선사절단으로 미국을 방문 중인 민영익을 만났다"(1883년 게일은 고등학생이었다, 필자 주), "90년 말 토론토 대학 YMCA 선교부가 해체되면서 선교비가 단절되자",

에이더가 그의 교육적 배경과 성장 배경 때문에 조선 주재 일본인 관리들과 자연스러운 교제를 했음을 이해하기는 어렵지 않다. 일제 치하에서는 바로 이러한 점도 게일이 일본인들과 잘 어울린다는 (친일) 인상을 제공했을 것이다.

게일이 조선에 도착하여 동아시아 국제정치의 기류와 한반도의 미래를 볼 때 중국보다는 일본의 영향력을 강도 높게 평가했다는 것은 앞에서 말한 바 있다. 그런데 동학농민운동과 청일전쟁, 영일동맹과 노일전쟁 등 1800년대 말과 1900년대 초 동아시아의 정치적 상황을 경험하면서 일반적으로 선교사들이 일본을 지지하는 성향으로 기우는 두 가지 이유가 있었다. 하나는 중국의 승리는 곧 친화(親華)의 보수세력의 등장을 의미하고 따라서 그들 보수파들은 선교활동을 억압할 것이라고 판단하는 한편, 일본의 승리는 개혁정부 수립을 의미함으로 선교활동을 개방하리라고 예측했기 때문이다.[271] 다른 하나는 정치적인 이유인데 그것은 조선의 근대화 혹은 문명화작업은 중국이나 러시아보다는 일본이 보다 유리하다는 입장 때문이었다. 예컨대 반일활동을 한 선교사로 칭송을 받는 헐버트(Homer Hulbert, 1863-1949)도 그가 쓴 1900년대 초의 글들에서는 "일본통치의 잠재력을 좀더 너그럽게 평가하고 있다."[272]고 한다. 당대에 헐버트가 쓴 "조선 : 동양의 불씨"[273],

---

"은퇴 후 영국으로 가서 잉글랜드 퍼드(Perth)에 머물면서"(vol. 1, 1980, pp. 506-507)라든지 등등 모두 수정이 필요한 사항들이다. 김동언은 게일이 "1910년 영국인 실업가의 딸 루이스(G. Louise)와 재혼을 한 것이다."라고 했다. 「련로력뎡과 개화기 국어」 p. 20.

271. Roy E. Shearer, *Wildfire : Church Growth in Korea*(William B. Eerdmans, 1966), pp. 49-50.
272. 鄭晉錫,「大韓每日申報와 裵設」(나남, 1987), 안드레 슈미드, "오리엔탈 식민주의의 도전 ; Anglo-American 비판의 한계,"「역사문제연구」(2004. 6), p. 162에서 재인용.
273. Homer Hulbert, "Korea : The Bone of Eastern Contention," *Current*

"철도를 통한 조선 개방"[274], 「조선의 멸망」[275] 등에서는 한반도의 일본 지배를 정당화하는 식민주의적 표현들을 과감하게 사용하고 있는 것을 볼 수 있다.

더 설명하자면, "조선은 경쟁의 뼈다귀"[276]라든가 성서적 예화를 들

Literature(Feb 1904), pp. 158-163. 'bone of contention'은 '불화의 씨' 혹은 '다툼의 씨'라는 뜻으로 영한사전에는 기록되어 있으나 단어와 단어를 풀이하면, '뼈다귀'(bone)가 있는데 그것을 차지하기 위하여 서로 '경쟁'(competition)을 한다는 뜻이다. 헐버트는 은유법을 사용하여 조선을 '뼈다귀'라고 표현하였다.

274. Homer Hulbert, "Opening Korea by Rail," *The World's Work*(Nov 1905), pp. 6849-6858. 이 글을 통하여 헐버트는 일본이 건설하는 조선반도를 횡단하는 철도는 "장차 극동개발에 기여할 중요한 수송시설이다."는 것과 "조선에서의 철도건설은 미국에도 큰 이해관계가 있다."고 했다. 그는 오래된 시골의 돌로 만든 궁형(弓形) 다리 사진과 서울을 출발하여 부산행 기차에 일본사람들이 창 밖으로 얼굴들을 내놓고 웃음 짓는 사진 등을 대조시켜 일본식민화 이전의 낙후된 시골풍경과 일본의 식민통치하에서 철도개설을 통한 발전된 조선의 모습을 대조적으로 묘사하고 있다. 이러한 글은 일본의 한국식민지화를 정당화하는 글이라고밖에 볼 수 없다.

275. Homer Hulbert, *The Passing of Korea*(NY : Doubleday, 1906). 상기 헐버트의 저서는 신복룡, 「大韓帝國史 序說」(探求堂, 1979)이라는 제목으로 번역 출판되었다. 신복룡은 "이 책의 原名은 「大韓帝國의 滅亡」이 옳은 번역이겠으나 여기서는 「대한제국사 서설」이라 했다고 제목설정을 설명하고(7쪽) 본문에서는 「大韓帝國의 滅亡」이라고 번역하였다(439쪽). 신복룡의 번역을 통하여 헐버트의 입장을 살펴보자. 헐버트는 청일전쟁과 노일전쟁을 겪으면서 일본이 "한국을 지배할 수 있는 지위를 굳히었다"(439쪽), "지금으로써는 상상할 수도 없는 커다란 국제적 변혁이 나타나지 않은 한 한국은 결코 독립 국가로 재기할 수 없다는 것이 엄연한 사실로 되어 있다."(440쪽), "이러한 현상은 검은 구름이 한국을 뒤덮는 것과 같으며 그 뒤에 오는 결과에 대하여는 실낱같은 희망도 없다. 이러한 현상은 한국이 곧 폴란드(Poland)나 아르메니아(Armenia)나 콩고 '자유국'(Congo 'Free' State)과 마찬가지로 되어 가고 있음을 보여주는 것이다."(441쪽)라는 표현을 쓰고 있다. 미국시민으로 그리고 현장에서 활동하고 있는 무게 있는 선교사로서의 그러한 일련의 저서들 혹은 당시 조선에 대한 언급은 그의 글을 읽는 독자들에게 한국의 일본식민화를 자연적인 현상으로 받아들여지게 했을 것이다.

276. Hulbert, "Korea : The Bone of Eastention," *Current Literature*(Feb,

어 "조선사람은 발전과 계몽의 새 술을 담을 만한 부대가 준비되어 있지 않으니 누군가가 새 부대를 조선사람들에게 제공해 주어야 한다."[277] 라든지, 조선의 불숙련 노동자들이야말로 "만사태평한 자들"[278]이며 "경솔한 거지들"[279]이라는 표현 등에서 조선민족의 기질은 종속적이고 문화적으로 미개한 사람들이라는 이미지를 부각시키는 수사법으로 그 말 자체에서 헐버트 자신의 앵글로아메리카(Anglo-American)적 제국주의자의 표현을 감지할 수 있다. 현지 사정에 밝은, 그것도 지도자적 위치에 있는 미국인 선교사의 글들은 조선과 통상문호를 열기를 고대하고 있던 미국은 말할 것도 없고[280] 또다른 침략자들에게 침략의 불을 지피는 데 일조했을 것이다. 여기서 언급하지 않아도 될 헐버트의 이야기를 언급하는 것은 1900년대 초에는 비단 게일뿐만 아니라 일반적으로 선교사들의 태도가 일본 편향적이었다는 것이고, 더군다나 한국 독립을 위해 싸운 최고의 반일 선교사로 한국사람들에게 칭송을 받는 그도 당대의 태도는 그러했다는 것이다.

필자가 여기서 반추하는 것은 전술한 *KIT*의 "여파"를 인용하여, 그것도 왜곡되고 편견된 그리고 원문에 대한 부적절한 해석과 부적절한

1904) 주 264 참고.
277. Hulbert, "Opening Korea by Rail," *The World's Work*(Nov. 1905), p. 6849. "since the Koreans were not ready to provide new bottles for the new wine of progress and enlightenment, someone else had to supply them." 마태복음 9:17 참고.
278. Ibid., "happy-go-lucky fellows," p. 6850.
279. Ibid., "careless beggars."
280. William Elliot Griffis, *Corea : The Hermit Nation*(W. H. Allen, London : 1882), 390쪽에 의하면 미국회 하원 해군업무위원회 의장 제이덕 프래트(Zadoc Pratt)가 1845년 2월 12일자로 미 의회에 일본 및 조선과 더불어 통상을 열자는 안을 제출한 것으로 보아 미국은 조선과의 통상을 이미 1840년대 희망하고 있었다는 것을 알 수 있다.

상황에 적용하여 게일의 정치적 성향을 친일이라고 평가한다면, 전술한 헐버트의 글들은 제목에서도 보듯이 정치적 성격이 과감하게 표현된 글들로 굶주린 침략자들의 입맛에 맞는 미끼를 제공하는 느낌이다.

그러한 표현들만을 꼬집어 헐버트의 정치적 성향을 예컨대 '제국주의 침략의 촉매자', '한국식민화를 정당화한 사람', 나아가서 '헐버트는 친일'이었다고 평할 수 있는가 하는 질문을 하게 된다. 또 "나는 웨스터민스터에 묻히기보다 한국 땅에 묻히기를 원한다."는 한국인의 감성코드에 적중하는 말과 또한 그렇게 그가 한국 땅에 묻혀 있고 통상 '한국의 독립을 위해 싸웠던 선교사'라는 한국인들에게 박혀 있는 정서를 감히 건드리지 않으려는 조심성이 역사가들에게 있기 때문에 그렇게 말하지 못한 것일지도 모른다. 역사의 기록은 과거 사실에 대한 현재 역사가의 기록인데 기록자가 어떤 사건을 편향되게 해석하거나 편견적 이념을 가지고 과거 사실을 접근한다면 그 과거 사실은 정당한 평가를 받지 못하고 오해를 받게 되는 불운을 겪게 되는데 *KIT*의 "여파"는 바로 이런 경우이다.

언급한 바와 같은 일본 편향적 초기 선교사들의 태도는 일본의 침략행위의 악랄함이 가중되면서 태도의 변화가 발견되는데, 이는 게일도 헐버트도 마찬가지다. 게일의 일본에 대한 호감은 일본의 침략과 만행의 도가 깊어짐을 몸소 체험하면서 달라지고 있음을 볼 수 있다. 게일의 말을 들어 보자.

> 나는 일본사람들 스스로가 동양인이라는 점을 감안하여 일본사람들이야말로 조선사람들의 심성을 이해하는 데는 가장 능숙한 사람이라고 상상하곤 하였다. 그러나 나의 그런 생각이 변했다. 일본은 조선이 그들에게 무슨 의미가 있는지 혹은 그들과 어떤 관계에 있는지 전혀 모른다. 일본이 택한 수단(침략행위, 필자첨부), 그들의 약속, 그들의 성명서 등이 그들의 무지를 드러내 보였다. 일본이 현재 목전에서 직면한 것들을

전적으로 인지하지 못하고 있다고 말하는 것은 옳은 말이다. 그러한 무지가 총검의 폭력을 사용하여 문제를 해결하려는 결과를 초래하였다.[281]

조선사람에 대한 일본사람들의 잘못을 게일은 위와 같이 비판하였다. 게일이 말한 의미는 자신이 종전에 가지고 있던 일본인에 대한 인식이 바뀌었다는 말이다. 게일의 일본에 대한 종전의 생각이 변하게 된 몇 가지 계기를 살펴보자.

1) 명성황후 시해 사건

당시 원산에서 살고 있던 게일은 선교 10주년 행사를 위하여 명성황후가 살해되던 1895년 10월 8일(음력 8월 20일) 밤 서울에 와 있었다. 그는 밤중에 일본 군인들과 조선사람들 사이에 일어났던 소란을 직접 들었고 다음날 아침 사건의 현장에 가서 전날 밤에 일어난 일을 목격하였다. 그때의 일을 "My Audience with the King of Corea"라는 제목으로 Esson Third라는 필명을 달아 중국에서 발행하는 *North China Daily*에 투고하였다.

> 나는 요란스러운 총성이 이른 아침 내 잠을 깨울 때까지 평온하게 잠을 잤다. 어딘가에 무슨 일이 일어났다. 그렇지 않고서야 조선사람들은 그렇게 소란을 피우지 않는다. 그날 아침은 전 서울시가 술렁거렸다. 어떤 정치적 지진도 어떤 시민들의 큰 변동도 그렇게도 굉장한 소란을 일으킬 수가 없다. 나는 소란이 발생했던 바로 그 궁전 안으로 어슬렁거리며 들어갔는데 그때 군인들, 죄수들, 그리고 부녀자들이 함께 뒤죽박

---

281. James Gale, "Japan's Problem," p. 1.

죽이 되어 궁전 옆문을 이용하여 빠져나가는 것을 보았다. 어떤 이는 민비가 살해되었다고 했고, 그리고 그의 시체는 미국 스탠더드오일(미국 스탠더스 석유회사의 제품)로 태워졌다고 했다."[282]

게일은 일본군 2개 중대의 행렬이 궁중 안에서 오는 것을 목격하였고, 자신들이(게일과 존즈 선교사가 생각됨, 필자주) 서 있는 바로 그 현장에서 약 30분 전에 조선군 홍(계훈) 장군이 총살당했다고 들었고,[283] 게일은 일본사람들이 궁내부 대신 이경직을 고종이 보는 앞에서 칼로 찔러 죽였다고 덧붙였다.[284]

---

282. Esson Third, "My Audience with the King of Corea," *North China Daily* (1898). 게일은 일본의 만행을 폭로할 때 'Esson Third', 'E. T.,' 'Spectator' 혹은 'A Student of Orient'라는 익명을 사용하였다. Esson Third는 게일의 증조외할아버지의 이름 Henry Esson에서 유래하는 것으로 게일 자신이 Esson 가의 3대라는 말이다. Esson Third를 E. T.라는 약자로도 썼다. 게일은 친필로 'The late queen's funeral'이라 쓴 민비의 장례 행렬의 사진을 고향집에 보냈는데 아마도 사진과 함께 명성황후 사건을 설명한 것으로 짐작된다. 게일이 *North China Daily*에 인용한 이야기는 KS의 206쪽에도 약간 언급되었다. KS 206쪽에 의하면, George Heber Jones(1867-1919)도 그 당시 함께 있었고 게일은 미국인 다이 장군 그리고 래젠더 장군의 통역을 돕기 위하여 고종의 거처 가까이 남아 있기를 부탁받았다고 했다. 이 점에 대하여 Jones 는 *Every-day Life in Korea*(1898) 44쪽에서 자세한 설명 없이 명성황후의 시해에 대하여 기록하였다. Rutt, p. 29 참고. 황제는 보기에도 처참한 처지에 있고 그에게 도움이 필요한 바로 그때 그에게 도움을 줄 사람이 없다고 한탄했다. 명성황후와 그 당시의 정치적 상황에 대하여 게일은 KS, "Korea's Present Condition" 194~221쪽에 상세하게 기록하였다.
283. KS, p. 206. 게일이 말한 "Hong, general of the Korean army"는 당시 훈련대연대장 홍계훈 장군을 말한다. 李瑄根, 「韓國史 : 現代篇」(乙酉文化社, 1968), p. 602 참고.
284. James Gale, "Why Japan has Failed in Korea," p. 2. 여기서 언급된 궁내부 대신은 이경직(1841-1895)이다. 이경직에 대하여는 진단학회, 「한국사」 근대(을유문화사, 1968), pp. 612-613 ; 국사편찬위원회, 「고종시대사」, vol. 3(국사편찬위원회, 1969), pp. 988-989 참고.

게일은 "조선의 현재상황"[285]이라는 글에서 민비를 병아리들을 그의 깃털 아래 보호하고 있는 '어미닭'으로 비유하고 일본사람들을 그 어미닭의 속박에서 병아리들을 해방시키려고 습격하는 '여우'로 비유한다. 또한 민비를 미국 남북전쟁 때 남부연합군의 장군으로 1861년 제1차 '불런'(Bull Run) 전투에서 용맹을 떨쳐 '성벽'이라는 별명을 얻은 조나단 잭슨 장군에 비유하고, 잭슨 장군처럼 조선사람들의 권익을 보호하고 있는 것은 민비라고 했다.

일본군이 인천 앞바다에서 청나라의 '코우싱'이라는 배를 격침시킨 사건, 만주의 여순항의 대학살 사건, 명성황후의 학살을 보면서 게일은 일본사람들을 평하여 '앙갚음의 야만인', '알려진 소인배'라 표현하고 일본인들의 행위를 '야만적 행동'이라고 지적하였다. 어쨌든 게일은 명성황후 살해를 전후한 일본인들의 만행을 경험하면서 그의 일본인에 대한 종전의 생각이 바뀐 것을 알 수 있다.

2)「유몽천자」금지 사건

1908년 조선총독 이토 히로부미는 이른바 '사립학교령'을 공포하고, 기독교학교(Mission School) 등 사립학교를 통제하였다. 일본 정부는 사립학교 통제 일환으로 위험하다고 인정된 교과서의 사용을 금지하였다. 앞서 언급한 바 있지만 게일은 경신학교와 정신학교에서「유몽천자」라는 교과서를 만들어 사용하였다. 그「유몽천자」3권에 영국의 루이야드 키플링(Rudyard Kipling, 1865 – 1936)의 "모티 구즈 – 항명자"(Moti Guj – Mutineer)[286]라는 단편을 번역하여 실었다. "모티 구즈 – 항명자"의

---

285. KS, "Korea's Present Condition," pp. 194 – 221.
286. "Moti Guj – Mutineer"에 관하여는 Rudyard Kipling, *A Short Story* 혹은 *Life's Handicap*와 「유몽천자」 3권을 참고하기 바람.

내용은 영국의 식민지 인도에 커피 농장을 경영하는 어떤 영국인 주인이 농장을 개간하기 위하여 산에 불을 질렀는데 산에는 불에 타다 남은 나무들이 많이 있었다. 그래서 불에 타다 남은 나무의 그루터기를 제거하기 위하여 힘이 센 코끼리들을 이용하였는데 가장 일 잘하고 힘이 센 코끼리의 이름이 본토인의 말로 '모티 구즈'(Silver Elephant)라고 불리는 코끼리였다. 모티 구즈는 첫 번째 차용부(此庸夫 : 코끼리를 부리는 사람) '디자'와 열심히 일을 잘해 나갔다. 그런데 디자가 10일 동안 휴가를 가게 되었다. 모티 구즈는 두 번째 차용부 '치훈'과 함께 그루터기 제거 작업을 하게 되었는데, 치훈은 모티 구즈를 두들겨 패기도 하고 못되게 굴었다. 이윽고 10일이 지나 디자가 돌아올 날이 되었는데 그는 돌아오지 않았다. 11일이 되는 날 아침 모티 구즈는 농장을 떠난다. 치훈이 돌아오라고 아우성을 치는데도 불구하고 모티 구즈는 농장을 떠난다. 그래서 모티 구즈는 치훈에게 항명의 코끼리가 되었다는 이야기이다.

게일은 영국의 식민지 인도의 커피 농장에서 일어난 모티 구즈의 항명의 이야기를 "모듸거져(象名) 之不服他主"라는 제목으로 「유몽천자」 3권에 실었다. 일본 식민지 정부의 눈에는 「유몽천자」에 나타난 '모듸거져'가 두 번째 차용부에게 항명한 내용이 위험하다는 것이다. 그래서 「유몽천자」를 금서로 규정하였다.[287]

게일이 "코끼리 이야기? 왜? 코끼리 이야기가 어떻단 말이요?"라고 따지자 일본인 담당자는 "이야기에 나오는 코끼리가 두 번째 주인을 섬기기 거절했기 때문에 위험하다."[288]고 답변했다. 코끼리, 말하자면 한국사람이 두 번째 주인인 일본사람을 섬기는 것을 거절하는 은

---

287. 「유몽천자」를 포함한 당시의 금서 목록은 손인수, 「한국근대교육사」(연세대학교출판사, 1971), p. 67 참고.
288. Gale, "Why Japan has Failed in Korea".

유적 교훈이 내포되어 있어 「유몽천자」는 사상적으로 위험하다는 말이었다. 이 말에 게일은 아연실색하였다고 한다.

3) 1919년 3·1독립운동과 제임스 브라이스 경에게 보낸 게일의 서신[289]

1919년 3·1독립운동이 일어난 지 열흘이 되는 3월 10일자로 게일은 한때 주미대사(1907 – 1913)를 지냈고 1916년 조선을 방문했을 때 만났던 영국정치인 제임스 브라이스(Lord James Bryce, 1838 – 1922)에게 편지를 보냈다. 게일은 이 편지를 트롤로프(Bishop Trollope)를 통하여 브라이스에게 전달했는데 그 이유는 우편으로 보낼 경우 일본 정부의 검열을 우려하여 인편으로 보낸 것이다. 게일은 편지에서 한일 관계의 역사적 배경, 독립 선언문 서명자 33인의 종교적 배경과 사회적 신분, 3·1독립운동의 시작과 진행 등을 논리적이고 설득력 있게 적었다. 조선이 당면한 현실을 호소하면서 특히 자신이 서울에서 목격한 독립운동에 참가한 어린 여학생들의 모습을 폭로하기도 하였다.

3·1독립운동은 순수하게 진행된 하나의 평화적 운동이며 조선사람들은 절대로 일본의 통치를 받아들이지 않을 것이라고 했다. 조선인은 종교, 습관, 철학 등에 있어서 일본과는 전혀 다른 민족이라는 것이다. 한국인과 일본인을 비교하여 조선은 유교의 나라이며, 천성이 학자인 한편 일본사람들은 '부시도'를 겸한 전투적 불교도들이며, 신성(神性)에 있어서는 무사(武士)라고 평했다.

---

289. 게일이 1919년 3·1독립운동 이후 일본의 만행을 폭로한 미출판 혹은 출판된 글 중에는 브라이스에게 보낸 편지 외에 "Why Japan has Failed in Korea"(1919), "Was It Revenge"(1919), "Corea's Case. If She were Free"(1919), "The Korean's Courage"(1919), "Independence for Seoul"(1919), "Japan's Problem"(July 1919), "The Missionary Outlook"(1919) 등이 있다.

조선은 문학, 시문, 역사, 철학, 종교, 과학, 예술 부문에서 뛰어난 민족으로 초서(Geoffrey Chaucer) 시대에는 이색, 정몽주, 정도전과 같은 문필가들이 있었고, 셰익스피어(William Shakespeare) 시대는 이항복, 이수광, 장유 같은 문인들을 배출한 나라라고 조선사람의 문학적 우수성을 영국의 문학사와 대비시키고 구텐베르크(Johann Gutenberg) 보다 50년이나 일찍 인쇄술을 발명한 문명국이 바로 조선이라고 소개하기도 하였다.

한국과 미국 간에 1882년 맺은 한미수호통상조약 제1항을 편지에 쓰고[290] "조선 독립 문제가 루스벨트 대통령에게 제기되었을 때 루스벨트는 '조선사람 스스로 아무런 조치를 취하지 않는데 내가 그들을 위하여 무엇인가를 해 줄 것으로 기대하지 마시오.'라는 원칙적인 답변을 했을 것으로 생각되지만, 조선사람들이야말로 노인들, 청년들, 그리고 여학생들에 이르기까지 그들이 할 수 있는 최고의 질서를 지키면서 독립운동을 하는 용기를 보여 주었다."고 했다.

게일은 일본의 조선 식민 정부가 선교사들을 회유하던 예를 들고 자신이 일본 관리에게 일본의 식민정책을 질책했던 내용도 썼다.

어제 저녁 일요일(1919년 3월 9일)[291] 일본의 내무성 대신 우사미(Mr. Usami) 씨가 우리 고참 선교사 몇 사람들과 면담을 요청하여 선교사 9명이 그를 만났습니다.[292] 그는 매우 예의 바르고 친절했습니다. 그리

---

290. 한미수호통상조약은 전문 14조로 되어 있는데 제1조는 다음과 같다. "朝鮮國과 美國 間에는 永久한 平和와 友好關係를 維持할 것이다. 一方이 第 三國으로부터 不公輕侮를 당하여 이를 통지하는 경우에 他方은 助力保護하고 調停하여 友誼를 表示할 것이다." 노계현, 「한국외교사연구」(해문사, 1968), 49쪽에서 인용함. Horace N. Allen도 그의 Things Korean(1908, 8)에서 상기 조약을 언급하고 미국이 "성스러운 계약의 위반에 따른 비난을 받는 것이 마땅하다."는 견해를 표명하였다.
291. 필자가 달력을 확인해 보니 1919년 3월 9일은 일요일임.

고 모임의 진지한 분위기에 대하여 그는 감사하게 생각하고 있음을 알 수 있었습니다. 약간의 인사말을 한 후에 그는 우리에게 하고 싶었던 질문을 노골적으로 했습니다. "여러분이 보시는 바와 같이 일본 정부에 항거하여 독립운동에 연유된 수 명의 목사들이 체포되었는데도 선교사들이 그 반란을 숙지하지 못하고 있었다니 이 어찌된 일입니까?"라고 물었습니다. 우리는 이렇게 답변했습니다. "그 독립운동에 가담했던 조선사람들은 그들이 비밀로 진행하고 있던 그 일을 만약 우리 선교사들에게 알렸더라면 선교사들은 더 이상 진행하지 못하도록 즉시 말렸을 것을 (그들은) 잘 알고 있었습니다. 때문에 우리 선교사들은 추호도 눈치를 챌 수가 없었습니다." 그는 다시 우리 선교사들이 보기에는 어떤 점에서 일본이 실패한 것인지 솔직하게 말해 달라고 했습니다. 그래서 나는 일본 정부가 저지른 명확한 두 가지의 잘못을 말해 주었습니다.

첫째, 일본은 물질적으로 조선에 도로를 건설하고, 안정된 정부를 제공하고, 법을 제정하고, 상업의 길을 터 주고, 건강을 보호하는 한편, 정신적으로는 조선사람을 공포의 통치로 끌어들였습니다. 조선사람은 일본의 스파이, 헌병들 혹은 순사들로 인하여 중세기형의 잔인하고 공

---

292. 閔庚培, 「韓國基督敎會史」(1982), 317쪽에는 "1919년 3월 말경, 총독부의 내무국장 우사미(宇佐美勝夫)가 몇 차례에 걸쳐 게일, 애비슨, 하디, 노블, 웰취, 샤록스, 베른하이젤, 분케루, 게다인, 밀러 등 여러 목사들과 회동해서, 선교사들이 한국교회의 소요 진압에 협력해 줄 것을 호소했을 때 게일 박사의 야무진 항일적 비판과 소요에 책임이 일본에 있다며 단죄했으나……"라고 설명하였다 ; 박용규, 「한국 기독교회사」(생명의말씀사, 2005), 170쪽 주 186에서 현대사자료 26, 조선 2, 396쪽을 인용. "3·1운동이 발생하고 나서 게일(Gale), 에이비슨(Avison), 하디(Hardie), 노블(Noble), 샤록스(Sharroks) 등 선교사 대표는 일본의 크리스천으로 중요 요직에 있는 우사미(宇佐美), 와다나베(渡邊) 고등법원장, 세키야(關屋) 학무국장, 서울 프레스의 야마가다(山形) 씨, 탄화 씨를 만나 3·1운동의 발발이 무단정치에 있다는 사실을 분명히 알리는 한편, 폭동 진압에 선교사들이 협력해 줄 것을 요청하자 이 운동을 중지시키는 일은 무리한 일이고, 만약 그렇게 한다면 반감을 불러일으킬 것이며, 또 그러한 행위는 본국 정부에 의해 금지되었다는 사실을 들어 거절하였다. 여하튼 이 사건 이후 잔혹한 학살행위는 사라진 것으로 보인다."라고 하였다.

포에 싸인 감옥에 투옥되지나 않을까 하는 걱정 때문에 마음을 자극하는 언사를 감히 하지 못합니다. 나는 우사미 씨에게 말했습니다. "내가 이렇게 말하는 것을 용서하시기 바랍니다. 나는 일본이 절대로 조선사람의 진정한 마음을 돌릴 수 없다는 것을 확신합니다. 나는 조선사람의 마음을 얻을 수 있지만 일본인인 당신은 조선사람의 마음을 얻을 수 없습니다. 왜냐하면 조선사람은 당신들을 두려워하는 것이 아니라 당신들을 뒤에서 옹위하고 있는 전쟁 무기들을 보고 당신을 두려워하고 있기 때문입니다. 그 무기들이 조선사람의 마음을 공포로 꽉 채우고 있습니다. 십 년 전 조선사람들은 일본 편이었습니다. 그러나 오늘의 조선사람들은 모두 일본을 떠났습니다. 그들의 마음에서 십리 밖으로 말입니다."

둘째, 일본은 조선사람을 동화시켜 일본인화한다고 거듭거듭 천명해 왔지만 그것은 불가능할 것으로 봅니다. 조선사람들이 일본의 신하가 될 수 있을지는 모르나 절대로 일본인화되지는 않습니다. 그들은 조선문화, 그들의 이상, 그들의 종교, 그들의 언어 등 자신들을 일본인화하는 것을 용납하지 않습니다. 나의 조국 캐나다에서는 불란서계 캐나다인들이 절대 영국인이 되지 않을 뿐만 아니라 불란서계 캐나다인들에게 영국인이 될 것을 절대 강요하지도 않습니다. 여기 조선의 경우도 그래야 할 것입니다. 나의 견해로는 조선의 경우도 그러한 경우입니다. 조선사람과 일본사람들의 친구인 내가 보기에 현재와 같은 일본 정부의 통치제도가 조선에서 계속되면 불행스러운 일의 증가와 유혈밖에는 아무것도 예측할 수 없습니다. 이 문제에 대하여 각하의 명철과 동정 어린 관심을 호소합니다.[293]

브라이스 경은 일본의 우편 검열을 두려워하여 인편으로 트롤로프를 통하여 편지를 보낸다는 말과 함께 게일에게 답하기를 "(우리 영국

---

293. 위에 게일이 브라이스(Bryce)에게 보낸 1919년 3월 10일자 편지는 보통 편지지 4장에 약 3,125자로 구성된 편지인데 필자가 컴퓨터에 다시 옮긴 것으로는 11장 반이 되었다.

정부가) 공식적으로 아무런 조치를 취할 수 없는 것은 적어도 파리조약에 의하여 한국은 기술적으로 현재 일본의 속국이므로 일본이 수행하는 통치에 개입할 수 없기 때문입니다."[294]라고 했다. 파리회담의 내용에 어긋나는 일이 발생하면 영국과 미국이 문제를 제기할 수 있으나 영국과 일본의 정책은 완전히 다르기 때문에 만약 일본이 조선 기독교인들에게 종교적인 박해라고 여길 만한 일을 저지르지 않는 이상 영국 정부로서는 어떻게 할 수 없다는 것이다. 한편 브라이스 경은 미래 지향적인 격려의 말도 첨부하였다.

"조선인들에게 교육을 많이 시키면 시킬수록 궁극적으로 조선은 강국이 될 것입니다. 일본이 원하는 대로 하도록 놓아둡시다. 자국의 언어에 애착을 갖는 민족, 그리고 자국의 국가 정체성을 보존하는 1천 2백만 혹은 1천 4백만 백성들의 국권을 그 누구도 박탈할 수는 없을 것입니다. 일본이 조선에서 벌이고 있는 현재의 게임은 머지않아 실패하게 될 것입니다. 독일계 프러시아 사람들은 그들이 합병한 포센 지역을 독일화하는 데 성공하지 못했을 뿐만 아니라 심지어 알사스 지역을 다시 독일화하는 데도 성공하지 못했습니다. (그들에게는) 인과응보의 날이 왔습니다. 그러니 그날이 조선에도 올 것입니다. 우리 서두르지 말고 희망을 가집시다. 비록 그날이 우리 당대에 오지 않는다고 하여도……."라고 게일에게 위로와 용기를 주었다.

게일은 브라이스 경의 회답을 받고 영국 정부로서는 아무런 정치적인 조치도 취할 수 없다는 것을 알고 실망하였겠지만, 한편으로는 정신적인 위안을 받았을 것이다. 영국 정부에 아무런 기대를 할 수 없게 된 것을 안 후 게일은 하나님께 호소하는 다음과 같은 기도를 드렸

---

294. Bryce letter to Gale, dated May 24, 1919. 게일이 브라이스에게 보낸 편지의 내용과 브라이스가 게일에게 보낸 편지 내용은 Yoo, *Impact*에 일부 사용했던 것을 재인용함.

다고 한다.

> 하나님, 조선사람들에게 그들이 갈망하는 자유를 얻도록 은총을 베풀어 주시옵소서. …… 감방의 고문실에서 드리는 기도를 들어주소서. 폐허된 집에서 남편과 자식들을 기다리며 드리는 모든 여인들의 기도를 들어주소서. 하나님이 하나님 되듯이 정의는 정의입니다. 당신의 정의가 세상의 끝까지 이루어지이다. 시련을 겪고 있는 이 시간, 조선에 하나님 축복을 내려 주시옵소서. 그리고 일본으로 하여금 진정한 회개를 하게 하시고, 믿음의 자리에 이르게 하시옵소서.[295]

여기서 우리는 당시 조선에 체재하고 있던 미국 선교사들이 가지고 있던 일본의 조선 식민화에 대한 입장이 어떠하였는지 알아볼 필요가 있다. 미국 북장로교회 선교부 총무였던 브라운(Arthur Brown)의 1912년 글에서 우리는 선교회의 다음과 같은 공식 입장을 찾아볼 수 있다. "일본의 조선 식민지에 대한 선교사들의 태도는 무엇이었던가? 다음의 4가지 태도가 가능하였다. 첫째 반대(Opposition), 둘째 무관심(Aloofness), 셋째 협력(Cooperation), 넷째 충성스러운 인정(loyal recognition)이다. 나는 네 번째인 충성스러운 인정이 건전한 입장이라고 믿는다."라고 했다.[296] 일본의 한국 식민 정책을 옹호하는 미국 북장로교회 외국선교위원 총무의 태도로 추측건대 그 교단에 속해 있던 게일 뿐만 아니라 다른 선교사들도 일본의 행태에 제한을 가했을 것으로 여겨진다. "이러한 정치적인 상황 가운데서 그 시대를 항거하는 목소리를 내는 사람은 없었을 것이다."[297]라고 러트는 설명을 붙였다. 혹자는

---

295. Rutt, p. 66.
296. Arthur Brown이 Masanao Hanihara에게 보낸 편지. Kang Wi-jo, *Religion and Politics in Korea under the Japanese Rule*(Edwin Mellon Press, 1987), 15쪽에서 재인용.

게일이 독립투사가 아니었던 것을 애석하게 생각할지 모르지만, 그는 정치적인 인물이 아니었고 한국인의 문화를 이해하고자 하였다.[298] 게일은 독립운동에 직접적으로 참여하지는 않았다. 외국인으로서의 어려운 위치, 교단의 지시를 받아야 하는 선교사로서 위치, 비단 게일뿐만이 아니라 일반적으로 선교사들이 독립운동의 선두에 나서기는 현실적으로 어려웠을 것이다.

앞에서 언급한 *KIT*의 "최후의 위기"(The Final Crisis)에서 게일은 마치 독백하듯이 말한다. "조선이 이러한 위기를 어떠한 방법으로 헤쳐 나가야 하는지, 그것의 옳고 그름은 무엇인지, 그리고 행해져야 하고 또한 행해져서는 안 되는 것이 무엇인지는 우리가 다룰 문제가 아니다. 이것이 오늘날의 조선이다."[299] 조선사람들의 정치는 선교사들이 관여할 일이 아니라는 말이다. 당시 그는 조선사람들을 위하여 그가 할 수 있는 정치적 한계점을 발견한 것이다. 그럼에도 불구하고 게일은 당시 조선의 형편을 *North China Daily* 같은 언론에 익명으로 기고하여 일본의 잔인성을 폭로하기도 하고, 브라이스 경 같은 영국의 정치인에게 편지를 보내 조선 독립의 정당성을 호소하기도 하였다. 게일은 특히 브라이스 경으로부터 기대에 못 미치는 답변을 받고 난 후 하나님께 조선의 형편을 호소하는 기도로 그의 분노를 삭였다고 본다.

혹자는 그가 분연히 일어나 일본 정부와 맞서 싸워 주는 배짱이 없었다고 할 수 있으나, 그는 그가 할 수 있는 최상의 방법인 교육을 통하여 저술가로, 복음전파자로, 혹은 젊은이들을 계몽하면서 그때 그 땅의 역사를 안고, 그 땅의 사람들과 마음을 같이하면서 살았던 선교사이다.

---

297. Rutt, p. 49.
298. Ibid.
299. 신복룡, p. 41.

13. 은 퇴

게일은 1927년 6월 22일 한국을 떠났고(공식 은퇴는 1928년 8월 31일), 얼마 동안 캐나다에서 친지들과 해후하는 날들을 보냈다.

그는 미국 국회도서관의 동양 전문가의 초청을 받기도 하였으나 영국에서 여생을 지내기로 하였다. 1927년 10월 영국으로 간 그가 베쓰(Bath)에 있는 찰스 디킨스가 살았던 집을 전세 내어 살면서 간혹 디킨스의 작품들을 낭송하는 모임을 주선하기도 한 것을 보면 게일이 얼마나 문학적인 정조(情調)와 흥취(興趣)가 풍부한 사람이었던가를 알 수 있다.

은퇴 당시 게일의 모습

1937년 1월 31일, 그는 병상의 자리에서 갑작스럽게 일어나 "How wonderful! How beautiful!"이라 되뇌면서 숨을 거두었다고 한다.[300] 게일이 남긴 마지막 말이다. 혹 그가 살아온 지난 74년의 그의 인생 여정이 일순간 필름의 화면을 보듯이 그렇게 '아름답게' 보이기라도 했던 것일까? 자신의 삶을 그 두 말로 정리한 것일까? 그것도 아니라면 지금 그가 향하고 있는 눈앞에 전개되는 요한계시록의 또다른 세계를 보았음일까?

---

300. Rutt, p. 85. 게일은 한동안 뇌일혈로 인하여 양로원에서 지냈다고 한다. 게일의 손녀인 웬디(Wendy)와 로즈메리(Rosemary)가 2003년 5월 토론토를 방문했을 때 할아버지의 최후를 지켜본 어머니와 간호원으로부터 그와 같은 이야기를 들었다고 필자에게 말해 주었다. 게일의 최후의 말은 양로원의 많은 사람들에게 큰 감명을 주었다고 했다.

영국 베쓰에 있는 게일의 무덤

14. 맺음말

　게일이 선교사로 내한했을 때 그는 신학을 전공한 신학자가 아니었고, 안수받은 목사도 아니었다. 그는 문학을 전공한 문학사였고 그를 파송한 선교단체가 모교의 기독학생회였다는 등의 배경은 게일로 하여금 타 교단파송 선교사들에 비하여 교단의 구속력에서 자유로울 수 있게 하였다. 이로 인해 선교 현장이 비록 이교도의 문화라 하더라도 그것을 배척하지 않고 이해하고 수용할 수 있었을 것이다. 그래서 게일은 "(조선)언어를 유창하게 구사하며"[301], "조선사람이 살아가는 방식 그대로 살고"[302], "조선사람의 신임을 얻은 선교사"[303]였다. "(게일의) 한국과 한국 역사, 그리고 한국 문화에 대한 지식은 우리 전체 선교사들의 아는 지식을 합친 것보다 더 많다."[304]라고 선교사의 보고서가 게

---

301. 김인수, p. 90.
302. 김인수, p. 32.
303. Ibid., p. 90.
304. *Korea : Seoul Station*, 1922-1923, p. 9.

일을 평했듯이 게일은 당대의 누구보다도 한국 문화를 잘 알고 있는 선교사로서 선교 현장에서 일어날 수 있는 선교 주체국의 문명과 피선교지 문명의 충돌을 해소하고 미연에 방지하는 공헌을 한 것이다. 그래서 게일은 '당대에 한국인의 심성을 서양세계에 전달한 가장 훌륭한 문학 해설자'라는 칭호를 받게 되었다.

정치적, 문화적, 그리고 사회적으로 어둡기만 했던 19세기 말 그리고 20세기 초 게일은 「한영자전」, 「천로역정」, 「성경」 등의 번역을 통해 한글과 기독교를 보급했고, 「한국 민족사」를 통하여 한국의 민족문화와 한국인의 혼을 보존시켜 주었다.

초기에 게일은 한국 문화를 중국 문화의 축소판으로 이해하였고 정치적으로는 일본이 중국을 상회한다고 이해하였다. 따라서 일본이 한국의 문명화에 공헌할 것으로 여길 정도로 선교 초기에는 일본에 대한 높은 호감을 갖고 있었다. 그러나 일본 자객에 의한 명성황후의 살해를 경험하면서 일본의 만행을 규탄하는 글을 쓰기 시작하였고, 자신이 교재용으로 쓴 「유몽천자」가 일본 정부로부터 금서로 규정되는 일과 1919년 독립운동을 통하여 자신의 선교지에서 벌어지는 일본의 야만적 행위를 폭로하였다. 혹자들은 게일을 '반기독교적인 선교사', '반민족적 선교사', 심지어는 친일이었다고 혹평하고 있으나 본 고에서 그런 혹평의 근거로 삼고 있는 원문들을 재확인하는 작업과 재해석하는 과정을 통해서 증명되었듯이 그러한 평가는 논자들이 자신들의 주제를 전개하고 관철시키기 위한 과정에서, 이를테면 맞춤번역(a custom-made translation) 혹은 맞춤해석(a custom-made interpretation)에 기인한 것임을 확인할 수 있었다.

서양 기독교 포교확장 활동이 제국주의의 서세동점(西勢東占)하는 침략적 활동과 맞물리어 돌아가던 19세기 말, 선교사 게일은 서양적 기독교의 이념을 한국에 옮기는 수행자가 아닌 스스로 '한국화 된 선교사'(Koreanized missionary)로서 서양 기독교를 한국인의 심성에 맞는 '한국적 기독교'(Koreanized Christianity)로 다시 태어나게 하는 산파역할을 하려고 노력한 선교사였다. 이것이 게일의 선교철학이며, 선교활동을 통한 후기적 깨달음이 아니라 초기부터 가지고 있었던 사상이다.

필자가 한국적 기독교 혹은 기독교의 한국 토착화에 대한 명확한 정의를 내릴 수 없으나 그런 개념들은 이를테면 기독교의 중심 혹은 주체가 민족(民族)이라는 것을 의미하고, 좀더 확대하여 말하자면 기독교의 민족주의를 주장하는 것이며 한국 기독교는 '그들'이 아니라 '우리'라는 개념으로 쓰이는 것 같다. 그래서 우리를 강조하기 위하여 그들을 배타하는 방법론을 적용한 것으로 비치기도 한다. 그런데 역사를 유심히 보면 우리가 배타하는 그들 중에는 역사의 주축을 그들이 아닌 우리들로 인식하며 선교활동을 펼쳤던 이들도 있었음을 알게 된다. 필자는 그런 그들의 선교 중심 사상을 한국적 기독교(Koreanized Christianity)라는 말로 표현하였다. 그러나 우리화(Koreanized missinary)하여 우리의 기독교(Koreanized Christianity)를 심은 역사적 인물을 반기독교적인 선교사, 반민족적 선교사, 혹독하게는 친일이었다고 배타하는 것은 역사의 아이러니이다.

게일은 신학적 독단론자(theological dogmatist)가 아니다. 그리고 전통에 사로잡힌 교리론자(conventional doctrinist)도 아니다. 게일은 진보적인 선교사, 학자, 저술가, 교사였고, 사회를 계몽하는 사회목회(Social Ministry)에 보다 중점을 둔 선교사였다. 그리고 한국 민족이 어두운 운명에 처했을 때는 울분했고, 한국 민족이 어두운 역사에 직면했을 때는 그 애환의 역사를 우리 민족과 더불어 보듬어 안고 함께 애통해했던 휴머니스트로 한국 근대사와 한국인의 마음속에 자리매김하였다.

게일은 스코틀랜드의 혈통을 이어받은 이민 2세대로 1863년 캐나다에서 출생하여 25년간 캐나다에서 살았고 1888년 한국에 도착하여 한국을 떠난 1927년까지 40여 년간 한국에서 살았다. 반평생도 더 된 세월을 한국에서 산 셈이다. 그래서 필자[305]는 그의 삶을 이렇게 묘사하려고 한다. "게일은 스코틀랜드인의 기풍, 캐나다인의 정신, 그리고 한국인의 마음을 가진 기일(奇一)한 선교사였다."[306]

---

305. Young-sik Yoo, "Scottish Spirit, Canadian Mind and Korean Heart : The Life of James Scarth Gale, 1863-1937," paper presented at The University of British Columbia at the Conference : Korea Between Tradition and Modernity(May 10-13, 1998).
306. 본 논문에서 사용된 게일에 관한 편지 등의 원자료들은 게일의 누이 제니의 외손녀 마가레트 패로우(Margaret Farrow), 던컨 맥래(Duncan Mcrae)의 딸 헬렌 맥래(Helen Mcrae), 그리고 알렉산더 롭(Alexander Robb) 등이 필자에게 제공해 준 것이며, 이에 대해 깊은 감사를 드린다.

 로버트 하디의 부산선교

유영식
(캐나다 토론토 대학교 동양학부)

1. 출생과 교육

하디(Robert Alexander Hardie, 河鯉泳, 1865 – 1949)는 캐나다 온타리오 주 할디맨드 카운티(Haldimand County)에서 1865년 6월 11일 제임스 하디(James Hardie)와 아비가일 쇼우(Abigail Shaw) 사이의 여섯 자녀 중 첫째로 태어났다. 하디가 10살이 되던 1875년에 불행하게도 양친이 사망하였다. 하디를 포함한 여섯 형제들은 친척집에 의탁되었는데, 하디는 토마스 쇼우(Thomas Shaw)라는 아저씨 집에서 살았다. 그 후 그는 1884년 고등학교를 마치고 2년 동안 고향에 있는 초등학교에서 교편생활을 하였고, 1886년 고향을 떠나 토론토에 있는 의과대학에 진학하여 1890년에 졸업하였다.[1]

하디가 토론토에서 의과대학을 다닐 당시에는 토론토 시에는 종교적 배경으로 설립한 의과대학과 사설 의과대학 등 몇 개의 의과대학이 있었다. 하디는 Toronto University Medical College(이후로는 TUMC)를 졸업하였는데, TUMC는 감리교 계통의 Victoria College와 연계가 있었던 학교였다.[2] 세브란스 병원 설립에 관여한 올리버 에이비슨(Oliver R. Avison)도 하디와 같은 의과대학을 졸업하였기 때문에 하디와 에이비슨은 동문이며, 에이비슨은 하디의 스승이었고 종교적으로 같은 감리교 출신들이었다. 에이비슨과 하디는 토론토에서 지낼 때 현재 토론토 동쪽에 위치한 '케비지 타운'이라는 곳에서 이웃으로 살았다. 이렇게 두 사람의 인연은 각별했다.

당시 토론토 시에 있던 여러 의과대학생들은 친목을 도모하기 위하여 저녁 만찬을 함께 하는 모임을 갖곤 했는데 이런 행사에는 의례히 술이 제공되었다. 그런데 바로 이 음주 때문에 학생들 사이에서 불미스러운 일들이 발생하곤 하였다. 보다 못한 하디의 모교인 TUMC와 성

---

1. 하디의 족보와 유년 시절에 대하여는 Seneca Township의 인구조사, 하디의 할아버지 Robert Hardie의 유언장, 그리고 하디 자신이 1930년대에 쓴 것으로 보이는 자필 이력서에 근거하였다.
2. *Acta Victoriana*, 14 : 1 (1890), p. 22. 하디가 토론토에서 의과대학을 다닐 때 여러 개의 의과대학들은 하디의 모교인 TUMC를 비롯하여 성공회 계통의 Trinity Medical College 등이 하나씩 병합하여 1902년에 이르러 토론토 대학교 의과대학이라는 이름으로 다시 탄생하였다. 1890년대의 토론토 시내 의과대학에 관하여는 R. Buehrle, "The Roots of Our Medical School," in *The University of Toronto Journal*, vol. 44 : 6 (April 1967), p. 220. 여러 의과대학의 병합에 대하여는 *The University of Toronto and Its Colleges, 1827-1906*(Published by The University Library, 1906) ; J. George Hodgins, *The Establishment of Schools and Colleges of Ontario, 1792-1910*, vol. Ⅲ(Toronto : L. K. Camerson, 1910), p. 133 참고.

공회 계통의 트리니티 의과대학 학생 몇몇이 주동이 되어 금주운동을 벌였고, 이 운동은 성공을 거두었다. 이러한 여세를 몰아 하디는 이들 의과대학에 YMCA를 창설할 것을 제안하였다.[3]

하디의 제안은 성공적이어서 "어느 날 저녁 몇 명의 학생들이 우리 집에 모여 'Y' 창설을 숙의한 후 아예 간부까지 선택하였다."라고 에이비슨은 회고하였다.[4] 당시 에이비슨은 자신의 모교인 TUMC와 토론토에 소재한 온타리오 약학대학에서 교편을 잡고 있었다. 그래서 에이비슨은 특히 기독교 학생들 사이에 정신적 지도자 역할을 하고 있었기 때문에 MC-YMCA는 하디의 열정과 에이비슨의 리더십에 의하여 조직된 것으로 보인다.

의과대학생기독청년회가 창설되기 2년 전에 토론토 대학교 문과대학인 유니버시티 칼리지는 독자적인 YMCA(이후로는 UC-YMCA)를 창설하여 제임스 게일을 조선에 선교사로 파송하였고, 토론토 시의 민간 YMCA 회원들이 중심이 되어 Corea Union Mission(이후로는 CUM)이라는 선교회를 창설하여 로버트 하크니스(Robert Harkness)와 벨라(Bella)라는 그의 부인을 파송하였다.[5] 그러나 하크니스는 조선체류 일 년도 안 되어 건강상 조선을 떠나 일본으로 가게 되었다. CUM은 하크니스의 후임으로 펜윅(Malcolm C. Fenwick, 1865-1935)을 조선에 파송하였다.

한국인의 시각으로 보면 백 년 전에 조선이라는 나라가 지도상으로 지구 속의 어느 모퉁이에 있는지조차 알 수 없던 때에 게일을 파송한 토론토 대학 문리대의 기독학생청년회라든지, 하크니스와 펜윅을 파송한 CUM이라든지, 하디를 파송한 의과대학생기독청년회을 보면 당

---

3. Oliver R. Avison, *Memoir*(1940), p. 84. 이후로는 "A-Memoir".
4. Ibid., p. 85.
5. 본 서 "1. 제임스 게일의 삶과 선교" 참고.

부산의 첫 선교사들

시 캐나다 내에서 조선에 대한 선교열은 이상하리만치 열성적이었다.[6]

하디 이전에 조선에 나갔던 게일과 펜윅의 한국선교 현황보고는 토론토 기독교인들로 하여금 한국선교에 관심을 갖게 하였고, 하디로 하여금 "의료 선교사로 한국에 나가 특별히 게일과 함께 선교사업을 하고 싶은 강한 의욕을 갖게 하였다".[7] 게일은 부산을 선교 센터로 정하고 선교활동을 계획하였을 때 의료선교의 필요성을 절감하고 MC-YMCA에 동역할 의료 선교사 파송을 요청하였다. 하디의 강한 선교 의욕과 게일의 요청은 하디가 의과대학을 졸업하던 1890년에 의과대학생기독청년회로 하여금 하디를 8년간 그들을 대표하는 선교사로 파송하기로 결정하게 하는 데 영향을 주었다. 그때 하디의 연봉은 750달러였다.[8]

헌트리(Martha Huntley)는 그의 *Caring, Growing, Changing : A History of the Protestant Mission in Korea*에서 자료 제공 없이 "하디와 그의 부인은 토론토 YMCA가 파송하였다."고 하여 토론토의 민간 YMCA가 하디를 파송한 것으로 기록하였으나 이는 오기이다.[9] 또한 헌트리는 "애니 엘러스(Annie Ellers)와 같이 하디는 실은 의학박사(M. D.) 학위를 가지고 있지 않았다."고 하여 애니 엘러스가 간호사 자격이 없는 것과 같이 하디도 의사 자격이 없다는 설을 주장하였다.[10] 애니

---

6. Robert Harkness, Malcolm C. Fenwick, "Corea Union Mission"에 관하여는 Young-sik Yoo, *Earlier Canadian Missionaries in Korea : A Study in History, 1888-1895*(Mississauga, Ontario : The Society for Korean and Related Studies, 1987), pp. 37-56. 이후로는 Yoo, *Earlier*로 표기 ; Yoo, "The Impact," pp. 219-264 참고.
7. "A-Memoir," p. 85.
8. *The Missionary Review of the World*(Nov. 1890), p. 878 ; Yoo, "The Impact," p. 268에서 재인용.
9. (Friendship Press : NY, 1984), p. 61. Huntely의 원문은 "Hardie and his wife were a newly-arrived couple sent out by the Toronto YMCA".
10. Huntley의 원문은 "……like Annie-Ellers, Hardie did not actually have an M. D. degree".

엘러스는 미국 북장로교회 파송을 받고 1886년에(7월 4일 제물포 도착) 왔다가 당시 육영공원 교수로 와 있던 벙커(D. A. Bunker)와 1887년 결혼하였다. 결혼 전까지는 제중원 부인과에서 근무하였고 릴리어스 호튼(Lillias Horton)이 내한하기 전까지는(1888년 3월 27일) 명성황후의 주치의를 맡았다. 엘러스는 간호사 자격으로 한국에 왔지만 선교부가 그녀를 파송할 때 간호사 코스를 다 마치지 않은 상태였기 때문에 엘러스에 대한 헌트리의 기록은 근거가 있으나 하디의 경우는 다르다.[11] 하디가 졸업한 의과대학과 언급한 다른 의과대학들은 1904년에 병합하여 토론토 대학교 의과대학으로 탄생하였는데 토론토 대학교 의과대학이 졸업생들에게 의학박사(M. D.) 학위를 주기 시작한 것은 1928년부터이다. 그전에는 의과대학졸업생들에게 의학사(M. B., Bachelor of Medicine)를 수여하였다. 예컨대 1887년에 하디와 같은 당시의 토론토 의과대학을 졸업한 에이비슨의 학위도 의학사(M. B.)였다. 의학사 학위 수여자들에게는 간단한 서류절차(예컨대 수수료)를 거쳐 의학박사(M. D.)로 바꾸어 주었다. 그러나 개인에 따라 그렇게 하는 것을 원하지 않는 경우 학적부에 의학사로 남아 있다. 설령 의학사를 그대로 유지하고 있는 졸업생이라고 하더라도 의사의 자격이 없는 것은 아니었다. 토론토 대학교 의과대학 졸업생 명단(1843-1920) 161쪽에는 에이비슨과 그의 아들 더글라스(Douglas) 부자 명단이 있는데 에이비슨은 의학박사로 기록되어 있고, 아들인 더글라스는 의학사로 기록되어 있다.[12] 이는 에이

---

11. Harry A. Rhodes, *History of the Korea Mission : Presbyterian Church USA*(Chosen Mission Presbyterian Church, 1934), 원문은 "……a trained nurse who had almost completed her medical course when the Board urged her coming to Korea……," pp. 20-21 ; George Paik, *The History of Protestant Missions in Korea* (Yonsei University Press, 1970), pp. 118, 131.
12. *A Register of the Graduates of the University of Toronto from 1843 to 1920*(U of T Press, 1920).

비슨은 절차를 밟아 의학사를 의학박사로 바꾸었다는 뜻이다. 또한 *Memoir* 676쪽에 있는 에이비슨의 자필 이력서에는 의학사를 의학박사로 바꾼 흔적이 있다.[13] 상기 졸업생 명단에 하디는 의학사로 기록되어 있고, 에이비슨과 하디보다 약 30여 년 후인 1919년에 같은 의과대학을 졸업한 에이비슨의 아들(Douglas Avison)은 언급한 대로 졸업생 명단에 의학사로 남아 있다. 따라서 헌트리가 기록한 하디가 엘러스와 같이 의사 자격이 없다는 주장은 맞지 않다.

2. 부산의 하디

하디는 부인(Matilda Kelly)과 당시 두 살짜리 딸 이바(Eva)와 함께 1890년 9월 30일 부산에 도착하였다.[14] 그런데 하디가 부산에 도착했을 때 2부의 2장 "제임스 게일의 삶과 선교"에서 설명한 대로 하디가 함께 사역하기를 원했던 게일은 이미 부산을 떠난 후였다. 당시 하디

---

13. Avison의 자필 "Vita"에는 "graduated from Victoria University, Toronto, 1887 M. D. and C. M.", "graduate student in medicine at University of Toronto, 1887 M. B." Victoria University Alumni가 보관하고 있는 기록 "Oliver R. Avison" 난에 에이비슨의 학위에 대하여 "M. B. 1887, M. D. 1924"라는 기록을 보면, 에이비슨이 그의 자필 이력서에서 1887년에 의학박사를 수여받았다는 뜻이지만, 위에 설명한 정황으로 보면 에이비슨은 1924년에 의학박사로 바꾸었다는 이론이 성립된다. 같은 기록에 "그의 아들 더그라스 에이비슨은 1919년에 의학사를 받았다."라고 하였다.
14. 하디는 1898년 의과대학생기독청년회에서 미국 남감리교회로 선교부를 옮겼는데 그때 제출한 것으로 보이는 친필 이력서를 보면 "arrived in Korea September 30, 1890"라고 육필로 적었다(이후로는 하디 친필 이력서). 초기 선교사들의 최종 목적지는 서울이다. 그러나 하디의 경우, 그의 최종 목적지는 부산이었다. 하디 친필 이력서에 'Korea'라고 되어 있지만, 그의 목적지가 '부산'이라는 것을 감안하면 하디 친필 이력서에 나타난 한국 도착은 부산 도착 날짜를 의미한다고 보아야 할 것이다.

의 부인은 둘째 아이를 출산하기 몇 달 전이었는데, 이들 부부는 병원 시설을 비롯하여 외국인이 없는 부산에서 아이를 출산한다는 것은 여러 가지로 위험한 일이라고 판단했을 것이다.[15] 그런데 하디에게는 다행스러운 일이 있었다.

하디가 부산에 도착하기 약 두 달 전인 1890년 7월 26일에 제중원 의사였던 헤론이 세상을 떠났고, 알렌은 1890년 7월 30일부로 서울 주재 미국 영사관 서기관으로 임명받아 제중원 의사직을 이미 사임했던 때여서 제중원 의사 자리가 비어 있었다. 그래서 하디는 그해 10월에 서울에 올라와 미국인 빈튼(Cadwallader C. Vinton, 1856–1936)이 1891년 4월 3일 내한하여 제중원 의사로 일을 시작할 때까지 약 6개월 동안, 날짜로는 6개월이 안 되겠지만, 제중원 의사로 일한 적이 있다. 하디가 한국에 도착하여 약 6개월간 공석 중인 제중원 의사로 지냈다는 주장은 하디의 둘째 사위인 피셔(J. Earnest Fisher)의 기록에 의존한 것인데, 피셔는 다음과 같이 설명한다. "하디의 원래 계획은 부산에서 게일과 함께 동역하는 것이었는데 게일은 이미 부산을 떠났다. 부인과 딸, 그리고 조금 있으면 둘째 아이의 출산이 있는데 외국인 가족이 하나도 없는 부산에 가족을 데리고 가는 것은 현명한 일이 아니라고 생각하고 있을 그 즈음에 알렌 의사는 주한 미외교관으로 임명을 받아 왕립병원을 떠났고, 그래서 하디에게 1891년 봄 빈튼이 올 때까지 알렌의 자리를 맡아 줄 것을 재촉했다."[16]

---

15. 둘째 딸 Annie Elizabeth(일명 Bessie라고도 부름.)는 그해 12월 12일 서울에서 출생하였다. Bessie는 1974년 6월 28일 사망하였다.
16. J. Earnest Fisher, *Pioneers of Modern Korea*(The Christian Literature Society of Korea, 1977), p. 111. 피셔는 하디의 둘째 딸 Bessie와 1918년 결혼하였고 피셔는 1919년 미국 남감리교회 선교사로 내한하였다 ; Harry Rhodes, History of the Korea Mission : Presbyterian Church USA 1884–1934(Choson Mission Presbyterian Church, 1934), 116쪽에는 "1891년 4월 빈튼이 도착할 때까

하디가 제중원에서 잠시 일한 이때를 백낙준은 "하디 부처도 부산에 정착하고 게일과 같이 일할 예정이었으나 게일이 부산을 떠나게 되자 하디도 서울로 와서 본국에서 자기의 선생이던 에이비슨과 함께 국립병원에서 조력(助役)하였다."[17]라고 하여 하디가 서울에 와서 토론토 의과대학 시절 은사인 에이비슨을 도와 제중원에서 일했다고 설명한다. 윤춘병은 "그(하디)는 교파 없이 독립 선교사로 내한하여 처음에는 부산에서 선교하다 서울로 올라와 에이비슨(魚丕信)과 함께 제중원(현 세브란스 병원)에서 일했다."고 기록하고 있다.[18] 「기독교대백과사전」은 "당시 부산에 체류하던 게일과 함께 선교활동을 시작하였다. 그 후 서울로 올라와 에이비슨 의사와 함께 제중원에서 환자를 돌보았고 1891년 4월 14일 다시 부산선교지로 내려갔다."라고 기록하였다.[19]

그런데 위의 주장들은 다음 두 가지 문제에 직면한다. 첫째로 하디가 부산에 도착하기 약 4개월 전에 게일은 이미 부산을 떠났으니까 부산에서 게일과 함께 선교활동을 운운하는 주장은 가능하지 않다. 둘째로 하디가 에이비슨을 도와 '제중원에서 함께 일했다'는 주장은 시기적으로 맞지 않다. 왜냐하면 하디가 한국에 도착했을 때 에이비슨은 토론토에 있었고 에이비슨은 하디보다 3년 뒤인 1893년에 한국에 왔기 때문이다.

하디가 "부산에서 올라와 제중원에서 에이비슨과 함께 일했다."는 주장들은 아래와 같은 사건에서 유래한 것으로 보인다. 즉, 독립 선교

지 병원을 책임졌고"라고 기록하였다 ; Martha Huntley는 "정부병원은 빈튼이 1890년 4월 3일 한국에 도착한 두 달 동안 정부병원 의사가 공석이었다"(61쪽).
17. 白樂濬, 「韓國改新敎史 1832-1910」(延世大學校 出版社, 1985), p. 200.
18. 윤춘병, 「한국감리교회를 세운 사람들」(한국감리교회사학회, 1988), p. 159와 「基督敎大百科事典」vol. 15(교문사, 1983), p. 1454.
19. 기독교대백과사전편찬위원회, "하디 Hardie, Robert A," 「기독교대백과사전」, vol. 15(교문사, 1983), p. 1454.

사로 내한했던 하디는 선교 현장에서 부딪치는 여러 가지 이유들로 인해 1898년 5월 15일부로 미국 남감리교회 의료 선교사로 임명을 받았다.[20] 이렇게 교단을 옮긴 하디는 찰스(Charles T. Collyer)와 더불어 송도에서 미국 남감리교회의 의료 선교사업을 하기로 하고 1898년 7~8월의 약 6주 동안 제중원에 가서 에이비슨과 함께 일한 적이 있었다.[21] 이것이 하디와 에이비슨이 제중원에서 함께 일한 유일한 시간인데 바로 이 만남, 즉 1898년의 만남을 "하디가 부산에서 선교를 하다가 서울로 올라와 에이비슨과 함께 제중원에서 일했다."라고 이해한 것으로 보인다.

미국 남감리교회로 옮긴 하디는 상하이에 가서 1900년 11월 18일 윌슨(Alpheus W. Wilson) 감독에게 세례와 성만찬, 결혼과 장례식을 집전할 수 있는 '집사'(Deacon)의 직분을 안수받았다.[22]

여기서 일일이 예를 들어 설명하지 않지만 하디가 미국 남감리교회와의 인연을 일반적으로 의과대학생기독청년회와의 기한이 넘어서 혹은 하디가 임의로 계약을 파기하고 미국 남감리교회로 옮긴 것으로 하디의 태도를 부정적인 시각으로 이해하지만, 계약 기한이 넘어서도 아니고, 하디가 임으로 계약을 파기해서가 아니라 하디의 후원단체인 의과대학생기독청년회가 하디를 후원하는 데 경제적으로 어려움을 겪었기 때문이다. 따라서 의과대학생기독청년회 간부들은 자신들을 대표하는 의료 선교사가 의료활동을 원활하게 할 수 있도록 후원해 주지 못하는 것에 대하여 자성하고, 그들 스스로가 미국 남감리교회 선교부

---

20. 하디가 교단을 옮긴 날짜는 미국 남감리교회의 Walter R. Lambuth가 1898년 5월 14일자로 서울의 C. F. Reid에게 "Hardie appointed"라는 전문을 받고 당시 미국 남감리교회 한국 책임자 Reid가 하디를 15일자로 임명한 것으로 보인다.
21. 하디가 토론토의 선교부에 보낸 1898년 8월 24일자 편지.
22. '하디의 친필 이력서'에 의함.

와 하디 이양을 교섭한 것이다. 마침 미국 남감리교회는 조선에서 일할 의료 선교사를 찾고 있는 중이었다. 하디가 감리교인이었다는 점과 그리고 감리교 계통의 그의 모교를 중심으로 한 의과대학생기독청년회 핵심 멤버들이 감리교 교인이었다는 점 등이 하디의 이양을 용이하게 만들었을 것이다. 하디가 1890년 내한하여 1898년 미국 남감리교회로 옮기기 전까지 독립 선교사의 서울, 부산, 원산의 8년 삶은 실로 산전수전(山戰水戰)을 다 겪은 서러움의 시기였을 것이다.

실인즉, 하디가 미국 남감리교회 의료 선교사로 임명받은 1898년, 그는 준비된 선교사로 미국 남감리교 선교부가 선교의 터를 닦을 초기 선교 기간에 윤치호와 더불어 이정표 역할을 하였다.

빈튼이 올 때까지 공백을 채우기 위하여 제중원 일을 잠시 돌보고 있던 하디는 빈튼이 서울에 도착하자마자 가족을 서울에 남겨 둔 채 1891년 4월 14일 다시 부산으로 왔다는 기록을 보면, 하디가 제중원을 빈튼에게 인계하고 즉시 부산으로 내려왔음을 알 수 있다.[23] 부산에 도착한 하디는 집 한 채를 월 6불에 전세 내어 생활하면서 의료사업을 시작하였는데 어떤 환자는 150마일이나 떨어진 먼 곳에서 찾아왔다고 한다. 하디는 당시 부산생활을 선교부에 다음과 같이 보고하였다.

> 현재 나는 내가 묶고 있는 집의 마당에서 환자들을 받아 치료하고 있습니다. 왜냐하면 내 방은 너무 협소하고 환자들을 치료하기에는 너무 어둡기 때문입니다. 마당의 크기는 제법 크지만 한쪽 끝에는 오물배수로와 소외양간 등이 있습니다. 지금이 5월인데도 캐나다에서는 경험

---

23. "Dr. Robert Alexander Hardie." 미간행 하디의 인물소개자료. Richard H. Baird, William M. *Baird of Korea*(Oakland, Cal. : 1968), 19쪽에는 "헌트는 1891년 봄 하디를 부산항 의사 혹은 선박 검역관으로 부산에 데리고 왔다."라고 했다 ; 이상규, 「부산지방 기독교전래사」(글마당, 2001), p. 40.

하지 못했던 강한 태양열이 내리쬐고 있습니다. 일산(日傘)을 쓰고는 있지만, 태양열이 강하여 견디기가 아주 힘듭니다.[24]

이 보고서에 따르면 당시 하디는 작고 비위생적이던 한옥의 악조건에도 불구하고 그곳에서 의료선교활동과 숙식을 겸하고 있었다는 것을 알 수 있다. 그런 와중에 1891년 8월 그의 부인과 딸 에바, 그리고 서울에서 태어난 8개월 된 애니(Annie)가 부산에 내려왔다. 하디가 환자 치료실 겸 침실로 사용하던 한 칸짜리 방에서 네 명의 가족이 생활하기에는 쉽지 않았을 것이다. 그때의 하디 형편을 해리 로즈(Harry A. Rhodes)는 다음과 같이 기록하였다.

> 당시 부산에 거주하는 외국인 가족이란 영국계 세관원 헌트(J. H. Hunt) 씨 일가족 그리고 파트타임 세관 전문의 하디 가족이 고작이었다. 세관 관계자는 외국인 여행자 중 만약 콜레라 혹은 천연두 등 유행병 보균자가 있으면 그들을 격리하기 위하여 영종도에 조그마한 격리실 하나를 지어 놓았다. 그런데 하디 가족이 부산에 왔을 때에 그 격리실은 사용하지 않고 있어서 하디 가족은 임시로 그 세관 격리실에서 생활하였다.[25]

세관 격리실이란 외국인 여행자 중에 콜레라 같은 전염병 보균자가 입국할 때 격리하기 위하여 영종도에 지은 창고와 같은 목조건물이었다. 하디 4인 가족이 바로 영종도에 있는 창고와 같은 세관 격리실에서 살고 있을 1891년 8월에 미 북장로회의 배위량(William M. Baird,

---

24. "Dr. Robert Alexander Hardie."
25. Harry A. Rhodes, *History of the Korean Mission : Presbyterian Church U. S. A. 1884-1934*(Chosen Mission Presbyterian Church, U. S. A., 1934), p. 126.

1862-1931) 선교사가 부산에 와서 다섯 식구가 하디 집에 묵을 수밖에 없었다. 방이 비좁아 낮이면 배위량의 간이침대를 밖에 두었다가 저녁이면 비집고 잠자리를 마련하였다. 그해에는 부산에 콜레라가 만연하여 환자들이 죽어 갔고 시체를 화장하는 연기를 보면서 지냈다고 한다. 세관 격리실에서 약 6주를 지낸 후 하디는 부산의 일본인 거주 지역에 집을 구하여 그곳으로 이주하였는데 배위량의 부인이 그해 11월에 부산으로 내려와 하디의 좁은 집은 6명이 살고 있었다. 이렇게 한 집에서 6명이 촘촘이 살고 있을 때, 호주 선교사 멕케이 부부 등 5명이 도착하였다. 하디는 그들에게 집이라고도 할 수 없는 일본인의 헛간에서 살도록 주선해 주었는데 얼마 지나지 않아 멕케이 부인이 그 집에서 사망하였다. 이를 본 하디는 곧바로 남은 4명의 호주 선교사들을 자기 집으로 옮기게 하였다. 그래서 배위량 부부, 하디의 가족, 호주 선교사 4명 등 10명이 하디의 집에서 살았다.[26] 이 초기 부산 시절 하디는 세관 검역관 일을 통해서 약간의 수입을 얻었던 것으로 보이며,[27] 그 수입은 월 25달러 정도였을 것이다.[28]

그렇다고 그 정도의 수입이 하디의 경제문제를 해결해 주지는 못했을 것이다. 그해 겨울 하디는 건강이 악화되어 부산에서 지내는 것이 어렵게 되자 1892년 초 휴양을 위해 일본 나가사키에 갔다가 1892년

---

26. 여기 기록한 당시 부산생활은 Rhodes, 126~127쪽 참고.
27. 이상규, 40쪽에서 하디가 부산으로 온 동기에 대하여 "영국인 세관원 (Commissioner of Customs) 헌트(J. H. Hunt, 河文德) 씨가 초청해 주었기 때문이다."고 했다 ; Sherwood Hall, *With Stethoscope in Asia : Korea* (McLean, Virginia : MCL Associates, 1978), 90쪽에는 "(Hardie) had moved to Fusan that year as physician to the Custom's staff."이라고 기록했다.
28. 하디가 부산 검역관직을 통하여 얼마의 급료를 받았는지 정확한 액수는 모른다. 그런데 원산항에서 하디와 같은 항만 검역관직을 맡았던 로버트 그리얼슨의 기록에 월 25불을 받았다는 것을 보면 하디도 그 정도를 받았을 것으로 여겨진다.

가을에 부산으로 다시 돌아왔다. 하디의 부산생활을 엿볼 수 있는 또 하나의 기록은 그의 사위인 피셔(J. Earnest Fisher)의 기록에서 찾아볼 수 있다.

> 1891~1892년 겨울 하디 가족의 부산생활은 매우 어려웠고, 그의 후원 단체의 후원금은 불충분하였다. 하디 일가족은 협소한 집에서 생활하였고, 하디가 사용하는 의료기구는 보잘것없었다. 당시 부산에서 선교사업을 시작한 호주장로교회로부터 호주장로교 선교부와 함께 선교사업을 할 것을 제안받았으나 하디는 그를 파송한 캐나다 선교부에 계속 남아 있기를 원했다.[29]

당시 독신인 게일의 연봉은 500달러였고 미국인 독신 선교사의 연봉이 1,000달러였던 것을 감안하면 하디의 연봉 750달러는 4인 가족이 생활하기에는 태부족(太不足)한 봉급이었을 것이다. 그런데 그 750달러의 연봉도 1890년 당시 179명의 의과대학생기독청년회 학생회원들이 내는 후원금으로 충당되었는데, 이러한 선교비 지원마저도 불확실하고 불안한 상태였다. 의과대학생기독청년회의 경제적인 어려움은 하디를 한국에 파송한 그해 1890년의 잔고가 겨우 125달러였던 것을 보아도 알 수 있다.[30]

하디가 부산에 체류하면서 경제적인 어려움을 무릅쓰고 가까스로 선교활동을 하는 동안 이번에는 제도적인 압력을 받았다. 그것은 재한 선교사들과 선교부들 사이에 일어났던 신자들을 둘러싼 경쟁과 소위 '경계'(territory)와 관련된 문제였다. 1892년경 한국에서 선교활동을 하던 외국 선교회들은 선교단체가 늘어남에 따라 효율적인 선교활동을

---

29. Fisher, pp. 112-113.
30. *The Medical Missionary*(1891), p. 4.

위하여 이른바 The United Council of the Mission of the American and Victorian Churches를 조직하였다.[31] 이 위원회를 조직한 목적은 선교 현장에서 일어나는 선교사들 간의 경쟁과 충돌을 미연에 방지하기 위한 것으로, 이를 위해 한국 전 지역을 교단별로 분할하였다. 교단 배경이 없는 하디로서는 선교 현장에서 이러한 조직에서 제외될 수밖에 없는 문제점이 있었다.

이 위원회의 선교지 분할정책은 하디가 부산 지역에서 더 이상 선교활동을 할 수 없도록 만들었고, 다른 독립 선교사들의 입지를 곤란하게 만드는 결과를 초래하였다. 게일 편에서 밝혔지만 독립 선교사였기 때문에 겪어야 했던 서럽고 곤혹스러운 당시의 형편을 성격이 괄괄하고 글로 표현하기를 좋아했던 게일은 이를 선교사들 간에 일어나는 '내란'이라고 쏘아 붙였지만, 하디는 이러한 경계 구분의 영향을 받지 않는 압록강 너머 만주 지역으로 선교지를 이동하려고 했는데 이것이 하디다운 성품이었다.[32]

어쨌든 하디는 부산선교를 접고, 부산을 떠나 1892년 11월 19일 원산에 도착하였다. 당시 원산은 캐나다 선교사 게일, 그리고 펜윅이 있는 곳이었다. 게일이 미국 북장로회 선교부로 선교사의 적을 옮기긴 하였으나 그들은 독립 선교사들로서 어려움을 함께 나누고 서로 위로할 수 있는 동색동향(同色同鄉)이었다는 점 때문에 하디는 원산을 택하게 되었을 것이다. 이렇게 보면 1892년의 교단 소속 선교부들의 지역 분할은 '효율적인 선교활동을 위하여'라는 명분이 있기는 했어도 하디와 같은 독립 선교사들에게는 큰 정신적인 압력이 아닐 수 없었다.

---

31. 미국 북장로교, 미국 북감리교, 호주장로교 등이 있었다.
32. *The Medical Missionary*, p. 4.

3. 하디의 부산선교

하디는 1890년 9월 30일 부산에 도착한 직후 10월에 서울에 갔다가 부산에 정착하기 위하여 다시 부산으로 돌아온 1891년 4월 14일부터 부산을 떠난 1892년 11월 중순까지 (부산에 있는 동안 건강상 일본에 다녀온 일이 있지만) 585일, 즉 약 1년 7개월 동안 부산에서 의료 선교사업을 하였다.

하디의 부산선교에 대한 흔적들(예를 들면, 학교 혹은 병원 등)이 남아 있지는 않지만 앞에서 언급하였듯이 하디가 집을 구하여 의료선교를 하였다는 것을 확인할 수 있다. 또한 하디는 부산에서 경제적 어려움과 함께 독립 선교사로서 제도적 변두리인 취급을 받는 서러움을 통감했을 것이다. 하디는 부산에 거주한 최초의 가족 선교사로 부산을 오가는 선교사들에게 '길가의 여인숙'(Road House) 역할을 하였고 타 교단이 부산에 선교를 정착하는 데, 이를테면 미 북장로교의 윌리엄 베어드 혹은 호주 선교회의 구들장 역할을 하였다.

하디는 1890년 9월 30일 한국에 도착하여 약 8년 동안의 독립 선교사 생활을 마치고 1898년 미국 남감리교회 선교부로 적을 옮긴 후 그가 은퇴를 한 1935년까지 한국에서 살았다. 하디는 1949년 세상을 떠났다. 그의 나이 84세였다. 그는 캐나다에서 25년을 살았고, 그의 반평생이 넘는 45년을 한국에서 살았다. 한국체류 선교사들의 한국체류 연대를 편의상 안식년을 포함하여 계산하면, 한국체류 최장수 선교사는 펜윅(1865 - 1935)인데, 그는 1889년 내한하여 1935년 원산에서 사망하였으니 그의 한국체류 기간은 하디보다 1년이 많은 46년이다.[33] 그런데 펜윅은 1889년 내한하여 서울과 소래 등지에서 지내다가

---

33. 펜윅의 출생연대는 일반적으로 1863년으로 알려져 있으나 그의 고향 박물관에

1893년 한국을 떠났다가 3년 후인 1896년 재입국하였다.[34] 만약 펜윅이 캐나다와 미국에 체류하던 3년 기간을 제하면 펜윅의 재한 기간은 43년이 되므로 따라서 하디가 한국에서 가장 오래 체류한 장수 선교사가 된다.

4. 맺음말

하디의 삶과 선교의 세계를 충분히 밝히지 않고 하디를 묘사하는 것은 무리가 있는 일이지만, 하디의 삶을 보면 하디는 자기가 겪는 고통과 역경을 하나님께서 자기에게 주신 선물로 알고 그 고통과 역경을 선물처럼 보배롭게 보듬어 안고 살았던 선교사였다.

그의 전체의 삶이 그러했을 것이라고 생각되지만, 특히 초기의 하디의 삶은 애통하는 삶의 연속이었다. 그는 그 애통 속에서 하나님의 음성을 들었고, 그 음성 속에서 다시 하나님의 조선사람에 대한 애통하심을 깨달으며 선교에 임했다. 한국사람들을 위한 하디의 기도응답이 바로 그에게 나타난 성령의 임재였다. 이는 바로 하나님의 임하심이었다.

보관된 "Markham Township Census 1881"에 나타난 펜윅의 출생연대는 1865년으로 기록되어 있어 필자는 그 기록을 따른 것이다.

34. 허긴, 「한국 침례교회사」(침례신학대학교출판부, 1999), p. 36 ; Timothy Hyo-Hoon Cho, "A History of the Korea Baptist Convention"(Th. D. thesis, The Southern Baptist Theological Seminary, 1970), p. 53 ; 김용해, 「대한기독교침례교회사」(대한기독교침례회총회, 1964), 13쪽에는 펜윅이 1894년 도미했다가 1897년 8월에 한국으로 돌아왔다고 했다. 이 날짜에 대한 다른 기록들은 Yong Gook Kim, "An Analysis of the Theological Development and Controversies of The Korea Baptist Convention, 1889-1997"(Ph. D. thesis, The Southern Baptist Theological Seminary, 2001), p. 28의 note #76을 참고.

한국인의 육신의 병을 치료하려고 내한했던 하디는 1903년 성령의 임재를 경험하면서 한국 기독교인들에게 성령을 체험하는 신앙으로 "한국교회의 (새로운) 성격을 형성"[35]하는 장본인이 되었다.

---

35. 윤춘병, 「한국감리교회 부흥운동사」(기독교대한감리회 전국부흥단, 2001), p. 159.

3 호주 빅토리아장로교회의 부산선교
: 부산의 첫 순교 선교사

4. 헨리 데이비스의 생애 (존 브라운)
5. 헨리 데이비스의 일기 (탁지일)
6. 데이비스의 죽음에 관한 게일의 편지 (탁지일)
7. 호주에서 온 제2진 선교사들 (이상규)

 헨리 데이비스의 생애

존 브라운
(호주연합교회)

1. 데이비스의 성장배경

요셉 헨리 데이비스(Joseph Henry Davies, 德倍時, 1856-1890)는 1856년 3월 22일 뉴질랜드 완가리(Wanganari)에서 태어났다. 그의 가족은 1860년 호주 멜버른(Melbourne)으로 이사하였으며, 그의 아버지가 그곳에서 변호사로 성공한다. 그러나 아들 요셉 헨리 데이비스(보통 해리〈Harry〉라고 불렀음.)가 12살이 되었을 때에 아버지가 돌아가셨고, 이때부터 데이비스는 13남매가 있는 대가족의 가장이 되었다. 데이비스는 11살 때부터 아버지의 변호사 사무실에서 근무하였다. 그래서 아버지가 사망한 후에 아버지의 동료들은 그가 대학입학시험에 합격한다면, 그를 도제 계약으로 고용하기로 하였다. 데이비스는 회사에서 일을 하면서 15살 때에 대학입학시험에 합격했다.

데이비스의 가족은 믿음이 독실한 플리머스형제단(Plymouth Brethren) 소속 기독교인이었다. 이 청교도적인 단체에는 목사 제도가 없었으며, 각 개교회가 자치권을 주장하였다. 성인 남성 평신도들이 예배를 인도하였으며, 예수 그리스도께서 머지않아 재림하실 것을 소망으로 품고 세속적인 직업은 신약신앙과 모순된 것으로 여겨 거부하였다. 그들은 기도하는 각 사람을 성령이 직접적으로 인도하신다는 것을 확신하였다. 그리고 그들은 모든 기독교인들은 각 사람에게 복음을 전달할 성스러운 의무가 있다고 믿었다.

플리머스형제단은 엄격하게 제한된 생활을 하였다. 그들은 믿지 않은 사람을 만나는 데 조심하였으며, 형제단에 소속하지 않은 사람들과 함께 식사하는 것을 거부하였다. 그들은 그들의 순결함을 지키려고 노력하였다. 하지만 이러한 그들의 생활방식은 때로는 주위에 편협함으로 비춰졌으며, 이로 인해 이들은 주변사회로부터 고립을 자초하게 되었다. 형제단은 자신의 의지보다는 하나님의 뜻에 순종하려고 노력하였는데, 하지만 이로 인해 다른 사람의 의견을 수용하지 않는다는 비판을 받기도 하였다.

데이비스는 이러한 종교적 배경과 양육으로 인해 내성적인 성품을 가지고 있었으며 또한 신앙적 철저함을 지니게 되었다. 모든 크고 작은 문제에서 하나님의 뜻을 발견하기 위해 노력하였고, 항상 기도를 하는 신앙인으로 성장하게 되었다. 그는 성경을 열심히 공부하는 이유는 지식을 충족하기 위해서가 아니라 영적인 훈련을 위한 것이며, 하나님을 더욱 알아감으로써 자신의 삶을 하나님께서 원하시는 방향으로 맞추어 나아가기 위함이었다. 이로 인해 그는 가끔 문제를 이성적으로 분석하기보다는 감정적이고 열정적으로 대하였다. 데이비스는 열정과 삶의 철저함을 가지고 살았지만, 자신의 잣대로 남을 평가하거나 판단하지 않았던 것을 그의 일기를 통해 알 수 있다.

데이비스의 누나인 사라(Sarah)는 남인도 일로르(Ellore)에서 성공회 선교사로 사역하고 있었는데, 선교지의 인력이 부족함을 데이비스에게 호소하였고, 데이비스는 20살에 직장을 그만두고 인도에 선교사로 가게 된다. 하지만 그가 기대하였던 플리머스형제단의 경제적, 영적 후원은 이루어지지 않았다. 그래서인지 그의 인도에서의 사역은 쉽지 않았으며, 동료 선교사들과의 관계도 원활하게 이루어지지 않았다.

이 시기의 데이비스는 선교사로서의 훈련이 충분히 이루어진 것이 아니었으며, 그의 성품은 좋았으나 때로는 인도인들을 이해하지 못하였고 때로는 그들에 대해 우월의식을 느끼기까지 하였다. 그는 동료 선교사들과 문제들을 야기하기도 하였으며, 자신을 도우려는 영국 관리들과도 마찰이 있었다. 데이비스는 결국 인도에서 말라리아가 걸려 약 일 년 만에 멜버른으로 돌아가게 되었다.

데이비스는 인도에서 돌아온 후, 그가 사역하는 동안 도움을 주지 않았던 플리머스형제단과의 관계는 점점 소원해졌다. 데이비스는 성공회와 장로교회에 참여하게 되었으며, 이들 교회의 설교에 매료되었다. 데이비스는 성공회 소속의 목사들, 특히 콜필드(Caulfield)의 성마리아성공회교회(St. Mary's Church of England)의 매카트니(H. B. MaCartney) 목사와 투랙장로교회(Toorak Presbyterian Church)의 유잉(J. F. Ewing) 목사와 친하게 되었다.

2. 데이비스의 교육사업

그 후 데이비스는 멜버른 대학교(University of Melbourne) 문리학과에 입학하여 고전학을 공부하였으며, 1881년 3월에 수석으로 졸업하였고, 1883년에 석사학위를 받았다. 데이비스는 매우 성실하고 뛰어난 학생이었으며, 특히 어학에 출중하였다. 그는 대학공부를 하는 동안 자신의 동생을 비롯하여 여러 명의 학생들의 입시를 위한 가정교사로 일하였다.

이렇게 사설교육을 하면서 데이비스는 가족의 생계를 위해 사립학교를 세우게 된다. 그는 학교운영을 위해 그의 남동생 둘을 교사로 임용하였고, 그의 누이동생인 메리(Mary)를 기숙사 사감으로 채용하였다. 데이비스는 사립학교인 콜필드 문법학교(Caulfield Grammar School)의 설립과 운영이 하나님의 뜻이라고 믿었다. 그는 자신을 향한 하나님의 궁극적인 계획은 선교사역이라고 받아들이고 있었지만, 데이비스는 가족의 생계를 책임져야만 하는 형편이었다. 데이비스는 학교교육을 통해 학생들을 그리스도께로 인도할 수 있다고 믿었다. 그는 25세에 콜필드 문법학교의 교장으로 취임하였다.

데이비스는 1881년 3월 26일자 그의 일기에 "나는 이 일이 아이들을 위해 일하도록 주님께서 맡기신 사역임을 믿으며 일하고 있다."라고 기록하고 있다.[1] 또한 1881년 4월 1일자 일기에는 "나는 이 일에 종사하기로 결심했다. 하나님께서 도우심에 힘입어 이 일을 감당해 나가겠다. 이 일이 아마도 나의 평생의 사역일지도 모른다. 그렇다고 내가 인도로 다시 돌아가지 않겠다는 말은 아니다."라고 그의 선교사로의 부르심에 계속 갈등하고 있음을 보여 준다. 실제로 그가 교장직을 수행했던 7년 동안 그는 교육을 그의 삶의 사역으로 인정하지는 않았다.

후에 이 학교는 멜버른의 유명한 학교 중의 하나가 되지만 설립 당시의 학생수는 12명에 불과하였다. 1881년 말 시험결과가 기대하였던 것

---

1. *Diary of Rev. H. Davies : First Australian Missionary in Korea*(1881. 3. 26).

에 못 미치고, 특히 대학입학시험 성적이 좋지 않게 되자 데이비스는 자신의 문제라고 생각하게 된다. 하지만 이후 6년 동안에 학생 수는 96명으로 증가하였으며, 그중에 32명이 기숙사에 거주하였다.

데이비스는 신체가 그렇게 큰 편은 아니었으나 매우 건강한 편이었다. 그는 도보여행과 등산을 무척 좋아했으며, 가끔 일주일 내지 십 일 동안 도보로 산행을 하기도 하였다. 이때 그는 매일 30~40킬로미터 정도를 걸었다. 데이비스는 지칠 줄을 모르는 전도자이며, 복음 선포자였다. 그는 멜버른 부근의 교회에서뿐만 아니라 때로는 말을 타고 100~150킬로미터 떨어진 농촌교회에 나가서 설교하기도 하였고, 청년 집회에 가서 전도하기도 하였다. 때로는 도시의 거리에서 사람들을 예수 그리스도에게 인도하기 위하여 열심히 전도하였다.

데이비스가 설립한 학교는 점점 성장하고 학교의 명성도 차츰 높아지고 있었지만 데이비스는 계속 인도로 돌아갈 생각을 하고 있었으며, 이를 위해 학교의 처분도 고려하였다. 하지만 그의 어머니와 동생 메리의 적극적인 반대에 부딪쳤다. 그들은 데이비스에게 가장으로서의 책임감을 강조하였다. 데이비스는 결국 1887년까지 학교를 경영하였으며, 동시에 주말이면 교회에서 설교를 하며 전도활동을 계속하였다.

1886년에 데이비스는 주님의 일에 전력해야 할 필요를 느끼게 된다. 그는 물질적인 일에 대한 지나친 집착은 영적 생활의 장애가 된다고 판단하였다. 웨버(Horace Webber)는 그의 책 *Years May Passion*에서 "나는 무거운 채무를 갚기 위해 열심히 일하느라고, 가난한 사람을 구제하거나 헌금할 여력도 없다. 나는 지위와 재물을 위하여 일하는 사람이 되었고, 주님의 뜻에 합당한 삶을 살지 못했다."라고 쓴 데이비스의 일기를 인용하여 그의 고민을 설명한다.[2)]

---

2. Horace Webber, *Years May Passion*(Caulfield Grammar School, 1989), p. 24.

이러한 갈등 속에서 그의 동생들이 대학교를 졸업하였고 어머니가 돌아가시게 되었다. 데이비스는 이제 그의 책임을 다했다고 생각하였으며, 학교를 적정한 가격에 처분한 후 인도로 갈 수 있다고 여겼다. 드디어 1888년 4월 28일에 데이비스는 학교를 처분하였으며, 8월 성공회의 버넷(Barnett) 목사에게 교장 자리를 맡기고 학교를 떠났다.

메리 데이비스

데이비스는 교육사업에 있어서 무에서 유를 창조하였다. 그는 학교를 젊은 청소년들을 그리스도에게로 인도하는 도구로 이해하였다. 실제로 그는 청소년과 청년선교에 열심이었다. 그는 이들의 육체적, 이성적, 영적인 면을 계발하는 데 최선을 다하였다.

3. 데이비스의 선교열정

데이비스는 가능한 한 빨리 인도로 돌아가려고 하였다. 하지만 성공회 선교부는 데이비스에게 안수를 요구하였고, 안수를 받은 후에야 선교사로 인도에 파송할 수 있다고 알려 주었다. 게다가 성공회 멜버른 교구의 감독은 목사안수를 받기 위해서는 먼저 6개월 동안 교구 내에서 집사로 일을 해야 한다는 조건을 내세웠다. 이러한 조건은 곧 선교지로 떠나고자 하였던 데이비스를 힘들게 하였다.

마침 중국에 주둔하는 성공회 선교부 총무 월프(J. R. Wolfe) 목사가 1884년 11월에 선교지 시찰을 위해 한국에 갔다. 그는 조선선교의 필요성과 가능성을 느꼈다. 그는 중국 신도 가운데서 한국에 보낼 지원자를 발견하였으나 선교부는 그들의 후원을 거부하였다. 그러자 월프 목사는 중국 교인들과 호주의 친구들에게서 개별적인 후원을 받아

1885년 11월에 전도사 두 사람을 부산에 파송하였다. 1887년 가을에 월프 목사가 다시 부산 상황을 시찰하려고 방문했을 때 예수교에 대한 관심이 있는 학자 몇 사람을 만났지만 아직 신도는 없었다. 그 이듬해 중국에 주둔하는 성공회의 마틴(J. Martin) 선교사가 부산에 갔을 때는 관심이 있는 사람 50~60명을 만났다고 하였다.

　1887년에 월프 목사가 조선 시찰 후, 호주에 감동적인 편지를 보내 부산선교의 시급성과 필요성을 알리고 선교사 자원을 간청하였다. 이 편지는 콜필드 교회의 메카트니 목사가 발행하는 월간 선교지「국내와 해외 선교사」(The Missionary at Home and Abroad)에 실렸다. 데이비스는 이 편지를 읽고 감동을 받아 한국 선교사로 갈 것을 자원하게 된다.

　이러한 선교사로의 자원에는 몇 가지의 이유가 있었다. 첫째는 인도보다 한국에서 전도하는 일이 더 긴급한 것 같았고, 둘째는 인도의 기후보다 한국 기후가 자기의 건강상 나을 것이라고 생각했으며, 셋째는 월프 목사가 특히 호주사람을 요청하였기 때문이었다. 하지만 성공회 선교부는 계속적으로 안수를 받은 목사의 자격을 고집하였기에 데이비스는 멜버른 교구의 절차를 밟아야만 한국에 갈 수 있었다.

　그런데 마침 데이비스는 미국장로교회가 한국에 선교회를 설립했다는 소식을 듣고 미국장로교선교회에 소속으로 한국에서 선교할 수 있는 가능성을 알아보았다. 그는 그의 친구인 투랙장로교회의 유잉 목사와 상의하였고, 유잉 목사가 그에게 장로교회의 목사안수를 받고 호주 빅토리아장로교회(Presbyterian Church of Victoria)가 데이비스를 한국에 파송하는 방법을 제안하였다.

　결국 빅토리아주 청년연합회가 데이비스의 후원을 보증하는 조건으로 빅토리아장로교회가 조선에서 선교를 시작하기로 결의하였다. 1888년 8월에 데이비스는 영국 에든버러(Edinburgh)에 가서 신학을 공부하였다. 그는 1889년 5월에 돌아와 목사고시에 합격하였고, 노회에서

1889년 8월 5일 안수를 받았다. 그 후 8월 17일에 성도 500여 명이 멜버른 스커츠 교회(Scots' Church)에 모여 데이비스를 선교사로 파송하면서 데이비스와 함께 떠나는 동생 메리를 위해 기도하기로 약속하였다. 데이비스는 그의 일기에 "나는 모인 이들이 나에게 기대하는 모든 이야기들을 들으면서 겁이 많이 나기도 하였지만 동시에 많은 감동을 받았다. 나는 우리를 위해 기도로 함께하는 이렇게 많은 사람들이 있으니 우리는 결코 실패하지 않을 것이다."라고 기록하고 있다. 이러한 기도 후원을 입은 데이비스 자신도 기도의 사람이었다. 그는 하나님께 드린 기도를 성령이 듣고 그를 인도하실 것을 확신하였다.

데이비스는 1889년 8월 21일에 멜버른을 떠나 28일에 시드니에 도착하였고, 그곳에서 선편으로 조선을 향했다. 그의 충성스러운 동역자인 동생 메리도 함께했다.[3] 이러한 과정은 웨버가 쓴 *Years May Passion*에 잘 기록되어 있다.

4. 데이비스의 한국선교

데이비스는 배 안에서의 첫 주일에 배를 탄 모든 사람을 위해 예배를 인도하였다. 그의 설교본문은 누가복음 22 : 27이었으며, 설교제목은 "나는 섬기는 자로 너희 중에 있노라." 하는 말씀이었다. 그는 일기에 그의 설교내용을 다음과 같이 기록하였다.

> 예배 시간은 30분 정도에 불과했다. 모인 사람의 대부분이 진지하였으며, 배를 탄 모든 사람이 참여하였다. 그러나 그 순간 나는 무엇을 전해야 할지 두려웠다. 누가복음 19 : 21의 "당신이 엄한 사람인 것을

---

3. Ibid., pp. 9-30.

내가 무서워함이라."는 말씀이 떠올랐다. 기쁜 마음으로 주님의 일을 즐겁게 하지 않고 의무로만 생각하여 일을 하고 있지 않은지 걱정되었다. 예배 후 내가 갖고 있던 중국말 복음서와 전도지를 모인 사람들에게 나누어 주었더니 사람들이 반갑게 받았다.[4]

1889년 10월 1일에 데이비스는 나가사키에서 배를 갈아탔고, 이튿날 부산에 도착했다. 데이비스는 부산에서 일본사람들의 거주 지역을 잠깐 살펴보고, 오후에 배를 타고 부산을 떠났다. 그는 1889년 10월 4일 제물포에 도착하였고, 마중 나온 감리교 선교사 존스(George Heber Jones) 목사를 만났다. 그들은 10월 5일 오전 8시에 말을 타고 제물포를 출발하여, 오후 4시경에 서울에 도착하였다. 서울에서 데이비스는 최근에 도착한 선교사 20여 명을 만났다. 데이비스와 그의 동생 메리는 도착한 다음날 선교사와 외국인 예배를 참석하였으며 한국말 예배에도 참석하였다.

이후 다섯 달 동안 데이비스는 어학선생과 매일 오전에 한국어를 공부하였다. 오후와 주말에는 언더우드(Underwood) 목사 내외와 헤론(Heron), 그리고 감리교 선교사 올링거(Ohlinger) 목사와 함께 인근 지역을 방문하기도 하였다. 때로는 서 전도사와 같이 나갔는데, 아마도 서 전도사는 서상륜 혹은 그의 동생 서경조를 말하는 것 같다. 이런 경우에 서 전도사가 전도하거나 혹은 데이비스의 말을 서 전도사가 통역해 주었다. 이때 그의 동생 메리는 가가호호 방문할 수 있었으나 데이비스는 예의상 들어가지 못하였다. 이로 인하여 메리는 한국 여성들을 자유롭게 만날 수 있었다. 데이비스가 서울에 체류하는 동안 두어 차례 말을 이용하거나 도보로 동료 선교사와 함께 서울 근교나 수원까지

---

4. Diary of Rev. H. Davies : First Australian Missionary in Korea(1889. 9. 1).

내려가기도 하였으며 한국어로 사람들과 대화하며 복음을 전하기도 하였다. 데이비스의 일기에 의하면 그는 12월 13일에 메리와 집에서 일하는 사람과 함께 가정예배를 드리기 시작하였으며, 기독교 신앙을 가르쳤다. 그는 두 차례 인천까지 도보로 가서 설교하였다. 그의 한국어 실력은 놀라울 정도로 빠르게 발전하였다.

데이비스가 서울에 있는 동안 장로교 선교사들이 장로교선교협의회를 구성하여 헤론을 의장으로 데이비스를 서기로 선정하였다.[5] 데이비스는 에큐메니칼적인 신앙을 가졌다. 왜냐하면 그는 플리머스형제단에서 양육을 받았지만, 인도에 성공회 목사로 가려고 했고, 결국에는 장로교 목사로 조선에 파송되었다. 또한 서울에 머무는 동안은 감리교 선교사들을 친구로 사귀었다. 데이비스는 교회의 일치에 대한 확신을 가지고 있었으며, 이는 독노회 설립에 있어서 중요한 역할을 담당하였다.

5. 데이비스의 부산선교 계획과 죽음

1890년 3월 데이비스는 적합한 선교지를 물색하기 위해 서울에서부터 부산 지역에 이르기까지 시찰하기로 결정하였다. 그는 부산에서 거주하는 토론토 YMCA에서 파송한 독립 선교사 제임스 게일(James Gale) 목사에게 연락하고, 1890년 3월 14일 데이비스는 자신의 짐과

---

5. 데이비스가 1890년 사망한 후 협의회가 모이지 않다가, 1893년에 이르러 한국 독노회 설립을 위하여 다시 장로교회선교협의회를 조직하였다. 이 협의회는 1907년 대한예수교장로회 독노회가 설립될 때까지 교회에 관한 모든 결의를 하였으며, 1907년 이후부터는 조언을 하는 역할만 하였다. 이 협의회에는 네 개의 장로회 선교회(미국 북장로회, 미국 남장로회, 캐나다장로회, 호주장로회)의 남자선교사들이 회원 자격을 가졌다. Harry A. Rhodes, ed. *History of the Korea Mission Presbyterian Church U. S. A.* (Chosun Mission, Presbyterian Church U. S. A., 1934), p. 450.

판매하려는 전도책자를 실은 말과 마부와 함께 부산을 향하여 서울을 출발하였다.

1881년 7월 24일자 일기에 데이비스는 "내가 인도에 가게 되면 하려고 했던 옛 사도들의 방법대로 도보전도여행을 하기로 결심하였다."라고 기록하고 있다. 데이비스는 인도가 아니라 조선에서 초대교회의 사도들과 같은 이상적인 도보전도여행을 시작한 것이었다. 데이비스의 일기에 따르면, 그는 3월 15일 수원, 20일 공주와 전라남·북도, 26일에 남원, 30일에 하동을 거쳐 31일에 사천에 도착하였다.

데이비스 목사는 여행을 하면서 마가복음서와 다른 전도책자들을 많이 팔았고 또한 언어 실력이 허락하는 한 만나는 사람들에게 복음을 전하였다. 두 주일 동안 그는 별다른 문제없이 잘 지냈지만, 3월 31일에 사천읍에서 관리들로부터 무례한 대접을 받았다. 그 후 건강에 이상이 왔고, 데이비스는 심각한 상태로 4월 4일 목적지 부산에 도착해 다음 날인 4월 5일 하나님의 부르심을 받았다.

> 비가 많이 오는 오후에 한 사람이 나에게 쪽지를 갖다 주었는데, 이런 말이 기록되어 있었다. "곧 와 주시기 바랍니다. 데이비스!" 나는 내 거처에서 약 5리가량 떨어져 있는 여관에서 그를 만날 수 있었다. 그는 햇볕에 좀 탔고 여행으로 지쳐 있었으나 많이 아파 보이지 않았다. 그와 같이 온 일꾼들이 데이비스에게 삯을 더 달라며 그를 괴롭히고 있었고, 데이비스는 나에게 도움을 청하였다. 나는 그 문제를 해결해 주었고, 데이비스는 내 팔에 기대어 우리의 거처까지 걸어왔다. 거기서 내 침대에 그를 뉘었다. 일본인 의사가 다녀갔는데, 의사의 진단으로는 천연두라고 하였다. 이 선생과 나는 밤새도록 데이비스 곁을 지켰다. 이튿날 정오경 폐렴 증세가 나타나자 의사는 "그가 멀지 않아 죽을 것이다."라고 말했다. 하지만 데이비스는 그때까지 의식이 있어서 나에게 말하였다. 결국 오후 한 시경에 데이비스는 편안하게 눈을 감았다. 그날은 부활

주간 토요일인 1890년 4월 5일이었다. 우리는 그의 시신을 산기슭에 있는 외국인 묘지에 안장하였다.[6]

「초량교회 100년사」에 의하면 그의 무덤은 복병산에 위치하고 있다.[7] 후에 세워진 비석에는 "사는 것이 그리스도니 죽는 것도 유익함이니라(To Live, Christ ; To Die Gain, 빌 1 : 21)"라고 새겨졌다고 한다. 웨버에 따르면, 안타까운 사실은 당시 천연두에 대한 예방접종을 멜버른에서 할 수 있었지만 데이비스는 하루 속히 한국에 가기 위해 예방접종을 하지 않았던 것이다.

데이비스는 6개월을 조선에서 머무는 동안 깊은 인상을 남겼다.[8] 언더우드에 따르면, 데이비스는 "열정적이고 뛰어난 재능이 있는 하나님의 거룩한 사람이었으며, 한국에 온 훌륭한 선교사들 가운데 한 사람이었다."라고 기록하였다.[9] 또한 1890년 5월 7일자 빅토리아장로교회 선교위원회 회의록에는 다음과 같은 내용이 기록되어 있다.

---

6. James S. Gale, *Korean Sketches*(Chicago : Fleming H. Revell, 1898), p. 249. 게일은 이튿날 데이비스의 동생 메리에게 편지를 보내 이 일에 대해 상세하게 설명하였으며, 그 내용은 Edith A. Kerr, *The Australian Presbyterian Mission in Korea 1889 - 1941*, 174~175쪽에 게재되어 있다.
7. 대한예수교장로회 초량교회, 「초량교회 100년사」(부산 : 대한예수교장로회 초량교회, 1994), p. 54.
8. 데이비스의 동생 메리는 서울에 머무는 동안 가가호호 방문을 통한 여성전도에 열심이었다. 데이비스가 사망한 후에 메리는 호주에 돌아가 그의 가족과 교회를 겸손하고 경건하게 섬겼으며, 1938년 5월 4일 빅토리아주 장로교회 여선교연합회 연회에 참석하기도 하였다. *Missionary Chronicle*(1938. 6. 6.), 메리는 호주교회의 한국선교에 적극적으로 참여하였으며, 일제의 탄압으로 인해 철수해야만 하였던 1941년에 다시 호주로 돌아갔다. 데이비스와 함께 메리 역시도 한국인들의 가슴속에 기억되어야 한다.
9. Horace C. Hunderwood, *The Call of Korea*(New York : Young People's Missionary Movement of the United States and Canada, 1908), p. 140.

본 선교위원회는 한국에 파송한 초대 선교사인 데이비스 목사의 예측하지 못한 사망으로 인하여 우리 교회가 입은 아픔을 기록하고자 한다. 데이비스 목사는 맡은 사역에 대한 열정적인 헌신과 학자로서의 능력 또한 언행일치의 아름다운 인품으로 조선에서의 선교사역을 성공적으로 이끌었다. 우리 주님께서 스데반처럼 데이비스 목사를 일찍 부르시고 영예로운 하늘의 상을 주셨다. 우리가 바라는 것은 그의 죽음을 인하여 여러 신도들이 감동을 받아 성령의 열매를 나타내는 데 힘쓰고, 그의 삶을 본받아 우리도 영광스러운 의의 면류관을 쓰게 되기를 바란다.

데이비스의 예측하지 못했던 죽음은 빅토리아주 장로교회의 성도들에게 큰 자극을 주었고, 데이비스가 시작한 조선에서의 선교사역을 이어 나갈 사람을 찾게 했다. 그리고 마침내 1891년 10월 멘지스(Bell Menzies), 페리(Jean Perry), 퍼셋(Mary Fawcett)의 여성 선교사 및 멕케이(James H. Mackay) 목사 부부 5인을 선교사로 파송하여 주한 호주선교회를 경상남도에 설립하여 선교를 본격화하게 되었다.

 헨리 데이비스의 일기[1]

탁지일
(부산장신대학교)

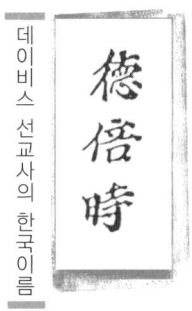

데이비스 선교사의 한국이름

1889년

8월 21일

오후 4시 55분 시드니(Sydney)행 급행열차를 이용하여 멜버른(Melbourne)으로 출발하였다.

---

1. 요셉 헨리 데이비스(Joseph Henry Davies, 德倍時, 1856-1890)는 1889년 8월 21일 호주를 떠나는 날부터 1890년 3월 31일 경상남도 사천에 도착할 때까지 개인일기의 형식으로 '선교일지'(First Australian Missionary in Korea)를 기록하였다. 내용 중 대부분의 인명과 지명은 가능한 한 영어표기 그대로 유지하여 번역하였다. 일기의 원본은 호주 미첼 도서관(Mitchell Library)에 소장되어 있다(역자주).

8월 22일

역에서 Langley 씨를 만났다. 우리가 타고 떠날 배는 화요일에 출발한다. 우리는 장로교총회 사무실을 찾아가기 위해 YMCA에 갔고, 거기서 만난 한 학생이 우리를 도와주었다.

8월 23일

저녁에 Hunters Hill에서 Speir 부부와 즐거운 시간을 보냈다.

8월 24일

Waverley에서 Nicholson 부부 그리고 David 삼촌과 차를 나누었다.

8월 25일

Glebe Church의 S. M. H. U.에서 강연하였다. 비가 오는 오전이어서인지 약 20여 명만이 참석하였다. Pyrmont & Ultimo Church에서 약 50여 명의 작은 회중에게 설교를 하였다.

오후에는 Langley 씨의 S. S.에서 강연을 하였고, 오후에는 Scots' Church에서 설교를 하였다.

8월 26일

Molesworths에서 차를 나누며 유쾌한 시간을 가졌다.

8월 27일

우리의 짐들을 배에 실었다. 배는 내일 새벽이 되어서야 출발한다. Langley 씨 그리고 Mary와 함께 Lady Macquarie's Chair까지 아주 즐거운 산책을 하였다. 저녁 9시경에 Langley 씨는 우리와 함께 배로 돌아왔다.

8월 28일

오전 6시경에 David 삼촌이 우리를 깨웠다. 오전 9시경 마침내 SS Tsinan 호(號)가 항해를 시작했다.

8월 29일

남위 30.54도 동경 153.17.30도, 216마일을 항해하였다. Mutton Bird Island까지는 37마일이다.

8월 30일

남위 27.26도 동경 153.36도, 206.5마일을 항해하였다. Moreton Point까지는 24마일이다. 오후 6시 45분에 Brisbane River 어귀에 닻을 내렸다. Mary가 심하게 고생하였고, 배가 정박한 후에도 나아지지 않았다. 나는 이곳까지 우리를 만나기 위해 온 J(이름을 알아볼 수 없다.)에게 멜버른으로 다시 돌아갈 것을 강권하며, 여비로 7파운드를 주었다. 나는 그가 상황을 안정적으로 호전시켜야 한다고 강조하였는데 그가 내 뜻대로 해 주기를 희망한다.

8월 31일

배가 항구에 있는 동안 나는 히브리어로 시편을 읽었다. 그리고 아름답고 쾌적한 선실에서 이 일기를 쓰고 있다. 지금은 오전 8시이다. 이제 30분 후면 다시 항해가 시작된다. 나보다도 Mary가 걱정이다.

9월 1일

주일이다. 화창한 날씨였고 배는 미동도 하지 않는 것처럼 느껴졌다. Mary도 갑판으로 나왔으나 그녀의 상태가 그렇게 호전된 것 같지는 않았다. 오늘 오전 나는 큰 홀에서 예배를 인도하였다. 내가 좋아하는 "내가 너희 중에 섬기는 자가 되고"라는 말씀을 가지고 설교하였다.

예배는 약 30분 정도 걸렸고, 모인 사람들은 대부분 예배에 진지하게 참여하였다. 배에 있는 모든 사람들이 참여한 예배였다. 하지만 내가 두려웠던 것은 내 마음에 "당신이 엄한 사람인 것을 내가 무서워함이라." 하는 생각이 엄습했기 때문이다. 자발적이며 즐거운 봉사의 마음이 아니라 마치 어떤 강한 의무감이 나의 삶을 지배하고 있지는 않은가 하는 생각이 들었다. 내가 가지고 있던 한자로 된 전도책자들과 복음서를 사람들에게 나누어 주었고, 사람들은 기쁜 마음으로 받았다.

9월 2일

기쁜 날이다. Whitsunday Passage의 멋진 풍경을 마음껏 즐겼다. 담청색의 바다는 마치 Coral Seas 그림에서나 볼 수 있는 환상적인 색상을 지니고 있었다.

9월 3일

항해일지는 다음과 같이 기록되어 있다. 8월 31일 남위 26.30도 동경 153.21도, 100마일 항해. Brisbane을 오전 6시에 떠났다. 9월 1일 남위 23.4도 동경 152.3.30도, 247마일 항해. 9월 2일 남위 20.8도 동경 148.45도, 258마일 항해. 9월 3일 우리는 저녁 12시 30분에 타운즈빌(Townsville)에 도착했고, 오전 9시 30분에 다시 출항했다. 아침에 시편 16~17편을 특별히 감명 깊게 읽었다. 항구에 정박해 있는 동안 선실이 매우 추워서 아래쪽 선실에 머물면서 시편을 읽었다. 그래도 아름다운 날이다. 하늘에 드리운 구름은 우리의 항해를 지루하지 않도록 도와주었고, 너무 눈부시지 않도록 그늘을 만들어 주었다. 우리는 하나의 산으로 이루어진 섬에 아주 가까이 접근하였다. 선장은 그 섬의 높이가 1,600피트라고 알려 주었다.

9월 6일

정박 후 3일째 밤이 되었다. 우리는 막 Albany Passage를 통과하였고, 지금은 안전한 장소에 머물러 있다. 다행히도 강풍이 불고 있지만 우리는 안전하다. 잔잔한 바다와 쾌적한 나의 선실에서의 독서와 기도는 나에게 큰 즐거움을 준다. 오늘 아침에는 시편 19편을 읽으며 아주 은혜로운 시간을 가졌다.

9월 7일

아침식사 시간 무렵에 Thursday Island에 도착했고, 오후 6시 30분에 다시 출항했다. 배가 1시간 30분가량 정박해 있는 동안 나는 작은 산에 오르는 기쁨을 누렸다. 오르는 길은 전형적인 열대림이었고, 잎이 아주 넓은 나무들과 화려한 덩굴들이 있었다. 언덕 위에서 우리는 호수들과 언덕 사이의 해협들로 이루어진 아름다운 풍경을 감상했다.

9월 8일

주일이다. 바다 위의 조용하고 아름다운 아침이다. 나는 이런 날을 좋아한다. 오전 11시에 홀에서 예배를 드렸다. 3등실의 몇몇 광부들과 1등실의 모든 승객들이 참여했다. 우리는 모두 8명인데 내일이면 2사람이 하선한다. 오후에 한자로 된 전도책자와 복음서를 나누어 주었다. 저녁에는 배 다른 편 갑판 후미에서 예배를 드렸다. 선장과 승객 1명 그리고 후미에 있던 사람들 거의 모두가 참여하였다. 오늘 두 번 예배를 드릴 수 있었던 것은 주님의 도우심이다. 오전에는 "구하라, 네가 너희에게 이르노니 구하라."라는 말씀을 가지고, 오후에는 "아버지여 저들을 사하여 주옵소서. 자기들이 하는 것을 알지 못함이니이다."라는 말씀을 가지고 설교하였다.

9월 10일

오후 3시경에 Port Darwin에 도착하였다. 우리는 해안가로 갔고, 이 지역의 유일한 개신교 목회자인 Youngman 씨를 만났는데 그는 감리교 목사였다. 그는 우리를 무척 반가워했다. 함께 차를 나누었다.

9월 11일

저녁에 Youngman의 거처에서 차를 마시며 시간을 보냈다. Port Darwin은 사역하기 정말 어려운 곳이다. 이곳에 사는 사람들에게 다가가기 위해서는 끊임없는 사랑이 반드시 필요한 것 같다. Youngman 씨는 아주 지적인 사람이다. 그는 Canton에서 2년간 있었는데, 다시 중국으로 돌아가 사역하기를 간절히 원하였다.

9월 12일

오전 10시 30분에 Port Darwin을 떠났다. 얼마 후면 나는 언제 다시 볼 수 있을지 기약이 없는 호주의 모습을 마지막으로 보게 될 것이다.

9월 15일

주일이다. 홀에서 아침예배를 드렸고 "예수께서 사랑하시던 그 제자가 베드로에게 이르되 주님이시라 하니."라는 말씀으로 설교하였다. 저녁에는 역시 홀에서 "회개하고 복음을 믿으라."라는 말씀으로 설교하였으나 사람들이 거의 참석하지 않았다.

9월 17일

오늘 오전 우리는 Basilan을 제일 먼저 지나갔는데, 왼쪽으로는 열대식물들로 가득 덮인 언덕들이 있었다. 그런 다음 우리는 Mindanao의 서쪽 모퉁이를 지나갔다. 나는 이렇게 아름다운 경치를 이전에 본 적이 없었다. 우리는 육지에 근접하였는데, 작은 포함이 정박해 있는 항구를 가진 스페인 마을을 지나갔다. 스페인풍의 하얀 집들과 종려나무들 사이의 푸른색의 원주민들의 집들이 있었다. 그 뒤쪽으로는 웅장하고 높은 산들이 있었다. 이 산들의 나무는 벌목 중이었으며 사탕수수나무들이 자라고 있었다. 아름다운 한 폭의 그림과 같았다. 바다나 육지에서 본 적이 없는 듯한 신비로운 빛에 관하여 이야기를 나누었다. 그 누구도 이러한 광경을 그 무엇으로도 표현할 수 없을 것이다.

9월 18일

오늘 새벽 5시 30분에 선장이 나를 불러 하늘이 얼마나 아름다운지 보라고 했다. 분홍빛 선들이 하늘을 수놓고 있었고, 수평선 아래 우리 좌우로는 짙은 색 구름 그림자들이 물 위에 드리워져 있었다. 머리 위에는 검정 구름이 있었다. 해가 막 떠오르기 시작할 때 작은 별들과 그 위의 달을 볼 수 있었다. 경이로우면서도 다소 불안한 느낌이었다. 선장도 "그리 좋은 하늘은 아닙니다."라고 말했다. 우리는 폭풍의 영향권 안에 있는지 모른다. 하지만 어쨌든 오늘 아침의 시편은 "여호와의 천사가 주를 경외하는 자를 둘러 진 치고"라고 말씀하신다.

9월 21일

폭풍은 오지 않았다. 우리는 빠르고 안전하게 항해하여 오전 7시경에 홍콩에 입항하였다. 지금 거의 오전 9시가 되어 가고 있는데 아직도 아침을 먹지 못하고 있다. 주위의 소음으로 인하여 귀가 멀 지경이다.

9월 25일

21일에는 홍콩 해안에서 아주 즐거운 시간을 가졌다. Tomson 박사와 가벼운 식사를 하였으며, 오후에는 Happy Valley에 갔다가 다시 돌아와 London Mission에서 차를 나누었다. 계속해서 북동풍 몬순 역풍이 불어왔다. Mary는 계속 심한 뱃멀미로 고생하고 있다. Yangtse 어귀에 정박하고 밤을 보냈다. 물은 황토 빛이었고 파도는 강했지만 그런 대로 참을 만했다.

9월 26일

오늘 아침 Yangtse 강을 따라 올라가기 시작했다. 강 언저리의 모습들이 눈에 들어오자 우리들은 호기심으로 가득 찼다. 우리는 밀물로 인해서 배가 어려움을 겪지 않도록 천천히 항해하였다. 외국인 거주지의 빌딩들이 서 있는 멋진 제방을 지난 후에 Pootung의 부선거(浮船渠)에 배를 정박하였다.

9월 27일

나가사키를 경유하여 가기로 결정하고 Toko Maree 호(號)로 짐을 옮겨 실었다.

9월 28일

잘 만들어진 Toky Maree 호(號)는 폭우 속을 항해해 갔다. 강풍이 불었고 우리는 내동댕이쳐지기 시작하였다.

9월 29일

나를 포함하여 배에 승선해 있는 거의 대부분의 사람들은 자신들의 침대에 하루 종일 누워 있었다.

9월 30일

이른 오전 일본 해안으로 들어갔다. 아침식사 전 나가사키 항에 배가 정박하였다. 정말 아름다운 날이다.

10월 1일

Osuma Temple에 인력거를 타고 갔다. 일본과 일본인들 모두 좋은 인상을 주었다. 오후 2시에 Zsuruga Maree 호(號)에 승선하였다. 다른 여러 선교사들이 탄 것을 알았다. 서울에서 외교관으로 근무하는 벙커(Bunker) 씨가 자신을 우리에게 소개했다.

10월 2일

부산을 이른 시간에 도착했다. 일본인 거주지를 방문하였다. 오후 4시경에 배가 출발하였다.

10월 3일

한국 해안을 따라 올라가며 하루 종일 섬들과 육지를 바라보았다.

10월 4일

오전 11시에 제물포에 도착했다. 아름다운 날이다. 감리교선교회의 Jones 씨가 우리를 안내하기 위해 승선하였다.

10월 5일

오전 8시경 말을 타고 서울로 출발하여 4시 조금 못미처 도착하였다.

10월 6일

11시에 외국인연합예배를 드렸다. 기독교인들의 하나됨에 관한 언더우드의 설교는 매우 진실하고 호소력이 있었다. 2시 30분에는 한국어 예배가 있었다. 오후 7시 30분에는 저녁 찬양집회가 있었다. 행복하고 유익한 하루였다. 선교사들은 약 20여 명이 있었는데, 우리는 이 선교사들이 연합활동을 하리라고는 기대하지 못했었다. 최근에 도착한 선교사들이 대부분인 까닭에 이들이 얼마나 효과적으로 선교사역을 감당해 나아갈지 걱정도 되었다.

10월 7일

영국공사와 주변을 둘러보았다.

10월 8일

주변 환경이 좋은 숙소를 월 1,500엔에 임대하기로 하였다.

10월 9일

제물포에서 총 31개의 짐들 중에서 2개를 제외하고는 모두 도착하여 숙소로 옮겨 짐을 풀었다.

10월 13일

오후에 언더우드 부부와 함께 골짜기 마을로 갔다. 상투를 튼 남자와 폐결핵이 걸린 소년을 만났다. 한 여인은 문 앞에 앉아 있었다. 언더우드 부인은 처방전을 쓰기 위해 연필을 찾았다. 안마당에는 열두 명이 모여 있었고, 뒷마당에는 여인들이 가득 모여 있었다. 감사한 것은 우리가 가지고 간 책에 관심을 보였고, 우리에게 또 오라고 청한 것이었다. 군인인 남편이 왔다.

10월 18일

마침내 Sundea와 Sae로부터 편지가 왔다. 만약 가능하다면 우리가 매일 맛보는 기쁘고 신선한 아침을 그들에게 선물하고 싶다. 호주에서 매일 아침 그랬던 것처럼, 나는 집 안뜰에서 한 시간가량 공부를 한다. Mary는 우리의 거처를 편안한 안식처로 만들고 있고, 그녀의 한국어 실력은 일취월장하고 있다. 온통 감사할 일들뿐이다. 나만이 불필요하고 이기적인 존재인 것 같다. Newman이 '교만'에 관해 쓴 글을 읽고 깊은 충격을 받았다. 죄란 너무나 교묘해서, 죄가 죄란 것을 우리가 깨닫는 일은 어려운 것 같다.

10월 27일

서울에서 네 번째 주일을 맞았다. 도시의 번잡함으로부터 벗어나 성벽을 따라 걸었다. 마치 하나님 나라에 있는 것처럼 모든 것이 매우 아름다웠다. 길가에는 작은 소나무들과 야생화들이 피어 있었다. 커다란 바위들도 있었고, 그 위에 오르자 도시를 내려다볼 수 있었다. 저편으로 산들이 있었고, 앞쪽으로는 바위산들이 있었다. 마을들이 있는 골짜기 오른편으로는 한강이 흐르고 있었다.

11월 3일

오전에 외국인예배를 드렸다. 매달 첫 주일에는 영어예배를 드렸다. "고난의 종"에 관한 설교를 했는데, 공감대를 형성하기가 힘들었다. 오후의 한국어예배에 갔다. 예배 후에는 조선인 전도사 그리고 Mary와 함께 우리 동네로 돌아왔다. 우리는 약수터의 바위에 걸터앉아 조선인 전도사로 하여금 두세 명의 사람들에게 생명수에 대한 이야기를 하도록 했다. 그리고 마을로 들어갔다. 우리는 아픈 아이를 데려오도록 했다. Mary는 여인을 만나기 위해 집 안으로 들어갔다. 집 안에서 웃음소리가 들리는 것으로 미루어, Mary가 호의적인 만남을 하고 있는 것을 알 수 있었다. 조선인 전도사에게 마음의 병에 대해 이야기하도록 했다. 대략 열두 명 정도가 함께 했다.

11월 5일

학교의 첫 교시를 맡기로 했다. 처음 30분 동안 통역을 도움받아 성경을 가르쳤다.

11월 6일

통역을 해 주는 친절한 소년에게 미리 가르칠 내용을 인지하도록 하였다.

11월 10일

언더우드 부부 그리고 Mary와 함께 성 밖에 있는 한 마을에 갔다. Mary와 언더우드 부인이 한 집을 방문하는 동안 나와 언더우드는 나무 밑에 앉아 있었다. 언더우드 부인이 가져온 책을 살펴본 후 우리는 모인 사람들에게 나사로에 대하여 읽어 주었다. 어른들 열두 명이 모인 것 같았다. 몇 사람은 아주 흥미로워했다. 그들은 다음 주일에 방을 하나 내주기로 약속하였고, 언더우드는 전도가 시작된다면서 아주 좋아했다.

11월 11일

나는 성경공부 통역을 맡은 사람에게 화가 많이 났다. 그래서 나 혼자 해 보기로 하였다. 오늘 저녁 한 시간 정도 선생님 한 분을 모시고 가르칠 교안을 읽고 질의응답을 준비했다.

11월 12일

Heron 박사 그리고 Ohlinger와 함께 Nam Han으로 휴일소풍을 다녀왔다.

11월 13일

12시 30분에 돌아왔다. 매우 즐거운 시간을 가졌다. 나는 도보선교가 얼마나 중요한지에 대해 다시 생각하였다. 우리가 말을 타고 간다면 사람들의 이목을 끌 뿐 아니라 부러움의 대상이 될 것이기 때문이다.

11월 16일

호주에서 온 편지 한 다발을 받았다. 너무 반가웠다. 특히 Leslie의 편지를 읽고 기뻤다.

11월 17일

성 밖의 마을로 갔다. Soh는 오지 않았지만 Hean와 Hyeung을 대신 보냈다. Mary는 John과 학생 하나를 데리고 왔다. 처음에는 많이 실망했지만 하나님께 드리는 기도를 통해 하나님은 우리의 약함을 들어 강하게 하시는 분이시라는 사실을 다시 깨달았다. 10명의 어른들을 만났다. Hean이 이야기를 했고, 사람들은 관심이 있어 보였다. 하지만 나는 그가 무슨 말을 하는지 이해하기 힘들었다. 우리 모두는 특히 Mary는 여인들과 흡족한 시간을 보냈다. Evangelical Succession에 나오는 Columba에 대한 이야기와 어거스틴의 "고백록"의 일부를 읽었다. Newman의 책을 읽으면서, 하나님을 향한 온전한 헌신의 마음이 불타오르는 것을 느꼈다.

11월 20일

Soh와 함께 성안의 한 마을에 갔다. 우리들의 이야기에 관심을 갖는 남자들 네댓을 만났다. 매우 영리하고 지적인 한 여인이 Mary를 따라 나왔다. Soh로부터 목자들에 대한 이야기를 다시 들었다. 그러자 그녀는 Mary를 집 안으로 데려갔고, 집 안의 남자들에게 그녀가 들은 이야기를 다시 들려주었다.

11월 26일

성 밖 마을에 Soh와 함께 갔다. 너무 추워서 앉아 있을 수가 없었지만, 모두가 대화를 나누고 싶어했다. Hong과 한 남자, 그리고 몇몇 어린아이들은 우리들을 매우 친근하게 대해 주었다. 이런 추운 날씨에는 Soh의 뜻대로 대여섯 명의 남자들에게 전도하는 것이 좋을 것 같았다.

11월 27일

기도회로 모였을 때 Soh의 집에서 공부하기로 의견을 모았다.

11월 28일

Soh에게 점심값, 전기값, 난방비로 사용하도록 한 달에 4엔을 주었다. 미국에서는 오늘이 추수감사일이다.

12월 1일

Mary, Soh와 함께 성 밖으로 나갔다. 그 어떤 남자도 Mary가 집 안에 들어오는 것을 용납하지 않았다. 몇 사람만이 우리 주위로 모여들었다. 그 와중에도 많은 아이들이 모여들었다. 한 약혼한 젊은이가 관심을 보였고, 책 두 권을 가져갔다. 돌아오는 길에 상을 당한 사람을 만났는데, 언더우드에게 언제 다시 와 줄 수 있는지 물었다. 그는 언더우드가 건네 준 책에 대해 알고 싶어했다. "어떤 책이냐?"고 내가 물었더니, 마가복음이라고 대답했다. Soh가 그를 교회로 초대했고, 나도 그에게 다시 만나면 좋겠다고 말했다. 많은 사람이 예배에 참석했는데, 남자가 18명, 남자 아이들이 13~14명, 여자가 25명, 그리고 여자 아이들이 8~9명 참석하였다.

12월 9일

Soh를 방문했는데 남자 8명과 열심히 신약성서를 공부하고 있었다.

12월 10일

소소한 이유로 Song 선생을 내보냈고, Namsagi 소년도 보냈다.

12월 13일

차를 나눈 후 함께 가족기도회를 시작했다.

12월 14일

Chonggooni라는 소년에게 월 5엔을 주기로 하고, Kimsi에게는 월 6엔을 주기로 하고 고용하였다.

12월 31일

1889년의 마지막 날이다. 사는 것만으로도 기쁨을 느낄 수 있는 밝고 아름다운 날이다. 한 시간 반가량 책을 읽었다. 간단하게 점심을 한 후 한 시간 정도 함께 걸어 나갔다. 우리는 새로운 한국어 교사 Yung-saingwon이 마음에 들었다. 그는 언제든지 나와 함께 전도하러 나갈 준비가 되었다고 말했고, 그리 먼 거리가 아니면 함께 외각전도를 나갈 수 있다고 하였다. 날이 저물 무렵 우리는 차를 나누었고 기도회를 함께 가졌다. 나는 지금 감사함이 충만한 마음으로 내 방에 앉아 있다.

작년 오늘 나는 Kelman의 집에 있었다. 그리고 그 이전 해에는 Buninyong에 있었다. 내년 이맘때에는 어디에 있을까? 올해는 1887년과는 비교할 수 없지만 정말 멀리 떠나왔고 많은 것을 보았다. 어쨌든 나는 지금 이곳에 있는데, 나는 무엇 때문에 이곳에 있을까? 무엇을 하고 있는 것일까? 나의 물건들로 차 있는 안락한 나의 작은 공간에서 나는 내가 항상 꿈꾸던 이상적인 선교사의 모습이 지금 나의 모습일까 생각해 본다. 하지만 이런 것들이 중요한 것은 아닐 것이다. 펜윅에게 MacCheyne에 관하여 이야기할 때, 그가 말하는 기독교교리들에 대한 나의 믿음이 약해졌기 때문에 나의 능력도 약해진 것은 아닌가 하는 생각이 들었다. 하지만 그리스도를 향한 나의 믿음이 약해진 것도 또한 온전히 그분의 소유가 되고, 온전히 그분을 위해 살고자 하는 나의 마음이 변한 것도 아니다. 주님, 내가 만약 잘못된 길을 걷고 있다면, 진리 가운데로 나를 이끄소서. "쥬야 나를 불샹이 넉여 나를 도아주쇼셔 밋스오니 너는 나의 밋음이 독실치 못흠을 도와 주쇼셔."

> 쥬야 나를 불샹이 넉여 나를 도아 주쇼셔
> 밋스오니 너는 나의 밋음이 독실치 못흠을 도와 주 쇼셔

데이비스 선교사의 한글 친필

1890년

1월 1일

Heron 박사 그리고 Gifford와 함께 광범위한 순회전도를 하였다. 그 와중에도 한국어 공부를 4시간가량 하였다.

1월 4일

오전 내내 교회의 어려운 형편에 있는 교우들에 대한 대책을 논의하였다. 이들은 마치 목자 없는 양과 같다. 목자 되신 우리 주님께서 그들을 돌보실 것이다.

1월 5일

Soh는 성만찬에 대하여 설득력 있게 말씀을 전하였다. 여자 25명, 남자 약 13명, 남자 어린이 24명이 참석하였다.

거리로 나갔을 때 우리는 책을 필요로 하는 사람들을 만날 수 있었다.

1월 6일

어떤 오래된 집에서 기도주간을 시작했다. 8명의 한국인 남자, 2명의 남자 어린이, Gifford, 그리고 내가 참석하였고, Mary는 그녀의 방에서 8명의 한국 여자들과 기도회를 가졌다. Soh는 기독교에 대해 매우 잘 설명하였다.

1월 7일

우리에게 우호적인 영사 Hillier와 북서문 쪽으로 즐거운 산책을 하였다. 참으로 온화한 날씨였다.

1월 11일

기도주간을 마쳤다. 남자 5명, 여자 9명, 그리고 내가 참석하였다. 대략 평균 15명 정도가 참석한 것 같다. 나도 무난하게 기도회를 인도하였다고 생각한다. 이들을 위해 무엇을 더 할 수 있을까? 외국인 기도회에는 단지 3명만이 참석하였다. Tabor에게 편지를 썼다. 그에게 만약 (주님의) 인도하심을 믿는다면, 에든버러(Edinburgh)에서 공부한 후에 이곳으로 와서 함께 사역할 것을 제안했다.

1월 19일

한국어 성찬식이 처음으로 거행됐다. 한국인은 3명의 남자 어린이, 남녀 각각 한 사람씩 참석했고, 외국인은 2명의 여성과 5명의 선교사가 참석하였다. 지금 생각해도 너무 복된 순간이었다. 의욕이 지나치면 기독교에 대해 우리가 전해야 할 바를 전하지 못하는 잘못을 범할 수 있다. "(너희가 이 떡을 먹으며 이 잔을 마실 때마다) 주의 죽으심을 오실 때까지 전하는 것이니라."는 말씀에 비추어 보면 성찬식은 믿는 자들을 위한 좋은 훈련이라고 생각된다.

1월 20일

한국의 새해 첫날이다. 벙커(Bunker)와 지난 밤 두 시간 동안 히브리어 성경을 읽었다. 그리고 한국어 철야예배를 드리기 위해 감리교회에 갔다. 무척 피곤했지만 참석하기를 잘했다고 생각했다.

1월 27일

(조선인)을 방문하였는데 아주 좋은 시간이었다. 한국어를 잘할 수 있다면 좋겠지만 그래도 많은 것이 감사할 따름이다.

2월 5일

Ohlinger와 단기여행을 떠났다. 과천까지 30리를 걸어가 그곳에서 숙박했다.

2월 6일

40리를 걸어 수원에 도착했다. 성으로 둘러싸인 아름다운 도시이다.

2월 7일

수원에서 출발하여 숲과 소나무 나무가 많은 언덕들, 그리고 절과 두 개의 무덤들을 지나 40리를 걸어 능소에 도착했다. 그리고 다시 15리를 걸어 돌아와 대황교에서 잠을 잤다.

2월 8일

너더리까지 65리를 걸어갔다. 이곳은 산으로 둘러싸인 아름다운 마을이다.

2월 9일

주일날이어서 하루 쉬었다. 마을 주변 산에 오르니 경치가 아름다웠다. 많은 사람들이 우리를 찾아왔다.

2월 10일

50리를 걸어 서울로 돌아왔다. 떠나기 전에 책 몇 권과 약간의 키니네(quinine)를 판매했다. 마치 멋진 휴가를 다녀온 느낌이다. 다시 공부에 힘을 쏟을 수 있는 계기가 되었다.

2월 14일

제물포에 갔다.

2월 16일

호텔에서 11시에 예배를 드렸는데 8~9명이 참석하였다. "내가 너희 중에 섬기는 자가 되고"라는 말씀을 가지고 설교를 했다.
1시에 Swatara 호(號)를 탔다. "아버지, 저들을 용서하소서."

3월 2일

부산으로 벌써 갔어야 하는데 여권을 기다리느라 늦어졌다. 오늘 오

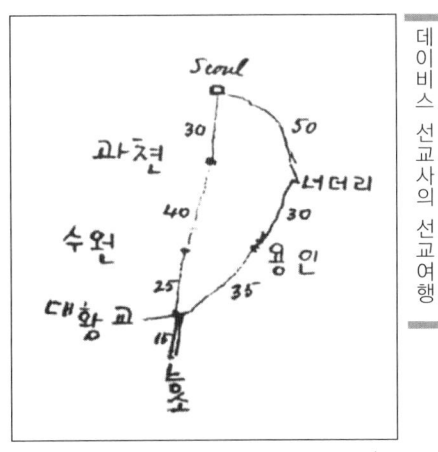

호주 빅토리아장로교회의 부산선교 :
부산의 첫 순교 선교사

전에 "소망이 우리를 구원하였다."라는 내용으로 설교하였다.

3월 7일

시흥을 거쳐 제물포로 갔다. 하지만 시흥에서 숙소를 얻을 수가 없어서 제물포까지 갔는데, 도착하니 저녁 11시 30분이나 되었다.

3월 9일

예수께서 사랑하시던 제자에 관하여 설교하였다.

3월 10일

서울로 돌아갔다. 내 여권이 도착했다.

3월 12일

눈 폭풍으로 인하여 출발이 늦어졌다. 벙커와 욥기 3~5장을 읽었다. 오후에 한국어 기도회로 모였고, 십자가상의 칠언에 대하여 묵상했다.

3월 14일

어제는 전혀 출발할 수 없는 상황이었다. 말도 없었고, 내 선생님은 함께 떠나는 것을 꺼려했다. 나는 Hong에게 편지를 하려고 했으나 그렇게 할 수도 없었다. 그런데 오늘 오전 일찍이 Hulbert로부터 말 한 필이 도착했다. 날씨도 좋았고, Yungman도 어서 떠나기를 기다리는 것 같았다. 그래서 서둘러 떠날 준비를 한 뒤 마표가 도착하기를 기다렸다.

우리는 오후 1시 30분경에 출발했다. 도로사정도 좋았고, 우리는 천천히 즐거운 마음으로 과천까지의 30리 길을 걸어갔다. 여관 뒤에는 정원이 있었고, 그 뒤로는 바로 언덕이 있었다.

3월 15일

수원까지의 40리 길을 기분 좋게 걸어갔다. 남자 아이들이 우리 주위로 모여들었고, 우리는 그림들을 보여 주었다. 언덕길에서 몸이 아픈 남자를 한 사람 만났는데, 약을 주겠으니 우리에게 오라고 했다. 아픔이 없는 세상과 이 땅에서 병자들을 고치신 그리스도에 관하여 이야기하였다. 하지만 그는 오지 않았다.

3월 16일

주일이다. 밤에 약간의 눈이 내렸지만 아름다운 날이었다. Yung-man과 함께 성벽 주위로 나갔다. 그곳에서 책도 읽고 놀이도 하였다. 많은 남자 아이들과 몇몇 남자들이 우리 주위에 모여들었다. 그리스도의 생애에 관한 그림들을 가지고 오지 않은 것이 아쉬웠다. 그들에게 몇 마디 해 준 것이 전부였다. 성령의 능력이 우리와 항상 함께 하시기를 소망한다.

3월 17일

○○까지 40리를 걸어갔다. 그곳에서 점심을 먹고 ○○까지 30리를 갔다. 좋은 날이지만 살갗이 탈 정도로 뜨거운 날씨였다. 여관에서 매우 즐거운 시간을 가졌다. 여관에 있는 사람들에게 설교도 하였고, 책자도 나누어 주었다. 사람들은 누워서 나누어 준 책을 읽기도 하였는데, 한 사람은 기름기가 흐르는 머리로 내 무릎을 베고 책을 읽었다. 80전을 받고 로스가 번역한 마가복음과 요리문답서 5권을 판매했다. 한 소년이 언더우드가 번역한 마가복음을 25전에 구입하자 우리는 요리문답서를 한 권 주었다. 나병에 관한 책도 한 권 주었다.

3월 18일

직산까지 30리를 가 그곳에서 점심을 먹었다. 매우 지저분해 보이는 한 사람이 10전을 주고 그림 한 장을 샀다. 천안까지 40리 길을 갔다. 그곳을 지나 5리를 더 가자 삼거리가 나왔다. 그런데 Yungsam이 안절부절못한 채 나를 놔두고 말과 함께 마을 이곳저곳을 돌아다녔다. 사람들은 신기하다는 듯이 나를 쳐다보았고 내가 알아들을 수 없는 말들을 하였다. 나는 그냥 미소를 지으며 그들을 지나쳤다. Yungsam은 이곳에서 책을 판매하지 않았으면 좋겠다고 했다. 하지만 나는 이미 235전어치나 책을 판매했다. 사람들은 이전에 들렸던 마을사람들보다 훨씬 더 친근하고 상냥했다. 전라도에서 올라오는 남자들을 만났는데, 모두 등에 목화솜을 잔뜩 짊어지고 있었다. 이들은 목화솜을 팔기 위해 10~15일이 걸리는 거리를 왔다가 다시 돌아간다고 하였다. 오후에는 구름이 드리우고 시원한 바람이 불었다. 우리가 숙소에 다다르자 비가 오기 시작했는데, 지금은 억수같이 쏟아지고 있다.

3월 19일

책을 145전어치나 판매했다. 오전 9시에 길을 나섰는데 가랑비가 내리는 듯싶더니 곧 그쳤고 맑은 아침이 되었다. 우리는 ○○까지 30리 길을 왔고, 그곳에서 Yungsam을 기다렸다. 공주까지 겨우 50리 정도 남아서 나는 좀더 갔으면 했다. 그런데 4시쯤 다시 비가 오기 시작하였다. 저녁 8시 40분경까지 많은 사람들이 찾아왔다. 매우 열심히 공부하는 분위기였다. 사람들 대부분은 한자를 알고 있었다. 그들은 내 이야기를 듣고 잠시 책을 읽은 뒤에 나에게 이것들을 어떻게 이해해야 하냐고 물어왔다. 측은한 마음이 들었다. 책을 120전어치 판매했다.

3월 20일

○○에 도착했다. 6시 30분에 많은 사람들이 책을 사기 위해 왔다. 책을 90전어치 판매했다. 산들로 둘러싸인 아름다운 마을이다. 50리

길을 갔고 3시 30분경에 공주에 도착했다. Mary에게 전보를 보내기 위해 나갔다. 전보를 보내는데 2,240전이나 들었다. 전보 치는 곳에서 아펜젤러의 학생이었던 구씨를 만났다. 어떻게 여기까지 올 수 있었는지 모르겠다. 그동안 너무 자만했던 것은 아닐까? 이 일은 분명 주님의 일이다.

3월 21일

아무것도 하지 못하고 공주를 떠났다. 아침에 Yungsam이 도착했고 우리는 40리를 걸어 ○○까지 갔다. 그리고 다시 40리를 더 걸어 은진 읍내에 도착했다. 그곳에서 8시 40분까지 400전어치의 책을 판매했다. 사람들이 계속 와서 9시 30까지 705전어치의 책을 더 판매했다.

3월 22일

오전 6시 30분에 사람들이 와서 책을 더 사기를 원했다. 605전어치를 더 판매했고, 지난 저녁 6시 30분부터 오늘 오전 7시 30분까지 판 총 금액은 1,710전이나 되었다. Yusan Tang까지 30리를 갔다. 그곳에서 점심을 먹고, 320전어치의 책을 판매했다. Chunchoo Tang까지 40리를 더 가서 편안하게 쉬었다. 내일도 평온한 하루가 되기를 소망한다. 한 주간 동안 우리의 판매 총액은 2,645전이다. 공주를 떠나 이곳까지 오는 길의 풍경은 Rhine Valley를 생각나게 했다. 여기에는 아름다운 대나무들이 많이 자라고 있다. 어떤 집들은 대나무로 둘러싸여 있다. 오늘 오전에는 철을 발견하기 위해 산언덕에서 황토 흙을 물로 씻어 내리는 사람들을 보았다. 우리 앞쪽으로는 논들이 펼쳐져 있다. 나는 이렇게 친절하고, 책에 대단한 관심을 갖는 사람들을 본 적이 없었다. 마을의 몇몇 젊은 청년들이 돌을 던지기도 했지만 나에게 미치지는 못했다. 나를 맞출 의도는 아니었던 것 같다. 오늘 아침 식사를 할 때 내

앞에서 급하게 식사를 하던 사람의 모습이 자꾸 떠오른다.

3월 23일

주일이다. 하루 종일 비가 억수같이 내리고 있다. 지금은 4시다. 정말 지루하고 권태로운 시간이 지나고 있다. 하지만 나는 문을 닫아 놓고, 혼자만의 멋진 시간을 보내고 있다.

3월 24일

어제는 계속 비가 와서 하루 종일 방 안에만 있었다. 제일 먼저 나를 찾아온 사람을 괜히 돌려보낸 것 같다. 30리 길을 걸어 전주를 향하였다. 길 곳곳은 많은 비로 인해 물이 넘치고 있었고, 세 차례나 신을 벗고 흙탕물을 건너야만 했다. 또 서너 번은 업혀서 건너야 했다. 그리고 개천 하나는 배를 타고 건너야 할 정도였다. 점심경에 우리는 480전어치 책을 판매했다. 그 후에 나는 전보를 치러 잠시 나갔는데, 2달러가 들었다. 우리는 4시에 길을 떠났고, 개천 하나를 업혀서 건너야만 했다. 얼마 지나지 않아 우리는 맑은 물이 빠르게 흐르는 아름다운 계곡으로 접어들었고, 그 흐르는 물길을 한차례 건넜다. 양쪽으로 어린 소나무들이 빼곡히 자라는 가파른 언덕들이 있었다. 20리를 걸어 Saiwun까지 왔다. 이곳에는 덥기는 하나 편안하게 쉴 수 있는 방이 있다. 정말 그림같이 아름다운 마을이다.

3월 25일

어젯밤에는 마가복음을 한 권 판매했고, 오늘 오전에는 여러 권을 판매했다. 총 285전어치를 판매했다. 7시 반을 조금 넘겨 다시 길을 떠났다. 맑은 파란빛 물들이 힘차게 흐르는 계곡을 지났다. 산허리에는 보리가 심겨져 있었는데, 여름에는 담배농사를 짓는다고 했다. 우리는 산길을 따라 올라갔고, ○○에서 점심을 먹었다. 50리 길을 힘들 게 걸었다. Yungsam은 오늘 90리 길을 가야 한다고 했다. 하지만 사람들이 이렇게 많이 사는 마을을 그냥 지나칠 수 없었다. 마침 좋은 여관이 있어 그곳에 묵기로 했다. 오늘 70리를 왔다. 나는 이 마을을 위해 간절히 기도했다. ○○에서 우리는 1,010전어치의 책을 판매했다. 나는 그들에게 축복이 있기를 간구했다. 내가 생각하기로는, 물론 한 로마인이 오래전 도보로 전도여행을 하였지만, 아마도 영국인들 중에 이렇게 도보여행을 많이 한 사람은 내가 처음일 것이다.

3월 26일

새벽 6시 30분에 문을 닫고 희랍어 성경을 꺼내들었다. 내 시선이 멈춘 첫 단어는 "우리가 사람들에게 구경거리(Θεατρον)가 되었다."(고전 4 : 9)였다. 바로 그때 Yungsam이 "7시예요."라고 소리쳤다. 나는 사람들 앞에 나가 나를 찾아온 사람들의 구경거리가 되기로 마음먹었다. 우리는 285전어치의 책을 판매했다. 그리고는 40리 길을 걸어 성으로 둘러싸인 남원읍내로 향했다. 한때는 융성했던 곳이 분명한데, 지금은 많이 황폐한 곳이 되었다. 우리는 점심을 먹기 전에 묶여져 있지 않은 책들을 팔았다. 사람들은 서로 앞을 다투어 책을 사려고 했다. 점심을 먹은 후 우리는 책이 담긴 상자들을 풀어 판매하였는데, 어느새 1,130전 어치나 판매되었다. 책이 더 있었으면 더 팔았을 것이다. 그리고는 험한 산악 지역으로 갔다. 산 아래 자락은 잘 경작되어 있었다. 우리는 앞으로 2,000피트 정도를 올라갔다가 다시 내려온 것 같다. 산 아래로 내려오니 아름다운 계곡 사이로 맑은 시냇물이 흐르고 있었다. 40리를 걸어 이곳 산동(Sandong)까지 왔다. 이 일기를 쓰고 있는 지금 이 순간 8명의 남루한 차림의 남자들이 나를 신기한 듯 쳐다보고 있다. 집 주인은 오늘 건너편 산으로부터 호랑이 소리를 들었다고 했다. 여관 주인들은 특히 여주인들은 대체로 아주 조용했다. 우리는 조금 전에 120전어치 책을 판매했다.

3월 27일

서울로부터 670리 길을 왔고, 하동으로부터는 110리가량 떨어져 있다. 비로 인해 발이 묶여 있다. 지난 3일간은 여행하는 데 여간 어렵지 않았다. 정말 힘든 날이다. 나는 하루에 대여섯 시간 공부를 한다. 많은 말들을 듣고, 많은 사람들을 만났다. 한국말을 자꾸 시도해 보고 있다. 오늘 우리는 315전어치의 책을 판매했다.

3월 28일

아름다운 아침이다. 마을 양편으로 치솟아 있는 산들 사이의 계곡을 따라 개울이 흐르고 있다. 산에는 약간의 경작지와 마을들이 보인다. 우리는 구례를 지나 평야를 걸었다. 하루 종일 푸른빛의 맑은 물이 흐르는 강가의 계곡 길을 따라 계속 걸었다. 산언덕에는 분홍 진달래가 피어 있었다. 길가에는 제비꽃이 피어 있고 포도나무가 자라고 있었다. 과일나무들은 꽃이 피고 있었다.

우리는 50리 길을 가서 ○○에 도착했고 그곳에서 점심을 먹었다. 우리는 355전어치의 책을 판매했다. 아름다운 계곡을 따라 40리를 더 내려가 ○○에 도착했고, 이곳에서 365전어치의 책을 더 판매했다. 한 남루한 차림의 사람이 와서 한문으로 된 복음서를 자신 있게 사 가는 모습이 다소 의아하기까지 했다.

3월 29일

출발하기 전 205전어치의 책을 판매했다. 지난 한 주간 총 판매액은 4,550전이다. Yungsam은 매우 지쳐 보였다. 우리는 하동까지의 20리 길을 힘들게 걸었다. 하동은 강가에 위치한 아주 큰 읍내이다. 산들이 마을을 양쪽으로 둘러싸고 있었고, 강 쪽으로 평지들이 있다. 과일나무들은 꽃을 피우고 있고, 보리밭에는 푸른빛이 넘쳐 난다.

점심 식사 후에 우리는 고개 둘을 넘어 20리를 더 가서 Pulto에 도착했다. 이곳에서 주일을 지낼 예정이다. 편안한 오후였다. 나는 마가복음의 마리아에 관한 말씀을 읽었다. 이번 전도여행에서 어디를 가든지 우리는 마가복음을 판매했다.

3월 30일

복된 주일이다. 혼자 산언덕으로 올라갔다. 그곳에서 쉬면서 마가복음을 읽고 기도하며 묵상했다. 내가 기독교인으로서 하나님 앞에 올바르게 서 있는지 두려운 마음이다.

3월 31일

50리 길을 걸어 원사에 도착해 점심을 먹었다. 그리고 출발하여 높은 산언덕 길을 올라갔다. 그늘이 있어 다행이었다. 너무나 더워 세 차례 건넜던 강에서 목욕을 하고 싶은 생각이 간절했었다. 20리를 걸어 도착한 사천은 매우 큰 규모의 읍내였다. 우리는 읍내로 들어가 이곳저곳을 살펴보았다.

내가 앞서 가다가 뒤를 돌아보니 Yungsam이 그리 좋아 보이지 않는 사람과 이야기를 하고 있었다. 나는 그가 숙소에 관해 묻고 있으리라고 생각하면서도 왜 그런 사람에게 물어보는지 궁금했다. 그 사람이 우리 말의 고삐를 잡아끌기에 내가 왜 그러냐고 항의했다. 내가 고삐를 움켜잡고 그곳을 빠져나가려고 하자 그 사람이 달려와 팔로 나를 잡았다.

Yungsam이 나에게 여권을 보여 주라고 하였다. 하지만 나는 길 한 가운데서 내 짐을 풀고 싶지 않았다. 나는 그 사람이 관리인지 물었다. 그러자 그는 옷을 가져오라고 하여 군인제복을 입고 나에게 여권을 내놓으라고 요구하였다. 나는 관가로 나를 데려가 달라고 요구하였다.[2]

---

2. 3월 31일자 사천에서의 기록을 마지막으로 그의 일기는 끝난다. 그리고 이로부터 닷새 후 1890년 4월 5일 부산에서 하나님 품에 안긴다.

데이비스의 죽음에 관한 게일의 편지[1]

탁지일
(부산장신대학교)

데이비스 선교사 남매

친애하는 데이비스 양에게

슬픈 소식을 전하게 된 것을 심히 유감스럽게 생각합니다. 하지만 당신에게 가장 소중했던 사람의 마지막 순간에 대해 자세하게 전해 드리는 것이 저의 의무라고 생각하여 이 글을 보내게 되었습니다. 이틀 전 비가 몹시 내리고 있을 때 누군가 밖에서 저를 불렀습니다. 나가 보

---

1. 데이비스(Joseph H. Davies) 선교사의 죽음에 관해 동생 메리(Mary T. Davies)에게 보낸 게일(James S. Gale) 선교사의 편지를 번역하였다(역자주).

니 한 조선인이 있었고, 그는 저에게 데이비스 선교사의 도착을 알려 주었습니다. 그리고 그가 멀리 떨어진 한 여관에서 머물고 있으며, 몸이 매우 아픈 상태라고 전해 주었습니다. 저는 그와 함께 1마일가량 떨어져 있는 여관으로 서둘러 갔습니다. 그곳에서 저는 데이비스 선교사와 처음 만났습니다. 그는 햇볕에 얼마나 많이 탔던지 제가 알아볼 수 없을 정도였습니다. 저는 데이비스 선교사에게 그를 기다리고 있었으며, 하지만 이렇게 아픈 모습으로 만나게 되어서 매우 안타깝다고 말했습니다.

데이비스 선교사도 "당신을 만나게 되어 정말 반갑습니다."라고 인사한 후, 내 손을 잡으며 "어서 갑시다."라고 말했습니다. "그런데 당신이 걸을 수 있을지 걱정됩니다."라고 제가 염려하자 "아닙니다. 걸을 수 있습니다. 당신에게 기대겠습니다."라고 대답하였습니다.

그래서 저는 데이비스 선교사를 제 숙소로 모셔왔고, 독일 교수들에게 의술을 배워 실력 있는 일본인 의사인 키타무라 씨를 모셔오도록 사람을 보냈습니다. 의사가 도착하기 전에 저는 데이비스 선교사에게 차와 토스트를 만들어 드렸습니다. 하지만 조금밖에 드시지 못했고, 누우면서 자신은 좋아질 것이니 걱정하지 말라고 했습니다. 저는 이곳까지의 선교여정에 대해 물어보았는데, 데이비스 선교사는 처음 두 주 동안은 좋았으나 그 후에는 그다지 쉽지 않았다고 대답하였습니다. 한 지역에서 하잘것없는 관리들이 그를 무례하게 다룬 것을 제외하고는 그의 선교여정은 참으로 복된 시간이었다고 말했습니다.

데이비스 선교사는 약 십 일 전부터 그의 건강에 이상이 온 것을 감지했지만, 그렇게 심한 것 같지는 않았다고 제게 말했습니다. 그때 마침 의사가 도착해서 진료를 했는데 바로 '천연두'라고 진단하였습니다. 의사는 이곳에 있을지 병원으로 갈지를 물었습니다. 데이비스 선교사는 병원으로 가기 원했고, 곧 그리 멀리 떨어지지 않은 병원으로 옮겨

졌습니다.

저는 제가 할 수 있는 한 데이비스 선교사가 편안하게 쉴 수 있도록 배려하였습니다. 그는 눕기를 원했으며, 피곤하다고 말했습니다. 저는 집으로 돌아왔습니다. 그때가 대략 여섯 시쯤 되었던 것 같습니다. 저는 한 시간 뒤쯤 데이비스 선교사에게 필요할 만한 것들을 준비하여 다시 병원으로 갔습니다. 제가 없는 동안 의사가 다시 왔었다고 합니다. 저는 늦도록 데이비스 선교사 곁을 지켰습니다. 그는 말할 힘도 없을 정도로 무척 지쳐 보였습니다. 데이비스 선교사와 저는 우리가 건강하든지 아프든지 간에, 살든지 죽든지 간에 오직 주님의 영광을 위해서만 살 수 있도록 해 달라고 구세주께 간절히 기도했습니다.

지난 이틀을 돌아보면 마치 꿈을 꾼 것 같습니다. 이 모든 일들이 우리 주 예수 그리스도를 위한 것이 아니었다면, 지난 이틀은 악몽이었을 것입니다. 하지만 저는 이 순간 '부활하신 그리스도'를 바라보며, 우리 자신들도 또한 그분처럼 부활할 것을 확신하고 있습니다. 저는 그날 밤을 지새운 후, 제가 가장 신뢰하는 조선인 동역자에게 데이비스 선교사를 맡기고 만약 무슨 일이 있으면 곧 알려 달라고 부탁한 후에 아침 일곱 시경 집으로 돌아왔습니다. 조선인 동역자는 데이비스 선교사가 목의 통증에도 불구하고 잠을 조금 잤다고 매우 기뻐하며 말해 주었습니다.

데이비스 선교사를 만나자 그는 "지난 밤 당신의 동역자가 제게 너무나도 친절하게 해 주었습니다."라고 제일 먼저 말했습니다. 하지만 의사는 데이비스 선교사가 피를 토하는 것에 대해 무척 심각하게 생각하고 있었습니다. 의사는 선교여정 동안의 추위로 인해서 폐렴이 왔고, 이로 인해 데이비스 선교사가 다시 회복될 가능성은 매우 낮다고 말해 주었습니다. 저는 그의 진료기록을 면밀히 살펴보았고, 일본인 의사는 그의 진료에는 아무런 문제가 없음을 알아주기 원했습니다. 진료기록들은 헤론 박사에게 보내기 위해 남겨 둘 것입니다. 저는 약 아홉 시경 먹을 것을 가지러 나왔습니다. 그리고는 열 시에서 열한 시 사이에 다시 돌아왔습니다. 그 후 다시 몇 분간 자리를 비웠는데, 그때 의사가 저를 급히 찾았습니다. 의사는 "그가 곧 죽을 것 같습니다."라고 말했습니다. 데이비스 선교사는 아직 의식도 있고, 저에게 말도 하고 있는데 의사는 그의 시간이 얼마 남지 않았다고 말했습니다. 그러나 결국 한 시경 데이비스 선교사는 예수님에 관하여 뭔가를 이야기하는 듯하면서 이내 편안하게 잠들었습니다.

오후에 일본인 영사와 모든 관리들이 찾아왔습니다. 그들은 친절하고 부드러운 태도로 법에 따라 데이비스 선교사의 장례를 준비하였습니다.

오늘 오전, 부산항이 내려다보이는 산기슭에 있는 외국인 묘역에 데이비스 선교사는 묻혔습니다. 우리 구세주 예수 그리스도가 이 세상에 다시 오실 때까지 데이비스 선교사는 여기에 잠들어 있을 것입니다.

제가 전해야만 하는 모든 일들을 다 말씀드렸는지 걱정됩니다. 당신과 함께 저도 슬픔 가운데 깊이 애도하고 있는 것을 하나님께서 아시리라 생각합니다. 데이비스 선교사는 저에게 형제와 다름없었습니다. 그가 많이 보고 싶습니다. 이만 줄이며……

부산에서,
그리스도 안에서 형제 된 제임스 S. 게일

호주에서 온 제2진 선교사들

이상규
(고신대학교)

1. 시작하면서

호주장로교회, 좀더 정확하게 말해서 호주 빅토리아장로교회의 한국선교는 1889년 데이비스의 내한으로 시작되었다. 미국의 북장로교회의 알렌 의사가 입국한 지 5년 후인 1889년 10월 2일 조셉 헨리 데이비스(Joseph Henry Davies)와 그의 누나인 메리(Mary T. Davies)는 부산에 도착하였고, 10월 4일 제물포를 거쳐 5일에는 서울에 도착하였다. 1856년 뉴질랜드 왕가라이(Wangarai)에서 출생한 데이비스는 1860년 부모를 따라 호주로 이주하였고, 그의 나이 20세인 1876년에는 호주

씨엠에스(CMS) 소속 선교사로 인도로 파송되어 21개월간 사역한 바 있다. 1878년 5월 21일 멜버른으로 돌아온 그는 멜버른 대학에서 수학하고, 1881년 4월 코필드에 학교(Caulfield Grammar School)를 설립하여 1888년까지 이 학교 교장으로 일했다. 그는 다시 인도 선교사로 가고자 했으나 한국선교의 긴박성을 알리는 중국 복주(福洲)의 월푸 주교(Archdeacon John R. Wolfe)의 편지를 읽고 한국선교를 자원하였다.

데이비스는 1888년 11월 말 목사안수에 필요한 신학수업 이수를 조건으로 멜버른 남노회는 그를 목사 후보생으로 허입하였다. 그는 곧 에든버러 대학교의 뉴 칼리지(New College)로 가서 6개월간의 신학수업을 받고 1889년 5월 13일 멜버른으로 돌아왔다. 그리고 그해 8월 2일 청년연합회의 지원을 약속받고, 8월 5일에는 목사안수를 받았다. 이렇게 함으로써 데이비스는 빅토리아장로교회 목사로서 청년연합회의 재정 지원하에 8월 21일 멜버른을 떠나 한국 선교사로 향하게 된 것이다. 이때 데이비스의 누이인 메리(Mary T. Davies)도 한국선교를 자원하여 멜버른교회 기독교연합회(Suburban Christian Union)의 지원하에 함께 내한하게 되었다. 데이비스의 자원과 선교사로의 내한 과정에서 투락 교회의 젊은 목사였던 이윙(John F. Ewing) 목사의 역할이 지대하였다.[1]

서울에 도착한 데이비스는 언어공부에 주력하며 북장로교 선교사들, 특히 언더우드와 접촉하였다. 데이비스와 언더우드는 복음에 대한 열정을 지닌 인물로서 성경 언어에 대한 은사를 지녔고, 두 사람은 똑같

---

1. 이상의 데이비스의 자원과 내한과정에 대한 자세한 논의는 이상규, "호주장로교회의 한국선교 산고," 「크리스챤 리뷰」 제2호(1990. 2), pp. 18-20 ; 이상규, 「부산지방 기독교 전래사」(도서출판 글마당, 2001), pp. 231ff. ; Sang Gyoo Lee, "Joseph Henry Davies, The First Australian Missionary in Korea," 「고려신학보」 제19집(1990), pp. 22-38 등 참고.

이 기도의 능력을 신뢰했는데, 언더우드 부인은 데이비스와 언더우드가 방에서 함께 기도하는 모습을 여러 번 보았다고 회상하였다.[2] 언더우드는 데이비스를 그가 만난 선교사 중에 가장 우수한 선교사였다고 평했을 만큼 데이비스의 인품과 실력과 능력을 신뢰했다. 특히 뜨거운 가슴과 함께 예리한 지성을 겸한 그에게서 언더우드는 동지적 애정을 느끼며 자신과 함께 서울에서 일해 주기를 여러 번 간청하기도 했다. 언더우드는 데이비스의 고전어 실력을 인정하고 아펜젤러 등과 함께 성경번역하는 일에 전념해 주기를 간청하였으나 데이비스는 당장 그리스도를 증거해야 한다는 긴박성 때문에 후일의 선교사역을 위해 준비하는 인내를 겸하지 못했다.

사실 그는 서울에 도착한 그 다음날부터 거리에 나가 전도하려고 했을 만큼 성격이 급하고 고집스런 면이 없지 않았다. 이웡 목사의 기록에 의하면 그러면서도 그는 학문과 지성을 겸비하고 있었으므로 결코 완고하거나 자의식에 빠지지 않고 도리어 굽힐 줄 모르는 의지와 강한 집념으로 복음을 위해 자기희생적인 생을 살았다고 한다. 이런 점에서 데이비스와 언더우드는 유사점이 많았던 것이 사실이다.[3]

데이비스는 서울에서 지낸 5개월 동안 동료 선교사는 물론 서상륜 등 한국인 매서인(賣書人) 전도자와 함께 과천, 수원, 용인 등 서울을 중심으로 인접 지역을 답사하고 선교를 위한 구체적인 노력을 강구하였다. 데이비스는 그가 입국한 이후 서울 지역에는 이미 선교를 개시한 미국 북장로교회와 북감리회 선교부 외에 또다른 선교사들이 입국할 전망이었으므로 바울의 선교 원리를 따라 일단 선교사가 전혀 없는 지역으로 가서 일하기로 작정하였다. 그래서 그는 한국에 도착한 그

---

2. Lillias H. Underwood, *Underwood of Korea*(NY : Fleming H. Revell, 1918), p. 96.
3. Ibid.

다음 해인 1890년 3월 14일, 누나는 서울에 남겨 둔 채 어학선생과 하인, 그리고 매서할 문서와 약간의 약품 등을 준비하여 서울을 떠나 약 20일간의 답사여행을 마치고, 1890년 4월 4일 목적지인 부산에 도착했다. 그러나 무리한 도보 여행으로 인해 폐렴과 천연두에 감염되었고, 4월 5일 토요일 부산에서 사망했다. 데이비스의 죽음과 함께 그의 누이 메리도 폐렴으로 얼마간 고생했으나 헤론 의사의 치료로 회복한 후 그해 7월 멜버른으로 돌아갔다.[4]

이렇게 되어 빅토리아장로교회의 한국선교는 끝나는 것처럼 보였다. 그러나 데이비스의 죽음은 호주장로교회의 한국선교를 다시 시작하는 계기가 되었다. 1890년 5월 6일 멜버른 시내 스카츠 장로교회(Scots' Church)에서 거행된 데이비스의 생애를 감사하는 기념예배에서는 데이비스의 자기희생적인 모범이 강조되었고, 한국선교는 중단될 수 없는 사명임을 확인하였다.

데이비스를 파송했던 청년연합회는 1890년 7월 23일 집행위원회를 소집하여 한국 선교사 파송과 지원을 계속하기로 결의하였다. 또 데이비스의 죽음으로 여성들 가운데서도 선교열의가 일어나 여전도회연합회가 창립되었고, 여 선교사를 파송하기로 결의하였다. 그 결과 1891년 10월에는 청년연합회가 파송한 제임스 멕케이(James H. Mackay) 목사와 부인 사라(Sara), 여전도회연합회가 파송한 3사람의 미혼 선교사, 곧 멘지스(Belle Menzies, 閔之使), 페리(Jean Perry), 퍼셋(Mary Fawcett) 5명의 선교사가 내한하게 된 것이다. 이들이 호주 빅토리아장로교회가 파송한 제2진 선교사들이고, 이들이 부산지방에서 일한 초기 사역자들이었다.

---

4. 이상규, 「부산지방 기독교 전래사」, pp. 243-248.

2. 선교사 파송기관의 창립

호주 빅토리아장로교회의 한국선교는 이미 언급한 바와 같이 데이비스의 개인적인 차원과 결단으로 시작되었지만, 데이비스의 죽음은 청년연합회(YMFU)가 선교사 파송기관으로 발전하고, 또 여전도회연합회(PWMU) 창립의 동기가 되었다. 호주장로교회의 선교운동이 청년연합회와 여전도회연합회의 후원과 지원으로 유지, 발전되었다는 점에서 이 두 선교사 파송 기관은 빅토리아장로교총회 해외 선교부와 더불어 한국선교에 중요한 기여를 하였다.

1) 청년연합회의 창립과 첫 선교사의 파송

흔히 청년연합회로 알려진 빅토리아주의 Young Men's Sabbath Morning Fellowship Union(YMFU)은 1888년 조직되었다. 이 청년연합운동은 한국이나 미국 등지에서는 '청년면려회'란 이름으로 알려져 있지만, 호주에서는 스코틀랜드장로교회의 Young Men's Sabbath Morning Fellowship Association을 본떠서 1876년 뉴사우스웰즈(NSW) 주에서 처음 조직되었고, 그 후 여러 지역으로 확산되었다. 빅토리아주에서 이 청년연합운동은 맥길리버리(McGillivray) 씨의 발의로 시작되었다. 멜버른 남쪽에 위치한 도르카스로(路)장로교회(Dorcas St. Presbyterian Church)의 청년이었던 그는 시드니를 방문하여 이 운동의 유익을 목격하고 이 운동의 확산을 위해 찰머기념교회(Chalmer's Church)의 존 스틸(John Steele)과 협의하였는데, 이것이 빅토리아주에서 청년연합회 조직의 시발점이 되었다. 1888년 7월 27일 소집된 준비 모임에서 회칙을 초안하는 등 총회 조직 준비에 착수하였고, 멜버른의 11개 개체교회 청년들을 창립위원으로 하여 동년 8월 17일에는 역사적인 빅토리아주 청년연합회를 조직하였다. 이때 로버트 길레스피(Robert Gillespie)가 회장으로 선임되었고 이때로부터 1902년까지 그는 14년간 회장으로 봉사하였다.

당시 빅토리아주 장로교신학교의 초대교수였던 렌툴(Rev. J. Laurence Rentoul, 변증학)과 투락 교회의 이윙(J. E. Ewing) 목사, 호손(Hawthorn) 장로교회의 던칸 러브(Duncan Love) 장로, 그리고 첫 제안자였던 맥길리버리(M. McGillivray) 등은 부회장으로 피선되었다. 후일 뉴 사우스 웰즈 주 장로교회의 목사가 된 스틸(James Steele) 씨는 총무로 피선되어 이 조직의 실무를 담당하였다. 이 당시는 남여 혼성으로 구성되었으나 후일 여전도회연합회가 창립된 이후 점차 남청년들의 연합체로 발전되었다.

이 모임은 원래 주일 아침 함께 모여 성경공부와 기도 등을 통해 영적 성장을 도모하고 친목과 교제를 위한 운동으로 시작되었으나 데이비스를 한국에 파송, 지원하는 일을 계기로 선교운동단체로 발전하였다. 모임이 주일 아닌 평일에 회합하는 경우가 많아짐에 따라 이 연합체의 이름도 후일 Young Men's Fellowship Union(YMFU)으로 변경되었고 다시 The Presbyterian Fellowship of Victoria(PFV)로 개칭되었다. 이 모임이 처음 조직될 당시 11개 교회 청년으로 구성되었으나 일 년 만에 598명의 회원을 가진 26개 교회 연합체로 성장하였고, 1889년 8월 2일 장로교 창립 50주년 기념대회 기간 중에 모인 특별회의에서는 한국 선교사로 자원한 데이비스 목사를 지원하기로 정식 결의하기에 이르렀다. 창립 1주년밖에 안 된 조직체로서 매우 힘겨운 결단이었으나 이렇게 함으로써 친교단체였던 청년연합회는 선교사를 파송하는 조직체로 발전하기에 이른 것이다.

이 청년연합회는 1889년 데이비스를 한국에 파송했으나 그가 내한한 지 6개월 만에 사망하게 되자 한국선교를 지원하기로 결의하였고,

1891년 10월에 멕케이 목사 부부를 한국에 파송하기에 이른 것이다. 이어 1894년에는 아담슨(A. Adamson) 목사 부부를, 1901년에는 카를(Dr. H. Currell) 의사 부부를, 1910년에는 왓슨(R. D. Waston) 목사 부부를, 1916년에는 토마스(F. J. Thomas) 목사 부부를, 1929년에는 볼란드(Rev. F. T. Borland) 목사 부부를 각각 파송, 지원하였다.

특히 1921년 토마스 목사가 사임한 후 한국의 신학생 김호열 씨를 초청하여 멜버른 대학에서 유학하도록 지원하였는데, 그는 한국인으로 멜버른에서 유학한 최초의 한국인이자 호주 땅을 밟은 첫 한국인으로 알려져 있다. 그는 호주 선교부가 설립한 마산 창신학교 교사였는데 호주 선교부는 그를 호주로 보내 유학하게 한 후 후일 창신학교 교장으로 세우려는 계획이었으나 불행하게도 그는 코암 수술이 악화되어 귀국했고, 1925년 건강의 악화로 사망하였다. 그러나 이 일은 한국교회를 위한 청년연합회의 또다른 봉사였다.

2) 여전도회연합회의 창립과 한국선교 지원

한국의 첫 선교사였던 데이비스의 예기하지 못한 죽음은 여전도회연합회 창립의 동기가 되었다. 빅토리아주의 여전도회연합회(PWMU, Presbyterian Women's Missionary Union)는 한국에 해방 이전까지 35명의 선교사를 파송했던 가장 영향력 있는 선교사 파송기관이었다.

여전도회연합회는 크리시 딘우디(Miss Chrissie Dinwoodie)의 헌신으로 시작되었다. 즉, 그는 데이비스의 호소를 통해 한국에서는 유교적 관념 때문에 남녀유별이 심하고 부녀자들과의 접촉이 불가능함으로 여 선교사들의 봉사가 필요하다는 점을 알게 되었다. 그래서 그는 선교운동을 위한 여성들의 기구가 필요하다는 확신을 갖게 되었다. 그래서 딘우디 양은 '여성들에 의한 여성들을 위한' 선교단체가 구성되기를 바란다는 편지와 함께 '관심을 가진 C'(Inquirer C)라는 익명으로 50파운드를 당시 교계신문이었던 「남십자성」(*The Southern Cross*)에 보냈다. 이것이 멜버른에서의 여전도회 조직을 위한 시작이 됐고, 그녀가 기증한 50파운드는 여전도회연합회의 한국선교를 위한 첫 헌금이 되었다.

그런데 데이비스가 한국에 파송된 지 6개월 만에 사망했다는 소식은 이 운동에 박차를 가하게 하는 계기가 되었다. 데이비스 목사가 죽은 후 그의 누나 메리는 1890년 7월 18일 멜버른으로 돌아왔고,[5] 여러 모임에서 한국과 한국선교의 현실을 보고하였다. 메리 또한 한국선교가 계속되기를 바란다며 50파운드를 기증하였다.[6] 이런 상황에서 쿠리 부인(Mrs Currie) 또한 50파운드를 기증하였다. 이런 일들이 계기가 되어 1890년 7월 29일 투락 교회에 출석하던 하퍼 부인(Mrs Harper)의 집에서 이방 여성들에게 복음을 전하기 위한 여성조직의 필요성을 검토하는 모임이 개최되었다.

공교롭게도 여성연합회 조직을 위한 이런 일련의 노력은 빅토리아주의 3개 지역에서 동시에 일어났다. 이 점은 선교에 대한 여성들의 관심이 보편적인 현상이었음을 암시해 준다. 즉, 앞에서 말한 바처럼 멜버른에서의 준비모임과 더불어 발라랏(Ballarat)에서는 케언스 부인(Mrs. Cairns)이, 질롱(Geelong)에서는 데이비스 부인(Mrs. J. Davies)이 각기 별도의 조직을 준비하고 있었다. 발라랏 지방에서 여성조직체를 준비하였던 케언스 부인은 한국의 첫 선교사였던 데이비스의 여동생인 사라(Sarah)인데 그녀는 인도에 파송되었던 첫 호주 선교사였다.

---

5. *The Presbyterian Monthly*(Aug., 1, 1890), 289.
6. 메리는 한국에 왔던 호주의 첫 여성 선교사였으나 다시 한국으로 돌아오지는 못했다. 그러나 여전도회연합회의 창립과 발전에 기여하였고 평생 미혼으로 지내면서 교회의 선교를 위해 봉사했다. 그러다가 그녀가 88세 때인 1941년 5월 25일 멜버른 교외 코필드에 있는 의사였던 남동생 레슬리(Leslie) 집에서 세상을 떠났다.

사라가 인도의 엘로레(Ellore)에서 선교사로 일하던 중 동료 선교사인 케언스 목사와 결혼하였고, 선교지를 떠나 발라랏에 있는 성안드레 교회에서 일하던 중·청년연합회와 같은 여성연합회의 조직을 시도하였던 것이다. 그리고 질롱의 데이비스 부인은 한국의 첫 선교사였던 데이비스 남동생 존 데이비스 목사(Rev. John G. Davies)의 부인으로서 이방 여성들을 위한 여성들의 조직체가 필요함을 깨닫고 발라랏의 케언스 부인과 의견을 교환하여 각자의 지방에서 여성들의 조직을 준비하였던 것이다.

이상과 같이 딘우디 양으로 시작된 선교를 위한 헌신은 멜버른, 질롱, 발라랏에서 동시적으로 확산되었고, 이런 일련의 움직임이 어우러져서 1890년 8월 25일 멜버른 시내의 장로교 총회 회관에서 여전도회연합회(PWMU)를 공식적으로 조직하기에 이른다. 흥미로운 사실은 데이비스의 두 여동생과 제수씨가 이 조직에 중요한 역할을 감당했다는 점이다. 바로 이 점은 데이비스의 한국에서의 선교와 그의 죽음이 가져온 분명한 영향임을 알 수 있다.

이 장로교 여전도회연합회는 처음부터 '여성들에 의해서 여성들을 선교하는 단체'(mission work among women by women)임을 분명히 했다. 이때 조직된 임원으로 투락 교회의 하퍼 부인이 회장으로, 롤란드 부인(Mrs. Rolland)이 부회장으로, 딘우디 양이 총무로, 하디 부인(Mrs. Hardie)이 회계로 각각 피선되었다. 하퍼 부인은 이때부터 1924년까지 34년간 회장으로 봉사하였고 헌신적인 그의 지도력과 역할은 여전도회연합회로 하여금 장족의 발전을 거듭하게 하였다.

당시 하퍼 부인은 부유한 분이었는데 그는 호주 원주민들의 말로 '야영지'(camp) 혹은 '안식처'(resting place)란 의미를 지닌 '미오라'(Myoora)라는 이름의 큰 저택을 소유하고 있었다. 이 집은 여전도회연합회의 각종 모임의 주요한 거점이 되었고, 한국선교 지원을 위한 각종 자선모

멕케이 목사   멕케이 부인

임(Fete, Garden Party)의 장소로 활용되기도 했다. 후일 부산에 세워진 호주 선교부의 첫 자선사업기관인 고아원의 이름을 '미오라 고아원'이라고 명명한 것만 보아도 하퍼 부인의 기여를 짐작하게 한다. 어떻든 이렇게 조직된 여전도회연합회는 빅토리아장로교회의 한국선교 역사에 있어서 획기적인 일이었다.

여전도회연합회가 조직된 다음 해인 1891년 10월, 세 사람의 미혼 여선교사인 멘지스, 페리, 그리고 퍼셋을 한국에 파송하게 된다. 이때로부터 해방 전까지 40여 명의 여 선교사를 한국에 파송하는 등 한국선교를 위해 크게 기여하였다. 이들 중에서 데이비스의 두 조카, 마가렛 데이비스(Miss Margaret Davies, 1910-1940년 사역)와 진 데이비스 의사(Dr. Jean Davies, 1918-1941년 사역)가 한국 선교사로 30여 년간 봉사했다.

3. 제2진 선교사들의 내한

호주의 첫 선교사인 데이비스의 죽음 후 두 번째로 한국 땅을 밟은 호주 선교사는 청년연합회의 파송을 받은 제임스 멕케이 목사 부부와

부산의 첫 선교사들

여전도회연합회의 파송을 받은 세 사람의 미혼 여 선교사인 멘지스, 페리, 그리고 퍼셋이었다. 이들은 어떤 과정을 통해서 내한하였으며, 한국에서의 생활은 어떠했을까?

1) 제2진 선교사들

데이비스의 사망 후 청년연합회는 한국선교를 계속하도록 결의하였고 적절한 선교 후보자를 물색하던 중 1891년 발라랏의 성요한 교회(St. John's Church) 목사로 시무하던 멕케이 목사를 한국 선교사로 파송하기로 했고, 빅토리아장로교회 해외 선교부는 이를 허락하였다.

토마스 칼라일의 고향인 에클레페칸(Ecclefechan)의 인접한 마을에서 태어난 멕케이 목사는 영국 글라스고 대학을 마치고 에든버러에서 다시 공부하였고, 1884년 가족과 함께 호주로 이주하였다. 목사가 되기로 결심한 그는 당시 빅토리아장로교회의 신학교육기관이었던 오르몬드 대학(Ormond College)에 입학하여 렌툴(Rev. J. L. Rentoul)과 멕도날드(Rev. M. Macdonald) 교수 등으로부터 복음주의 신학적 훈련을 받았다. 신학교에서 소정의 과정을 마친 그는 1887년 12월 목사안수를 받고 그 이듬해인 1888년 발라랏의 성요한 교회 목사로 청빙을 받았다. 이 교회에서 3여 년간의 목회사역을 마치고 이제 한국 선교사로 자

멘지스

페리

퍼셋

원하게 된 것이다.

이와 거의 동시에 이제 막 조직된 여전도회연합회도 데이비스의 모범을 따라 한국에 여 선교사를 파송하기로 결의하였다. 여전도회연합회는 당시 멜버른에서 유력한 일간지였던 두 신문 「더 아르고스」(The Argus)와 「더 텔레그라프」(The Telegraph)에 한국에서 봉사할 선교 지원자를 찾는다는 광고를 게재하였다. 당시 여전도회연합회는 선교사로 일하는 동안은 미혼으로 있어야 한다는 조건을 제시했다. 이렇게 하여 세 사람의 후보자를 선정했는데 이들이 멘지스, 페리, 그리고 퍼셋 양이었다. 이들 세 사람은 빅토리아주 여전도연합회가 파송한 첫 선교사들이었다.

벨리 멘지스는 로버트 멘지스(1833 – 1879)의 7남 3녀 중 장녀로 1856년 7월 30일 빅토리아주 발라랏에서 출생하였다.[7] 로버트 멘지스는 스코틀랜드 덤프리스(Dumfries) 출신으로서 22세 때인 1855년 호주의 빅토리아주의 금광도시인 발라랏으로 이주하였다. 멘지스는 이곳에서 태어났고, 14살 때인 1879년에는 아버지를 잃었다. 편모슬하에서 자란 멘지스는 인접한 성앤듀르스(St. Andrews) 교회에 출석하여 신앙교육을 받았다. 후에는 에벤에젤(Ebenezer) 교회 주일학교 교사로 봉사하기도 했다.[8] 이때 그는 갓 생겨난 여전도회연합회 에벤에셀 지부의 총무이기도 했다. 그녀는 교회 여전도회 총무로 일하던 중 한국선교를 지

---

7. *The Australian Dictionary of Evangelical Biography*(Sydney : Evangelical History Association, 1994), p. 261. 호주 수상을 역임한 로버트 멘지스 경의 회고록, *Afternoon Light*(Melbourne : Cassell Australia), p. 5 참고. 그러나 *The Missionary Chronicle*(October 1, 1935)에는 멘지스 양이 10남매 중 8번째로 1835년 7월 31일 출생하였다고 기록되어 있지만(4쪽) 오기임이 분명하다.
8. 멘지스가 교사로 봉사할 때 주일학교 학생이었던 왓슨(Robert Watson, 왕대선)은 후일 신학을 공부하여 목사가 된 후, 1910년 청년연합회의 파송을 받고 한국 선교사로 내한했다. 왓슨은 후일 멘지스의 가르침과 영향으로 선교사의 길을 택했다고 회고한 바 있다.

원하게 되었다.

페리와 퍼셋의 가정배경이나 선교 지원 동기, 내한하기 이전의 환경에 대해서는 특별히 알려진 바가 없다.

2) 부산 정착, 사라의 죽음, 멕케이의 은퇴, 페리의 사임

이들 5명의 제2진 선교사들은 9월 5일 시드니를 출발하여[9] 40여 일간의 여행을 마치고 1891년 10월 12일 부산에 도착하였다. 데이비스가 한국에 첫발을 디딘 후 꼭 2년이 지난 때였다. 당시 부산에는 영국 세관의 관리였던 헌트(Mr. Hunt) 씨와 두 선교사 가정이 있었는데 이들이 바로 북장로교 선교부에서 파송된 베어드 목사(Rev. William Baird 1862-1931) 부부와 캐나다 토론토 대학청년회(YMCA)의 파송을 받고 나온 로버트 하디 의사(Dr. Robert Hardie, 1865-1949)의 가정이었다.

부산에 도착한 호주 선교사들에게 가장 긴박한 일은 우선 거처를 마련하는 일이었다. 처음 한국인들의 집에서 겨울을 보내고자 했으나 주택을 빌릴 수 없어 그나마 일본인 거주지 내의 빈 창고를 얻었고, 이곳에서 1891년에 겨울을 보내게 되었다. 흙벽돌로 지은 움막집으로 바람이 세차게 불면 집 안까지 스며드는 허술한 곳이었으므로 겨울을 지내기에는 적절하지 못했으나 다른 방도가 없었다.

이들이 부산에 도착한 지 3개월 후인 1892년 1월 27일 새벽, 이날도 부산의 겨울이 기승을 부리고 있을 때 폐렴으로 6주간 병상에 있었던 멕케이 목사 부인 사라(Sara)가 세상을 떠났다. 이때 그의 나이 32세였다. 페리의 편지에 의하면 사라는 1891년 12월 12일부터 아프기 시작했고, 병상에서 고통당하고 잠을 이루지 못했으나 불평하지 않았다고

---

9. *The Presbyterian Monthly*(Sep., 1, 1891), p. 254.

한다.[10] 멕케이 목사 부인의 죽음은 한국에서의 그리스도를 위한 호주 장로교의 두 번째 희생이었다. 호주 선교사들은 그녀의 시신을 1월 29일 데이비스 목사가 묻힌 복병산에 매장하였다.

멕케이 목사도 건강이 크게 악화되었고, 세 명의 미혼여성도 건강이 좋지 못한 상태였다. 이렇게 되자 영도의 피병원에 거주하던 하디 선교사는 남은 네 사람의 호주 선교사들을 자기 집으로 오게 하여 함께 그해 겨울을 지내도록 하였다. 당시 그의 집은 네 칸의 작은 방이 있었는데 하디 부부와 두 아이, 베어드 선교사 부부, 멕케이 선교사, 그리고 세 여 선교사 등 10명이 함께 기숙하였다. 그러나 멕케이 목사의 건강이 호전되지 않자 의사였던 하디는 멕케이 목사에게 본국으로 귀국하여 건강을 회복한 뒤 다시 임지로 돌아올 것을 권고하였다. 그래서 멕케이 목사는 아직 한국생활에 익숙지 못한 세 여 선교사를 남겨 둔 채 1892년 7월 4일 호주로 돌아갔다.[11]

---

10. *The Presbyterian Monthly*(May, 1, 1892), p. 162.
11. 요양차 멜버른으로 돌아간 멕케이 목사는 하디 선교사의(빅토리아장로교 선교부로의) 영입 건을 논의하였다. 의료 선교사 하디는 1890년 토론토 의과대학을 졸업하고 그해 9월 30일 토론토 대학교 의과대학 YMCA의 파송을 받아 한국 선교사로 내한하였다. 그가 내한할 때 캐나다 YMCA는 "적어도 향후 8년간 선교사역을 후원하기로" 결의하였으나 후원이 계속되지 못해 상당한 어려움을 겪고 있었다. 그러던 중 영국 세관원 헌트 씨의 요청으로 선박 검역관으로 부산에서 활동하고 있었다. 베어드의 기록에 의하면 "헌트(Hunt)가 그를 부산으로 오도록 청하지 않았더라면 하디와 그의 가족들은 아사(餓死)했을지도 모른다."(He and his family would have starved if Mr. Hunt had not invited him to Pusan)라고 했을 만큼 경제적인 어려움을 겪고 있었다. 이런 상황에서 하디는 멕케이 목사와 접촉하게 되었고, 호주장로교 선교부로 이적하고자 했다. 그래서 멕케이는 이 점을 본국 선교부와 논의하였고, 선교부는 하디를 빅토리아장로교 선교부의 의료 선교사로 영입하기로 가결하였다. 이와 같은 일련의 결정이 이루어지는 동안 하디는 본국 선교부로부터 그동안 선교후원을 소홀히 한 일에 대한 양해와 앞으로는 특별한 관심으로 선교후원을 하겠다는 장문의 편지를 받았다. 이때는 게일이 캐나다 YMCA를 떠나 북장로교 선교부로 이적(1891년 12월)한 이후였으므로 하디 자신마저도 빅토리아장로교 선교부로 이적하면 캐나다

무어

얼마간 멜버른에서 요양한 멕케이 목사는 홍콩과 일본 나가사끼를 거쳐 1892년 8월 3일 오전 10시경 다시 부산으로 돌아왔다.[12] 이때 그는 여전도회연합회의 네 번째 선교사인 무어(Miss Bessie S. Moore)[13]를 데리고 왔다.

부산으로 돌아온 멕케이 목사는 그해 10월 11일 일본 나가사끼에 있는 성공회교회당에서 퍼셋(Miss Fawcett) 양과 재혼하였다. 멕케이 목사는 이 사실을 본국 선교부 책임자였던 케인스 씨에게 공식적으로 통보하였고(1892년 10월 14일자 편지), 퍼셋은 여전도회연합회에 선교사 사임 의사를 전달하였다. 당시 여전도회연합회 선교사는 결혼할 수 없으며 결혼할 경우 선교사직을 사임하도록 규정되어 있었기 때문이다. 퍼셋은 멕케이의 아내로서 부산에 체류했으나 공식적으로 그는 선교사가 아니었다.

다시 부산으로 돌아온 멕케이 목사에게 가장 중요한 업무는 선교사의 주택을 확보하는 일이었다. 그가 여러 가지로 노력하던 중 1893년에는 초량 지역에 약 600평의 땅을 구할 수 있게 되었고, 얼마 후 여선교사들은 멕케이 목사의 도움으로 부산진의 한옥과 땅을 매입할 수

YMCA의 한국선교는 중단되는 결과가 되므로 심각한 문제였다. 그래서 하디는 당초의 생각과는 달리 이적을 포기하였다. 이 일이 멕케이 선교사나 호주교회를 난처하게 한 일이 되었는데, 이는 당시의 부산지방에서의 정황을 헤아리게 해준다.

12. *Record*(1892. 10), 14쪽에 게재된 멕케이의 편지 참고.
13. 무어 선교사는 빅토리아주 웜배트 힐(Wombat Hill) 가까이에 있는 데이레스포드(Daylesford) 출신으로 여전도회연합회의 파송을 받고 한국으로 가기 위해 기다리고 있던 중 짧은 기간 요양을 마치고 임지로 돌아가는 멕케이 목사와 동행하게 된 것이다. 무어는 이때부터 1919년 한국에서 은퇴할 때까지 17년간 부산(1892 – 1913)과 통영(1918 이후)에서 봉사하였다.

있게 되었다. 그래서 멕케이 목사 부부는 초량으로, 여 선교사들은 부산진으로 이주하였는데 이 지역, 곧 초량과 부산진이 호주 선교부의 거점이 되었다. 후일 북장로 선교부와의 선교지 조정 안에 의해 멕케이가 주제하고 있던 초량 지역을 북장로교 선교부에 넘겨줌으로 부산진 지역이 호주 선교부의 센터가 되었다. 그로부터 100여 년이 지난 지금까지 부산진의 좌천동 일대는 호주 선교부 관계기관의 중심지가 된 것이다.

주일학교 아동을 위한 잡지였던 「더 레코더」(The Record)에 게재된 무어 양의 편지[14]를 보면 당시 부산진에 위치한 주택의 모습을 대강 짐작해 볼 수 있는데 문이 낮고 창문이 작은 토담집이었으며 창호지로 된 문이 특수하다고 쓰고 있다.

호주 선교사들에게 있어서 주택문제는 심각한 현실적 문제였으므로 선교관 건립은 시급했다. 이를 위해 선교부는 이미 약 1,000파운드의 예산을 계상하고 있었다. 이제 선교관을 건립할 택지를 확보했으므로 서구식 양식에다 약간의 한국식 외형을 갖춘 주택을 부산진의 좌천동에 건립하였는데 후일의 기록에 의하면 361파운드의 건축비가 소요된 것으로 보고되었다.

이 정도의 건축비는 당시 호주 빅토리아주의 노동자가 일 년간 벌 수 있는 수입의 총액과 비슷한 경비였다. 또 1894년 말에는 여 선교사들을 위한 선교관이 건립되었는데, 이 건물은 선교사들의 숙소, 고아원, 첫 학교건물 등 다양한 용도로 사용되었고 후일 한국에 파송된 여러 선교사들의 주택으로 사용됐으나 지금은 다 없어지고 이 자리에 일신기독병원 구 건물이 자리하고 있다. 어떻든 이때 지어진 건물은 호주 선교부의 최초의 건물이 되었고, 한국인 거주 지역에서의 공간의 확보를 통해 호주장로교는 한국에서의 첫 선교본부(Mission Station)를

---

14. The Record(1893. 6), p. 7.

부산의 첫 선교사들

설치하게 된 것이다.

선교부를 위한 땅을 구입하고 건축을 위한 제반준비가 끝나 이제 막 선교관을 건립하기 시작했을 때 멕케이 목사 부부는 한국을 떠나지 않으면 안 되었다. 멕케이 목사는 청년연합회에 보낸 사역보고서 중에서 다음과 같이 말한 일이 있다.

> 한국이라는 나라는 비록 작은 나라이지만 빅토리아주의 10배 혹은 12배의 인구가 살고 있습니다. 이 나라는 자연이 수려하고 기후가 좋은 나라입니다. …… 그러나 이 나라는 그리스도를 필요로 하고 있습니다. 오랫동안 이 나라의 문이 닫혀 있었으나 지금은 활짝 열려 있습니다. 이 나라를 구하는 주님의 구원사역에 동참하는 일은 크나큰 영광입니다. 청년연합회로서 우리의 임무는 복음이 이 어두운 나라에 빛을 가져오리라는 확신으로 하나님의 약속을 믿으며 흔들리지 않고 앞으로 나아가는 일입니다.[15]

1891년 내한하였던 멕케이 목사는 이와 같은 확신을 가지고 있었으나 '흔들리지 않고 앞으로 나아가기'에는 그의 육체적 건강이 매우 유약한 상태에 있었다. 한국에 도착한 지 3개월 만에 아내를 잃었고, 자신 또한 건강을 잃어 본국으로 돌아가 휴양까지 하였으나 그의 건강은 호전되지 못했고 계속된 열병으로 선교사역을 계속할 수 없었다. 필자가 확보한 멕케이 목사의 건강에 대한 휴 브라운(Hugh M. Brown) 의사의 소견서는 당시 상황을 보여 주는 중요한 문서라고 할 수 있다. 북장로교 선교사로 내한하여 부산에서 사역하였던 브라운 의사가 1893년 8월 30일자로 쓴 이 소견서에는 이렇게 기록되어 있었다.

---

15. *The Fifth Annual Report*, PFU. in Victoria, 1892-1893 참고.

본인의 판단으로는 주한 호주장로교 선교사인 제임스 멕케이 목사가 이 나라에 좀더 체류하는 것을 보장할 만큼 건강한 상태가 아님을 확인하는 바입니다. 이 점은 본인이 그의 병세를 거의 일 년간 주의 깊게 관찰하고 하디 의사와 멕케이 목사의 내한 이래 그를 아는 여러 사람들과 협의한 끝에 도달한 결론입니다. 현재 멕케이 목사는 만성 말라리아(chronic Malarial poisoning)에 감염되었고, 그의 간은 심하게 부어 있으며 계속 통증을 느끼고 있습니다. 그의 식도와 내강(內腔) 또한 만성적으로 염증을 갖고 있습니다. 이와 같은 현상들은 말라리아로 말미암은 증세들입니다.[16)]

이와 같은 진단과 함께 브라운 의사는 만일 멕케이 목사가 이곳에 계속 남아 있다면 그의 건강은 치명적인 손상을 입게 될 것이라고 말하고, 본국으로 귀국하여 요양하는 것이 현명한 조처라는 그의 의견을 첨가하였다. 사실 멕케이 목사는 이해 연초부터 심한 열병을 앓았고 병세가 호전되지 않자 브라운 의사는 그의 사임을 권고하기에 이른 것이다.

멕케이 목사는 또한 자신의 사임이 선교부에 유익할 것으로 판단하고 1893년 8월 28일 선교본부에 정식으로 사임의사를 전보로 통보하였고 곧 부산을 떠났다. 이때는 그가 초량과 부산진에 각각 반 에이커(half an acre)의 땅을 매입하고 건축을 시작한 지 얼마 안 된 때였다. 그는 내키지 않은 걸음이었으나 그의 부인 퍼셋과 함께 한국을 떠나 그해 10월 13일 멜버른에 안착하였다.[17)]

한국에서 2년간 사역하고 은퇴한 멕케이 목사는 점차 건강을 회복하

---

16. 이상규, "멕케이 목사의 활동과 선교부의 확립(2)," 「크리스챤 리뷰」(1990. 8), pp. 18-19.
17. B. B of Nov. 1893, xxxvii.

였고 1894년 3월 23일부터 27일까지 개최된 빅토리아장로교 청년연합회 제2차 전국대회(Second Intercolonial convention of the Presbyterian Fellowship Unions of Australia)에서 한국선교에 대해 강연[18]하는 등 한국선교를 지원하였고, 남 멜버른(South Melbourne)에 있는 클라렌돈가 교회(Clarendon Street Church)에서 목회자로 일하였다.[19] 그는 다시 한국으로 돌아오지 못하였고 1919년 세상을 떠났다.

멕케이 목사가 한국에서 은퇴한 후 페리 또한 1894년 호주의 여전도회연합회 선교사직을 사임하고 고아와 맹인 소년 소녀들을 위해 독립적으로 사역하기로 하고 서울로 갔다. 그는 이때부터 1915년까지 고아원을 설립하여 고아들을 위한 자선사업을 한 것으로 알려져 있다. 이때 그녀는 영국에 있는 친구들의 재정 지원을 받은 것으로 추측된다. 곽안련(C. A. Clark) 선교사에 의하면 페리 양이 1915년 한국에서 은퇴할 때 고아원과 모든 구호 시설들을 구세군에게 넘겨주었다고 한다.[20]

페리가 빅토리아장로교 선교부를 떠난 이유에 대해서는 분명한 기록을 찾아볼 수 없으나 추측건대 호주 선교부의 선교정책에 대하여 의견을 달리했던 것으로 보인다.

호주장로교회의 공식문서인 「장로교 총회록」(Proceedings of the General Assembly, Presbyterian Church of Victoria) 등에는 단지 "그녀의 종교적 견해 때문에……."(In consequence of her religious view)라고 기록되어 있는데 아마도 선교정책에 의견을 달리한 것으로 추측된다. 후에 논하겠지만 1894년 아담슨 목사(Rev. Andrew Adamson)의 내한 이후 여 선교사들과의 관계가 매우 불편했으므로 이런 갈등관계가 페

---

18. 이때의 강의원고는 Report of Proceedings, PFU in Australia(Melbourne, 1894), 14~16쪽에 실려 있음.
19. PFU Semi-Jubilee, Souvenier, 1888-1913, p. 20.
20. C. A. Clark, The Nevius Plan for Mission Work(1937), p. 104 참고.

리로 하여금 호주 선교부를 떠나게 한 원인이라는 추측이 있으나 이것은 사실이 아닐 것이다. 왜냐하면 페리 양은 1894년 초에 사임하였고, 아담슨 목사는 1894년 5월에 내한하였기 때문이다. 이렇게 볼 때 페리 양은 아담슨 목사가 내한하기 전에 여전도회연합회의 선교사직을 사임한 것으로 보인다. 페리의 사임서가 본국 여전도회에 도착하기도 전에 그가 선교사직을 사임하고 서울로 떠난 것을 보면 심각한 견해차가 있었던 것 같다.

페리는 후일 한국에서의 선교사역과 그 경험들을 기록한 두 권의 저서를 남겼다.[21] 페리가 선교부를 떠나게 되자 호주 빅토리아장로교회의 제2진 선교사 5명 중 오직 멘지스만이 남게 되었다.

빅토리아장로교 여전도회연합회(PWMU)는 페리가 선교부를 떠나게 되자 그의 후임으로 브라운(Miss A. Brown)을 선교사로 임명하였고, 그녀는 1895년 12월 부산에 도착하였다. 브라운은 일반적으로 롤랜드관(Rolland House) 혹은 여교역자훈련원(Deaconess Training College)으로 불렸던 여성 교회 지도자 혹은 선교사 훈련원을 수료한 첫 한국 선교사였다. 브라운은 멘지스, 무어 양과 함께 부산에서 사역하였고, 1907년에는 엥겔(Rev. G. Engel) 선교사와 결혼하였다. 후일 남편을 따라 평양으로 이거하여 봉사하였고, 1937년 은퇴하였다.

4. 제2진 선교사들의 활동

부산에 온 제2진 선교사들이 일본인 거주 지역에 임시로 살았으나 한국인 거주지로 거처를 옮기고, 특히 부산진에 선교관을 건립한 이후

---

21. 두 권의 저작은 *Chilgoopie the Glad*와 *The Man in Grey*(London : Ss. W. Partridge & Co., n.d.)라는 책을 남겼음을 부기해 둔다.

선교사들의 활동은 본격화되었다. 당시 부산은 중국인이나 일본인의 왕래는 잦았으므로 한국인들에게 별로 새로운 것이 없었으나 호주인들의 생활과 활동은 한국인에게는 특별한 관심과 호기심의 대상이었다. 처음 한국인들은 서구인들에 대한 무지와 두려움 때문에 이들과의 접촉을 경원시했으나 점차 의식의 변화가 나타나기 시작하였다.

1) 한국인과의 접촉

호주 선교사들이 부산진으로 옮겨 온 후 한국인 거주지에서 살게 되자 주변의 한국인들은 이들을 관심 있게 지켜보았고 점차 접촉이 이루어졌다. 여 선교사들의 기록에 따르면, 어린아이들이 선교사 집으로 찾아왔고 저녁에는 부인들이 선교사 집으로 찾아오는 일이 빈번하였다고 한다. 때로는 밤늦은 시간까지 돌아갈 줄 모르고 오래 앉아 있기까지 했다고 쓰고 있다. 이와 같은 일련의 과정 속에서 한국인과 선교사들 사이에는 점차 신뢰가 쌓이기 시작했다. 1893년부터는 작은 선교의 결실이 나타나기 시작하였다.

페리의 편지에 의하면[22] 적어도 1891년 말까지 부산에는 단 한 사람의 여성 신자도 없었던 것으로 판단된다. 그러나 호주의 여성 선교사들의 한국인, 특히 아동들과 부녀자들과의 접촉은 점차 학교교육과 부인 성경반, 그리고 고아원의 시작을 알리는 첫 신호가 되었다. 당시 선교사들의 보고를 종합해 보면 한국인들 사이에 기독교에 대한 관심이 점증하였고 여러 형태의 모임이 시작되었으며, 이 모임에 참여하는 한국인 아동과 부녀자의 수가 꾸준히 늘어 갔다.

---

22. *The Record*(1893), p. 2.

2) 미오라 고아원의 시작

이들 선교사들의 첫 번째 사역은 부산의 아동들을 위한 고아원의 시작이었다. 이 당시에는 전쟁으로 인한 고아들이 아니라 극심한 가난으로 인하여 부양받을 수 없는 아동, 부모 중 어느 한쪽이나 전부가 사망하거나 이혼함으로 보호받을 수 없는 아동, 혹은 버려진 아동을 위한 보양과 교육을 위한 목적으로 시작되었는데 이때가 1893년이었다.

이 고아원 사업이 시작된 직접적 동기는 1893년 세 여자 아이가 선교사들에게 보내져 보호를 요청하였기 때문이다. 이중 한 아이는 선교사의 집 앞에 버려져 있었다. 멘지스는 버려진 여아를 양녀로 삼고 그를 양육하고 결혼까지 시켰는데, 그가 민신목이었다. 어떻든 선교사들은 "이들을 훈련시켜 후일 한국인들에게 선교사의 역할을 하도록 하겠다."는 희망을 가지고 이 일을 시작하였고, 페리는 이 일을 위한 자금을 요청하였다. 이 요청에 따라 리치몬드와 멜버른 교회 주일학교와 투락 교회 목사 자녀들의 정성 어린 헌금으로 이 일을 시작하게 되었는데, 이것이 미오라 고아원(Myoora orphanage)으로 불리게 된 호주장로교 선교부의 첫 자선기관이 되었다. 이 고아원 이름을 '미오라'라고 한 것은 당시 투락에 있던 하퍼 부인의 큰 저택의 이름에서 유래한 것이었다. 하퍼 부인은 여전도회연합회장으로 34년간 봉사하였을 뿐만 아니라 한국선교를 위해 크게 기여하였고, 그의 재정 지원이 고아원 경영에 큰 보탬을 주었으므로 그녀의 봉사를 기리기 위해 '미오라 고아원'이라고 명명한 것이다.

3) 일신여학교의 설립

이 고아원의 아동 수는 점차 늘어 갔고 2년 후인 1895년에는 13명으로 늘어났다. 이렇게 아동들이 늘어나자 이들을 정식으로 교육할 필요성을 깨닫기 시작했다. 그래서 1895년 10월 15일 여 선교사들의 선교관에서 수업 연한 3개년의 소학교 과정을 설치하고 '사립 부산진 일신여학교'(私立 釜山眞 日新 女學校)를 개교하게 되었다. 교장은 멘지스였다. 이 학교가 호주장로교 선교부의 첫 교육기관이자 부산경남지방 최초의 근대 여성 교육기관이 되었고, 한강 이남의 최초의 여자학교가 되었다. 결과적으로 이 학교는 이 지방 여성교육에 크게 기여하였다. 한국의 다른 지방에서의 경우와 마찬가지로 선교사들의 고아원은 단순히 자선기관만이 아니라 동시에 교육기관이었다.

1893년 시작된 고아원이 1895년 10월 일신(Daily New)여학교로 발족하게 된 배경은 1895년 2월 당시 고종(高宗)의 교육입국조서(敎育立國詔書)와 같은 해 8월 12일에 발표된 소학교규칙대강(小學校規則大綱, 學部令 第3號 開國 504년 8월 12일)에 힘입은 바가 크다. 그 당시 학교는 주로 성경과 기독교 신앙을 가르쳤고, 수신(修身), 한국과 한문, 산수, 체조 등을 가르쳤다.

일신여학교의 설립에서 보는 바처럼 호주 선교사들의 활동과 관련하여 한 가지 주목할 점은 여성교육에 대한 관심이었다. 한국에 왔던 호주 선교사 중 특히 미혼 여 선교사가 많았던 관계로[23] 호주장로교 선교부는 여성교육에 깊은 관심을 가졌다. 유교적 전통사회로서 조선에서는 교육이 강조되었으나 그것은 오직 남자만을 위한 교육이었고, 그 교육은 중국 고전을 공부해서 과거시험에 합격하고 관직에 나가는 것을 의미했다. 이런 제도하에 여성들을 위한 교육은 설 자리가 없었다.

---

23. 해방 전까지 한국에 파송된 호주장로교 선교사 78명 중 해외선교회(FMC)가 파송한 남자 선교사가 24명이었던 데 반해 여전도회연합회(PWMU)가 파송한 미혼 여 선교사는 35명이었다. 그래서 전체 선교사 중 60%가 미혼 여 선교사들이었다.

"여성들에게 무식이 덕이니라."(Woman's virtue is her ignorance)는 이익(李瀷, 1681-1763) 선생의 입장은 경상도지방에서 가감 없이 수용되고 있었다. 여자들의 역할은 가정에서의 가사 등 고정적인 일, 집안 살림과 아이를 낳아 기르는 일 등에만 국한되어 있었기 때문에 어떤 지적인 교육은 필요하지 않았고 더군다나 체계적인 배움은 필요 없을 뿐만 아니라 유익하지 않은 것으로 여겨졌다. 이와 같은 당시의 여성 폄하와 함께 조혼(早婚) 풍습은 여성교육에 대한 부정적인 환경을 조성하고 있었다. 당시 여성들은 평균 12세에 결혼했기 때문에 최소한의 교육을 받을 시간적 여유가 없었다. 이러한 상황에서 호주 선교사들은 여성교육의 필요성을 인식하였고 여자학교 설립을 통해 오랜 전통의 벽을 제거하고자 했다.[24] 평양 등 이북지방에 비해 보다 보수적이었던 부산지방에서 여성들도 교육받아야 할 대상이며 여성교육의 필요성을 인식시킨 일은 호주 선교부의 공헌이라고 할 수 있다.

4) 성경공부반의 조직

여 선교사들은 처음부터 어린이들과 부녀자 등 두 계층의 한국인들에 깊은 관심을 가지고 일하였는데, 이것은 어린아이는 조선의 미래를 결정하게 되고, "여성을 정복하는 자는 나라를 정복한다."는 확신을 가지고 있었기 때문이었다. 그래서 선교사들은 아동을 위한 자선(고아원), 교육사업(일신여학교)과 더불어 부녀자를 위한 성경공부반을 조직

---

24. 여성교육을 강조한 것은 호주의 여 선교사들만의 공헌이라고 말할 수는 없다. 타 선교부도 여성교육을 강조하였고, 여성교육의 긴박성에는 이견이 없었다. 1885년 미국 북감리회 소속 선교사로 파송되었던 스크랜톤 여사(Mrs. Mary Scranton)는 「코리아 리포지터」(*Korea Repository*, Vol. 3 Jan. 1896)에 쓴 글에서 "이 나라의 급속한(복음의) 진보를 위해서는 여성과 소녀들이 교육을 받아야 한다."고 주장했다.

하였다. 당시 한국 부인들은 매우 가난했을 뿐만 아니라 특히 문맹자가 많았으므로 이들에게 우선 한글을 가르치고 성경과 찬송 등 신앙지도와 위생, 식품 등 생활환경 개선을 의도하였다.

여성들을 위한 성경공부반은 1894년 12월 선교사관이 세워짐으로 시작되었다. 여성반은 선교사의 집에서 인접한 한국 부인들로부터 시작됐으나 점차 참석자 수가 늘어났고 여러 지역, 심지어 초읍, 동래 지역 등에서 오는 사람도 있었다. 1895년 참석자 수는 36명 정도이었으나 2년 후인 1897년에는 65명으로 늘어났다.[25] 주일날에는 아동과 성인들을 위한 주일학교와 성경반을 운영하였는데, 이 일 역시 1893년 이래로 계속되었고, 1897년경에는 약 50여 명의 아동들이 회집했던 것으로 보고되었다.

이미 알려진 일이지만 1887년 한국어로 신약성경이 번역, 출판되었고, 1889년에는 대한성서공회의 전신인 한국성교서회(Korea Religious Tract society)가 설립되었으므로 주한 선교사들은 교육과 전도에 필요한 문서들을 공급받을 수 있었다. 호주 선교사들도 한국성교서회가 발행한 여러 문서들을 교육과 선교의 자료로 사용하였던 것으로 알려져 있다.

5) 첫 수세자들

선교지에서 일하는 모든 선교사들의 한결같은 바람은 그리스도를 주로 고백하는 개종자를 얻는 일일 것이다. 특히 교회가 설립되지 않은 곳에서 일하는 개척 선교사들에게 있어서 이교적 신앙과 미신 등 옛 풍습을 버리고 그리스도를 영접하는 개종자를 얻는 일은 크나큰 기

---

25. *Annual Report of the PWMU. for 1989*, p. 6 ; *B. B*, 1898, xxxii 참고.

쁨일 것이다. 호주 선교사들에게도 예외는 아니었다.

 부산지방에서 첫 세례식이 거행된 것은 1894년 4월 22일이었다.[26] 이때의 첫 수세자는 한 남자와 두 사람의 나이 든 부인 세 사람이었는데, 그들이 심상현(沈相炫), 이도념(李道恬), 그리고 ○귀주(貴珠, 성 미상)였다.[27] 이때의 수세자는 호주 선교부의 첫 결실이자 부산지방의 열

---

26. 부산지방에서의 첫 세례식에 관해서 분명히 말한 자료는 오직 두 가지뿐이다. 즉, Harry A. Rhodes의 *History of the Korea Mission, Presbyterian Church U. S. A* Vol. I(1884-1934)와 Richard Baird가 엮은 *William. M. Baird of Korea, a profile*(1968)이 그것이다. 전자에서는 첫 세례식 일자를 1894년 4월 23일이라고 기록하였으나(129쪽), 후자에서는 1894년 4월 22일로 기록하였다(48-49쪽). 특히 두 번째 자료는 부산지방의 첫 북장로교 선교사이자 첫 세례식을 집례했던 베어드의 일기를 선별하여 편찬했는데, 이 일기에서는 두 번이나(1894년 5월 3일자와 7월 16일자) 첫 수세일을 4월 22일로 기록하였다. 로즈의 자료는 2차 자료이지만, 베어드의 자료는 1차 자료로서 세례식을 집례했던 베어드 선교사의 일기에 근거하고 있으므로 신뢰성이 높다. 1894년 4월 22일이 주일이었음을 고려해 볼 때 의심의 여지가 없다. 베어드가 1894년 7월 15일 자신의 고용인에게 세례를 베풀었는데 이때도 주일이었다.
27. 이날 세례를 받은 두 여성에 대해서는 충분한 정보를 갖고 있지 못하지만, 심상현 씨에 대해서는 보다 많은 정보를 찾을 수 있었다. 심상현이 세례를 받았던 4월을 전후하여 무어 등 여 선교사들은 빅토리아의 발라랏에 사는 기도 후원자들에게 심상현의 주택을 구입하기 위한 모금을 요청하는 서신을 보냈는데(*Record of Church of Australia and Tasmania*, Vol. Ⅳ. No. 8(Aug. 1894), p. 5 참고), 이 편지를 받은 신자들이 은밀하게 기도하는 중에 '환우(患友) 기도회'(Invalids' Prayer Band)가 정성껏 모금한 후원금을 부산에 송금하였고, 선교부는 이 돈으로 부산진의 선교사관 맞은편 한옥을 매입할 수 있게 되었다. 이곳에 거주하게 된 심상현은 환우들에게 감사의 편지를 보냈는데 이 편지를 통해서 우리는 배위량의 일기에서 다소 불분명했던 첫 수세자의 이름을 정확하게 확인할 수 있게 된 것이다. 심상현은 이 편지에서 후원금에 대하여 감사한 후 "하나님은 우리로 하여금 그분의 자녀가 되게 하셨지요. 귀주(Koui Chou)는 불교를 신봉하던 나이 드신 부인의 새 이름인데 '귀한 진주'(goodly pearl)란 뜻이지요. 또다른 부인(Archie)의 새 이름은 도념(To Nyem)인데 '순수한 도'

부산의 첫 선교사들

매였다.

이 당시 호주 빅토리아장로교 선교부에는 멘지스, 페리, 무어 등 오직 세 사람의 여 선교사만 있었다. 1891년 청년연합회의 두 번째 선교사로 내한했던 멕케이 목사는 건강 때문에 부산을 떠난(1893. 10. 13.) 이후였고,[28] 멕케이 목사의 뒤를 이어 청년연합회의 세 번째 선교사로 임명된 아담슨 목사가 내한하기 전이었다. 즉, 1894년 4월 당시 호주 선교부에는 목사 선교사가 없었다. 그래서 이날 세례식은 미국 북장로교 선교사로서 1891년 이래 부산에서 사역하였던 배위량 선교사가 집례하였다.

이때 세례를 받는 심 서방(Sim Sye Bang)으로 알려진 심상현(沈相炫)은 2년간 멘지스의 첫 한국어 선생이었다.[29] 그는 멘지스의 끈질긴 노력과 오랜 기도의 결과로 그는 기독교신앙을 갖게 되었고, 드디어 세례를 받게 된 것이다. 이때 함께 세례를 받았던 이도념(李道恬)은 페리의 조수(assistant)로서 고아들을 돌보는 일을 맡았던 분이었다.[30] 분명하지는 않으나 이 여자는 한때 광대 혹은 기생(dancing girl)이었던 것으로 보이며 '아씨'(Ar-Chie)로 불리었던 것으로 추측된다.[31]

또 한 사람 귀주(貴珠, Kwi Choo,[32] Qui Cho[33])라는 여성은 성이 분명

(doctrine pure)란 뜻이 있습니다. 그리고 저의 새 이름은 상현(Sang Hyen)인데 '서로 밝음'(both bright)이란 뜻이지요."라고 이름의 뜻을 설명하였다. 이 정보에 근거하여 세 명의 수세자 이름은 정확하게 심상현(沈相炫), 이도념(李道恬)과 귀주(貴珠)임을 알 수 있다. 외국인들은 한국의 지명, 인명 등 고유명사에 대한 표기가 부정확하거나 완전하지 못한 점을 고려해 볼 때 그의 편지는 매우 중요한 정보가 아닐 수 없다.

28. *Messenger*(Nov. 1893), p. 371.
29. R. Baird, *Baird of Korea*, p. 48.
30. Annual Report, PWMU(1894), p. 8.
31. *Record of Federated Church of Australia and Tasmania*, Vol. VI, No. 7(July. 1894.), p. 14.

하지가 않다. 이들에게 세례를 베풀었던 배위량의 1894년 5월 3일자의 일기를 보면 첫 수세자 세 사람의 이름을 열거하고 있는데, "심상현과 두 나이 드신 부인 이도념과 귀주"(The persons were Sim Sang Hyun and two old ladies, Yi To Nyum and Kwi Choo)라고 쓰고 있다. 즉, '이도념과 귀주'라고 하여 두 번째 여자의 성을 명기하지 않고, '그리고'(and)라는 대등접속사로 연결되고 있다는 점에서 귀주라는 이름의 여성의 성 또한 이씨였을 가능성이 높다. 이 여자는 불교를 신봉하던 여인이었는데, 부산 지역에 있는 여 선교사들의 거주지에 찾아왔던 첫 여인으로 알려져 있다.[34] 이들 세 사람은 호주 제2진 선교사들의 사역이 남긴 열매였다.

5. 맺음말

이상에서 우리는 호주에서 파송된 제2진 선교사들의 내한과 활동에 대해 간략하게 살펴보았다. 앞에서 언급하였지만 1891년에 내한했던 5명의 제2진 선교사 중 1894년 이후에는 오직 멘지스만 남아 있었다. 멘지스 양은 1892년 파송된 무어 양, 1895년에 파송된 브라운 양과 멕케이 목사에 이어 세 번째로 청년연합회의 파송을 받아 부임한 아담슨 목사와 더불어 1890년대의 호주 선교부를 이끌어 갔다.

멘지스는 1891년 내한한 이래 1924년까지 무려 34년간 선교사로 일하였고, 한국을 떠난 후 1935년 하나님의 부름을 받을 때까지 미혼으로 있으면서 교회의 선교활동을 지원하였다. 그녀는 한국에 왔던 가장

---

32. Baird, p. 49.
33. Annual Report, PWMU(1894), 8쪽과 B. B.(1894), lxxviii에서는 이렇게 표기하고 있다.
34. Annual Report of PWMU for 1894 참고.

한국의 호주 선교사들(1914년)

탁월한 선교사 중 한 사람이었으며 후배 선교사들로부터 '선교부의 어머니'(The mother of the Mission)라고 불리기도 했다. 그런 초기 선교사들의 봉사가 후일의 선교사역을 가능하게 했을 것이다.

4 미국 북장로교회의 부산선교 : 부산의 첫 교회 설립자

8. 윌리엄 베어드의 부산에서의 활동 (이상규)
9. 윌리엄 베어드의 부산선교, 1891~1895 (탁지일)

윌리엄 베어드의 부산에서의 활동

이상규
(고신대학교)

1891년 1월에 내한한 윌리엄 베어드(William Martyn Baird, 裵緯良, 1862-1931)는 부산(1891-1895), 대구(1895-1896), 서울(1896-1897), 그리고 평양(1897-1931)지방에서 사역했던 북장로교 선교사로서 부산지부와 대구지부를 개척했고, 평양에 숭실학교를 설립하는 등 한국교회에 크게 기여했던 선교사다. 특히 그는 부산지부를 개척하며 부산에 주재였던 최초의 북장로교 선교사로서 동일한 시기에 사역했던 호주장로교 선교사들과 함께 초기 부산과 경남지방 기독교 형성에 크게 기여한 인물이었다.

그럼에도 불구하고 그의 부산지방에서의 활동에 대해서는 깊이 숙고되거나 논구된 바 없으며 서울과 평양에서의 사역에 대해서만 논자들의 관심을 끌었다. 그의 초기 사역에 대한 약간의 기록이 있으나 그것은 북장로교 부산 선교부의 시원에 대한 기원적 언급이라는 한계를 넘어서지 못했다. 윌리엄 베어드의 생애 여정과 활동을 일관된 연속적 맥락에서 이해하기 위해서는 내한 후 시작된 그의 부산에서의 활동에 대해서도 균형 있게 이해할 필요가 있을 것이다. 바로 이런 필요에 따라 이 글에서는 윌리엄 베어드의 부산에서의 초기 사역에 대해 정리해 두고자 한다.

1. 베어드의 내한과 부산에서의 정착

1) 선교사로의 길 : 윌리엄 베어드의 가정배경, 교육

윌리엄 베어드는 존 베어드(John Martyn Baird, 1818-1904)와 낸시(Nancy Faris Baird, 1827-1891) 사이의 4남매 중 막내로 1862년 6월 16일 인디애나 주 찰스타운(Charlestown) 근처의 클라크 카운티(Clark County)에서 출생했다.[1] 베어드의 조상은 1600년경 스코틀랜드에서 아일랜드로 이주하였고, 약 200년 후에는 다시 미국으로 이주하였던 스코틀랜드계 미국인이었다. 그의 조부 존 베어드는 1810년 뉴톤 리마바디(Newton Limavady)를 떠나 미국으로 이주하여 필라델피아에서 가업이었던 방직업에 종사하였다. 그러나 사업에 성공하지 못하자 1818년

---

1. 그의 가계, 이력, 선교활동 등에 대한 주요한 정보는 북장로교 해외 선교부에 제출된 개인 파일(이 자료는 북장로교 역사관, Presbyterian Historical Society, 425 Lombard St., Phila, PA에 보관되어 있음, 이하 PHS로 약기함.)과 Richard H. Baird, *William M. Baird of Korea, a Profile*(Oakland : n. d., 1968)에 기초함.

에 이곳을 떠나 테네시, 오하이오, 켄터키 주 등으로 전전하였고, 1843년에는 인디애나 주 찰스타운 근처 클라크 카운티에 정착하게 된다.

베어드의 부친 존 베어드는 의학교육을 받았던 의사(physician)이자 농장을 경영했던 농부이며 방직기술자이기도 했다. 그래서 그는 자신의 농장을 경영하면서도 방직공장을 경영하던 그의 형제들의 일을 돕기도 했다. 종교적으로는 장로교 전통에서 성장한 장로교도로서 후일 교회 장로로 시무한 바 있다. 베어드의 어머니 낸시는 인디애나 주에 정착했던 첫 정착자 중 한 사람의 딸로서 언약도(Covenanters)의 후손이었다.[2] 즉, 그는 스코틀랜드적 배경의 엄격한 장로교 전통에서 성장하였고, 베어드를 포함한 자식들에게 언약파적 전통의 종교적인 영향을 끼쳤다.[3] 베어드가 의사였던 아버지로부터 생물학과 천문학 등 자연과학에 대한 관심을 배웠다면, 엄격한 언약파적 신앙과 경건생활은 그의 어머니로부터 온 것이었다.

베어드는 인디애나 주 클라크 카운티의 지방학교에서 초등교육을 받고(1868-1881), 1881년 하노버 대학(Hanover College)에 입학하여 예비과정 1년과 학부과정 4년을 이수하고, 1885년 문학사(B. A.) 학위를 받고 졸업하였다. 하노버 대학은 기독교교육과 성직자 양성을 목표로 1827년 설립된 기독교 대학으로서 인디애나에 설립된 최초의 사립대학이었다. 베어드가 이 학교에 재학했던 당시 학생 수는 500여 명 전후의 소형대학에 불과했다.

대학을 졸업한 베어드는 직접적으로 하나님의 교회를 위해 일하기

---

2. '언약도' 혹은 '언약파'로 번역될 수 있는 Covenanters에 대해서는 이상규, "17세기 스코틀랜드의 언약파운동(1)," 「교회사학 연구」 제1호(1993), pp. 23-49, 혹은 이상규, 「교회개혁과 부흥운동」(SFC, 2004) 제13장, "국가권력과 교회 : 17세기 스코틀랜드 언약도들의 저항과 투쟁," 201~230쪽을 참고.
3. R. Baird, pp. 1-2.

로 작정하고 1885년 시카고에 있는 멕코믹 신학교(McCormick Seminary)에 진학하였다. 멕코믹 신학교는 1829년 설립된 복음주의적인 신학교육기관으로 인디애나의 하노버 대학 신학과로부터 독립하여 시카고에 설립된 학교였다. 멕코믹 신학교는 목회자 양성이 일차적인 목표였지만, 1880년대 이후는 선교사 양성과 파송에 역점을 두었다. 따라서 시카고 지역과 멕코믹 신학교는 1870년대와 1880년대 무디에 의해 주도된 복음주의운동, 학생자원운동(SVM)의 중심지였고, 북미 기독교인들에게 심대한 영향을 끼치고 있었다. 베어드는 4년간의 교육을 받고 1888년 이 학교를 졸업하였다. 베어드는 학생자원운동을 통해 선교사의 길을 결심하게 되었고, 이 학교 재학 중에 복음주의 신학과 해외 선교에 대한 확신을 얻고, 후일 한국 선교사로 자원하게 된다.[4] 그의 동기생인 사무엘 마펫(Samuel Austin Moffett, 1864-1939), 기포드(Daniel L. Gifford), 가드너(Sarah Gardner) 등이 한국으로 왔고, 다른 동기생들이 중국, 인도, 일본 선교사를 자원한 것을 보면 당시 해외선교운동과 멕코믹 신학교의 학풍을 헤아려 볼 수 있다.[5]

북장로교 선교부 총무였던 로버트 스피어(Robert E. Speer)에 의하면 멕코믹 신학교가 설립된 1829년부터 1884년까지 55년간 배출된 617명의 졸업생 중 해외 선교사로 파송된 이는 불과 17명에 지나지 않았다. 그러나 1886년부터 1888년까지 3년간 17명의 졸업생이 해외 선교사로 파송되었다.[6] 그리고 1886년부터 1929년까지 45년간 253명의 졸업생이 해외 선교사로 파송되었다는 사실은 1880년대 이후 미국에서 일어난 학생자원운동(SVM)과 멕코믹 신학교의 해외선교에 대한 관심을 엿볼 수 있다.[7] 이런 학생자원운동과 선교지향적인 대학 내외의 환경이

---

4. R. Baird, p. 5.
5. Ibid.
6. *McCormick Speaking*, No. 3, Vol. Ⅷ(Dec., 1954), p. 12.

베어드의 선교적 형성(missionary formation)에 영향을 주었음이 분명하다.

이 당시 멕코믹 신학교가 선교 헌신자들에게 상당한 영향을 주었다는 점은 내한한 선교사들 중에 멕코믹 신학교 출신이 다수였다는 점에서도 확인된다. 미국장로교회의 한국선교 25주년이 되는 1909년 당시 주한 북장로교 소속 선교사는 39명이었는데, 이중 프린스톤 출신이 16명이었고, 멕코믹 출신은 11명, 그리고 샌 안셀모(San Anselmo) 출신이 4명이었다.[8] 비록 수적으로는 프린스톤 출신이 멕코믹 출신의 선교사들보다 5명 더 많았으나 선교지에서 보다 큰 영향을 끼친 이들은 멕코믹 출신들이었다는 주장은 설득력이 있다.[9] 1909년 당시 평양 신학교에서 5년 이상 근속한 선교사 교수로는 마펫(Samuel Moffett), 그래이함 리(Graham Lee), 스왈른(W. L. Swallen) 등인데 이들은 다 멕코믹 출신이었다. 멕코믹 출신들이 한국에서의 신학교육에 끼친 영향력은 평양 신학교 교수단의 인적 구성에서도 드러나는데, 1916년 당시 이런 현상은 더욱 심화된다.[10] 그래서 평양의 장로교신학교는 1938년 폐교 때까지 '한국의 멕코믹 신학교'라고 불릴 만큼 멕코믹 출신들의 영향이 지대했다.[11]

---

7. 대한예수교장로회총회 교육자원부, 「마포삼열 박사 전기」(대한예수교장로회총회 교육자원부, 1973), p. 63.
8. 내한한 멕코믹 신학교 출신 선교사는 William Baird, Samuel Moffett, Graham Lee, William Swallen, James Adams, Cyril Ross, C. F. Bernheissel, William Blair, Charles Allen Clark, Alexander Pieters, Roger E. Wimm 등이다.
9. 박용규, 「한국장로교사상사」(총신대 출판부, 1992), p. 66.
10. Robert Culver McCaughey, A Survey of the Literary Output of McCormic Alumini in Chosen(BD thesis, Presbyterian Theological Seminary, Chicago, 1940), pp. 28 – 29.
11. R. C. McCaughey, p. 91 ; C. A. Clark, Letter to McCaughey, April 15, 1939. 박용규, p. 74 재인용.

베어드는 신학교를 졸업한 후에도 하노버 대학에 적을 두고 공부하여 1889년에는 문학석사(M. A.) 학위를 받았고, 한국에서 사역하는 동안에도 계속 공부하였다. 특히 첫 안식년(1899-1900) 동안 캔자스 주의 토페카(Topeka)에 체류하면서 공부한 결과 1903년에는 하노버 대학으로부터 철학박사(Ph. D.) 학위를 받았다. 그의 한국에서의 봉사에 대한 공로로 명예신학박사(D. D.) 학위를 받게 된 것은 1913년의 일이었다.

베어드는 하노버 대학 재학 중에 그의 아내를 처음 만나게 되는데, 그의 나이 28세 때인 1890년 11월 18일 결혼했다. 그의 아내 애니 라우리 아담스(Annie Laurie Adams, 安愛理, 1864-1916)는 후일 웨스턴 여자대학(Western College for Women)으로 개칭되는 피바디 여자신학교(Peabody's Female Seminary, Oxford, Ohio)에서 1년간(1882-1883) 수학하고 하노버 대학으로 옮겨 갔다(1883-1884). 그리고 와쉬번 대학(Washburn College, 1884-1885)으로 이적하여 졸업하였다. 애니 아담스는 베어드에 비해 유복한 가정 출신으로서 당시 여성으로는 높은 수준의 교육을 받았다. 대학 졸업 후 애니는 캔자스 주 YMCA 간사로 일하던 중 학생자원자대회(Student Volunteer Convention)에 참석했다가 베어드를 다시 만나게 되었고, 이를 계기로 베어드와 결혼하게 되었다.[12] 이 글에서는 자세히 언급하지 못했으나 애니는 문필가로서 또는 찬송시 번역가로서 베어드 못지않게 한국교회에 크게 기여하였다.

2) 선교사 지원, 내한

1888년 멕코믹 신학교를 졸업한 베어드는 선교사로 떠나기에 앞서 수학 기간 동안 형에게 입은 도움을 되돌려 주어야 한다고 생각하고

---

12. R. Baird, p. 5.

일단 목회자로 출발했다. 비록 형은 빚 갚기를 원하지 않았으나 '엄격한 스코틀랜드적인 양심'을 지닌 그는 빚을 갚지 않고는 해외로 나갈 수 없었다.[13]

베어드는 마침 담임목사가 공석이었던 미조리 주 오스세올라(Osceola)의 장로교회에 임시목회자로 가서 일하게 되었다. 그곳에서 일하던 중 해외선교사로 가는 것을 포기한다면 공식적으로 담임목사로 청빙하겠다고 제안했으나 베어드는 이를 거절하고, 콜로라도 주 델 노르테(Del Norte)에 있는 더 작은 교회로 옮겨 갔다. 이곳에서 목회하면서 국내전도부(Home Mission Board)가 운영하는 멕시코인들과 스페인계 젊은이들을 위한 작은 기독교학교인 델 노르테 학교(Del Norte College)의 교장직을 겸하게 되었다. 비록 짧은 기간이라 할지라도 소수 민족 젊은이들을 위한 교육 경험이 후일 숭실학교 설립과 교육에 적지 않는 도움을 주었을 것이다.

그러나 선교사로의 삶을 지원한 그가 국내 목회자로 남아 있을 수 없었으므로 베어드는 형에게 진 빚을 다 갚지는 못했으나 가능한 빠른 시일에 갚기로 약속하고 북장로교 해외 선교부에 선교사로 자원하였다. 마침 호레이스 언더우드(元杜尤)의 형인 언더우드 타자기 창업자 존 언더우드의 후원을 얻게 되어 베어드는 선교사를 지원하였고 1890년 여름, 선교사로 인준을 받았다.

그는 원래 중국 영파(寧波, Ningpo) 지역에 선교사로 가도록 예정되어 있었으나 북장로교 선교본부는 한국 부산에서 일해 주도록 요청하였다. 당시 북장로교 해외 선교부 총무였던 엘리우드(F. F. Ellingwood)는 베어드에게 다음과 같은 내용의 편지를 보냈다.

---

13. Ibid.

우리는 한국에 또 하나의 새로운 선교지부를 열 계획입니다. 그렇게 함으로써 다른 선교지에서 있었던 것처럼 선교사의 지역적 집중화 정책이 빚은 과오를 피하려고 합니다. 우리는 선교사들을 필요로 하는 여러 지역으로 분산함으로써 가능한 빠른 시일 안에 여러 지역이 복음화되도록 해야 하겠습니다. 우리는 조선의 남부지방에 또 하나의 선교지부를 마련하려고 합니다. 당신은 이 새로운 지역에 위험을 무릅쓰고 선교지역을 개척할 분이 아닌지요?[14]

베어드는 이 제안을 받아들이고 한국으로 향하는 장도에 오르게 된다. 선교사로 인준을 받은 그는 1890년 11월 18일 결혼식을 올리고, 바로 그날 부인 애니와 함께 토페카(Topeka)를 출발하여 서부로 이동하였고, 한 달 후에는 태평양을 항해하는 우편선 '더 차이나'(The China)호에 승선하였다. 호놀룰루에 도착했을 때는 그해 12월 25일이었다. 다시 여행을 떠나 1891년 1월 8일에는 일본 요꼬하마에 도착했다. 한국으로 가는 일본 증기선이 1월 25일 고베항에서 출발하기 때문에 약 2주간 일본에 체류하게 되었다. 베어드는 도쿄와 오사까를 방문하였고, 멕코믹 신학교 동기이자 한국 선교사였던 가드너(Sarah Gardner), 일본 주제 선교사들인 랜디스(Landis), 녹스(Knox), 헵번(Hepburn) 가족과 헨리 루미스(Henry Loomis) 등을 만날 수 있었다. 이 기간 동안 베어드 부부는 한국과 인접한 동양사회와 문화를 체험할 수 있었고, 한국에 대한 필요한 정보와 충고를 들을 수 있었다.

베어드 부부는 예정대로 1월 25일 오와리 마루(Owari Maru, 尾張丸)로 고베를 출발하여 나가사끼, 쓰시마를 거쳐 1891년 1월 29일 부산항에 도착하였다. 그날은 겨울비가 내리고 있었다. 여기서 베어드는 서

---

14. H. A. Rhodes, op. cit., p. 125 ; W. Baird, "The Opening and Early History of Fusan Station," (n. d.), 1, PHS.

울의 마펫에게 자신의 도착을 알리는 전보를 쳤다. 그의 눈에 비친 조선 땅 부산의 첫 모습은 높은 언덕과 좁은 길, 흰옷을 입은 한국인들의 행렬, 일본인들의 거주 등 새로운 경험이었다.[15] 제물포에 도착한 날은 2월 1일 주일 저녁이었으며, 고베를 출발하여 제물포에 도착하기까지 8일이 소요되었다. 마중 나온 마펫의 안내를 받아 서울에 도착한 날은 다음날인 2월 2일이었다. 일단 한국에 도착한 베어드는 친구이자 독신이었던 마펫의 집에서 한국생활을 시작했다.

3) 선교사 연례회의

매년 개최되던 북장로교 선교사들의 연례회의는 베어드의 입국 시까지 연기되어 오던 중 베어드의 서울 도착 다음날인 2월 3일 개최되어 7일까지 계속되었다. 이 당시 한국 주제 북장로교 선교사는 막 도착한 베어드 부부를 포함하여 9명에 불과했다.[16] 이 회의에서는 서울 이외의 평양과 부산에도 선교지부를 설치하기로 하고 평양에는 마펫을,

---

15. 그가 부산항에서 처음 보는 조선 땅 부산과 부산 사람들에 대해 이런 기록을 남겨 두고 있다. "The hills seemed high and barren. We could see streams of people treading what seemed to be cow paths over the hills, and all dressed in white, apparently like ghosts or like people parading in the day time in their night dresses. Fusan was then said to be a colony of about 5,000 Japanese settlers living in the port. Three miles away along the coast was the old korean walled city of Poosan (Fusanchin). At the time of my arrival, foreigners were permitted to enter it, but I was later informed by a visitor from China that some months before the time of my arrival they had shut the gates in his face to prevent his entrance. Korea was just awakening from being a hermit." W. Baird, "The Opening and Early History of Fusan Station," (n. d.), 1, PHS.
16. 이들은 다음과 같다. Mrs. Heron, Underwood 부부, Gifford 부부, Miss Doty, Rev. Moffett, 그리고 Baird 부부였다.

부산에는 베어드를 파송하기로 결의하였다. 이미 예정된 것이지만 베어드는 공식적으로 부산지부 선교사로 임명된 것이다.[17]

그리고 언더우드와 베어드에게 부산에 선교부지를 매입하는 임무도 부여하였다. 그래서 이들은 한국인 어학선생 이 씨(Mr. Yi)와 함께 2월 25일 부산으로 와 2주일간 체류했으나 부지를 확보하지 못했다.[18] 그러던 중 1891년 9월 주한 미국 영사관 관리(Mr. A. Heard)의 특별한 배려로 일본인 거주지 밖의 영선현(瀛仙峴)의 '세 필지의 땅'(three parcels of land)을 '외국인 거주지'(Foreign Settlement)란 이름으로 매입하게 되었다.[19] 이곳은 초량왜관을 약간 벗어난 곳으로 항구가 내려다보이는 언덕배기 땅이었다.[20] 이곳이 북장로교 선교부의 부산 지역 선교를 위한 '약속의 땅'이 되었다. 이곳에 1891년 9월 24일부터 선교관을 짓기 시작했다. 선교부지의 확보와 함께 베어드가 1891년 9월 부산에 옴으로써 이 지방 최초의 북장로교 선교사가 된 것이다.

---

17. William Baird, "The Opening and Early History of Fusan Station," p. 1.
18. R. Baird, 13쪽에서는 이날이 2월 25일이라고 기록하고 있으나 Baird, "The Opening……"와 Baird, "Incidents of Early Missionary Life," KMF, Vol. XXVI, No. 8(Aug., 1930), 158쪽에서는 3월이라고 기록하고 있다.
19. 지금의 대청동과 영주동 사이의 고갯길터(일명 영선고개)인 이곳을 영서현(暎署峴)이라고도 한다. 그러나 이곳을 '영선'이 아니라 '용선'(容膳)이 옳다고 보는 이도 있다. 그것은 일본사람들을 고관에 이주시킨 후 1년에 몇 차례씩 감령(監領)과 선물교환이 있었는데 이 선물을 주고받는 것을 용인(容認)한다는 뜻에서 유래한 이름이 용선현(容膳峴)이라는 주장이다. 그래서 일본사람들과의 물물교환, 향연소(饗宴所)를 이곳에 두었으며, '용선고개' 밑에 동관문(東關門)이 있었다고 한다. 선물을 주고받을 때는 감영의 허가가 필요하고 통역관이 여기까지 와서 입회했기 때문에 '용선고개'라고 했다고 한다(이상규, 50쪽). 「조선예수교장로회 사기」 상(조선예수교장로회 총회, 1928), 22쪽에서는 이곳을 '영서현'으로 기록하고 있다.
20. 베어드는 이 땅을 두 번 사야 했다고 한다. 첫 번째는 '외국인 거주지'(foreign quarter)로 사용하기 위해 정부로부터 이 땅을 샀고, 두 번째는 이 땅의 실소유자에게도 땅값을 지불했다고 한다. R. Baird, p. 21.

4) 베어드의 부산 정착

한국에 온 베어드는 우선 조선말 공부에 주력했으나 선교부의 결정에 따라 1891년 9월 초 부산으로 이주했다. 이 당시 외국인이나 선교사의 눈에 비친 1890년대의 부산의 모습은 한적한 해안도시에 불과했다. 거리는 불결했고, 주거환경은 위생적이지 못했다. 1893년 부산을 방문했던 영국의 여류여행가 이사벨라 비숍(Isabella Bishop)은 부산의 인상을 이렇게 기록했다.

> 한국인들이 사는 부산 구 시가지는 비참한 장소였다. 하지만 그 후의 경험은 내게 이곳이 일반적인 한국의 소도시들보다 더 비참한 것도 덜 비참한 곳도 아님을 보여 주었다. 부산 구 시가지의 좁은 거리는 초라한 오두막집들로 채워져 있었다. 그 오두막집들은 창문이 없는 진흙으로 된 담벼락과 짚으로 된 지붕의 깊숙한 처마를 가졌다. 모든 벽에는 지상으로부터 60센티미터 정도 되는 높이의 굴뚝의 역할을 하는 검은 연기구멍이 나 있었다. 오두막집들 바깥에는 고체와 액체의 쓰레기들이 버려진 불규칙한 도랑이 있었다. 도랑 옆에는 옴이 오르고 털이 빠진 개들과 눈이 짓무르고 때가 비늘처럼 벗겨지는 아이들이 있었다. 아이들은 완전히 발가벗거나 반쯤 발가벗은 채로 들끓는 악취에도 아랑곳하지 않고 두터운 먼지와 진흙 속에 뒹굴거나 햇빛 속에서 헐떡거리며 눈을 껌뻑거리고 있었다.[21]

1901년에 부산에 왔던 북장로교 선교사의 눈에 비친 부산도 다르지 않았다. 그는 부산의 인상을 말하면서, "손을 뻗치면 지붕이 닿은 흙벽

---

21. Bishop, *Korea and Her Neighbours*(London : John Murray, 1898), p. 21 ; 비숍, 이인화 역, 「한국과 그 이웃 나라들」(살림, 1994), pp. 35-36.

의 초가집들, 그 사이로 띄엄띄엄 기와집들이 있었다. 사람들은 더러운 옷을 입고, 머리카락은 불결했다. 아이들은 거리에서 벌거벗은 채로 놀았고, 얼굴은 주름살이 지고 검게 타 있었다."고 하면서 "부산은 도시라고 불릴 만한 점이 없다."[22]고 했다. 1890년대의 부산은 이보다 더 열악했을 것이다.

당시 부산(부산부와 동래부를 합친) 인구는 약 2만 명으로 추산된다. 1895년 발간된 「영남읍지」(嶺南邑誌)에 의하면 1894년 부산지방의 방리(坊里)는 8면(面) 101방리였으며, 인구는 20,356명(남자 11,110명, 여자 9,246명)에 불과했다.[23] 이 자료에는 방리별 인구가 나타나 있지 않으므로 당시 부산 지역의 지역별 인구를 알 수 없다. 그러나 영주동과 초량지역, 부산진, 고관 지역이 인구밀집 지역이었다. 부산부(釜山府)의 인구는 약 4천 명 정도로 파악된다. 당시는 인구조사가 시행되지 못했는데 1889년 부산을 방문했던 일본인이 남긴 수기형식의 기록에 의하면, 부민동 및 영도 지역에 50호, 초량 지역에 100호, 고관에 150호, 부산진에 400호가 있었다고 하여 약 700호로 파악되는데 가구당 인구를 6명으로 볼 경우 4,200여 명으로 추산된다.[24]

이 당시 부산은 일본인 거주자가 상대적으로 많아 왜색(倭色)이 짙은 도시로 인식되었다.[25] 그것은 부산은 일본과 인접해 있었고, 1876년 개항으로 일본인 거주자가 급증했기 때문이다. 1876년 개항 당시 부산에 거주하는 일본인은 82명에 불과했으나 1890년 당시 일본인은 약 4천 명

---

22. R. H. Rhodes, *History of the Korean Mission Presbyterian Church U. S. A. Vol. I 1884-1934*(1934), p. 124.
23. 부산직할시시사편찬위원회, 「부산시사」 제1권(1998), p. 868.
24. 日本東京東邦協會編, 「朝鮮彙報」(1893. 11)에 근거함.
25. Rhodes, p. 19 ; Bishop, p. 19 ; cf. Horace Allen's Diary, p. 14, Sep., 1884. William Baird, "The Opening and Early History of Pusan Station," PHS.

에 달했다.[26] 세관당국의 보고서에 의하면 이 당시 부산에 체류했던 외국인은 총 4,184명으로 집계되어 있다. 즉, 영국인 4명, 중국인 47명, 독일인 1명, 이태리인 1명, 일본인 4,130명이었다.[27]

즉, 베어드가 내부했을 당시 부산의 인구는 외국인 4천여 명, 내국인 4천여 명, 도합 8천여 명으로 약간의 오차를 감안한다면 1만 명 정도가 살고 있었다고 볼 수 있다. 1876년 개항 이래 초량왜관(草梁倭館)

---

26. 이 당시 부산에 거주했던 일본인에 대한 상이한 통계 자료가 있다. 1890년에는 4,344명, 1891년에는 5,254명, 1900년에는 6,067명으로 증가되었고, 1910년에는 21,928명에 달했다. 아래 표는 부산거주 일본인 연도별 통계이다. 孫禎睦, 韓國開港期 都市變化過程硏究(1882), p. 106.

연 도	호 수	인 구	연 도	호 수	인 구
1876	—	82	1895	952	4,953
1879	—	700	1896	986	5,423
1880	402	2,066	1897	1,026	6,065
1881	426	1,925	1898	1,055	6,242
1882	306	1,519	1899	1,100	6,326
1883	432	1,780	1900	1,082	6,067
1884	430	1,750	1901	1,250	7,029
1885	463	1,896	1902	1,352	9,691
1886	488	1,957	1903	1,582	11,711
1887	—	2,006	1904	1,891	11,996
1888	—	2,131	1905	2,363	13,364
1889	628	3,033	1906	2,981	15,989
1890	728	4,344	1907	3,423	18,481
1891	914	5,254	1908	4,213	21,292
1892	938	5,110	1909	4,284	21,697
1893	993	4,750	1910	4,508	21,928
1894	906	4,028			

27. *China Imperial Maritime Custom Report*(1890), p. 621.

으로 불리는 일본인 거주 지역이 있었는데, 이곳이 용두산 공원을 중심으로 남포동, 광복동, 동광동 지역이었고, 오늘까지 일본식 주택이 남아 있다.

베어드가 부산에 왔을 때는 게일이 부산을 떠난 후였기 때문에 서구인이란 영국 세관원인 헌트(J. H. Hunt, 河文德)와 하디(Dr R. Hardie, 河鯉泳) 가족뿐이었다. 하디는 거처할 마땅한 집이 없어서 세관당국에 의해 영도(deer island)에 세워진 피병원(避病院)에 기거하고 있었다.[28] 이 집은 원래 선박으로 입국하는 외국인을 임시로 거주하게 하고, 또 콜레라에 감염되었을 경우 격리 치료하기 위한 목적으로 세운 병원이었다. 이 당시 부산경남지방에는 콜레라가 만연하였고, 베어드의 일기를 보면 "거의 매일 이 무서운 전염병으로 죽어 가는 사람을 화장하는 연기가 이곳저곳에서 하늘로 치솟는 것을 보았다."라고 했을 만큼 전염병의 피해가 심각하였다.[29] 그런데 하디가 부산에 왔을 당시 피병원에는 환자가 없었으므로 임시로 이 집에 거주하도록 배려했던 것이다.

이제 막 부산에 도착한 베어드는 6주 동안 영도의 하디 집에 유하였고, 하디가 이태리인 시빌리니(Civilini)로부터 일본인 거류 지역인 지금의 용두산 근처 초량왜관에 새로운 집을 구하게 되었을 때 베어드도 함께 옮겨 갔다. 이때 서울에 있던 베어드 부인이 부산으로 와 남편과 함께 지내게 된다.[30]

외국인에게 있어서 거주지의 확보는 가장 어려운 현안이었다. 이런 상황에서 호주 선교사 제2진 5명[31]이 1891년 10월 12일 부산에 도착했

---

28. R. Baird. p. 19 ; W. Baird, "Incidents of Early Missionary Life," *KMF*, Vol. XXVI, No. 8(Aug 1930), p. 158.
29. R. Baird, p. 19 ; W. Baird, p. 159.
30. R. Baird, p. 19.
31. 호주에서 온 첫 선교사인 데이비스의 사망 후 한국에 다시 파송된 제2진 선교사들은 제임스 멕케이 목사 부부와 장로교 여전도회연합회의 파송을 받은 3사람

다. 아무런 예고 없이 내한한 이들은 마땅한 거처가 없어 임시로 일본인 거주지 내에 창고를 얻어 생활했는데, 한국에 온 지 3개월 후인 1892년 1월 27일 멕케이의 부인 사라(Sarah)는 폐렴으로 세상을 떠났다. 주거환경이 겨울을 나기에는 적절하지 못했으므로 이들 호주 선교사들은 하디의 집으로 옮겨 갔다. 하디의 집에는 가로, 세로 3미터에 지나지 않는 4칸의 작은 방이 있었는데, 하디 부부와 두 아이, 베어드 부부, 멕케이 목사, 세 사람의 미혼 여 선교사, 그리고 한국어 선생과 일본인 가정부가 함께 살기에는 너무 협소했다.

이런 현실에서 베어드는 선교관 완공을 서둘지 않으면 안 되었다. 2월 5일에는 선교관 지붕에 기와를 얹었고, 비와 바람을 막을 수 있게 되자 베어드는 하디 집을 나와 선교관의 광(godown)으로 이전하였고, 4월 15일에는 아직 완성되지 못했으나 선교관으로 이사하였다. 선교관 건립은 예정보다 오래 지체되었다.

중국인 건축업자와 공사 계약을 맺었고, 업자는 일본인 무역항의 중국인 인부들을 고용했으므로 언어 소통에도 문제가 있었으나 건축업자의 부성실과 부정직이 더 큰 이유였다. 베어드는 건축 자재를 일본에서 가져왔지만 건축업자는 그것을 사용하지 않고, 그보다 훨씬 못한 재료를 사용했다. 결과적으로 베어드는 계약 때 정한 금액보다 훨씬 더 많은 대금을 지불했고, 선교관은 1892년 6월경 완공되었다. 이렇게 세워진 베어드의 선교관은 1887년에 세워진 세관 건물에 이어 부산에 세워진 두 번째 서양식 건축물이었다.[32] 이 집은 부산을 거쳐 가는 거의 모든 선교사들, 한국에 오는 신임 선교사들이 사용하였고,[33] 이곳에서

의 미혼 여 선교사, 곧 멘지스(Miss Belle Menzies), 페리(Miss Jean Perry), 그리고 퍼셋(Miss Mary Fawcett)이었다.
32. R. Baird, p. 19.
33. W. Baird, "The Opening and Early History of Fusan Station," p. 17.

베어드의 첫 아이 낸시 로즈(Nancy Rose)가 1892년 7월 5일 태어났다. 그는 부산의 유일한 외국인 아이였으나 2년 후인 1894년 5월 13일 뇌척수막염으로 사망하였고, 그도 데이비스의 묘지가 있는 복병산(伏兵山)에 묻혔다.

2. 부산에서의 활동

부산에 정착한 베어드는 자신의 사역 방향을 4가지로 구상했다. 첫째, 기독교 신자 가정을 찾아 이들을 보호, 후원한다. 둘째, 사랑방을 통하여 지역 주민과의 접촉과 유대를 강화한다. 셋째, 성경과 기독교 문서의 보급을 통해 복음전파와 문맹퇴치운동을 병행한다. 넷째, 경상도 지역의 순회전도여행을 통해 지역 주민들과의 광범위한 접촉을 유지하며 한국인의 생활과 정서에 대한 이해를 도모한다.[34] 이상의 4가지 영역 중에서 지역답사를 위한 순회전도여행이 베어드가 가장 중시했던 영역이었다.[35] 이것은 초기 개척자로서 가질 수 있는 자연스런 관심이었을 것이다. 베어드가 반드시 이상의 4가지 원칙을 따른 것은 아니지만 광의적으로 볼 때 그의 사역은 이런 범주에서 이해될 수 있다.

1) 순회전도

초기 개척 선교사들에게 있어서 순회전도는 가장 주요한 선교방식이었다. 베어드에게 있어서도 이 점은 동일했다. 베어드가 순회전도여행을 '현지 탐사와 전도여행'(exploratory and evangelistic journey)이라

---

34. R. Baird, p. 27.
35. "Fusan Report, 1891–1892," 3, PHS.

고 불렀듯이 선교대상 지역을 답사하고 전도하는 것을 주된 목적으로 삼았다.[36] 베어드는 부산에 체류하면서 세 차례의 전도여행을 떠났는데, 첫 번째 여행은 1892년 5월 18일부터 시작되었다. 이때 서상륜(徐相崙)이 동행하였다. 서상륜이 부산에 온 것은 베어드가 부산에 도착(1891년 9월 초)한 지 약 8개월이 지난 1892년 5월 15일이었다. 그는 부산에 온 지 3일 후인 5월 18일부터 베어드와 동행하며 경상도 지역을 순회하기 시작하였다. 이때 이들은 김해, 창원, 마산, 진해를 거쳐 고성, 통영지방까지 답사하였다. 서상륜은 베어드와 함께 이들 지역을 순회하며 조수로서, 통역관으로서, 보호자로서, 혹은 매서 전도자로 봉사했다. 그러나 서상륜이 부산에서 일한 기간은 한 달밖에 되지 않았다. 건강이 좋지 못하여 그는 1892년 6월 17일 서울로 돌아갔다.[37]

베어드의 제2차 순회전도여행은 1893년 4월 17일(월요일)부터 5월 20일까지 경상도 북부지방을 순회하는 400마일의 여정이었다. 이 여행에서는 서경조(徐景祚)와 고용인 박재용, 그리고 두 사람의 마부가 동행하였다. 서상륜의 동생 서경조는 베어드의 요청을 받고 1893년 4월 초순 부산에 왔다. 베어드는 서경조의 도움을 받으며 4월 15일 부산선교관을 떠나 4월 17일(월요일) 동래를 거쳐 경상도 북부지방으로 향하여 범어사(19일, 수요일), 양산읍내, 물금, 밀양(20일, 목요일), 청도(21일, 금요일)를 거쳐 대구에 도착하였고(22일, 토요일), 칠곡, 성주를 거쳐 상주(28일, 금요일), 풍산(5월 4일, 목요일), 안동(5일, 금요일), 영천(8일, 월요일), 의성(12일, 금요일)을 거쳐 5월 13일(토요일)에는 경주에 도착하였다. 다시 여행을 계속하여 울산(18일, 목요일)을 거쳐 부산에 도착하였다.[38] 서경조는 베어드와 함께 한 달가량 약 1,200리의 거리(400마일

---

36. R. Baird, pp. 28-29.
37. R. Baird, p. 13.
38. 이상과 같은 베어드와 서경조의 순회일정은 베어드의 일기(Diary of William

정도)를 여행하면서 문서를 배급하며 개인 접촉을 시도했다. 이때의 일을 서경조는 이렇게 회고했다.

> 일천팔백삼년 春에 고윤하의 솔권ᄒᆞ야 가는 륜션을 갓치 트고 부산에 ᄂᆞ려가셔 수삭 동안 잇다가 젼도ᄎᆞ로 빅목스와 ᄀᆞ치 량산으로 대구로 룡궁으로 안동으로 젼의로 경쥬로 울산으로 동릭로 도라오ᄂᆞᄃᆡ 대구셔는 령쟤라 칙 권이나 주엇스나 젼도는 홀 수 업더라. 디명은 미샹ᄒᆞ나 부산셔 밋기로 작졍ᄒᆞᆫ 一人을 차즈니 셩명은 김긔원이라. 죵쳐병이 즁ᄒᆞᆫ 것을 보고 위로를 ᄒᆞ고 셥셥이 써나니라. 샹쥬에셔 四五日 류ᄒᆞ며 젼도ᄒᆞᄂᆞᄃᆡ 일일은 향교에 가셔 직쟝의게 젼도ᄒᆞ고 덕혜입문 ᄒᆞᆫ 권을 주고 왓더니 그 이튼날 도로 가지고 와셔 잘 보앗노라 하고 도로 주고 가더라. 경쥬에셔도 四五日 류ᄒᆞᄂᆞᄃᆡ 젼도는 잘 홀 수 업고 구경군의 욕셜과 관인들의 놀님가음만 되고 도라오니라. 도라온 후로 별안간 집으로 올믐이 나셔 회심홀 수 업ᄂᆞᆫ지라.[39]

서경조는 "젼도는 잘 홀 수 업고 구경군의 욕셜과 관인들의 놀님가음만" 되는 어려운 상황을 경험하고 낙담했다. 아마 이 점이 3개월 후 부산을 떠나게 된 요인으로 보인다. 그는 1893년 6월 4일 베어드의 사랑방에서 회집한 최초의 공식모임, 곧 초량교회의 시작이라고 볼 수 있는 집회에 참석하는 등 베어드의 어학선생이자 동역자로 활동했으나 부산에 온 지 약 3개월 후인 8월 5일 서울로 돌아갔다.[40] 서경조가 부

Baird, PHS)에 기초함.
39. 서경조, "徐景祚의 傳道와 松川敎會 設立歷史," pp. 93 - 94.
40. Diary of Baird, 5, Aug., 1893. 리차드 베어드는 어학선생이자 매서전도자로 베어드와 동역했던 서경조가 "건강이 좋지 못하여 부산에 온 지 두 달 만인 6월 16일 부산을 떠나 서울로 돌아갔다."고 기록했으나(R. Baird, 13쪽) 오기인 것 같다. 베어드의 일기를 보면 그해 8월 5일까지 함께 일했음을 알 수 있다. 따라서 서경조의 부산 체류 기간은 약 3개월이었다.

미국 북장로교회의 부산선교 :
부산의 첫 교회 설립자

산을 떠난 후 베어드와 함께 일한 전도자는 황해도 장연 출신인 고학윤(高學崙)으로 그는 1893년 이후 베어드의 조력자로 봉사하였다.[41]

3차 전도여행은 1893년 9월 25일부터 10월 11일까지 부산에서 서울까지 가는 여행이었는데, 동행자는 안 서방, 용규, 정 서방, 그리고 서 씨라는 성을 가진 마부였다. 두 마리의 말에 침구, 옷가지, 식량, 그리고 170냥을 싣고 여행을 떠났다.[42] 9월 26일 모라를 떠나 김해로 갔고, 28일에는 장유를 거쳐 창원으로 갔다. 창원에서 일박하고 마산으로 갔고, 의령을 거쳐 10월 3일에는 남원에 도착했다. 다시 전주를 지나 10월 6일에는 계룡산을 거쳐 10월 7일 공주, 수원을 거쳐 10월 11일 서울에 도착했다.

2) 사랑방 전도

사랑방 전도는 베어드의 독특한 전도방식이었고, 그의 선교관 건축으로 가능하게 되었다. 베어드는 한국생활을 통해 남성들의 대화와 교제 공간으로서 사랑(舍廊)방의 기능을 이해하게 되었다. 그래서 그는 가족이 거주하는 본체와 함께 사랑채를 짓고 그곳을 개방하여 누구든지 자유롭게 모일 수 있는 공간으로 개방하였다. 이곳을 베어드는 '옴니버스 하우스'(Omnibus house)라고 불렀다.

베어드가 일본인 거류지에서 거주할 때와는 달리 선교관의 건축과 이곳으로의 이주는 한국인과의 접촉을 가능하게 했고, 또 베어드의 집은 부산을 거쳐 가는 모든 외국인들의 임시거처로 제공되었다. 이곳에

---

41. Ibid., p. 15. 선교사들의 기록에는 고윤하로 되어 있으나 민적에는 고학윤으로 기록되어 있어 고학윤이 정확한 이름이라고 할 수 있다. 고학윤에 대한 더 자세한 기록은 이상규, 343~345쪽을 참조.
42. R. Baird, p. 39.

서 한국인과의 접촉은 1892년 11월부터 시작된 것으로 보인다. 한국인들에게 있어서 이국인의 삶은 호기심의 대상이 되어 베어드는 사랑에서 한국인과의 접촉의 폭을 확대해 갔다. 이곳에서 예배, 기도모임, 주일예배가 드려졌고, 기독교 문서를 번역하기도 했고, 또 방문자들에게 기독교 문서를 배포하기도 했다.

베어드가 얻은 최초의 개종자는 그의 집에서 일하는 소년이었다. 베어드 가정 세탁부의 조카이기도 했던 그는 서울에 있을 때 요리를 배우기 위해 베어드 가정에 들어왔고 베어드가 부산으로 오게 되자 함께 내려온 소년이었다. 그가 베어드 가족 기도모임에 참석하고 베어드 부인과 접촉하는 과정에서 기독교 신앙을 받아들였으나 병으로 곧 사망하였다.[43]

사랑방 방문객은 인근 지역만이 아니라 먼 거리에서 오는 '탐문자'도 있었다. 1893년 7월 14일자 일기에서는 통도사에서 온 스님과 부산서 50마일 떨어진 김해에서 온 김종함이라는 분을 언급하고 있다.[44] 1893년 9월 11일자 일기에서도 베어드는 이 점을 기록하고 있다. 즉, 김해에서 온 배씨 노인, 제주도에서 온 맹인, 10마일 떨어진 동래에서 온 박씨, 만주국경에 접해 있는 400마일 떨어진 함경도에서 온 남자가 그런 경우였다. 제주도에서 온 한 사람은 그 후에도 여러 번 사랑방을 방문하여 책자와 약품을 받아 간 일을 기록하고 있다. 또 1894년 4월 6일자 일기에서는 동래(東萊)에서 돌아와 감기가 걸려 있었으나 한국인들과 3시까지 대화했고, 또 「텬로지귀」(*Chullo Chikwi*, 天路指歸) 번역본을 수정했다고 기록하고 있다. 동래의 박 서방이라는 이가 매주일 예배에 참석하고 있다는 점이나 부산 인근의 송씨와 김씨의 내왕에 대해서도

---

43. R. Baird, p. 27.
44. 이상규, pp. 117-118.

기록하고 있다. 이런 일련의 접촉을 통해 경남 지역에서의 기독교운동은 확산되었다.

일례를 소개하면, 1893년 9월 11일 일기에서 언급했던 김해의 배씨는 1893년 7월 14일자 일기에서 언급됐던 김종함 씨와 함께 김해지방 초기 신자가 되었고, 그가 김해 지역 첫 교회인 김해읍교회를 설립했던 배성두였다.[45]「조선예수교장로회 사기」는 이 점을 확인해 주고 있다.

……김해읍교회가 성립하다. 선시(先是)에 본지인(本地人) 배성두(裵聖斗)가 부산에서 복음을 득문(得聞)하고, 귀가 전도하야 신자 십여 명이 계흥(繼興)함으로 교회가 수성(遂成)하니라.[46]

배성두는 1893년 9월 11일 이후 베어드와 그 주변의 한국인 전도자들과의 접촉을 통해 신자가 되었고, 향리인 김해로 와서 전도하여 동료 2, 3인과 함께 정기적인 집회를 시작했는데, 이것이 후일 김해읍교회로 발전한 이 지방 최초의 교회가 된다. 일례로 제시했듯이 사랑방 전도는 부산과 인근 지역 기독교운동의 기초를 제공했던 것으로 판단된다.

3) 수세자들과 초량교회의 설립

회심자를 얻어 세례를 베푸는 일은 선교사에게 있어서 가장 신나는 일이라는 점에 부인할 사람이 없을 것이다. 교제와 예배의 공간이었던 베어드의 사랑에서 시행된 최초의 세례식은 1893년에 있었던 선교사 자녀에 대한 유아세례식이었다. 이날 선교사들과 일부의 한국인들이

---

45. 이상규, p. 118.
46. 「조선예수교장로회 사기」 상, p. 49.

참석한 가운데 휴가차 서울에서 내려온 마펫은 베어드의 첫 아이 낸시 로우즈(Nancy Rose)에게 유아세례를 베풀었고, 베어드는 에이비슨의 아들 더글라스(Douglas)에게 유아세례를 베풀었다.

부산지방에서 한국인에 대한 첫 세례는 1894년 4월 22일 부산진의 호주 선교사의 한옥에서 시행되었다. 세 사람의 회심자, 곧 심상현, 이도념, 이(?)귀주는 호주 선교사들의 결실이지만 호주 선교부 내에 목사 선교사 없었으므로 집례는 베어드가 맡았다. 그는 두 차례 세례문답을 하고 믿음을 확인한 후 세례를 베풀었다.[47] 베어드가 1894년 4월 16일자 일기에서 세례청원자들에 대한 면접에 대해 소상하게 기록하고 있는 것을 보면 이 일에 특별한 의미를 두고 있음을 알 수 있다.

이상의 경우가 부산지방에서 있었던 세례식이지만 직접적으로 베어드의 결실은 아니었다. 이때로부터 3개월이 지난 1894년 7월 15일 베어드는 자신이 고용하고 있던 두 사람에게 세례를 베풀었는데, 이것은 북장로교 선교부가 얻은 첫 결실로서 부산지방에서의 두 번째 세례식이었다. 이때 세례를 받은 두 사람 중 한 사람은 베어드의 어학선생이었던 서초시(Saw Cho Si)였다.[48] 그리고 다른 한 사람은 베어드 집의 가정부 곽수은(Kwak Soo Eun)이었다.[49] 베어드의 사랑에서 모인 이날 세례식에서 베어드는 로마서 12 : 1~2을 중심으로 설교했고, 서초시와

---

47. 이 점에 대한 자세한 논의는 이상규, 83~98쪽을 참고.
48. 베어드의 어학선생 안 서방이 1894년 1월 고향으로 가게 되자 서초시는 그가 돌아오기까지 임시로 베어드의 어학선생이 되었으나(Diary of Baird, 3, Jan., 1984), 그 후 정식으로 어학선생으로 고용되었다(Diary of Baird, 28, Feb., 1894). 그러나 그해 6월 어학선생직을 그만두게 되었고(Diary of Baird, 19, June 1894), 그해 11월에는 베어드의 매서전도자로 채용되었다(Diary of Baird, 7, Nov., 1894). 1895년 2월에는 베어드가 설립한 남자학교(The Chinese School)의 교사로 채용되었다. 이 당시 학생 수는 약 20명에 달했다 (Diary of Baird, 1895. 2. 6.).
49. Dairy of Baird, 1894. 7. 16.

곽수은에게 차례로 세례를 베풀었다.[50] 이들은 초량교회 초기 신자들이었다. 이날 설교는 임지에 온 지 1달이 채 되지 않았던 호주 선교사 아담슨(A. Adamson, 孫安路)이 했다. 설교를 마치고 7명의 한국인과 9명의 외국인은 함께 성찬의 떡과 잔을 나누었다. 어쩌면 이날의 성찬식이 부산에서의 첫 성찬식이었을 가능성이 높다.[51]

구도자들과 회심자가 생겨남에 따라 베어드의 사랑방이 자연스럽게 교회로 발전되었다. 베어드가 1892년 4월 15일경 입주한 자신의 사랑방을 중심으로 전도하고, 하디 의사가 이 일을 도움으로써 신자가 생겨나게 되어 이들을 중심으로 공집회(公集會)가 시작되었는데, 이것이 영선교회, 영서현교회, 혹은 영주동교회였다. 또 호주 선교사 멕케이 목사는 초량에 거주하면서 전도했는데, 건강의 악화로 1893년 9월 한국에서 은퇴했고, 1894년 5월 20일 부산에 온 아담슨 목사가 이 일을 계승하였다. 그 결과 1894년 9월 초 초량 지역에 별도의 신앙공동체가 형성되어 아담슨의 관할하에 있었다.[52] 그런데 미국 북장로교회와 호주 장로교 선교부 간의 선교구역 협정에 따라 초량 지역이 북장로교 관할지역으로 개편됨에 따라 아담슨은 초량 지역의 교회를 북장로교 선교

---

50. Baird, p. 13. 이때의 상황은 배위량의 일기(1894년 7월 16일자)에 기록되어 있다.
51. 베어드가 그의 일기 속에서 이날 참석한 인원과 인적사항에 대해 자세히 언급하고 있는 것을 보면 이날이 특별한 '역사적' 의미가 있다고 보았기 때문일 것이다. 이 성찬식에 참여한 7명의 한국인 중에서 네 사람은 남자였는데, 타 지방에서 온 두 조사, 곧 안씨와 고씨, 그리고 최근 세례를 받은 심상현과 서초시였고, 세 사람의 여자는 지난 4월 22일에 세례를 받은 이도염과 귀주, 그리고 이날 세례를 받은 곽수은이었다. 그리고 9명의 외국인은 배위량 선교사 부부, 어을빈 의사 부부, 아담슨 선교사 부부, 그리고 세 사람의 호주 미혼 여 선교사, 즉 멘지스, 페리, 무어였다. 이들 수찬자 외에도 50~60여 명의 한국인들이 이 예식에 참석하였다.
52. Adamson's letter dated 27, May 1895 in *The Fellowship Messenger*, Aug. 1895, p. 70. 아담슨에 의한 초량 지역에서의 교회설립에 대해서는 이상규, pp. 61-77, 99ff를 참고.

부로 이관하게 되었다. 그 결과 호주장로교 선교사들에 의해 시작된 초량의 교회와 베어드에 의해 시작된 영주동의 교회가 통합되었고, 이것이 지금의 초량교회로 발전하게 된 것이다. 「조선예수교장로회 사기」 상권에서는 초량교회의 설립에 대해 다음과 같이 기록하고 있다.

> 부산 초량교회가 성립하다. 선시(先是)에 미국 북장로회 선교사 배위량(裵緯良) 부부가 영서현(英署峴)에 내왕하고, 그 후에 하디 의사 부부가 적래(赤來)하야 동시전도함으로 신자가 점기(漸起)하고, 시년(是年)에 선교사 손안로(孫安路)가 초량(현금 예배당 기지)에 왕래하야 교회를 설립하니라(그 후에 손안로가 마산에 이주할 시에 영서현교회와 병합하얏고 예배당을 영주동에 이전하니라).[53]

초량교회 측에서는 윌리엄 베어드에 의해 1892년 11월 교회가 설립되었다고 말하고 있으나 베어드는 자신의 일기에서 토착 신자들의 모임으로 최초의 집회가 시작된 것은 1893년 6월 4일이었다고 기록하고 있다.[54] 즉, 윌리엄 베어드는 "사랑방에서의 사역이 시작되다"(Began work in Sarang)라는 제목으로 시작되는 1893년 6월 4일(주일)자 일기에서 다음과 같은 기록을 남기고 있다.

> 처음으로(for the first time) 사랑방에서 예배드리기 위해서 함께 모였다. 참석자 중에 어학선생과 하인들 외에는 오직 한 사람의 남자뿐이다.

---

53. 「조선예수교장로회 사기」 상(대한예수교장로회총회, 1928), p. 22.
54. 초량교회100년사편찬위원회, 「초량교회 100년사, 1892-1992」(초량교회, 1994), p. 70. "베어드 선교사는 아내의 산후(産後) 조리가 끝나는 11월부터 자신의 집에서 선교활동을 시작하여 한국사람들에게 복음을 전하는 등 그간의 노력의 결실로 몇 사람과 더불어 기도하며 말씀을 전하는 집회형태를 갖게 되었는데, 이것이 우리 초량교회의 최초의 예배가 되었다."

어학선생은 서 서방, 고 서방, 그리고 그의 동생 안 서방이었고, 하인으로는 용규, 세기, 인수, 그리고 게일의 하인인 감영이 참석했다. 이날 방문한 사람은 손씨인데, 그는 그 후에도 얼마 동안 우리의 안식일 모임에 참석했다. 그래서 이날 참석한 한국인 전체는 9명이다. 서씨가 성경 몇 구절을 설명했으나 본문의 뜻을 제대로 설명하지 못한 것이 아쉬웠다. 그러고 나서 그는 하나님의 집을 드리는(dedicating) 기도를 했다.[55]

베어드는 1892년 5월 18일부터 일기를 썼는데, 그의 일기에서 예배드리기 위한 회집에 대한 언급은 이 날짜 일기가 처음이다. 이 일기에서 베어드는 이 공식적인 회집이 예배를 위한 혹은 예배로 드리는 최초의 모임이었다는 사실을 분명히 밝히고 있다. 특히 이날의 첫 집회에 참석한 한국인에 대해 구체적으로 언급하고 있는 것은 이날의 회집이 특별한 의미가 있다는 점을 강하게 암시하고 있다. 일기에서 말하는 서 서방은 서경조를, 고 서방은 고학윤(고윤하)을 의미하는데, 이때는 (1892년 5~6월에 걸친 순회전도여행에 이어) 1893년 4~5월에 걸친 순회전도여행을 마친 이후였다. 말하자면 베어드는 두 차례에 걸친 광범위한 선교여행을 마감하고 이제 공식적인 정기모임을 시작하였음을 알 수 있다. 또 이 일기에서 '하나님의 집'(house of God), 곧 교회를 하나님께 드리는(dedicating) 기도를 하였는데, 이 점 또한 이제 부산에서

---

55. 1893년 6월 4일자 베어드의 일기 원문은 다음과 같다. "Assembled for the first time in the Sarang for worship. There were present only one man besides the teachers and servants. The teachers were Saw Sawbang, Ko Sawbang and his brother, An Sawbang, the servants were Yong Kyou, Sayki, Insou and Mr. Gale's servant Kam Yongi. The visitor was Mr. Son who has been present at our Sabbath services for sometime past. Total present of Koreans were nine. Mr. Saw explained several passages of scriptures, but I fear with not enough pointedness. He then offered a prayer dedicating the house of God."

교회가 시작되었음을 알리는 중요한 암시라고 볼 수 있다. 따라서 1893년 6월 4일을 초량교회의 설립일로 볼 수 있을 것이다. 이전까지의 베어드의 일기에서 정기모임이나 회집 인원에 대한 언급이 전혀 없었다.

베어드는 6월 4일 이후의 일기에서는 주일 집회에 대해 상당한 주의를 기울이고 집회 참석자의 수, 인적사항에 대해서도 언급하고 있다. 예컨대 최초의 공식적인 집회가 있었던 그 다음 주일, 곧 6월 11일(주일) 집회에 대해 기록한 6월 19일(월요일)자로 기록한 일기에서는 6월 4일 처음 시작된 공식모임이 계속되고 있음을 언급하고 있다.

> 6월 11일 안식일 우리는 사랑방에 모였고, 나는 은혜가 누구에게로부터 오며, 우리에게 어떤 일을 하시며, 누가 그 은혜를 받을 수 있으며, 그것을 어떻게 확신할 수 있는가에 대해 말하는 히브리서 4 : 16을 읽었다. 그날 손씨는 아파서 예배에 참석하지 못했다. 다른 참석자들은 지난 주 참석자들과 동일했다. 주간에는 사랑에서 성경공부를 했고, 방문자들과 이야기하고 책을 나누어 주었다. 어제 6월 18일 주일, 우리는 사랑방에서 회집했는데, 몸이 아파 참석하지 못한 고 서방 외에는 지난 6월 4일 주일에 모였던 바로 사람들과 철승이가 참석했다. 참석하는 사람들이 많아지도록 기도해야겠다. 서 서방이 내가 전날에 부탁했던 심판날에 관한 성경을 읽고 참석자들에게 하나님과 화목하기 위해 그날을 우직하게 기다려야 한다는 점을 아주 평이하게 설명했다. 나는 두 나이든 소년, 곧 게일의 하인과 나의 요리사가 자기 자신이 영혼의 문제를 깊이 숙고하기를 기대해 본다.[56]

---

56. Diary of Baird, 19(Monday), June, 1893. 원문은 다음과 같다. "On sabbath June 11th we assembled in Sarang and I gave a Bible reading on grace showing from whom it comes, what it does for us, who may receive it, and how it is to be secured, Heb. 4 : 16. Mr. Son was sick that day and did not attend. Others present were the same as previous Sabbath. During the week studied in sarang and talked to visitors, distributed

또 7월 4일자로 시작되는 일기에서도 6월 4일, 11일, 18일 주일에 이어 6월 25일, 그리고 7월 1일의 집회와 그때의 설교 본문에 대해 기록하고 있다.[57] 그 이후에도 집회에 대한 언급이 계속되고 있고, 그리고 점차 타 지역에서 찾아오는 탐문자들도 있다는 사실을 언급하고 있다. 즉, 그의 일기를 보면(괄호 안은 베어드의 일기의 날짜임.), 동래에서 온 홍 서방, 경주에서 온 남 서방(7월 4일), 밀양에서 온 박씨, 함양에서 온 김씨(7월 10일), 김해에서 온 김종함(Kim Chong Ham, 7월 14일), 전라도에서 온 임씨 일행(8월 5일), 김해에서 온 배씨, 동래에서 온 박씨, 제주도에서 온 시각장애자, 함경도에서 온 한 사람(9월 11일자)도 있었다고 한다. 후에 이들은 해 지방 기독교운동을 선도하였던 중요한 인물이 된다는 사실은 흥미로운 일이 아닐 수 없다.

이상의 점들을 고려해 볼 때 초량교회는 1893년 6월 4일 처음으로 회집하여 예배를 드리기 시작함으로써 교회라는 하나의 신앙공동체가

---

books. In yesterday June 18th we assembled in Sarang-present-all who were present June 4th and Chulsoongi, except Ko sawbang who was sick. We must pray that the number be increased. Saw sawbang took a Bible reading which I had given him the day before on the subject of the Judgement Day, and spoke very plainly to all present about the folly of waiting until that day in order to make peace with God. I hope the two older boys - Mr. Gales' boy and my cook are considering the question of their own souls……."

57. Diary of Baird, Tuesday, 4, July, 1893. "Services were held on each of the two previous Sabbaths in the Sarang. The first subject was on faith, the second Matt 22 : 1-14 - the call-its rejection, the punishment. My time has been spent in study and in talking with visitors. Almost every day men have come to talk-some of them evidently mockers, some seemed interested in their enquiries. Yesterday Hong sawbang of Tongnai and others came and talked with some interest. This morning Nam sawbang from near Kyungjoo listened with more understanding than usual for men hearers."

형성되었음을 짐작해 볼 수 있다. 6월 4일의 첫 모임에서는 어학선생과 선교부에 고용된 하인 외에는 단 한 사람뿐이었으나 점차 그 수가 증가되기 시작하였고, 1894년 1월 3일자 일기에서는 주일예배에 참석자가 다소 유동적이지만 10명에서 18명에 이른다고 했고, 1월 18일자 일기에서는 지난 두 주일 동안의 예배참석자는 12명 정도였다고 기록하고 있다. 선교적인 의미에서 베어드의 사랑방 전도와 그의 활동이 교회 설립의 기초가 되었다는 사실이 중요하다.

4) 한문학교의 설립

베어드와의 관계에서 간과할 수 없는 한 가지는 그가 경남지방에서 처음으로 부산에 있는 소년들을 위한 학교(School for boys of primary grade)를 개교한 일이다.[58] 1895년 1월 베어드의 사랑방에서 시작된 이 학교는 '한문서당'(The Chinese School)으로 불렸다. 당시 모든 한국인 부모들이 자식들에게 한문을 가르치기를 원했기에 이런 이름을 사용했던 것으로 보인다. 이 학교는 한문 외에도 조선어, 산수, 지리 등과 더불어 성경을 가르쳤고, 매일 예배를 드렸다. 첫 학생은 5명이었으나 그 해 2월 중순경에는 20여 명으로 불어났고, 베어드의 어학선생이었던 서초시는 교사로 임용되었다.[59]

비록 선교부에 의해 설립되었으나 선교학교(mission school)로 보기에는 미흡했다. 이 학교는 학비가 전혀 없는 학교로서 전도를 위한 자선사업의 성격이 짙었다. 베어드는 지역순례로 출타하는 일이 많았으므로 이 학교는 베어드의 부인과 어빈 의사의 부인, 그리고 한국인 교

---

58. R. Baird, pp. 14, 44 ; Edith A. Kerr and G. Anderson, p. 46. 이 학교에 대한 자료의 결핍으로 더 이상의 정보를 확인할 수 없다.
59. Diary of Baird, 2, June 1985.

사가 학교 일을 주관했다. 베어드가 부산지부를 떠난 후 학교는 곧 폐교되어 이 지방 교육에 영향을 주지 못했다.

이로부터 몇 년 후인 1897년에는 역시 부산에 거주하던 미국 북장로교 선교사인 어빈 부인(Mrs. Bertha Irvin)이 고아나 극빈 여아들을 위한 소규모의 야학교(夜學校)를 개교하였으나 이 학교도 곧 중단되었다.

부산지방과 경남지방에서의 교육활동은 호주 선교사들에 의해 주도되는데, 1891년 호주 선교사 제2진이 부산에 도착한 이후 아동과 여성에 관심을 두고 자선 및 교육사업을 시작한 것이 이 지방 기독교교육의 구체적인 시원이 된다. 호주 선교사들은 1892년 세 사람의 여자 고아를 양육하기 시작하였는데 이 자선, 봉사사업은 이 지방 최초의 고아원, 곧 미오라 고아원(Myoora, 孤兒院)으로 그리고 1895년 10월에는 부산진 일신(日新)여학교로 발전하였고, 고등과를 병설하여 동래(東來)일신여학교로 발전하였으며 이 지방 최초의 여성교육기관이 되었다.[60]

5) 문서 활동

베어드는 부산에서 체류하는 동안 소책자를 편찬하기도 했는데, 1893년에 3권의 소책자를 편찬했다. 그 첫 책이 1893년 여름에 나온 「텬로지귀」(天路指歸)였다. 이 책은 미얀마 선교사였던 저드슨(A. Judson)의 *Guide to Heaven*를 번역한 것이었다. 이 책은 1894년 전체적으로 다시 개역하였고, 1905년 조선야소교서회에 의해 14쪽의 소책자(17×8cm)로 출판되었다.[61] 그가 번역한 두 번째 책은 중국어에서 번역한 「구셰진쥬」(救世眞主)였다. 이 책의 원전은 존(G. John)의 *True*

---

60. Edith A. Kerr & Anderson, p. 47.
61. "Evangelistic Report of Fusan Station, 1893–1894," p. 8, PHS.

*Saviour of the World*인데, 베어드는 처음으로 중국문자를 배우고 번역한 것이라고 말하고 있지만 전적으로 그가 번역했다고 볼 수 없다.[62] 아마도 영문판을 중국어본과 대조하면서 번역했을 가능성이 높다. 이 책은 1897년 11쪽의 소책자(11×23cm)로 출판되었다. 그가 편찬한 세 번째 문서가 「그리스도의 수업」인데, 이 책은 영서 *The Atonement*를 역간한 것이다. 이 책은 1917년 조선야소교서회에 의해 58쪽의 책(18×9cm)으로 다시 출간되었다.

이 외에도 또 한 권의 소책자가 26쪽으로 구성된 「기독교회는 일부다처주의자들을 용납할 것인가?」(*Should Polygamists be admitted to the Christian Church?*)였다.[63] 이 책은 장로교공의회(Presbyterian Council of Korea)에서 논의를 위한 목적으로 1896년 출판되었지만, 그가 부산에 체류하는 동안 집필한 원고였다.

당시 한국에는 첩을 둔 신자들이 있었고, 이들에 대한 문제는 조상제사문제와 더불어 초기 선교사들에게 있어서 심각한 토론의 주제였다. 초기 선교사들은 한국의 구도자들에게 한국의 전통이나 관습을 어떻게 평가하며, 이런 전통과는 다른 기독교적 가치 중에서 어떤 것을 기본적인 교리로 강조해야 할 것인가를 결정해야 했다. 이런 필요성에서 장로교공의회는 베어드에게 이 책의 집필을 요청했던 것이다. 베어드는 이 책에서 성경과 교회역사, 그리고 한국의 전통에 기초하여 논의를 전개하였고, 일부다처제는 성경의 가르침에 위배된다고 지적했다.

이상의 소책자들은 성경 이외의 문서로는 초기에 간행된 전도문서

---

62. Ibid. 베어드는 이렇게 말하고 있다. 「구셰진쥬」(*True Saviour of the World*) was translated from the Chinese after first learning the Chinese characters of the original tract."
63. 「基督敎古文獻展示目錄」(연세대학교중앙도서관, 1967), p. 70 참고.

혹은 교리서로서 한국인 독자들에게 기독교의 본질과 기본교리, 그리고 그리스도인의 생활에 대한 지침서의 역할을 했다. 성경 이외의 기독교 문서가 국내에서 출판된 것은 1889년경부터인데, 이해에 언더우드의 「속죄지도」(贖罪之道), 아펜젤러의 「성교촬요」(聖敎撮要)가 출판되었다.[64]

1890년에는 올링거(F. Ohlinger)의 「라병론」(癩病論), 아펜젤러의 「미이미교회강례」(美以美敎會綱例), 언더우드의 「성교촬리」(聖敎撮理) 등이 출간되었다. 이런 책들 외에는 베어드가 역간한 문서가 초기 문서였으므로 그의 문서 활동의 의의는 부산경남 지역에 국한할 수 없을 것이다.

비록 후기이지만 배위량의 부인(Annie L. A. Baird, 安愛理)도 문필활동을 통해 한국교회에 큰 영향을 끼쳤다.[65] 베어드는 부산에서 사역한 기간인 1892년 5월 18일부터 1895년 4월 1일까지 일기를 썼는데, 이것은 사적인 기록을 넘어 당시의 부산경남 지역의 상황과 선교활동, 그리고 해 기간의 부산경남 지역의 교회와 역사를 헤아리는 데 중요한 자료가 되고 있다.[66]

---

64. 이만열, 「한국 기독교문화운동사」, p. 332.
65. 1911년에는 36면의 순한글 전도서적인 「고영규젼」(高永規傳)을 출판했는데, 이 책은 고영규라는 가상의 인물을 통해 그의 타락한 생활을 청산하고 기독교 신자가 되는 과정을 그린 작품이다. 또 「부부의 모본」이라는 소책자도 저술했는데 이 책은 박명실과 양진주라는 가상 인물의 결혼, 가정생활을 통해 기독교적 가정과 부부상을 제시하려고 하였다. 위의 두 소책자는 합본되어 Two Short story라는 영문으로 출판되었다(「책 속에 담은 복음과 나라사랑」, p. 93 참고). 그 외에도 Leigh Richard의 작품을 번역한 「우유쟝ᄉ의 ᄯᆯ이라」(야소교서회, 1911 참고), 「식물학」(평양 : 야소교서원, 1913), 「만국통감 이권」(야소교서회, 1915) 등을 출판하기도 했다.
66. 이 일기 또한 북장로교 역사관에 소장되어 있다.

6) 대구지부의 개척

　베어드는 1895년 말부터 개항지가 아닌 내지 대구로 진출하였다. 그는 선교여행을 통해 내륙선교의 필요성을 절감하고 서울과 부산 중간의 대구가 가장 적절한 곳이라는 결론을 얻었다.[67] 배어드는 선교지 개척을 위해 1896년 초 대구 남문 근처의 가옥 한 채를 사비로 매입한 후 그곳에 잠정적으로 진출했으며 미국의 선교본부는 그것을 승인했다.[68] 베어드의 보고에 의하면 가옥을 매입하는데, 주민들은 매우 우호적이었으며 외국인의 존재를 반기는 것 같았다고 보고했다.[69] 그러나 베어드가 대구로 영구적으로 이주하려고 준비하는 중에 서울로 전출되었고, 그 대신 그의 처남으로서 부산 선교부에 있던 제임스 아담스(James E. Adams)가 대구로 임지를 옮기게 된다.[70] 아담스는 1895년 입국하여 부산집부에서 베어드와 함께 활동해 왔으나 대구로 이주하게 되어 베어드가 준비한 주택을 그에게 인계하여 주었다. 아담스는 1897년부터 대구에서 본격적으로 활동했는데 그해 11월 초에 가족과 함께 대구로 완전 이주하였다.[71] 대구지부의 설치는 베어드가 남긴 기여라고 할 수 있다. 후일 베어드는 평양으로 이거하였고, 1897년 10월 10일 평양 신양리 자택에서 13명의 학생을 데리고 숭실학당을 설립했는데, 1906년 10월 10일에는 숭실전문학교(Union Christian College, Pyung Yang)로 발전하였다. 이 학교에서 1908년 5월 13일에는 두 학생이 졸업하면서 한국에서 최초로 학사학위 수여자를 배출하게 되었다.[72]

---

67. W. M. Baird to Ellinwood, Dec. 9, 11, 1895, PHS.
68. Mrs. W. M Baird to Ellinwood, Jan. 18, 1896 ; W. M. Baird to Ellinwood, Jan. 28, March, 31 April, 14, 1896, PHS.
69. W. M. Baird to Ellinwood, March, 18, Aapril 14, 1896.
70. J. E. Adams to Ellinwood, Nov. 11, Dec. 30, 1896, PHS.
71. J. E. Adams to Ellinwood, March 30, May 29, Sep. 29 1897, PHS.

3. 맺음말

베어드는 1891년 29세의 나이로 입국한 이래로 32세가 되는 1895년까지 만 4년간 부산에서 사역하였다. 그가 부산에서 일한 4년간은 부산에서의 북장로교 선교활동의 시원이 되며 부산지방 기독교운동의 기원이 된다. 부산에서만이 아니라 그 후의 한국에서의 활동에서 보여준 1880년대 멕코믹 신학교의 복음주의적 선교열정과 엄격한 언약파적 장로교 전통은 그의 신앙과 삶, 그리고 선교사역을 이끌어 갔던 신학적 동인이었다.

베어드의 부산에서의 선교활동은 앞에서 언급한 바와 같이 그는 호주 선교사들과 함께 부산경남지방 기독교 형성에 초석을 놓았다고 평가할 수 있다. 북장로 선교부로 볼 때 베어드가 부산지부를 개척하고 그 기초를 세웠기에 북장로교 선교부가 부산에서 철수하게 되는 1914년까지 23년간 21명의 선교사들이 부산에서 활동할 수 있었을 것이다.[73]

---

72. W. M. Baird, "History of the Educational work," *Quarto Centennial Papers*, p. 70.
73. Harry A. Rhodes, p. 641 ; 이상규, 「부산지방 기독교 전래사」(글마당, 2001), p. 60. 부산지부에서 일한 21명의 선교사는 다음과 같다(괄호 안은 한국명, 부산지부 체류기간임). Rev. William Baird(배위량, 1891–1895), Mrs Baird(1891–1895), Dr. Hugh Brown(1891–1894), Mrs. Brown(1891–1894), Dr. C. H. Irvin(어을빈, 1893–1911), Mrs. Irvin(1893–1911), Rev. J. E. Adams(안의와, 1895–1896), Mrs. Adams(1895–1896), Miss M. Louise Chase(1896–1901), Rev. Cyril Ross(노세영, 1897–1902), Mrs. Ross, MD(1897–1902), Rev. Richard H. Sidebotham(사보담, 1900–1909), Mrs. Sidebotham(1900–1909), Rev. Walter E. Smith(심익순, 1902–1912), Mrs. Smith(1902–1912), Rev. Ernest Hall(1903–1905), Rev. George H. Winn(위철치, 1909–1914), Miss Anna S. Doriss(도신안, 1909–1913), Rev. Rodger E. Winn(인노철, 1909–1914), Mrs. R. E. Winn(Catherine Lewis, 1909–1914), Mrs. G. H. Winn(Blanche Essick, 1910–1914).

베어드의 활동에서 간과할 수 없는 점은 한국인 조력자들의 헌신과 봉사였다. 특히 서상륜, 서경조, 고학윤 등의 도움이 있었기에 그의 선교활동이 가능했다.

베어드 개인으로 볼 때도 부산에서의 초기 사역은 서울, 평양에서의 순회전도, 학교설립, 문서활동에 유효한 경험과 영향을 준 것이 분명하다. 그가 내한 선교사 중 영향력 있는 선교사로 지도력을 행사하게 된 것도 부산지방에서의 사역에서 얻은 경험의 결과일 것이다.

종합적으로 고려해 볼 때 베어드는 언더우드, 마펫, 에이비슨, 게일 등과 함께 초기 한국에 온 선교사 중에 탁월한 한 사람이었다. 이 점은 클라크(A. D. Clark)의 증언 속에 나타나 있다.

> 한국은 자국에 처음 온 선교사들의 자질과 관련하여 볼 때 특별한 은총을 받은 나라이다. 언더우드는 대단히 열정적이고 창의적인 사람이었고, 마펫은 전도자로서 그 열정이 충만한 사람이었고, 에이비슨은 의료분야의 지도적 인사였고 의과대학을 설립했다. 베어드는 인문대학의 설립자였고, 게일은 오늘에 이르기까지 그 누구도 필적할 수 없는 탁월한 번역가이자 학자이다. 선교 초기에 이와 같이 재능 있는 인적 자원으로 시작된 선교지는 거의 찾아볼 수 없다.[74]

---

74. C. A. Clark, *The Nevius Plan for Mission Work Illustrated in Korea* (CLS, 1937), pp. 81-82 ; 곽안련, 박용규, 김춘섭 역, 「한국교회와 네비우스 선교정책」(대한기독교서회, 1994), p. 95.

 # 윌리엄 베어드의 부산선교, 1891~1895[1]

탁지일
(부산장신대학교)

베어드 선교사의 선교일지

1. 주요연표(1891 – 1895년)

1891년

2월 2일	베어드가 서울에 도착하다.
2월 3~7일	조선선교회 연례 모임

---

1. 윌리엄 마틴 베어드(William Martyn Baird, 한국이름 裵緯良)는 1891년부터 1895년까지 개인일기의 형식으로 선교일지를 기록하였다. 이 일기는 베어드 선교사의 아들인 리차드 베어드(Richard H. Baird)에 의해서 *William M. Baird*

2월 25일	베어드(Baird), 언더우드(Underwood), 조선인 어학교사가 선교부지 매입을 위해 부산에 오다.
봄	하디(Hardie)가 항만 의사의 신분으로 부산에 오다.
7월 8일	베어드가 휴식을 위해 남한산성에 가다.
9월 초	베어드가 선교사역을 위해 부산에 도착하다.
9월 24일	선교사택의 건축이 시작되다.
10월	호주 선교사들이 도착하다.
12월	휴 브라운(Hugh Brown) 의사 부부가 내한하여 부산에 파송되다.

1892년

1월 13일	선교사택의 지붕을 올리기 시작하다.
1월 18~25일	연례 모임이 서울에서 열리다.
1월 29일	호주 선교회의 멕케이 부인(Mrs. MacKay)이 숨지다.
4월 15일	베어드 부부가 완공되지 않은 선교사택으로 입주하다.
5월 15일	서울로부터 서상륜이 전도사로 부임하다.
5월 18일	남해안을 따라 전도여행을 하다.
6월 17일	신병으로 인해 서 전도사가 서울로 돌아가다.
6~7월	서울 남부 지역에서 동학군이 봉기하다.
7월 5일	낸시 로즈(Nancy Rose)가 태어나다.
11월	하디가 항만 의사의 신분으로 원산으로 이주하다.

---

of Korea : A Profile이란 제목으로 1968년 미국 캘리포니아 오클랜드에서 간행되었다. 이 책을 만드는 데 있어서 베어드 선교사의 일기뿐만 아니라 그의 형 존 베어드(John F. Baird)와 주고받은 편지, 선교보고서 등이 중요한 자료로 활용되었다. 이 책의 제2장 "부산 선교부의 설립"(Opening Pusan Station, 1891-1895) 부분을 번역하였다(역자주).

1893년

3월	사무엘 마펫(Samuel Moffett)이 평양성 밖에 토지를 매입하였으나 관리들이 매입취소를 강요하다.
3~4월	동학군이 계속 봉기하다.
4월	베어드를 돕기 위해 서경조가 부산에 오다.
4월 15일~5월 18일	경상도 지역으로 순회전도여행을 떠나다.
6월 16일	에이비슨(Avison) 가족이 부산에 도착하다. 신병으로 인해 서경조가 떠나다. 마펫이 방문하다.
8월	에이비슨이 서울로 가다.
9월 25일~10월 11일	서울로 육로전도여행을 떠나다.
10월	연례 모임이 열리다.
11월 6일	부산으로 돌아오다.
12월	고 전도사가 관아 관리들에게 구타당하다. 부산 지역에서 최초로 8일 성경공부반이 개설되다.

1894년

1월 8일	평양에서 남자 일곱 명이 세례를 받고, 마펫이 성찬식을 집례하다. 휴 브라운이 결핵으로 인해 미국으로 돌아가다.
3월	얼빈(Irvin) 부부가 부산 선교부로 파송되다.
4월 22일	부산 최초의 세례식이 거행되다.
4월 30일~5월 12일	베어드, 얼빈, 고 전도사가 내륙 도시들을 순회하다.
5월 13일	낸시 로즈가 숨지다.
7월 15일	부산에서의 두 번째 세례식과 최초의 성찬식이 거행되다.
7~8월	청일전쟁에 참전하는 수많은 일본군인들이 부산을 거쳐 가다.

부산의 첫 선교사들

7월 26일	미국공사 호레스 알렌(Horace Allen)이 평양감사로 하여금 기독교인들을 박해한 사람들을 처벌하게 하고 마펫에게 500달러를 지급하도록 했다는 사실을 선교회에 보고하다.
10월 12일	존 아담스(John Adams)가 태어나다.
12월 17~31일	연례 모임이 서울에서 열리다.

1895년

1월	서당이 다섯 명의 학생으로 부산에서 시작되다. 마펫이 평양의 원하는 장소에 마침내 선교부지를 확보하다.
5월 29일	제임스 아담스(James E. Adams) 목사 부부가 부산에 도착하다.
7월 3일	소래마을에 세워진 조선 최초의 지역교회를 언더우드가 봉헌하다.
8월 1~30일	베어드가 일본 아리마(Arima)에서 휴가를 보내다. 콜레라가 서울과 북한 지역에서 발병하다.
10월	베어드가 연례 모임에 참석하기 위해 육로로 서울에 가다.
10월 8일	명성황후가 일본인에게 피살되다. 황제는 일본인들과 친일파들에 의해 궁 안에 감금되다. 거리에서 교전이 벌어지다. 황제는 베어드를 포함하여 선교사들에게 궁 안에서 함께 밤을 보낼 것을 요청하다.
11월	부산 선교부는 대구를 선교부로 승인하다.
12월	베어드가 선교부지 매입을 위해 대구에 가다.

2. 1890년대 초의 부산

부산은 조선에서 두 번째로 규모가 큰 도시이며, 부산항만의 뛰어난 설비들로 인해 오늘날 그 중요성을 인정받고 있다.[2] 하지만 역사가 오래된 다른 지역의 도시들과 비교하면 부산은 상대적으로 신흥도시이다. 평양의 역사는 기원전 약 2세기경의 낙랑문화로 거슬러 올라가고, 경주는 서기 500~1,000년의 신라문화유산을 자랑하고 있다. 서울은 이씨왕조에 의해서 1392년 수도로 정해져 오늘에 이르고 있다. 반면 부산의 역사는 한국의 근현대사와 함께 시작되었다. 베어드가 전도여행을 위해 사용하던 지도에는 부산의 지명이 전혀 보이지 않는다.

부산에는 수백 년 동안 일본의 무역교역소가 설치되어 있었다. 하지만 그렇다고 일본의 식민지는 아니었다. 조선은 이것을 '수자리'(Frontier Guard)라고 불렀으며, 일본으로부터 연간 천만 냥의 사용료를 받았다.[3] 이것은 조선에 유리한 조건이었다.

북경의 천자(Son of Heaven)에게 조공을 바치기 위해 중국으로 가던 조선외교사절단은 중국국경에서 정중한 예우와 숙식을 제공받았다. 천자를 무사히 알현하고 조공을 바칠 수 있도록 안전을 위한 경비대와 때로는 말과 마차 등의 편의를 제공받았다. 이것은 소국에 대한 대국의 호의였다.

---

2. 개항 이전 부산에 대해서는 George McAfee McCune의 "The Japanese Trading Post at Pusan," *Korea Review*, vol. 1, no. 1(March 1948), pp. 11–15가 가장 좋은 자료이다. 헐버트처럼 매쿤도 대부분 조선자료를 활용하여 기록했다. 또한 조선자료뿐만 아니라 일본자료도 풍부하기 인용한 Hilary Conroy의 *The Japanese Seizure of Korea, 1868–1910*(Univ. of Penna. Press, 1960)도 가치 있는 자료이다.
3. Homer B. Hulbert, *History of Korea*(New York : Hillary, 1962), pp. 215–216.

부산의 첫 선교사들

부산의 무역교역소의 역할이 이와 비슷하였다. 중국과 조선의 관계가 이곳에서는 곧 조선과 일본의 관계로 나타났다. 조선은 일본에게 숙박의 호의를 베푸는 한편, 활동을 교역소 지역으로 제한하였다. 하지만 1876년 부산이 일본에 의해 개항되면서 모든 상황이 역전되었다. 이러한 수자리에서 개항항으로의 전환은 일본의 명치유신과 함께 이루어지게 된다.

조선인들은 일본을 생각할 때 1592년의 히데요시가 일으킨 임진왜란을 가장 먼저 떠올린다. 하지만 1600년에 정권을 잡은 토쿠가와막부는 히데요시의 팽창정책을 전면적으로 수정하고, 토쿠가와 시대에 조선과 일본은 잠정협정하기에 이른다. 이에 따라 경축사절단이 교환되고, 조선과 일본 사이에 위치하고 있는 대마도 군주의 중계를 통한 제한된 무역이 이루어지게 된다(Conroy, 22쪽).

1868년 명치유신의 주도세력들은 토쿠가와막부를 무너뜨린 후, 막부 시대의 종말과 조선 황제의 전통적이고 합법적인 권위의 회복을 대마도 다이묘(Daimyo)를 통해 조선에 알려왔다. 이들은 자신들을 일본의 새로운 지배자로 자처하였다. 하지만 이에 대해 조선 정부가 오직 황제는 중국에만 있을 뿐이며 또한 자신들은 토쿠가와막부만이 일본의 유일하고 적법한 지배자라고 밝혀 오자 "일본국가최고위원회는 조선 문제에 대해 극단적인 분노를 표명하게 된다"(Conroy, 18쪽). 그리고 1870년 진상조사를 위해 사다조사단(Sada Inquiry)이 대마도와 부산에 오게 된다.

조선과 일본의 관계는 이들이 생각했던 것보다 훨씬 더 흥미로웠다. 대마도의 독특한 위치도 처음으로 밝혀졌다. 대마도는 토쿠가와막부로부터 매년 30,000코쿠(koku)의 쌀과 현금을 제공받았을 뿐만 아니라 조선으로부터도 쌀, 콩, 현금 등을 제공받아 온 것이다. 이로 인해 부산에서의 교역은 조선에 대한 대마도의 종속성을 잘 드러내고 있었다. 대마도는 조선과의 교역을 위한 완전한 인가를 받지 못하고 있었다. 따라서 이들은 매년 조선에 조공을 보냈으며, 이때에 조선은 교역관련 지침이 담긴 문서를 이들에게 발급해 주었다. 부산교역소 지역에는 약 300백 명의 대마도계 일본인들이 살고 있었는데, 조선관리들은 이들의 야간통행을 엄격히 제한하고 있었다. 하지만 그럼에도 불구하고 '열악하고 고립된 섬나라'(a poor and lonely island) 대마도는 조선과의 교역이 반드시 필요했다.

명치유신으로 인해 등장한 일본의 국수주의적 관점에서 이러한 부산의 상황은 용납할 수 없는 것이었다. 토쿠가와막부를 전복한 주도세력 간의 첫 갈등은 '정한론'(Conquer Korea Question)으로 인한 것이었다. 하지만 이러한 입장 차이는 조선 침공을 '하느냐 마느냐'의 문제가 아니라 '언제 하느냐'에서 야기된 것이었다(Conroy, 19-20쪽). '즉각적인 정한론'(conquer now)을 주장했던 파가 1873년에 물러났고, '점진적인 정한론'(move slowly)을 주장했던 파는 서서히 조선의 개항과 일본

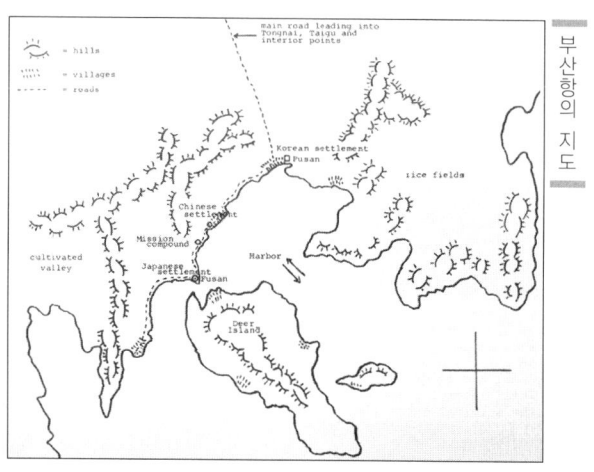

부산항의 지도

부산의 첫 선교사들

조계의 설치를 요구하기 시작하였다. 조선 정부가 그 회답을 회피하자 일본은 1876년 함대를 인천에 보내게 된다. 수천 명의 일본군이 상륙과 함께 개항을 요구하였고, 마침내 10일 만에 조약을 체결한다. 조선은 3개의 개항장 설치, 특사교환 등의 내용에 합의한다.

앞의 지도는 베어드가 엘린우드(Ellinwood)에게 보낸 1892년 2월 15일자 편지에 동봉된 것이다. 베어드는 이 지도가 영국전함의 조사를 기초로 제작된 것이라고 하였다. 지도에 나타난 '부산 조선인 거류지'(Korean Settlement Pusan)는 캠벨(Campbell)의 *William M. Baird of Korea : A Profile*(294쪽)의 표지에 그려진 부산진항을 나타낸다. 또한 베어드에 따르면, 일본인 거류지는 영도(Deer Island) 건너편에 위치하고 있었다. 이 지도를 오늘날 부산과 비교하면, 일본인들이 해안을 따라 있는 절벽을 깎아 바다를 메운 까닭에 오늘날 지도에서 보이는 것과 같은 철도역과 주변 부지를 포함하는 항구가 되었다는 것을 기억해야 한다.

1897년 러시아는 영도를 자국의 해군기지화하려는 시도를 하였다.[4] 영도 근처의 작은 섬의 이름은 판독이 어려운데 'Misagrete'라고 기록되어져 있는 것 같다(오늘날의 조도〈鳥島〉, 역자주).

옆의 사진은 장로회 선교부 주택지구에서 바라본 부산항의 전경이다(1891년). 앞쪽의 묘지(사진 우측 하단 - 역자주)는 낸시 로즈와 초기 선교사들이 묻힌

부산항의 전경

---

4. Fred H. Harrington, *God, Mammon and the Japanese*(University of Wisconsin Press, 1944), pp. 299 – 305.

곳이다.

부지가 처음 구입되었을 당시 베어드 부부는 비탈 아래의 해변에서 수영을 하기도 하였는데, 사진에서 보이는 것처럼 이후에는 해안을 따라 일본인 주택들로 가득 차게 되었다. 일본인들은 후에 해변으로부터 1마일 이상의 지역을 더 개간하였다.

아래의 사진은 영도에서 바라본 부산의 전경(1891년)이다. 현재 영도와 부산시 사이에는 다리가 놓여져 있다. 각 사진의 오른쪽에 보이는 정박 중인 어선들의 위치를 참조하여, 위의 두 사진의 관련성을 이해할 수 있다.

이처럼 베어드가 1891년 선교사역을 시작한 부산은 조선인 지역이라기보다는 일본인 지역에 더 가까웠다. 사다조사단이 파악했던 300명의 일본인 거주자는 현재 4,000명으로 증가되어 있었다. 해저전선이 일본과 연결되어 있었고, 서울과 전보를 주고받을 수 있었다. 일본우표를 파는 일본우체국이 있었으며, 일본화폐를 거래하는 일본은행들이 있었다. 이곳은 조선인 선교를 할 수 있는 장소는 물론 아니었다. 하지만 외국인들의 거류지는 서울과 개항지로 제한되어 있었다.

부산은 이미 전략적 요충지로서 국제적 관심을 받아 왔다. 미국과 일본에서 북경으로 가거나 상하이에서 서울이나 블라디보스토크로 가

부산항의 전경

부산의 첫 선교사들

는 승객들과 화물들은 모두 부산을 경유해야만 했다. 심지어 서울에서 원산으로 가는 여행도 상황이 열악한 내륙도로를 이용하는 것보다 제물포에서 부산을 거쳐 원산으로 가는 기선여행이 더 수월하였다.

1891년 당시 부산의 유일한 서양기관은 세관이었다. 조선은 아직 중국의 속국으로 간주되었으며, 중국으로부터의 채무회수를 위해 유럽국가들은 관세를 걷고 있었다. 따라서 조선이 개항되자 중국세관은 영국인 헌트(Hunt)를 부산에 보내 관세를 징수하게 하였다. 하지만 유럽 열강들의 이러한 관세 수입을 조선 정부가 전혀 받지 않고 있었기에, 헌트가 징수한 돈은 조선 정부로 인도되었다. 심각한 주택난에도 불구하고, 헌트는 관리의 자격으로 유럽의 식민지 행정관리들이 흡족해할 만한 거류지를 보장받았다. 그는 여러 유럽인들을 고용하였으며, 그의 십대 딸을 위해서 영국인 여자 가정교사도 고용하였다. 1891년 봄, 헌트는 하디를 항만 의사 겸 선박검역조사관으로 데려왔다.

후에 위대한 선교사들 중 하나가 될 감리교인 하디는 토론토에서 온 신실한 선교사였다. 하지만 하디에 대한 캐나다로부터의 지원이 점점 감소되었는데, 만약 헌트가 하디를 부산으로 초청하지 않았다면, 그와 그의 가족은 매우 어려워졌을 것이라고 베어드는 기록하였다.

주택 부족으로 인해 하디의 가족은 콜레라 병원으로 지어진 영도의 한 작은 건물에서 거주해야만 했다. 그해 9월 베어드가 부산에 오자 하디는 그를 자신의 집에 머물게 하였다. 베어드는 늦가을경에 부산내륙에 집을 장만하였고 베어드 부인이 합류하게 된다.

3. 베어드의 부산정착

1891년 여름을 서울과 남한산성에서 머문 베어드는 그해 9월 부산으로 돌아온다. 이번에는 방문이 아니라 거주를 위해서 온 것이다. 베어드 부부와 같이 경험이 부족한 초보 선교사들에게 새로운 선교부의 설립은 신앙과 용기를 필요로 하였다.

원래의 계획은 경험이 많은 선교사인 호레이스 알렌이 부산 선교부를 설립하고 베어드가 그를 돕는 것이었다.[5] 알렌은 조선에 온 첫 선교사였다. 암살시도로 인해 부상을 입은 명성황후의 조카인 민영익의 목숨을 살린 까닭에, 알렌은 황실의 신임을 얻고 황실 의사가 되었다. 황제는 알렌이 황궁을 자유롭게 드나들 수 있도록 그에게 참판벼슬을 내린다. 조선이 워싱턴에 대사관을 설치했을 때 황제는 알렌에게 대사관 참사관 및 통역관이 되어 달라고 요청하였고, 미국장로교 해외 선교부는 알렌에게 이를 위해 2년 동안의 휴가를 주었다.

알렌은 2년이 지난 후 다시 조선으로 돌아왔고, 베어드와 함께 부산 선교부를 설립할 계획을 세웠다(Harrington, 86쪽). 그러나 베어드가 도착하기 전, 알렌은 서울의 미국공사관으로부터 서기관이 되어 달라는 요청을 받았다. 알렌은 이 요청을 수락하고, 후에 주한미국대사관의 공사가 되었으며, 향후 10~15년 동안 조선에서 가장 영향력 있는 서양인이 되었다. 알렌은 대인관계가 그렇게 넓지 못하고 매우 지배적인 성격이었기 때문에 만약 알렌이 부산 선교부의 설립에 관여하게 되었다면, 부산 선교부의 설립과 베어드의 삶과 사역은 매우 다른 방향으로 진행될 수 있었다.

베어드는 부산 중심부에 위치한 동래에 있는 부지를 서둘러 매입하려고 하였으나 무산되었다. 베어드는 이를 그의 조선어 어학교사와 언더우드의 탓으로 돌렸다. 하지만 사실은 동래주민들이 외국인들의 거주를

---

5. 이 계획은 프레드 해링턴(Fred H. Harrington)이 쓴 알렌의 자서전 *God, Mammon and the Japanese*(University of Wisconsin Press, 1944)에 자세히 서술되어 있는데, 이 자서전에는 당시의 정치적 상황과 선교사의 형편에 대한 알렌의 견해가 포함되어 있다.

원하지 않았기 때문이었다. 실제로 베어드도 그 이전 해에 토지 매입을 시도한 적이 있으나 실패한 경험을 가지고 있었다. 1888년에는 중국 기독교인들은 2명의 중국인 선교사를 부산에 파송하였는데, 이들이 동래에 들어오려 한다는 소식을 접한 관리들은 성문을 닫고, 그들이 떠날 때까지 모든 상거래와 통행 및 여행을 중단시킨 적도 있었다.

미국공사의 자격으로 알렌은 베어드가 일본개항지 안에 3필지의 토지를 매입하는 데 정치적인 도움을 줄 수 있었다. 이로 인해 베어드는 일본인 거류지 외각의 항구가 내려다보이는 언덕에 토지를 매입할 수 있었다. 하지만 베어드는 두 차례에 걸쳐 토지 매입금을 지불해야 했다. 먼저 외국인 거류지로 사용하기 위한 목적으로 토지를 조선 정부로부터 매입해야 했고, 그 다음에는 그 땅에 실제로 살면서 농사를 짓고 있는 사람에게 매입금을 지불해야만 했다. 하지만 가장 어려웠던 점은 일본인 거류 지역에서 조선인을 전도하는 일이었다. 하지만 그곳을 조선전도를 위한 전진기지로 사용할 수 있었다.

베어드 부부와 하디 부부의 사정은 1891년 10월의 예기하지 않았던 호주 선교사들의 도착으로 인해 더욱 복잡해졌다. 멕케이(Mackay) 목사 부부와 여 선교사들인 페리(Perry), 멘지스(Menzies), 퍼셋(Fawcett)이 부산에 도착한 것이었다. 하지만 이들의 도착은 경사스러운 일이었다. 이들이 거할 수 있는 장소를 물색하였으나 여건이 좋지 않은 한 창고 외에는 더 나은 장소를 발견할 수 없었다. 이러한 악조건에도 불구하고 호주 선교사들은 그곳으로 입주하였다. 하지만 이듬해 1월 멕케이 부인이 풍토병으로 사망하자 호주 선교사들은 다시 하디의 거처로 돌아오게 된다.

2월 5일자 베어드의 일기에 따르면, 하디의 방 4개짜리 집에는(각 방의 크기는 가로세로 10피트 미만) 열 명의 어른들(하디 부부, 베어드 부부, 멕케이, 세 명의 여 선교사들, 조선인 어학교사, 일본인 가정부)과 하디의 두 자녀가 살고 있었다. 2월 26일자 일기에는 멕케이와 페리가 신경쇠약으로 고생하고 있다고 적혀 있다. 왜 그랬는지 그 이유를 충분히 알 수 있다.

이러한 상황에서 베어드의 거처는 시급하고 급박하게 해결해야 할 문제였다. 그해 가을에 기록된 베어드의 일기에는 건축 속도가 느린 것에 대한 절박한 기다림으로 가득 차 있었다. 중국인 건축업자와 인부들과의 관계는 아마도 베어드의 생애 중 가장 짜증스러웠던 일이었던 것 같다. 베어드는 이 일을 후에도 자주 언급하였다. 조선에 대한 경험이 일천한 베어드였지만 전광석화처럼 일을 진행하였다. 9월 초에 서울에 도착하여 토지를 확보하였고, 24일에는 중국인 건축업자와 인천에서 데려온 인부들로 하여금 일을 시작하게 하였다.

1892년 2월 5일에 지붕에 기와를 얹을 준비가 되었다. 3월 5일에 베어드 부부는 복잡한 하디의 집을 떠나 그들 부지에 있는 공구실로 이사했다. 4월에 드디어 건축이 끝나지 않은 그들의 거처로 입주하였고, 5월에는 미장과 도색이 진행 중이었지만, 부산에서 여름을 보내기 위해 서울에서 온 수잔 도티(Susan Doty)를 즐겁게 맞이할 수 있었다.

공사는 어렵게 진행되었다. 젊은 미국인과 어린 조선인이 그들보다 훨씬 노련한 중국인 인부들을 다루기란 여간 어렵지 않았다. 특히 개항장이기에 조선인 관리들로부터 아무런 도움도 받을 수 없었을 뿐 아니라 일본인 관리들마저도 중국인들에 대한 법적 관할권이 없었다. 게다가 중국영사는 아무런 병력이 없어 무력하기만 한 상황이었다.

공사 기간, 총공사비용, 인부들의 공사조건 등에 대하여 어렵사리 계약을 했던 건축업자는 모든 것을 하청업자들에게 맡긴 후, 계약금을 가지고 서울로 돌아가 버렸다. 그러자 하청업자들은 공사비를 새롭게 요구했을 뿐만 아니라 계약조건들을 전혀 지키지 않았다. 더구나 베어드가 인천과 일본에서 직접 구매한 후 믿을 만한 선장들에게 운반을 부탁하였던 건축자재들 중 일부는 전혀 쓸모없는 자재들로 바뀌어 배달되었다. 이것뿐만이 아니었다. 못, 유리, 그리고 값비싼 수입자재들을 중국인부들이 몰래 내다 팔기까지 하였다.

문제는 끝이 없었다. 인부들은 모든 중국명절에는 전혀 일을 하지 않았는데, 그중에는 베어드가 듣도 보도 못한 명절들까지 있었다. 음력 명절에는 3주를 쉬었는데, 베어드가 아무리 일을 재개할 것을 권해도 이들은 듣지 않았다. 그러더니 이들은 주일 아침에 일을 시작하였고, 베어드는 도저히 참을 수 없는 지경에 이르렀다. 베어드는 잠옷 바람으로 나가 안식일을 범하는 그들을 막아야 했다.

도저히 참을 수 없는 일이 1892년 오뉴월경에 일어났다. 집은 예정일을 수개월 지나서야 겨우 완공되었고, 비용도 예상보다 훨씬 더 들었는데, 인부들이 건축업자로부터 돈을 받지 못했다는 것이었다. 그 건축업자는 이미 달아난 뒤였다. 베어드는 내륙으로의 사전탐사여행을 준비 중에 있었고, 조선인 전도사 서상륜이 이를 위해 이미 서울에서 도착해 있었다. 하지만 이들이 여행을 떠나자 중국인부들은 베어드가 건축업자처럼 도망하려는 것이라고 생각하여 이들을 쫓아가서 강제로 부산으로 다시 데려오는 일이 일어났다. 다행히 서 전도사가 중국어를 할 줄 알아 사정을 설명하였고, 이들 사이에 잠정적인 합의를 도출한 후에야 다시 탐사여행을 재개할 수 있었다. 이때 베어드 부인은 첫 아이 임신 7개월 상태였다. 그녀가 임금문제로 이성을 잃은 중국인부들이 주변에 있는 상황에서 남편을 떠나보내기란 쉽지 않았을 것이다. 하지만 그들이 조선에 온 목적이 바로 전도라는 것을 그녀는 누구보다도 잘 알고 있었다. 이 기간 동안 베어드 부인과 함께 있기 위해 서울에서 학교교사로 사역하고 있던 수잔 도티가 부산에 오게 되었다.

베어드가 탐사여행을 마치고 돌아오자 중국인부들은 다시 임금지불을 요구하였다. 하지만 베어드는 이를 지속적으로 거부하였다. 그러자 이들은 베어드 부부와 손님들이 머물고 있던 집 안으로 몰려들었고 이들은 집 안을 점거한 후 자리를 펴고, 요리를 하고, 먹고, 자고, 그리고 심지어 아편을 피기까지 하였다. 조선, 일본, 중국관리들에게 호소를 해도 아무런 소용이 없었다. 결국 베어드는 임금을 지불할 수밖에 없었다. 이 일은 베어드에게 정신적으로 적지 않은 영향을 주었다.

이러한 경험에 비추어 볼 때 베어드가 수년이 지난 후 평양 숭실학교 건물이 완공되었을 때 양 두 마리를 선물로 받자 그렇게 기뻐했던 이유를 쉽게 짐작할 수 있다. 그 당시 건축업자는 조선인이었지만 벽돌제조 및 미장일은 중국인 벽돌제조조합이 하청을 맡아 일했다. 모든 일이 마무리되고 모든 비용이 지불되자 중국인 책임자는 베어드에게 양 두 마리를 선물로 주었다. 당시 조선에는 양이 없었기에 이 양들은 특별히 중국 산동에서 수입된 것이었다. 베어드에게는 그가 부산에서 집을 지을 때 겪었던 일들과 비교한다면, 정말 잊을 수 없는 의미 있는 선물이었다. 베어드는 불편을 감수하면서까지 이 양들을 오랜 시간 소유하였는데, 그 이유는 이 양들이 그가 미국 선교사로서 동양인 인부들과 어떻게 하면 공정하고 정당하고 상호 존중하는 가운데 일을 할 수 있는지를 배웠던 증거였기 때문이었다.

하지만 안타깝게도 베어드의 부산 집의 사진이나 그림 혹은 평면도가 남아 있지는 않다. 베어드의 거처는 선편을 이용하여 출입국을 하는 모든 사람들이 머무는 장소로도 활용되었는데, 이로 인해 '다용도 하우스'(Omnibus House)라고 불리게 되었다.

1892년 11월 하디 부부는 부산에서 원산으로 발령을 받고, 호주 선교사들은 마침내 부산 안쪽의 초량과 부산진에 자리를 잡았다. 이로써 부산항에는 선교사로서는 베어드 부부만이 남게 되는데, 부산을 오가는 모든 사람들은 베어드의 집을 거쳐 갔다. 어떤 이들은 하루를 머물기도 하고, 또다른 이들은 기선을 기다리며 수주일을 머물기도 하였다.

베어드에 따르면, 교육가 출신으로 선교사들에게 우호적이었던 주한 미국공사 셀스(Sells)도 세찬 비바람으로 인해 흔들리는 배에 머물러 있지 않고, 베어드 부부와 하루를 지내기 위해 베어드의 집을 찾아오기도 하였는데, 이는 외교의례에 신경을 쓰던 세관담당자들을 당황하게 만들기도 하였다고 한다.

1892년 7월 5일, 이들이 새집에서 맞는 첫 여름에 첫 딸 낸시 로즈(Nancy Rose)가 태어났다. 미혼이던 사무엘 마펫(Samuel Moffett)도 1893년 여름을 베어드 부부와 함께 보냈다. 그리고 7월에는 새롭게 조선 선교사로 파송받은 에이비슨 부부(Dr. and Mrs. Avison)와 세 자녀들이 서울로 가기 전에 머물게 되었다. 그런데 서울의 선교부로부터 에이비슨 가족의 도착을 전혀 예상하지 못하고 있었으며, 이들을 맞이하기 위한 아무런 준비도 되어 있지 않다는 연락을 받았다. 이로 인해 에이비슨 가족은 베어드 부부와 그해 여름을 함께 보냈다. 아래에 자세히 언급하겠지만, 이 경험을 통해 에이비슨은 그 당시 부산의 생활형편을 상세한 기록으로 남길 수 있었다.

그해 여름 부산에서의 첫 세례식이 베어드의 집 사랑방에서 열렸다. 조선인들과 선교사들이 참석한 이 예식에서 마펫은 베어드의 딸 낸시 로즈에게 그리고 베어드는 에이비슨의 아들 더글라스(Douglas)에게 유아세례를 베풀었다. 하지만 안타깝게도 이로부터 일 년이 채 못 된 1894년 5월 13일 낸시 로즈는 뇌수막염으로 인해 하나님의 품에 안겼다. 낸시가 아팠을 당시에 베어드는 어빈(Irvin)과 함께 전도여행 중이었다. 낸시가 위독하다는 전갈을 받고 집으로 돌아온 후 얼마 지나지 않아 낸시는 숨을 거두었다. 당시의 의료수준으로 미루어 보아 설령 의사가 조기에 조치를 취했다 하더라도 살 가망이 있었는지는 장담할 수 없었다. 부드럽고 따뜻한 마음과 강한 신앙의 소유자였던 베어드는 그의 딸 낸시(Rosie)가 하나님 곁으로 간 후 얼마 지나지 않아 아버지에게 편지를 썼다. 이 편지에서 베어드는 "제 자신의 모습은 매우 강하지만 제 안의 은혜는 너무도 연약합니다."라고 고백했다.

1894년 10월 12일 베어드 부부의 첫 아들 존 아담스 베어드(John Adams Baird)가 부산에서 태어났다.

전술한 것처럼 올리버 에이비슨(Oliver R. Avison)은 매우 값진 기록들을 남겼다. 그의 "조선에서의 처음 나날들"(Our Early Days in Korea)로부터 아래의 내용들을 인용하였다. 이 이야기는 에이비슨의 가족이 요코하마에 도착하던 때로부터 시작된다. 에이비슨 부부에게는 어린 세 자녀가 있었고, 조선으로 오는 도중 넷째 아이를 얻었다.

> 우리는 우리가 조선에 언제쯤 도착하면 좋을지를 전해 줄 편지를 기다리고 있다. 하지만 아무런 소식도 없이 하루하루가 가고 있다. …… (약 6주를 기다린 후에, 편집자주) …… 우리는 매우 멋진 기선을 타고 고베까지 갔다. 그리고 거기서 히고마루(Higo Maru)라는 이름의 작은 배로 갈아탔다. 이 배는 조선으로 갈 화물들을 싣고 있었다. 육지에 상륙하여 해안을 돌아보는 대신 우리는 곧바로 히고마루에 올라 출항을 기다렸다.
> 히고마루에서는 말린 생선 냄새가 매우 심하게 났다. 우리의 선실은 배 아래쪽에 있었는데 작고 통풍이 잘 되지 않았다. 식당은 매우 더웠으며 환기시설도 제대로 갖추어지지 않았다. 그래서 우리는 배 갑판으로 의자를 가지고 올라갔고, 밤새도록 거기에 머물러 있었다. …… (모기에 시달림을 당했다.) …… 다음날 배가 마침내 출항하게 되자 우리는 얼마나 기뻤는지 모른다.
> 고베를 떠난 배는 나가사키를 거쳐 대한해협을 건넜다. 부산이 다가오자 나는 우리를 부른 그 땅을 처음으로 바라보았다. …… (우리는) 한 수로를 통과했는데 양 옆으로는 마치 거대한 보초들처럼 바위기둥들이 치솟아 있었다. …… (그리고) 곧바로 넓은 항구를 볼 수 있었는데, 그 뒤로는 웅장한 산들이 둘러싸여 있었고, 해안을 따라 저지대가 길게

형성되어 있었다. 바로 부산이었다.
 이곳은 조선에 있는 일본인들의 첫 거류지였는데, 그 기원은 1443년까지 거슬러 올라간다. 이곳의 건물들은 대부분 단층으로 된 일본식 기와집이었고, 간혹 높은 건물도 눈에 띄었다. 또한 산 아래 저지대를 따라 조선의 초가집들이 마을을 형성하고 있었다. 그 뒤로는 아무도 살지 않는 것처럼 보이는 벌거벗은 높은 언덕과 산들이 있었다. 전체적으로 볼 때 부산은 그렇게 매혹적인 곳은 아니었다. …… 마침내 한 언덕 위에 있는 서양 스타일의 한 집이 시야에 들어왔다. 바로 우리의 목적지였다. 가족들을 배에 남겨 둔 채 작은 배를 이용하여 먼저 해안에 상륙했다. 그리고 거친 비탈길을 올라 그 집으로 갔다. 이때가 1893년 6월 16일 주일 오후였다.
 그곳은 베어드의 집이었는데, 주일예배를 드리기 위해 외국인들이 모여 있었다. 그들은 베어드 부부, 브라운(Brown) 박사 부부, 우리 선교회 소속 선교사들, 그리고 호주장로교 선교회 소속의 몇몇 선교사들이었다. 호주 선교사들은 그곳에서 약 2~3마일 떨어진 지역에 살고 있었다. 선교지에서 외롭게 살아가는 그들은 나를 보자 진심으로 따뜻하게 환영해 주었다. 배가 하루나 이틀을 더 부산에 머물러야 했기 때문에 다음날 나는 아내와 아이들을 데리고 베어드의 집으로 갔다.
 화요일에 나는 서울에서 온 벙커 목사 부부를 만났다. 이들은 감리교 선교사들이었으며, 일본에 가기 위해 이곳에 머물고 있었다. 우리가 서울로 가는 중이라고 이야기하자 깜짝 놀라며, 일본에서 가을까지 머물러 있으라는 전보를 요코하마에서 받지 못했느냐고 물었다. …… 서울의 모든 선교사들은 무더위를 피해 휴가를 갔다는 것이었다. …… 그럼 우리는 어떻게 해야 하는가?
 베어드는 좁기는 하지만 괜찮다면 자기 집에 머물러 있기를 권했다. 하지만 베어드의 집은 이미 다른 손님들로 인해 전혀 넉넉해 보이지 않았다. 브라운 부부는 그들 집이 지어지는 것을 기다리며 베어드의 집 방 두 개를 이미 사용하고 있었다. 베어드 부부는 복도 양쪽에 있는 그들의 두 개의 서재를 우리가 사용하면 된다고 하면서 우리를 최대한 배려해 주었다. 우리는 기쁜 마음으로 베어드의 관대함을 받아들일 수밖에 없었다. …… 밤이 되기 전에 우리는 배에서 짐을 가져왔다. 책상들이 있었던 서재에는 우리를 위한 침대들이 대신 놓여졌다. 이렇게 해서 조선선교사로서의 우리의 삶이 시작되었다.

그날 밤 베어드 부인은 우리에게 모기장을 가지고 왔는지 물었다. …… 나는 오늘 밤은 어떻게든 지내고, 다음날 일본 거리에서 천을 사와서 모기장을 만들겠다고 말했다. 하지만 밤이 되자 우리는 방 안 가득히 시끄럽게 윙윙거리며 우리 주위를 날아다니는 모기소리를 들어야 했다. 그날 밤 우리는 잠을 한숨도 잘 수 없었다. 우리 방의 모기를 잡은 후, 다른 방으로 가서 또 모기를 잡았다. 두 방을 오가며 나는 밤을 꼬박 새워야만 했다. 하지만 이런 노력에도 불구하고, 모기로 인해 아이들의 얼굴은 물론이고 눈가는 눈이 감길 정도로 부어올랐다. 우리는 다음날 바로 모기장을 구입했다.

부산에 도착한 지 약 일주일이 되는 주일 오후에 우리의 넷째 아이가 태어났다. 우리는 일본을 떠나면서 서울에 도착한 후에 더글라스 (Douglas)를 출산했으면 했다. 하지만 우리가 부산에 잠시 머물게 된 것도 주님의 뜻이었다.

베어드의 집에 머문 지 수일이 지난 어느 날, 사무엘 마펫(Samuel A. Moffett) 목사가 베어드 부부와 부산에서 여름을 지내기 위해 예기치 않은 방문을 했다. 베어드는 "진심으로 환영합니다. 그런데 당신이 머물 수 있는 방이 지금 없습니다. 하지만 식당 해변이 내려다보이는 창가에 매트리스를 깔고 머물 수 있다면, 그렇게 자리를 마련하겠습니다."라고 마펫에게 말했다.

이로써 부엌을 제외하고 베어드의 집 안의 모든 공간들은 침실로 변해 버렸다. 얼마 뒤 베어드 부인은 나에게 조선어 개인교습을 권했다. 베어드는 그의 조선어 선생이면서 조력자인 고씨(Mr. Koh)를 소개했다. …… 우리는 베어드의 집에 8월 말까지 머물러 있었다.

4. 베어드의 부산선교

전혀 다른 문화권에 새로운 종교가 정착하기 위해서 처음에 필요한 것들은 무엇일까? 베어드는 다음의 방법들을 통해 선교사역을 진행했다.

1) 기독교 가정을 통한 선교

처음부터 가정예배는 조선어로 드렸고, 미국인과 조선인 손님들, 그리고 집안의 일꾼들이 참여하였다.

베어드 부부가 생각하기에 그들을 통하여 처음으로 그리스도를 영접한 조선인은 그들 집에서 일하던 소년이었다. 그는 세탁을 해 주던 가정부(첫 세례자들 중의 한 사람)의 사촌이었다. 그 소년은 베어드 가족이 서울에 체류하고 있을 때에 요리를 배우기 위해 들어왔는데, 베어드 가족이 부산으로 오게 되자 그도 따라왔다. 그는 덤벙거리고 아무런 고민이 없는 십대 아이였다. 그런데 베어드 가족의 기도모임에 참여하면서부터 부엌에서 요리를 배울 때면 베어드 부인과 영적인 문제들에 대해 이야기하게 되었다. 그리고 마침내 그의 사촌에게 세례를 받고 싶다는 말을 하기에 이르렀다. 뒤에 언급하겠지만, 그는 베어드와 함께 서울로의 육로여행에 동행하였고, 그의 가족을 만나기 위해 황해도로 갔다. 그런데 그곳에서 병을 얻게 되었고, 치료를 위해 서울에 왔으나 안타깝게도 곧 숨졌다. 베어드 부부는 마치 가족을 잃은 것처럼 슬퍼했다. 또한 이들 부부는 그가 진실로 그리스도를 영접했으며, 가정예배를 통해 회심했다고 굳게 믿었다.

수세기 동안 외부와의 접촉이 적었던 까닭에 조선사람들은 지위고하를 막론하고 서양과 서양사람들의 생활양식에 많은 궁금증을 가지고 있었다. 남녀노소가 베어드의 집을 수시로 방문하였으며, 특히 명절에는 서양인의 집을 구경(koo kyung)하기 위해 더 많은 사람들이 왔다. 영사나 사업가들은 이러한 요청을 거절하였지만, 선교사들은 이것을 전도의 기회로 적극적으로 활용하였다. 사람들은 아무 때나 예고 없이 찾아와서 베어드 부부를 당황하게 만들었다. 심지어 식사를 할 때 양반집 규수들이(때로는 상민층 여인들이) 찾아와 젓가락 대신 포크와 칼을 가지고 식사를 하는 모습을 놀라운 눈으로 바라다보기도 하였다. 의심할 여지없이 선교사의 집은 조선인 친구들을 사귀고 그들의 마음 문을 여는 수단으로 사용되었다.

2) 사랑방을 통한 선교

사랑방제도는 조선 특유의 관습이었다. 사랑방은 초기 복음전파에 있어서 지대한 공헌을 하였다. 모든 조선양반은 사랑방을 소유하고 있었는데, 이는 손님접대와 각종 모임을 위해 사용되었다. 사랑방은 외부로부터 바로 진입이 가능하였고, 이로 인해 남자 손님들은 여성들이 있는 안채를 거치지 않고 바로 사랑방으로 들어올 수 있었다.

조선양반들은 어느 곳을 가든지 간에 사랑방에 머물 수 있었기 때문에 거의 비용을 들이지 않고 자유롭게 여행할 수 있었다. 여행을 하는 중에 밤이 되면 그 지역의 적당한 양반집을 찾아 그의 용무에 대해 이야기하고, 사랑방에서 하룻밤을 지낼 수 있었다. 만약 주인양반이 집에 있다면, 객이 발걸음을 되돌리는 경우는 거의 없었다.

손님은 용무에 따라 하루나 한 주를 머물기도 하였는데, 주인이 보기에 손님이 마음에 들지 않으면 하루나 이틀이 지난 후 떠나가도록 만들었다. 신문이나 다른 언론매체가 없었던 시대에 사랑방은 여론형성의 진원지가 되었고, 이러한 여론은 놀라울 정도로 순식간에 전국적으로 퍼져 나갔다.

물론 이러한 관습은 주인의 경제적 부담을 야기하기도 하였다. 조선 양반은 그가 살아가는 동안 손님에 대한 환대와 경제적 부담 사이에서 갈등해야만 했다고 전해진다. 하지만 조선양반들은 둘 중 그 어떤 것도 소홀히 할 수 없었다. 왜냐하면 지나친 손님환대의 결과로 빚이 늘어 결국은 인생이 힘들어지는 경우도 있지만, 그 자신도 정적들의 음모로 인해 어려운 처지에 놓이게 되면 다른 사람들의 신세를 져야 했기 때문이었다. 만약 주인양반이 부재하면, 사랑방도 역시 개방되지 않았다. 만약 채무자나 관리가 그를 찾아오면 가족들은 그가 어디에 있는지 모른다고 대답했는데, 이러한 대답은 아무런 의심 없이 사실로 받아들여졌다. 그는 2마일 정도 떨어진 이웃의 사랑방에 거하고 있을 수도 있고, 아니면 백 마일 정도 떨어진 곳의 사촌집이나 아니면 전혀 모르는 사람의 사랑방에 머물고 있을 수도 있었다. 수주 혹은 수개월 동안 가 보고 싶었던 곳을 다니며 전국을 유유자적 돌아다니다 보면 추수할 때가 되어 빚도 갚을 수 있었고, 혹은 정치적 상황이 급변하여 그의 정적이 축출되기도 하였다. 이때 그는 다시 집으로 돌아와 그의 사랑방을 다시 개방하였다.

  모든 초기 선교사들은 사랑방을 가지고 있었다. 이 사랑방은 선교사의 거처와 분리되어 있었으며, 외부로부터 들어오는 입구 근처에 위치했다. 이곳에 선교사들과 조선인 조력자들이 상주하면서 그들에게 관심을 보이는 사람들이나 호기심에 기웃거리는 사람들을 만났다. 집이 완성된 후에 베어드가 선교부에 처음 요청한 것도 사랑방을 짓기 위한 기금이었다. 사랑방은 전도여행을 떠날 때를 제외하고는 베어드의 선교사역의 거점이 되었다. 조선양반들의 사랑방처럼 숙박을 제공하지는 않았지만 베어드의 일기에 보면, 그의 사랑방에서 가끔 전도자들과 손님들에게 점심을 대접하곤 하였다.[6]

  거의 매일 사랑방에 손님들이 찾아왔다. 이들은 예배, 가정생활, 주일 등 무엇이든지 흥미롭게 관찰하곤 하였다. 베어드는 이들에게 무료로 소책자들을 나누어 주었으며, 쪽복음서나 기독교 책자들을 사도록 권유하였다. 이들은 때로는 몇 시간씩 머물면서 베어드가 가정교사와 조선어 공부를 하거나 영어 책자들을 조선어로 번역하는 일을 바라보기도 하였다.

1893년 9월 11일자 일기에서 베어드는 그날 사랑방을 찾은 사람들에 대해 아래와 같이 기록하고 있다.

1. 부산에서 50마일 떨어진 김해에서 온 배씨 성을 가진 노인
2. 남쪽으로 100마일 떨어진 제주도(Quelpart, 하지만 거리상으로 거제도인 듯하다, 역자주)에서 온 시각장애인
3. 10마일 떨어진 동래에서 온 박씨 성을 가진 남자
4. 북쪽으로 400마일 떨어진 만주국경 부근의 함경도에서 온 남자

1894년 2월 28일자에서 베어드는 다음과 같이 기록하고 있다. "거제도에서 온 남자가 책과 약품을 얻기 위해 몇 차례 다녀갔다. 하지만 복음에는 별로 관심을 보이지 않았다. 최근 여러 사람들이 거제도에서 우리를 방문했는데, 언젠가 그 섬에서 선교사역을 시작하는 데 좋은 밑거름이 되었으면 좋겠다."

1894년 4월 6일자에서도 사랑방이 어떻게 이용되고 있는지를 보여주고 있다. "동래에서 돌아온 후 나는 감기에 걸렸다. 이로 인해 집 밖으로 멀리 나갈 수 없었다. 나는 오늘 오후 3시까지 선생님들과 함께 사랑방에서 시간을 보내면서 조선인들과 이야기를 나누거나 조선어 공

---

6. 1900년에 이르러 평양에 교회가 설립되자 사랑방의 역할이 더 이상 필요하지 않게 되었다. 이 사랑방은 초기 숭실학교의 교사로 사용되었고, 후에는 외국인학교로 활용되었다.

부와 번역하는 일을 하였다. 또한 「텬로지귀」(Chullo Chikwi)를 조심스럽게 교정하는 일도 하였다. 조선인 몇 사람이 책을 얻기 위해 찾아왔다. 지난해 내가 서울에 가기 전, 예배에 한 번 참석한 적이 있는 동래의 박 서방이 요즘 거의 매주 예배에 참석하고 있다. 부산 인근에 사는 송씨와 김씨가 그와 함께 왔다. 지난달에는 우리 책들을 꾸준히 읽고 있는 두 사람이 나를 찾아왔는데, 신자가 될 수 있는 가능성이 많이 엿보인다. 이들의 관심이 표면적인 것만은 아닌 것 같다. 주님께서 이들을 빛으로 인도하시기를 소망한다."

3) 문서제작과 배포를 통한 선교

조선을 포함하여 모든 미전도 지역에서 소책자와 문서를 통한 선교는 지금까지의 선교역사에서 자세히 논의해 왔기 때문에 여기서 더 논할 필요는 없다고 생각한다. 베어드는 그의 생애 후반부를 기독교 문서를 제작하는 일에 헌신한 까닭에 이에 대해서는 또다른 장에서 자세히 논하도록 하겠다(*William M. Baird of Korea : A Profile*의 제5장을 참조하라, 역자주).

4) 전도여행을 통한 선교

지역답사와 전도는 부산 선교부 설립의 이유였다. 베어드는 이러한 목적을 성실히 수행하였다. 어느 해에는 7개월 동안 전도여행을 한 적도 있었다.[7] 1896년에는 279일 동안 8차례에 걸쳐 총 1,000마일 이상

---

7. Harry A. Rhodes, *History of the Korea Mission of the Presbyterian Church in USA, 1884-1934*(Seoul : YMCA Press, 1934), p. 129. 이 책은 미국장로교의 조선선교에 관한 필독서이다.

의 전도여행을 하였다. 지역답사가 주된 목적이었지만, 이는 또한 전도여행이기도 했다. 사랑방을 찾았던 사람들뿐 아니라 치료를 해 준 적이 있었던 사람들을 만났고, 기독교에 대한 공부를 열심히 하라고 격려도 하였다. 아무런 연고가 없는 마을들에서는 서당, 활터, 한약방, 소수의 식자층이 모인 곳들을 찾아가 전도했다. 기독교가 공식화되어진 시기가 아닌 까닭에 거리나 시장에서의 설교는 자제하였다.

베어드는 수많은 전도여행을 하였는데, 그중에 중요한 두 차례의 전도여행에 관하여 그의 일기를 거의 그대로 인용하여 아래에 기술하였다. 여기에 사용된 조선어 단어들은 *William M. Baird of Korea : A Profile*의 부록에서 설명하였으며, 지명이나 인명 등은 베어드의 일기에 기록된 철자 그대로 인용하였다.

(1) 경상도 지역 순회전도(1893. 4. 17. - 5. 2.)

아래의 내용은 경상도 지역 순회전도에 대한 부분이다.

4월 17일 월요일, 동래

나는 경상도 북부 지역으로 전도여행을 시작했다. 금요일에 동래에 도착했고, 내일 대구로 출발할 예정이다. 서경조 전도사가 나와 동행하고 있다.[8] 또한 박재용이란 소년도 함께 여행하고 있다.[9] 내일은 두 명의 마부가 합류하여 짐을 싣고 갈 예정이다. 소년에게는 9달러 50센트를 주기로 하였는데, 식사는 스스로 해결하는 조건이다. 마부들은 매일 500전을 주기로 했다. 떠나기 전에 각각 10냥씩 줘서 각자가 여행에 필요한 것을 사도록 할 예정이고, 나머지 수고비의 잔액은 돌아온 후에

---

8. 서경조에 관해서는 "6. 조선인 동역자들"을 참조하라.
9. 이 소년은 요리를 하거나 심부름을 하고, 또한 개인적인 시중도 들었다.

주기로 했다.[10]

우리는 비에 완전히 젖은 채로 동래에 도착했다. 토요일에는 젖은 옷을 말리는 동안 공부를 했다. 어제는 맑은 날씨였다. 우리는 온천 지역을 거쳐 동래로 들어왔다. 이곳에서 책을 몇 권 판매했는데, 많은 사람들이 기독교에 호감을 가지고 있었고, 그들 중 대다수가 책을 구입하기를 원했다. 오늘 아침은 번역하는 일로 시간을 보냈다. 정오쯤 베어드 부인이 동래온천으로 찾아왔다. 오후에는 내일 아침에 일찍 출발하기 위해 짐을 싸고 정리하였다.

4월 19일 수요일 정오, 가지원

마부들의 권유에 의해서 어제 아침 9시에 출발하였다. 우리는 범어사를 넘어 험한 계곡을 지났다. 그리고 길가의 한 여관에서 저녁식사를 하였다. 오후에는 양산읍내와 황산역을 지나 저녁에 낙동강가의 물금에 도착했다. 오늘 하루 동안 약 60~65리를 여행했다. 물금에서 묵은 여관은 아주 좋은 곳이었다. 그러나 우리를 천주교인으로 오해한 여관주인은 대화를 거절하였고, 이로 인해 우리는 전도할 기회를 갖지 못했다. 책도 판매하지 못했다. 하나님께서 이들의 보지 못함을 긍휼히 여기시기를 소망한다.

4월 20일 목요일 오전, 밀양

어제 오후 작은 산들을 넘어 다시 북쪽으로 향했다. 우리는 지난 며칠 동안 보지 못했던 넓고 비옥한 지역에 들어섰다. 많은 사람들이 거주하고 있는 지역이라고 생각했다. 어둠이 내린 후에 밀양에 도착했다. 밀양은 작아 보였지만, 천여 가구가 산다고 들었다. 어제 하루 70~80리 정도를 여행했다. 하지만 말씀을 전할 기회는 많지 않았고, 책도 몇 권 못 팔았다. 사람들이 우리를 피하는 듯했다.

---

10. 조선화폐 단위에 관해서는 *William M. Baird of Korea : A Profile*의 부록 2를 참조하라.

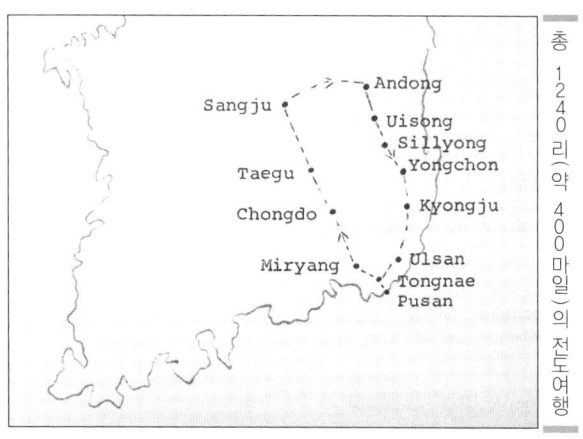

밀양에는 유명한 건축물이 있다. '다락'이라고도 불리는 이 건축물은 남도 지역 최고의 것이라고 일컬어지는 '영남루'(South Country Tarak)였다. 집에 편지를 보냈다.[11] 오전에는 번역을 하면서 보내고, 오후에는 대구를 향해 다시 길을 떠날 예정이다.

4월 21일 금요일 정오, 삼거리(청도)

밀양을 막 떠나려고 할 때 책을 구입하려는 요청이 쇄도했다. 우리는 간신히 저녁을 해결하였고, 책의 내용을 설명할 기회도 갖지 못했다. 이 지역은 인구도 많고 우리에게 호의적이다. 또한 부자들도 많이 산다고 한다. 우리는 유천역에서 밤을 보냈다. 여관주인인 듯한 아버지와 그 아들이 다투고 있었는데, 그는 아들을 거칠게 다뤘다. 아들은 머리카락을 쥐어뜯고, 땅을 치며, 욕을 해 댔다. 동네사람들이 많이 모여 이 광경을 지켜보았고, 우리는 어찌된 영문인지를 알 수 없었다.

아침에 일찍 출발한 덕택에 사람들이 많이 사는 지역을 거치면서 40리

---

11. 우체국이 없어 인편으로 편지를 보내야 했다. 때로는 여관에서 부산 방면으로 여행하는 사람이나 상인을 만나 편지를 전해 줄 것을 부탁해야 했다.

를 이동했다. 마을들은 언덕 아래 등성이에 위치하고 있었다. 아직 비가 오지 않고 있다. 밥값이 한 상(조선에서는 상〈table〉이 한 끼 식사를 의미함.)에 30전에서 45전으로 계속 오르고 있다.

4월 22일 토요일 정오, 대구

대구에 방금 도착했는데, 지금은 오후 한 시경이다. 어제 오후에는 안새부리(Ansaipyuri)라는 작은 마을에서 예정보다 일찍 쉬었다. 2~3시간은 더 갔어야 했는데 그러려면 높은 산을 하나 넘어야 했다. 그런데 마부들은 그것을 원하지 않았다. 그곳에서 쉬는 것 외에 우리로서는 다른 방법이 없었다. 우리는 사람들이 책을 구입하기를 원할 때 길을 잠시 멈추었지만, 그런 경우를 제외하고는 잠자리에 들기 전까지 여행을 계속했다. 설교를 자주 할 수는 없었지만, 많은 책자들을 나누어 주었다.

점심 전에 대구에 도착하기 위해 우리는 일찍 길을 나섰다. 우리는 제법 높은 팔조령을 넘어야 했다. 산을 내려오면서 우리는 아주 길고 좁은 골짜기로 들어섰는데, 이 골짜기가 점점 넓어지면서 대구 지역의 분지로 연결되었다. 장작을 실은 우마와 사람들이 많아지는 것을 보면서 우리가 큰 도시로 진입하고 있다는 사실을 알 수 있었다. 연(yung, 일 년에 한 번 열리는 대규모 시장)에 온 상인들로 인해 도시 곳곳이 인산인해를 이루고 있었다. 도시를 둘러보기 위해 나갔다. 공식기록에 따르면 이 도시에는 3,700여 가구가 살고 있다. 하지만 사람들은 그 세 배쯤 되는 약 10,000가구 정도가 된다고 말한다. 만약 그렇다면 인구는 한 50,000명 정도 될 것이다. 내 생각에는 통영보다 크지 않은 것 같은데 어떤 이들은 대구가 더 크다고 한다. 또다른 이들은 통영, 마산, 진주, 대구의 크기가 엇비슷하다고 한다.

4월 25일 화요일 아침, 동명지

대구에서의 대부분의 시간을 사람들과 종교에 대해 이야기하면서 보냈고, 많은 책들이 배포되었다. 전신국에서 일하는 한 남자가 우리를 수차례 찾아왔는데, 우리는 그에게 책 몇 권을 무료로 주었다. 김성규라는 이름의 그는 부산에서 전화를 하겠다고 했다. 우리는 어제 일찍 대구를 출발할 계획이었다. 그런데 마부들이 말 한 필을 교체해야 한다고 해서 결국은 정오가 되서야 더 나은 말들로 길을 나설 수 있었다. 시간을 아끼기 위해 밤까지 길을 갔다. 우리는 대구에서 40리 떨어진 곳까지 왔다.

4월 26일 수요일 밤, 낙동

대구를 떠나 우리는 성주읍내와 인동읍내를 왼편에 두고 지나갔다. 성주는 동래처럼 중요한 요지라고 한다. 밥값은 한 상에 35~60전 정도다. 마부 한 사람이 몸이 안 좋은 관계로 오늘 50리밖에 움직이지 못했다. 길가에서 만난 사람들은 우리 이야기에 별 관심이 없어 보인다. 이들은 먹고사는 문제 외에는 아무런 관심이 없는 것이 분명하다. 서 전도사가 애처로워 보인다.

그는 며칠 전에 조선이 일본과 중국의 속국이 되어 간다며 애통해하면서 오늘날 이 백성의 우둔함과 어리석음이 이러한 결과를 초래했다고 마음 아파했다. "그들은 눈이 있어도 볼 수 없고, 귀가 있어도 듣거나 이해할 수도 없습니다. 이들에게 뭔가를 가르치는 유일한 방법은 이러한 사실을 깨닫도록 주입하는 것입니다." 참으로 안타까운 백성들이다. 이들은 다른 언어는 전혀 모른다. 하나님께서 이들을 구원해 주시기를 소망할 뿐이다.

4월 28일 금요일 오전, 상주

우리는 어제 오전에 낙동을 출발하였다. 상주까지 반쯤 왔을 때, 우리는 김 서방이 한 작은 마을의 길가 근처에서 살고 있다는 것을 알았다.[12]

---

12. 김 서방에 대해서는 알려진 것이 없다. 하지만 그가 부산의 기독교병원의 환자였으며, 아마도 사랑방에서 열리는 예배에도 참석했었던 것이 분명하다.

우리는 아주 가난해 보이는 작은 집에 살고 있는 그를 발견할 수 있었다. 그는 부산을 떠난 후 7일 만에 집에 도착했고, 며칠 전까지 몸져누워 있었다. 집으로 오는 길에 세척기가 부서져서, 그는 상처를 세척할 수 없었다.

그는 우리가 앉을 만한 방을 가진 이웃집으로 우리를 데려갔다. 이런저런 이야기를 나누고 나서 우리에게 그의 친척들을 소개해 주었는데, 그들은 약 12채 정도의 집들로 이루어진 작은 마을에 살고 있었다. 김 서방은 우리에게 식사하고 가라고 간곡히 권했고, 거절하기 어려웠다. 그와 함께 성경을 읽고 토론을 한 뒤에 우리는 그곳을 떠났다. 김 서방은 언덕마루까지 따라와 우리를 배웅했다.

불쌍한 친구! 그는 이제 얼마 살 수 없다. 하지만 그는 성경을 가지고 있으며, 아마도 그의 이웃들보다는 나은지도 모른다. 그의 이웃들은 유교사상에 빠져 있어 성경과 그리스도에 대한 그의 이야기를 듣지 않으려 할 것이라고 김 서방은 분명하게 느끼고 있었다.

우리는 어젯밤 낙동에서 40리 떨어진 상주에 도착했다. 마부 한 사람이 몸이 안 좋아 낙동에 남겨 두었다. 우리와 함께 여행하는 소년의 건강 상태도 점점 안 좋아진다. 부산을 떠나 여기까지 온 상황에서 일행 중 한 사람이라도 건강이 안 좋을 경우 많은 문제가 야기된다. 모든 것이 잘되기를 바랄 뿐이다. 어제는 비교적 괜찮은 하루였다. 우리는 쉴 수 있는 방을 겨우 얻었고, 오늘 오전에는 책을 판매하고 있다.

5월 1일 월요일 저녁, 용궁(Ryonggyoon, 상주와 예천 사이에 위치, 역자주)
상주는 부산에서 480리 떨어져 있다. 상주에서 서울까지도 480리 길인데, 길 형편은 상주-서울 간 길이 더 좋다. 일행 중 두 사람의 건강이 좋지 않아 오늘 아침까지 상주에 머물러 있었다.

사람들이 너무나 많이 몰려들어서 이를 통제할 수 있는 사람을 하나 보내 주도록 이 지방 관리에게 요청해만 했다. 이들은 분명 외국인을 본 적이 없었을 것이다. 서 전도사는 약 2만 명 정도가 온 것 같다고 했다. 가능한 많은 양의 책들이 배포되었다. 관리는 매우 친절하고 적극적이었다. 그는 수차례 찾아왔고, 우리가 요청한 것을 들어주었다. 우리는 그에게 1달러에 670전씩 모두 7달러를 팔았다.

나는 관리의 보호하에 마부를 맡기고 상주를 떠나야만 했다. 그 이상 더 어떻게 할 수가 없었다. 그는 열이 심했고, 움직일 수도 없는 상태였다. 우리의 경제적 형편으로도 상주에 더 머물러 있을 수는 없었다. 게다가 가지고 있는 약도 얼마 남지 않은 상태였다. 소년은 오한이 났으나 좀 괜찮아졌다. 상주에서 마부 한 사람을 충원했는데, 식사를 포함하여 10리에 10전씩 주기로 했다.

5월 2일 화요일 오전

밤새 비가 내렸고 오늘도 하루 종일 비가 올 것 같다. 소년은 밤새 앓았는데 지금은 좀 괜찮아졌다.

5월 4일 목요일 정오, 풍산역

화요일부터 수요일 정오까지 여관에서 공부와 번역을 하면서 보냈다. 비도 멈췄고, 우리는 다시 길을 떠났다. 어제는 상주에서 100리 떨어진 강가의 한 작은 마을에서 숙박했다. 오늘 아침 강을 두 번 건넜다. 상당히 비옥하고 인구가 많은 지역을 가로질러 영천읍내를 왼편으로 두고 지나갔다.

5월 5일 금요일 오전, 안동

상주에서 260리 그리고 부산에서 480리 떨어진 곳이다. 어젯밤에 이곳에 도착했다. 많은 책들을 판매했다. 사람들이 몰려오는 것을 간신히 막을 수 있었다. 안동은 이 지역의 다른 어떤 곳보다도 인구가 많은 곳이라고 한다. 읍내는 그렇게 크지 않았다. 대략 15,000명 정도의 주민이 있다고 한다. 우리는 오늘 아침에 낙동강의 본류를 건너 경주 쪽으로 갈 예정이다.

5월 8일 월요일 정오, 영천

안동을 떠나기 전에 한 천주교 신자가 나에게 찾아와서 엎드렸다. 하지만 내가 신부가 아닌 것을 알자 자세를 바꾸었다. 처음 보는 일이었다. 금요일 밤에는 의성에서 잤다. 토요일에 신녕에 도착했고, 이곳에서 안식일을 보냈다. 이곳은 대구에서 70리, 안동에서 160리, 경주에서 120리 떨어진 곳이다. 상주에 남기고 왔던 마부가 이곳까지 우리를 찾아왔다. 마부와 소년 모두 이제는 잘 걸을 수 있게 되었다. 하나님께서 기도에 응답해 주셨다.

5월 13일 토요일, 경주

5월 9일 화요일에 경주에 도착했다. 그 이후로 이곳에 머물러 있으면서 사람들과 만났으나 성과는 별로 없었다. 아직 책 한 권도 판매하지 못했다. 모두가 우리를 외면했다. 두 남자가 계란을 선물로 가져왔지만 복음을 듣는 것은 원하지 않았다. 경주에는 아직도 왕릉, 천 년이 넘은 석탑, 다양한 고분들과 건축물들, 그리고 서울에 있는 것보다 더 크고 더 오래된 종 등의 많은 유적들이 남아 있다. 대구보다 더 마음에 드는 곳이다.

5월 18일 목요일, 울산

대구에서 170리, 부산에서 140리 떨어진 곳에 와 있다.

경주를 떠나기 직전에 많은 책들을 판매했다. 어제 오전에 경주를 떠나 80리 길을 왔다. 이곳은 아름답고, 사람도 많다. 언덕 위에 자리 잡고 있는 해군기지 좌평영(Ch'wa Pyung Yung)을 통과했다.[13]

---

13. 이 전도여행에 대한 베어드의 일기는 울산에 관한 기록과 함께 끝난다. 울산이 부산에서 140리 떨어져 있는 것을 감안하면, 하루 반나절 정도 걸려 부산에 도착했을 것이다.

(2) 베어드의 조선이름

조선사람들이 미국이름을 발음하기 어려워하는 까닭에 초기 선교사들은 조선이름을 사용했다. 옆의 큰 글자는 베어드가 선택한 이름의 한자표기이고, 작은 글자들은 이 한자들의 조선말 발음을 적은 것이다. 윌리엄 베어드라는 이름에 최대한 가깝게 발음될 수 있도록 베어드는 '배'로 그리고 윌리엄은 '위량'으로, 즉 배위량이라는 조선이름을 택하였다.

대부분의 조선 성들은 그 글자 자체의 의미가 있다. 흔한 성들인 김, 이, 백은 각각 금, 오얏나무, 백색을 의미한다. 배씨 성을 가진 사람들이 많지는 않다. '裵'는 세 개의 부수로 이루어져 있다. 가장 위의 부수는 '모자'를 의미하고, 중간의 부수는 '부정'을 의미하며, 맨 아래의 부수는 '옷'을 의미한다. 즉, 모자를 썼으나 옷을 입고 있지 않다면 그는 벗고 있는 것인데, 영어로 '벗다'라는 뜻은 'bare'이고 수동태형은 'bared'인데, 이를 발음하면 곧 베어드라는 이름과 유사하게 발음이 된다. 하지만 이것이 베어드가 배씨 성을 택한 이유는 아닐 것이다.

사무엘 마펫은 그의 조선이름을 성경에서 가져왔다. 한자성경과 조선말성경에서 사무엘을 '삼열', 즉 셋(three)을 뜻하는 '삼'과 따뜻함(warm)을 뜻하는 '열'로 표기하고 있다. 그리고 성은 중국과 조선에서 모두 사용되는 성인 '마'(horse)를 사용했고, 마펫에 좀더 가깝게 발음되도록 '마'자 뒤에 옷이나 이불을 뜻하는 '포'자를 집어넣었다. 마포삼열이라는 이름은 조선인들에 의해 쉽게 받아들여졌다. 하지만 그의 미국친구들은 이 이름이 '아주 따뜻한 말 담요'(Thrice Warm horse blanket)를 의미한다며 재미있어 했다.

(3) 전도여행에 사용한 조선지도

베어드의 문서들 사이에서 발견된 지도책은 베어드가 초기 전도여행을 할 때 사용했던 것 같다. 이 지도들은 뽕나무 종이에 손으로 손수 그린 것들이다. 1892년경 이전의 전국 지도를 각 도(道)별로 나누어 그린 것인데, 이후로는 몇몇 지역은 남도(南道)와 북도(北道)로 나뉘어졌다.

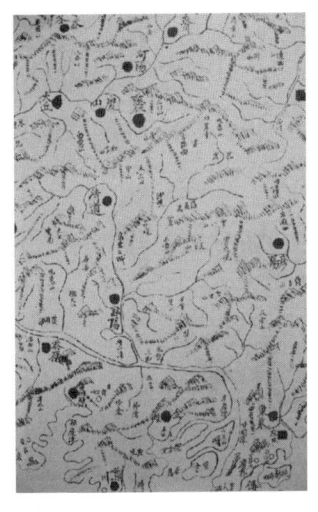

지도책의 뒤쪽에는 대구와 부산 지역의 지도 사본이 있다. 이 사본은 전문가가 그린 것으로 보이지만, 원본과는 달리 흑백으로 되어 있다. 원본에는 산들이 푸른색으로, 지역관청은 붉은색 원으로, 그리고 군사 지역은 붉은색 네모로 표시되어 있다. 지도제작에 있어서 나침판을 제외한 다른 측량도구들을 사용하지 않은 듯하지만 거리와 방향 등이 놀라울 정도로 정확하다. 지도에 부산과 부산진, 마산, 원산, 제물포(인천), 진남포 등이 모두 나타나 있지 않은 것을 보면, 이 지도의 원본은 개항 이전에 제작된 것임을 짐작할 수 있다. 부산은 일본의 무역교역소로서 수백 년간 존재해 왔다. 하지만 아마도 조선인들의 자존심이 이들 왜구들(Dwarf Rascals)의 교역소를 지도에 표시하는 것을 허락하지 않았던 것 같다. 부산과 부산진의 이름이 있어야 할 자리에는 지역관청소재지였던 동래의 이름이 온천과 군사주둔지인 좌수영과 함께 표기되어 있다. 평안도 지도에 압록강 군주둔지, 만포진, 고산진 등이 정확하게 표시되어 있는 것을 보면, 이 지도에 부산진의 표기가 빠진 것은 이상한 일이다.

베어드가 전도여행에 사용한 조선지도

(4) 서울로의 전도여행(1893. 9. 25. - 10. 11.)

아래의 내용은 서울로의 전도여행에 대한 부분이다.

9월 25일 월요일

지난 23일 토요일에 애니(Annie)와 로지(Rosie)가 선편으로 떠났다. 나는 모든 준비를 마치고, 월요일 오전 일찍 떠나려고 했다. 그러나 막 떠나려고 할 때, 내가 20냥을 선불로 주고 산 말이 아니라 그보다 작은 다른 말이 배달된 것을 알았다. 나는 지역관리에게 편지를 썼고, 그는 원래 구입한 말이나 혹은 다른 좋은 말을 보내 주겠다고 약속하였다.

새로운 말이 왔는데, 마을에서 가장 평판이 좋지 않은 마부와 함께 왔다. 먼 길을 떠나지 전, 그는 내 짐들을 자신의 마구간에 넣어 놓고 더 멀리 가는 것을 거부했다. 나는 그가 뒤에 오리라고 생각하고 무거운 발걸음을 재촉했고, 밤이 되서 예전에 하룻밤을 보낸 적이 있는 모란(Moran)에 도착했다. 한 시간가량을 기다렸는데도 말은 보이지 않았다. 걷는 것이 너무 더웠다. 나에게는 얇은 여름 외투가 하나 있을 뿐 이불도 없었다. 그렇다고 부산으로 돌아가기에는 이미 늦었다. 나는 모든 것을 주님께 맡기로 하였다. 그리고 몸종 한 명을 부산으로 보낸 후, 잠자리에 들 준비를 하였다. 여관주인이 나에게 누비이불과 모기장을 제공해 주었는데, 나중에 안 것이지만 그는 매독을 앓고 있었다.

나는 눈을 붙이기 위해 자리에 누웠다.

바로 그때 뒤에 남았던 일행들이 다른 말과 함께 도착했다. 바로 내가 샀던 그 말이었다. 내가 지불한 20냥을 가로채고 예약한 말 대신 다른 말을 보냈던 그 사람 집에 고 서방이 찾아가서 그와 아버지, 그리고 온 가족을 관가로 데리고 가겠다고 겁을 주자 그 말을 내어 준 것이었다. 그리고 이들은 결국 5시가 되서야 부산을 떠날 수 있었다. 일행은 잘 구성된 것 같다. 안 서방, 용규, 정 서방, 서씨 성을 가진 마부. 말 두 마리에 침구와 옷과 음식, 그리고 170냥을 실었다.

9월 26일 화요일

비로 인해 우리는 저녁식사를 하고 나서야 모란을 떠날 수 있었다. 밤이 되서야 우리는 김해에 도착했다. 우리는 이 서방의 여관에서 잠을 잤고, 여관주인과 한 손님에게 201전어치의 많은 책들을 판매할 수 있었다.

9월 28일 목요일

많은 비로 인해 우리는 3시가 넘어서야 출발할 수 있었다. 우리는 5시에 장유(Chayoo, 김해와 창원 사이에 위치, 역자주)를 지나 계속 창원을 향해 밤길을 갔다. 밤길을 가는 동안 수령으로 인한 우리의 낙마를 막기 위해 횃불을 든 사람들이 말과 말 사이를 오가며 길을 인도했는데 참 색다른 경험이었다. 마치 늘어선 집들이 집집마다 횃불을 켜 놓고 여행자를 안내하는 것 같았다. 10시에 우리는 창원에서 쉬었다.

9월 29일 금요일

새벽 5시에 일어나 6시 반에 창원을 떠났다. 많은 책들을 여관에서 판매했다. 마산을 지났다. 좁지만 비옥하고 사람이 많이 사는 지대들을 지나 북서쪽으로 움직였다. 부산에서 190리 떨어진 네거리(Nakuri)에 도착했다. 하루 온종일 여행했고, 해질 무렵이 되서 의령에 도착했다. 부산에서 230리 떨어진 이곳은 3,500명 정도가 사는 성읍이었다. 우리는 아주 비옥한 곡창지대를 지나왔다.

부산을 떠난 후 매일 비가 왔는데, 오늘이 최악이었다. 우리가 지나온 곳들은 마치 곳곳에 깊은 개울이 범람하는 목초지와 같았다. 오후 내내 비와 진흙 범벅이 된 채로 길을 가야만 했다. 낙동강의 서쪽지류로 생각되는 매우 긴 강을 하나 건넜다. 나는 두 번째로 진주를 옆에 두고 지나쳐 가고 있다.

9월 30일 토요일

황산장(Whang San Chang)이란 길가의 여관에서 점심을 먹었다. 마부들이 서울로 가는 지름길을 찾아가려고 하기 때문에 길이 점점 험해지고 있는 것은 아닌가 하는 생각이 든다. 우리가 지난 길들은 내가 이전에 조선 어디에서도 보지 못했던 험한 지형들이었다. 오후 내내 많은 계곡을 지나 북북서 방향으로 길을 왔는데, 갈수록 사람이 적어졌다. 밤이 되어 우리는 집들이 얼마 없고 길도 좁디좁은 한 산악지대로 접어들었다. 계속 이어지는 바위를 넘어야 했고, 흐르는 개울에 몸이 젖었다. 아마도 길이 개울로 변해 버린 것 같다.[14]

10월 1일 일요일

사군(Sagun)에서 안식일을 보냈다. 마을 사람들은 내가 여권을 관리에게 보여 줄 때까지 우리를 받아들이는 것을 모두 거부했다. 그리고 떠날 때는 식대로 많은 돈을 요구했다. 우리는 보통 식대로 20~30전에서 100전, 그리고 말 사료대로 40~50전을 지불해 오고 있다. 우리는 현재까지 급하게 여러 마을들을 지나가면서도 몇 권의 책이라도 판매했었는데, 이곳에서는 이야기를 나누거나 책을 판매할 기회도 제대로 갖지 못했다.

---

14. 베어드는 이때 지리산 자락을 지나가고 있었기에 힘들 수밖에 없었다.

총백리의 전도여행

10월 2일 월요일

구리실(Kurisil)에서 점심식사를 했다. 나는 목이 아프고 기침을 할 때까지 발이 젖은 채로 젖은 길을 걸어왔다. 오후에 경상도와 전라도를 가르는 한 산마루(嶺)를 넘어 운봉에 도착했다. 운봉은 1,500명 정도의 주민이 사는 성벽이 없는 아름다운 읍내였다. 여관주인은 좋은 사람이었고 많은 책들을 판매했다.

10월 3일 화요일

부산에서 470리 떨어졌고, 전주에서 130리 떨어져 있는 남원에 도착했다. 빗속을 지나 오늘 아침 여기에 도착했다. 장에 가는 많은 사람들과 동행했다. 남원은 조선에서 보기 드문 아름다운 성으로 둘러싸여 있었다. 하지만 단지 성벽뿐이었고 집들은 많지 않았다.

10월 4일 수요일

우리는 아무 일 없이 해질 무렵에 전주에 도착했다. 여관에는 말 16마리와 마부 16사람이 있었고, 이로 인해 매우 소란스러웠다. 남장로교 선교사들인 테이트(Tate)와 전킨(Junkin)이 이곳에 있었는데, 며칠 전에 책을 맡기고 집 한 채를 샀다. 기포드(Gifford)의 요리사였고, 지금은 전킨의 어학선생인 정씨를 만났는데, 그는 매입한 집을 관리하고 있었다. 신앙을 가지고 있는 낯익은 사람을 만나니 기뻤다.

10월 5일 목요일

은진읍내 근처에서 우리는 미륵이라고 불리는 거대한 석조 부처상을 보았다. 매우 잘 만들어졌으며, 작은 절에 있었는데 승려들은 보이지 않았다. 단지 할머니 한 분과 정원사 한 사람을 보았을 뿐이다. 불상은 한 60피트 정도 되어 보였다. 불상의 아랫부분도 잘 만들어져 있었지만, 불상의 머리보다는 작았다. 머리부분은 흰 돌을 잘 조각하여 만들었고, 눈은 석판재질로 되어 있었다. 그리고 이마에는 밝게 빛나는 금속조각이 장식되어 있었다. 이 불상의 머리 위에는 커다란 사각형의 석조대와 함께 작은 탑(turret)이 있었다. 조선에서 내가 본 중 가장 멋진 석조물이었다. 하지만 사람들로 하여금 그들의 창조주를 잊은 채 돌에 엎드려 절하게 만드는 사실이 안타까웠다. 불상의 건축술로 미루어 볼 때 오래 전 조선에는 지금보다 더 훌륭한 예술가들이 많이 있었던 것을 알 수 있었다.

이 지역의 사람들이 우리를 피하고 있는 것 같다. 우리는 전주를 떠난 이래 겨우 책 한 권을 판매했을 뿐이다. 이곳은 천주교인이 많다는 이야기를 들었다.

10월 6일 금요일

우리는 한때 동학군들의 집결지였던 계룡산을 지나갔다. 서울에서 온 500명의 병력이 그들을 해산시킬 때까지 수천 명의 농민들이 이곳에 있었다는 이야기가 있지만, 그들이 그 뒤로 어떻게 되었는지는 알려진 바 없다.

부산의 첫 선교사들

10월 7일 토요일

공주에서 점심을 먹고, 길가의 작은 여관에서 밤과 안식일을 보냈다. 하지만 방 안 가득한 빈대와 시끄러운 여인네로 인해 많이 불편했다. 게다가 방은 좁고 너무 더워 도저히 참기 힘들었다. 나는 두통으로 시달렸는데 밤이 되니 좀 괜찮아졌다. 사람들은 방에 벽지를 이미 발랐기 때문에 책을 살 필요가 없다고 말했다. 우리는 방 안이 종교서적으로 도배된 것을 볼 수 있었다. 그중에는 마펫이 지난해에 공주를 방문했을 때 판매한 것으로 보이는 해 지난 달력도 있었다.

10월 9일 월요일

오늘 아침 이른 시각에 시끄러운 여인네와 빈대들을 뒤로한 채 기쁜 마음으로 여관을 나섰다. 저녁부터 아침까지 비가 계속 왔다. 하지만 여관에 있는 것보다는 차라리 비를 맞는 것이 더 마음 편했다. 장마로 인해 길과 논을 구분하기조차 어려웠다. 어제 정오에는 신발이 비에 젖어 말려야만 했다. 나는 신발을 말리려고 불가에 놔두었는데, 얼마 지나지 않아 뭔가 타는 냄새가 났다. 내가 갔을 때는 이미 신발 옆이 불에 탄 상태였다. 다행스러운 것은 서울까지 얼마 남지 않았다는 사실이다.

10월 10일 화요일

밤이 되어 수원에서 15리 그리고 서울에서 85리 떨어진 대황교(Tai Haing Kyo)에 도착했다. 근처에는 여러 왕릉들이 있고, 좋은 소나무들이 주변에 많이 있는 곳이다. 왕의 빈번한 행차로 인해 여기에서 서울까지의 도로 사정은 좋은 편이다.

10월 11일 수요일

새벽 6시에 길을 나섰다. 과천읍내에서 점식을 먹었고, 오후에 서울에 도착했다.

(5) 공주의 미륵불상

공주의 미륵불상

조선에서는 미륵으로 알려진 이 불상[15]은 애벌린 매쿤(Evelyn Becker McCune)에 따르면, 10세기 후반 고려시대의 것으로 추정된다. 베어드가 묘사했던 '작은 탑'(turret)은 아마도 미륵의 특징인 탑형태의 모자라고 생각된다. 베어드가 이 불상을 처음 본 선교사는 아니었다. 언더우드 부부와 마펫 부부가 서울로부터의 전도여행 중 이미 이곳을 방문한 적이 있었다.

---

15. 1958년에 찍은 이 사진을 보면 1893년에 베어드가 묘사한 것과 전혀 다르지 않은 것을 알 수 있다. 그 당시 동학군들이 그들의 불만을 토로하기 위해서 이곳 인근에 집결하였고, 얼마 지나지 않아 청일전쟁이 발발한다. 그 후 조선이 멸망하고, 일제강점기를 지나게 된다. 제2차 세계대전 후 조선은 일제로부터 해방되지만, 곧바로 한국전쟁이 발발하였고, 공산군의 탱크들이 38선과 한강을 넘어 부산을 향해 진격할 때 이 지역을 지나가게 된다. 얼마 떨어지지 않은 곳에서 미군들이 전사하였다. 인간의 욕망과 두려움, 자만과 허세, 몰락과 좌절에도 아랑곳없이, 베어드가 보았을 때처럼 혹은 세워진 후 수천 년 동안 미륵불은 오늘도 이곳 작은 보금자리에 변함없이 서 있다.

베어드(뒷줄 맨 왼쪽)
베어드 부인(앞줄 맨 왼쪽)
상륜(뒷줄 중간 맨 왼쪽)
아담스(뒷줄 중간 맨 오른쪽)
어하(중간 맨 오른쪽)
고윤(중간 맨 오른쪽)
신원미상의 조선선비(앞줄 맨 오른쪽)

(6) 서당(1895년)

이 시기에 모든 조선 아이들은 머리를 길게 땋고 다녔다. 아마도 이 사진의 모든 아이들은 남자 아이들일 것이다. 왜냐하면 이 시기에 남녀가 함께 교육을 받기는 매우 어려웠기 때문이다. 베어드는 종교교육만을 목적으로 이 서당을 설립하고 운영한 것은 아니었다. 종교교육은 조선교회와 신앙공동체의 지도자를 훈련시키는 것이었는데, 이러한 지도자들은 당시 존재하지 않았다. 따라서 이 서당(Chinese school)은 종교교육기관이라기보다는 자선사업기관인 동시에 전도기관이었다.

(7) 의료와 교육사업을 통한 선교

의료와 교육사업은 당시 선교와 불가분의 관계에 놓여 있었으며, 복음이 들어가는 통로로 간주되었다. 1892년 1월의 연례 모임에서 베어드는 그의 선교보고를 통해 의료 선교사의 부산파송을 요구하였다. 아마도 이러한 요구에 의해서 연례 모임 한 달 전에 조선에 도착한 휴 브라운 선교사 부부(두 사람 모두 의사)가 부산에 파송된 것 같다. 하지만 이들의 부산 도착으로 인해 주택사정은 더욱 심각해졌다.

얼마 지나지 않아 브라운이 결핵에 걸리고 말았다. 어쩌면 미국을 떠나기 전에 이미 결핵에 걸려 있었는지도 모른다. 1894년 브라운 부부는 미국으로 돌아갔고, 이들을 대신해서 얼빈(Irvin) 부부가 부산에 왔다. 얼빈은 베어드의 전도여행에 여러 차례 동행한다. 이 여행에서 베어드가 성경과 기독교 책자들을 판매하는 동안 얼빈은 환자들을 진료하고 약을 팔았을 것이다.

1895년 1월 서당이 시작되었다. 다른 여타의 모임들처럼 서당 역시 사랑방에서 시작되었다. 학생들은 모두 조선인들이었으나 서당으로 불린 이유는 이곳에서 중국고전들을 가르쳤기 때문이었다. 베어드 부부가 일본인 거류지 안에 살았기 때문에 이 학생들이 베어드 집 근처에 살았으리라고 보여지지는 않는다. 서당에 오는 학생들은 아마도 조선 일꾼들이나 항구노동자들 혹은 일본인들을 위해 일하던 사람들의 아들들이었던 것이 분명하다.

모든 조선인들은 그들의 아들들이 한자와 한문학을 배우기를 원했는데, 이것이 그들이 아는 유일한 교육방법이었다. 이로 인해 베어드 부부는 서당의 교과과정에 한자교육을 지혜롭게 배치하였고, 조선인 사역자로 하여금 이를 가르치게 하였다. 가능한 한 성경, 산수, 지리 등의 유용한 과목들을 개설하여 가르쳤다. 학생들은 사랑방에서 매일 열리는 예배에 참석하였다. "베어드 부인은 찬송을 가르치는 것으로 그들의 마음을 사로잡았다."고 베어드는 기록하고 있다. 이들 학생들은 주일예배에도 참석하도록 권유받았다. 이들에게 수업료를 받지는 않았지만, 자신이 가진 것 중 일부를 자선목적으로 헌금하도록 격려하였다. 대부분의 시간 동안 베어드는 나가 있었기 때문에 모든 책임은 베어드 부인의 몫이었고, 얼빈 부인과 조선 사역자들이 베어드 부인을 도와주었다. 그 해 5월 아담스(Adams) 부부가 도착하여 일을 나누어 맡았다.

5. 최초의 회심자들, 최초의 성찬식, 최초의 강습회

선교사들은 누구나 가능하면 많은 수의 회심자들을 만들고 싶은 열망을 가지고 있다. 베어드 부부도 예외는 아니었다. 그렇지 않았다면 그들이 선교사가 되지는 않았을 것이다. 하지만 1894년 4월까지 부산에서 성인세례식이 거행된 적이 없었다. 이것은 세례지원자가 없었기 때문이 아니라 세례받기를 원하는 자들 중에서 부정적인 의도를 가지고 있는 사람들을 걸러 내고, 오직 그리스도 안에서 진정한 신앙으로 인한 삶의 변화가 나타난 사람들과 그리스도의 제자로서 살고자 하는 확고한 신념을 가지고 있는 사람들에게만 세례를 베풀고자 했던 베어드의 신념 때문이었다. 진실한 구도자는 정말 드물었다. 반면 호기심이 많고 성급한 사람들은 많았다. 대부분의 조선사람들은 그때그때 상황에 따라 정령신앙, 유교 혹은 불교를 믿었기에 그들의 야망과 욕심과 호기심의 충족을 위해 기독교를 한번 믿어 보는 것은 그다지 어려운 일이 아니었다.

청렴하고 지적인 많은 조선인들은 그들 나라의 부패에 대한 환멸과 불법적인 징세와 하급관리들의 일상적인 억압에 대한 분노를 느끼고 있었다. 이들 중 일부는 이러한 불만을 직접적인 저항으로 표출하였고, 그들은 기독교의 힘을 입어 그들이 타도하려고 했던 타락한 관리들의 앙갚음으로부터 정치적 보호를 받을 수 있으리라고 생각했다. 대부분의 조선 초기 기독교인들은 그리스도 안에서의 참된 신앙과 정치와 사회개혁의 능동적인 참여를 분리하지 않았고, 이것은 당연한 것이었다. 하지만 정치개혁가들 중에는 종교적 신앙도 없이 단지 그들의 정치적 목적을 위해 기독교를 이용하려고 했던 사람들도 있었다.

미국인의 관점에서 볼 때 그렇게 부유하지 않았던 외국인 선교사는 조선인의 관점에서 볼 때는 상대적으로 부유해 보였다. 선교사는 땅과 집을 살 수 있는 돈이 있었고, 서양의 외교적 도움을 받아 정치적 영향력도 행사하였다. 신실한 구도자뿐만 아니라 가난한 자, 탐욕스러운 자, 기회주의자, 정치개혁자, 협잡꾼, 불한당 등은 각자의 원하는 것을 선교사를 통해 얻을 수 있다고 생각했다. 베어드는 이 속에서 그리스도에게 신실한 신앙을 가지고 있는 알곡들을 가려내야만 했다. 베어드는 이로 인한 많은 좌절을 경험했다.

아래의 내용은 베어드의 일기 중 일부를 발췌한 것이다. 비록 중요하지 않은 내용일지 모르지만, 베어드가 그를 찾아오는 사람들의 진의를 알기 위해 얼마나 씨름했는지를 잘 보여 준다.

1894년 1월 3일

내 어학선생인 안 서방이 자신의 집에 다녀오기 위해 떠났고, 나는 혼자 집에 있어야만 했다. 부산으로 돌아오자마자 안 서방이 없는 동안 임시로 서초시를 내 어학선생으로 고용하였다.

나는 일꾼들과 어학선생, 그리고 때에 따라 다른 사람들도 참석하는 아침기도회를 하고 있다. 10~18명의 참석자들과 사랑방에서 주일예배를 드린다. 손 서방은 내 어학교사가 되지 않은 것에 실망하여 예배참석을 그만두었다. 하지만 이따금씩 온다.

12월 초 어느 날 한 젊은이가 찾아와서 종교서적들을 보기를 원했다. 그는 「텬로지귀」(*Chullo Chikwi*)를 읽었고, 자신이 성경과 교리문답도 읽은 적이 있다고 말했다. 그는 공부를 하고 질문을 하면서 하루 종일 머물러 있었다. 밤이 되어 다른 사람들이 떠난 후, 그는 나와 이야기를 했으면 했다. 그는 먼저 세례를 받겠다고 하였다. 나는 그에게 왜 교인이 되려고 하는지 물었다. 그러자 그는 "나는 이 세상에서 몇 년밖에 살 수 없는데, 이 책들을 읽으니 하늘나라에서 행복하게 살 수 있다고 하여 교인이 되려고 한다."고 대답하였다. 나는 그의 진의를 알기 위해 더 많은 대화를 시도했다. 그는 매일 나를 찾아왔다. 그는 신실하게 공부하였고, 대단히 지적인 면을 보여 주었다. 이로 인해 나는 그가 천주교인이나 다른 선교사들에게 이미 뭔가를 배웠던 것은 아닌지 의심하기도 했다. 하지만 결국 나는 이러한 의심이 오해였던 것을 알았다. 그(윤선달)와 한 서방, 필용이라는 이름의 소년이 함께 찾아와 모두 세례받기를 원하였다.

나는 너무 많이 속아서 그들의 동기를 알지 못했다. 내가 윤선달과 이야기를 나눌 때 나는 그가 진실하다고 생각했다. 하지만 다른 이들과 이야기를 나눌 때는 나는 그들이 나를 속이고 있지는 않은지 걱정했다.

1월 18일

지난 두 번의 주일예배에는 약 12명 정도가 참석하였다. 손 서방은 지지난주에는 왔지만 지난주에는 오지 않았다. 그는 기독교인이 될 필요가 있는지 고민하고 있었다. 우리는 그의 결단을 촉구하였다. 그는 노름을 하면서 하나님이 자신을 이기게 해 주시면 하나님께 헌신할 것을 맹세했다고 말했다.

2월 28일

나는 윤선달과 그와 함께 왔던 사람들이 계획적인 사기꾼들이 아닌지 의심이 간다. 이들이 잘 나오지 않기 때문이다.

얼마 전 호주 여 선교사들이 그들에게 세례를 받기 원하는 두 조선 할머니들에 대해 나에게 이야기해 주었다. 나는 그들을 두 번 만났다. 두 사람 모두 신앙고백을 하였고, 한 명은 매우 현명하게 답변을 하였다. 하지만 누가 사람의 마음을 알 수 있을까? 오직 주님께서 그들을 온전히 그에게로 인도해 주시기를 바랄 뿐이다. 우리 집의 유모도 세례받기를 요청하였다.

내 어학선생인 서초시는 부산 출신의 할아버지이다. 그는 순수한 마음을 지닌 사람으로 그리스도에 대한 신앙을 가지고 있다. 그는 기쁜 마음과 그리스도에 대한 넘치는 감사함을 가지고, 그의 아들과 함께 가정예배를 드리며 성경공부를 한다. 하지만 그는 나에게 세례를 요청한 적이 없다. 나는 그가 아직도 제사로부터 자유롭지 않은 것은 아닌지 걱정이 된다. 그는 더 이상 제사를 지내지는 않지만 사당 앞에 제사상은 차린다고 말한다. 그는 많은 양심의 가책을 느끼고 있다.

4월 6일

기쁜 하루였다. 멘지스의 어학선생인 심 서방이 세례받기를 원하여 그에게 세례문답을 하였다. 그는 일찍이 신앙을 가져왔지만 최근에 들어서야 세례를 요청하였다. 나는 그가 기독교인이 될 것을 믿는다. 그와 대화를 나눈 후, 결과가 만족스러우면 세례날짜를 잡을 예정이다.

서초시가 그리스도에 대한 신앙을 고백하고, 세례를 받고자 하였다. 이번에는 그의 진심이기를 소망한다. 그는 매우 가난하지만 부유한 마음을 가지고 있다. 나는 그가 주님께 영원토록 그 자신을 의탁하기를 바란다. 그는 나와 함께 지속적으로 일할 수 있기를 원한다. 이는 그가 세례를 받는 이유이기도 하다. 나는 그가 기독교인이 되려는 데 있어서 좀더 신앙적인 이유를 갖기를 원하며, 궁극적으로 주님의 나라에 들어가기를 원한다. 나는 그가 제사에 대해서 어떻게 생각하고 있고, 어떻게 대처하고 있는지 아직 불확실하다.

요즘 손 서방이 예배에 참석하고 있지 않다. 그의 관심이 그렇게 깊지 않은 것이 걱정된다. 그는 최근에 다른 부인을 얻었으며, 이 사실을 나에게는 숨기고 있다. 그와 솔직하게 이야기해야겠다.

4월 16일

오늘 심 서방과 다시 이야기를 나누었다. 나는 그가 분명히 기독교인인 것을 믿어 의심하지 않는다. 그는 주 예수 그리스도께서 자신의 죄를 사하여 주셨고, 그를 의의 길로 인도해 주신 것에 대해 온전한 신앙을 고백했다. 그는 아직 온전하게 믿지 않는 그의 가족을 걱정하였고, 그들이 그리스도에 대한 믿음의 길로 나아오기를 소망했다. 그는 그 자신과 그의 아버지나 할아버지 모두 불교나 유교나 주술이나 점 등을 믿지 않았었고, 그의 조상들에게 제사만을 지냈었다고 말하였다. 아마도 조선사람 천 명 중에서 단 한 사람도 그렇게 말할 사람은 없을 것이다. 그는 이제 제사를 지내지 않는다고 말하였다.

오늘 아침 서초시가 평소보다 밝은 얼굴로 가족문제가 점점 잘 해결되고 있다고 말했다. 주일저녁에 그는 그의 가족들과 대화를 하였고, 이제 그의 온 가족이 세례받는 것이 그의 소망이라고 말했다. …… 자신의 아내에 대해 이렇게 염려하는 조선사람을 발견하기는 쉽지 않다. …… 그는 이제 어떤 형태로든 제사를 지내지 않기로 했다고 말한다.

5월 3일

지난 4월 22일 주일에 부산에서 처음으로 조선인 세 사람에게 세례를 베푸는 기쁨을 맛보았다. 예전의 어떤 예배보다도 감격스러운 순간이었다. 이들은 심상형(Sim Syang Hyung) 그리고 이도념(Yi To Nyum), 기주(Kwi Chyoo)라는 이름의 할머니들이었다. 이들 모두 호주 여 선교사들과 관련되어 있다. 예배는 부산에 있는 그들의 집에서 드려졌고, 찬양과 기도와 말씀봉독으로 하나님께 그날에 대한 감사를 드렸다. 심씨가 먼저 세례를 받았고, 이어 두 할머니들이 세례를 받았다. 우리는 하나님께 감사드렸고 이로 인하여 용기도 얻게 되었다.

7월 16일

무척 더운 날씨이다. 어제 서초시와 유모 곽수은이 세례를 받았다. 다른 사람들은 준비가 더 필요했다. 고 서방의 아들 명우가 이질로 많이 아프다. 우리 집에서 예배를 드렸다. …… 설교본문은 로마서 12 : 1~2이었고, 두 사람이 세례를 받았다. 그리고 아담슨(Adamson)이 히브리서 12 : 1~2을 본문으로 영어로 설교했고, 성찬식을 거행했다. …… 조선인은 네 명의 남자와 세 명의 여자 모두 일곱이었고, 외국인은 세 명의 남자와 여섯 명의 여자 모두 아홉이 참여하였다. 예배는 매우 엄숙하게 진행되었고, 구경하러 왔던 사람들도 대부분 끝까지 남아 있었다. 대략 50~60명의 조선인들이 참여하였다. 주님께서 작은 불꽃을 일으키시기

를 소망한다.[16)]

강습회는 네비우스 선교방법(Nevius Method)의 중요한 요소들 중의 하나였다. 1893년 12월에 부산 지역 첫 강습회가 개최되었다. 하지만 베어드가 안타까워한 것은 참석자 여섯 명 중 다섯 명이 어학선생들이란 사실이었다. 베어드가 그렇게 원하던 강습회는 1896년 7월이 되서야 열리게 되었다. 베어드는 이에 대해 아래와 같이 기록하고 있다.

"7월에 동래에 있는 아담스의 집에서 우리는 열흘의 기간 동안 여름성경학교를 개최했다. 총 11명이 참석했다. 평균 6~7명 정도가 참여하였는데, 이들은 기독교인들이거나 이미 기독교에 관심이 있었던 사람들이었다. 남자들은 자신들에게 필요한 대부분의 비용을 지불하였다. 매일 열심히 공부하였고, 이 기간 동안 마가복음을 거의 마칠 수 있었다. 우리는 '은총에 대한 교리들'과 '기독교인들의 주요한 의무들에 대한 교리'들에 관해 주제별 성경공부를 진행하였다. 늦은 오후와 저녁 시간에는 노방전도를 하였고, 찾아온 모든 사람들과 종교문제에 대해 자유로운 대화시간을 가졌다. 여름성경학교는 모두에게 유익한 시간이었다. 한 참석자는 후일 이 강습회를 통해 공적인 신앙고백을 결심했다고 말했다."

---

16. 네 명의 조선인 남자는 안 전도사, 고 전도사, 그리고 새롭게 세례받은 심 서방과 고 서방이었다. 세 명의 조선인 여자는 베어드의 유모와 4월 22일에 세례를 받은 두 할머니였다. 외국인들은 베어드(Baird) 부부, 얼빈(Irvin) 부부, 아담슨(Adamson) 부부, 그리고 호주 여 선교사 멘지스(Menzies), 무어(Moore), 페리(Perry)였다.

6. 조선인 동역자들

왼쪽부터 고윤하와 베어드와 서상륜

이 사진은 아마도 1895년 가을에 찍었을 것이다. 그 이유는 두 조선인들이 상복을 입고 있는데, 이는 1895년 명성황후가 살해당한 후의 복상(服喪) 기간이기 때문일 것이다. 베어드는 1896년 1월 첫 선교부지의 매입을 위해 대구에 갔을 때 위의 모습처럼 한복을 입고 있었다.

베어드의 초기 부산선교 동역자들에게 특이한 점은 그들이 모두 북쪽 출신이라는 점이다. 심지어 집안 일꾼들, 심부름을 하던 소년, 세탁부 모두 황해도 출신이었다. 베어드의 일기에는 안 전도사의 출신에 관한 이야기는 없다. 하지만 그가 집을 방문하기 위해 떠나 있던 시간으로 미루어 볼 때 부산 사람이 아니었던 것은 분명하다.

고 전도사는 황해도 해주 출신이다. 황해도에 살고 있는 서 전도사의 가족은 원래 만주변경 출신이었다. 쉬어러(Shearer)는 스왈론(Swallen)을 인용하여 1898년 당시 원산 지역 기독교인의 80퍼센트는 평안도와 황해도 출신이라고 밝히고 있다.[17] 이는 아주 오래전부터 서북 지역 사람들은 새로운 사상에 대해 상대적으로 더 민감하고, 자주

---

17. Roy E. Shearer의 *Wildfire : Church Growth in Korea*(Eerdmans, Grand Rapids, 1966)는 네비우스 선교방법과 조선의 교파주의에 대한 탁월한 저술이다.

적이며, 개방적이었다는 사실과 외국인과의 만남을 꺼려하지 않았다는 사실을 잘 나타내준다.

1) 서상륜

사진에서 베어드의 오른쪽에 앉아 있는 사람이 조선 초대교회의 뛰어난 신앙인 서상륜(Suh Sang Yoon)이다. 베어드의 일기에는 그의 성이 'Saw'로 기록되어 있다. 다른 선교사들은 'Soh' 혹은 'So'로 기록하기도 했다. 현재 서상륜의 후손들은 'Suh'로 기록되기를 원하고 있다. 미국남부사람이 발음으로 'Sir'를 발음하면 비슷하다. 초기 조선기독교 역사에서 서상륜의 가족은 중요한 위치를 점하고 있다. 백낙준과 로즈(Rhodes) 모두는 이들 가족의 역할을 높이 평가하고 있지만, 초기 선교사들이 그들의 입장에서 쓴 대부분의 기록들은 이들에 대해 간단하게 언급하고 있거나 그들의 위치를 평가절하하고 있다.

서상륜과 그의 동생 서경조(마치 영어로 sprung jaw라고 발음하는 것과 비슷한 억양)는 만주변경 의주 출신이었다. 서상륜은 1870년대에 압록강과 사람이 살지 않는 만주 깊숙한 곳까지 넘나들기 시작했다. 여기서 그는 스코틀랜드장로교회의 선교사들인 매킨타이어(McIntyre)와 로스(Ross)를 만났다. 그리고 그들과 함께 신약성서를 조선어로 번역하는 일을 하게 된다. 서상륜은 1876년에 세례를 받고 성서를 배포하는 권서인이 되었다. 서경조도 이러한 사역을 함께했는데, 이들은 조선의 법에 따라 사형에 처해질 수도 있었다.

이러한 사역은 필연적으로 알려질 수밖에 없었고, 두 형제에 대해 사형이 내려졌다. 하지만 관리였던 한 친구가 이것을 미리 알려 주었고, 사형집행인이 도착하기 전에 두 형제는 무사히 피할 수 있었다. 이들은 숨을 수 있는 곳을 찾아 정착하였는데, 그곳은 공권력도 미치지 못했던 황해도의 한 작은 농어촌이었다. 이곳이 바로 서해안의 소래마을(Pine Ceek)이었다.

서씨 형제는 이곳을 '조선 개신교의 요람'(Cradle of Protestant Christianity in Korea, 백낙준, 133쪽)으로 만들었다. 도피와 위험 속에서도 이들은 결코 기독교신앙을 포기하지 않았다. 그들의 집은 예배와 가르침의 장소가 되었다. 1884년 첫 조선의 상주 선교사가 도착하기 전에 이미 신앙공동체가 이곳에서 예배를 드리기 시작한 것이다. 물론 이러한 사실을 선교사들은 모르고 있었다. 소래마을 사람들은 외국인들과 심지어 선교사들이 서울에 거주하도록 허가를 받았다는 사실을 알게 되었고, 서상륜은 서울로 그들을 찾아갔다. 1887년 언더우드가 이곳을 처음 찾았고, 서씨 형제가 준비시켜 온 7명의 남자들에게 세례를 베풀었다. 그리고 마침내 1895년 소래교회가 언더우드에 의해 봉헌되었다. 이 교회는 온전히 조선인들에 의해서 세워진 조선의 첫 교회였으며, 서울 이외의 지역에서 처음으로 조직된 신앙공동체였다. 서경조의 아들 서필립(Phillip Suh, 한국이름 서병호, 역자주)이 처음으로 유아세례를 받았다.

이렇듯 특별한 한 가족의 영향력은 만주변경으로부터 조선반도의 남단에 이르렀다. 전술한 것처럼 이들의 사역은 압록강가로부터 시작되었다. 언더우드 부인의 책 *Fifteen Years Among the Top Knots*(87쪽)에 따르면, 언더우드가 1889년 의주에 33명에게 세례를 주었는데, 이들은 서 전도사에게 신앙교육을 받아오던 사람들이었다. 또한 게일의 책 *Korean Sketches*(72쪽)에 따르면, 1890년에는 서씨 형제 중 한 사람은 게일 부부와 마펫의 서울에서 만주를 거쳐 원산까지의 선교여행에 동행했다. 소래교회를 통해서 서씨 형제의 영향력은 황해도 전체로 확대되어 갔다. 서울에서 서상륜은 마펫과 그리고 서경조는 언더우드와 함께 최선을 다해 사역했다. 서경조는 안수를 받은 후 새문안교회의 목사가 되었다. 1892년에서 1896년까지 서씨 형제는 번갈아 가며 베어드의 부산선교를 도왔다. 서상륜은 베어드가 고성과 통영까지 첫 순회전도여행을 떠났을 때 함께했고, 서경조는 베어드가 대구를 미래의 선교중심지로 택했을 때 그와 함께했다.

2) 고윤하

사진에서 베어드의 왼쪽에 앉아 있는 사람이 고윤하이다. 그도 역시 황해도 출신이었고, 부산 사람들에게는 서 전도사처럼 그도 외지인이었다. 그가 어떻게 기독교인이 되었는지는 잘 알려져 있지 않다. 그의 가족은 황해도 해주 혹은 해주 인근 지역에서 살았다.

그는 이미 수세자였으며, 1893년에 전도사로서 베어드와 함께 사역했다. 베어드에 따르면, 고윤하는 그해 12월 포졸들에게 심하게 폭행을 당했다. 이 일은 포졸 한 사람이 사랑방의 예배에 참석한 것이 계기가 되어 일어났다. 그는 한 방에서 남녀가 함께 예배드리는 것을 보았고, 이것이 조선의 미풍양속에 위배된다고 생각하여 분개하였던 것이다.

고 전도사는 부산의 기독교병원에서 수년 동안 사역하였다. 그의 아들 고명우(1894년 7월 16일자 베어드의 일기 참조)는 세브란스 의대를 졸업한 후, 이 병원에 왔고 후에 수술과장이 되었다.

공산주의자들이 38선을 넘어 서울을 장악했을 때 그의 딸과 함께 납북되었고 그 뒤로는 소식을 알 수 없다. 고명우의 다른 딸 고에벌린(Evelyn Koh, 고황경, 역자주)은 미국 미시간 대학교에서 철학박사학위를 받고, 미국연합장로교회의 도움으로 개교한 서울여자대학의 초대 학장이 되었다.

7. 기독교교육자협회

정신여자고등학교에서 열린 기독교교육자협회 모임에서 점심식사를 하는 참석자들

이 사진은 한국교회의 지도자들이 함께 점심식사를 하는 모습인데, 이들은 소래마을에서 서씨 형제가 가르쳤던 주일학교의 출신들이거나 혹은 숭실학교 출신들이었다. 이 사진의 맨 오른쪽에서 대화를 나누고 있는 사람이 서경조의 아들이 서병호(서필립)이다. 그는 처음으로 유아세례를 받았다. 서병호는 경신고등학교의 첫 졸업생이었으며, 이 사진을 찍을 당시에는 경신고등학교의 교장인 동시에 기독교교육자협회 회장이었다(1959년).

왼쪽에 서서 점심을 대접하고 있는 여성은 정신여자고등학교의 교장인 김필례(Pilley Kim Choi)이다. 탁월한 여성 지도자들 중 하나였던 김필례는 장로교 여전도회의 증경회장이었다. 그녀 바로 앞에 있는 사람은 세브란스 의대 학장인 김명선이다. 김필례, 김명선, 서병호 모두 소래마을에서 서씨 형제들에게 신앙으로 양육된 인물들이었다.

서병호의 맞은편에 얼굴을 돌리고 앉아 있는 사람은 신학교 교수로

장로교 교회사 학자인 김양선이다. 그리고 사진 중앙에 모자와 양복을 벗어 들고 있는 사람은 숭실고등학교 교장인 김취성이고, 바로 그 옆쪽에 안경을 끼고 앉아 얼굴을 오른쪽으로 돌리고 있는 사람은 대구 신명여자고등학교의 교장인 신후식이다. 김명선과 함께 이들은 모두 숭실학교에서 교육을 받았다.

8. 서울여자대학

서울여자대학의 첫 건물 주춧돌이 놓여지던 날

1957년 대한예수교장로회총회는 여성들을 위한 장로회 대학의 설립을 위한 이사회를 구성했다. 리차드 베어드도 이사회의 한 사람으로 일하도록 부름을 받았고, 부지를 매입하고 첫 건물을 세우고, 초대 교장으로 고황경을 선출하는 일에 직접적으로 관여하였다. 그녀는 현재도 이 직분을 잘 감당하고 있다.

고황경의 아버지는 1895년 2월 17일 부산에서 베어드에게 세례를 받았던 바로 그 소년이었다. 그녀의 할아버지인 고윤하와 베어드의 관계는 전술한 바 있고, 1895년에 찍은 서당 사진에서 그를 발견할 수 있다. 그는 또한 에이비슨의 첫 어학선생이었다.

정초식(定礎式) 사진의 오른쪽에 고황경이 흰옷을 입고 서 있는 것이 보인다. 서울여자대학 이사장인 증경총회장 전필순이 뒷모습을 보이며 책상 앞에 서 있다. 그 왼쪽에 종이 감은

서울여자대학의 정초식

부산의 첫 선교사들

것을 뒤로 들고 서서 봉헌기도를 하고 있는 사람이 바로 베어드다. 이 때까지도 베어드와 고황경 모두 양가의 인연에 대해 전혀 모르고 있었고, 베어드의 기록들을 조사하는 과정에서 그 오랜 인연이 비로소 드러났다.

부록

초기 부산경남 지역 교회설립 현황, 1892~1906 (탁지일)

초기 부산경남 지역 교회설립 현황, 1892~1906[1]

탁지일
(부산장신대학교)

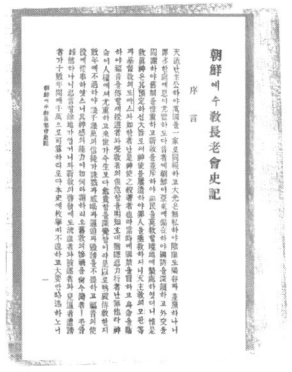

1893년

부산 초량(草梁)교회가 성립하다. 선시에 미국 북장노회 선교사 배위량 부부가 영서현에 래왕하고 그 후에 하대 의사 부부가 역래하야 동시 전도함으로 신자가 점기하고 시년에 선교사 손안로가 초량(현금예배당 기지)에 래왕하야 교회를 설립하니라(그 후에 손안로가 마산에 이주할 시에 영서현(英暑峴)교회와 병합 하얏고 예배당을 영주동에 이전하니라). 시시

---

1. 「조선예수교장로회 사기」에 기록된 1892년으로부터 1906년까지의 '공의회시대' (公議會時代) 기간 동안 부산경남 지역에 설립된 교회들에 관한 기록을 순서에 따라 발췌하여 정리하였다(편집자주).

에 선교사 배위양은 부산으로브터 대구에 이주하야 해처를 동도의 중심지를 삼아 열심히 전도함에 신자가 점진하야 교회기초가 성립되엿난대 서두찬이 처음 세례를 밧앗나니라.

1895년

울산군 병영(兵營)교회가 성립하다. 선시에 리인 이희대가 복음을 득문하고 린인에 전도하야 신도가 점흥 함으로 교회가 성립되니라.

1896년

창원군 월백리(月栢里)교회가 성립하다. 선시에 선교사 라대벽과 조사 이현필이 수행전도함으로 신자 점진하야 교회가 설립되니라.

1897년

시년에 함안군 사촌(舍村)교회가 성립하다. 선시에 읍인 조동규가 영인배설의 발행하난 대한매일신보에 계재한 요한복음 3장 16절의 설명을 열람하고 심중에 이상한 감동이 되야 신약전서를 구람하고 진리를 략해하야 린근회당에 진왕한 측일반교도가 흔연영접함으로 결심신도하니 향리가 훼방하되 소박도 동심치 않고 매 주일 회당에서 기자질과 신자의 게도리를 강론하니 신자가 점진하난지라 자기 소유의 답 이두락을 교회에 기부하야 와제 예배당을 신축하니 당시 선교사 난 손안로오 조사 난 한경연이더라.
시년에 밀양군 춘화리(春化里)교회가 성립하다. 선시에 본리수인이 복음을 득문하고 피차상전하야 신자 점다함에 삼간화당을 신축하고 예배하니라.

1898년

김해읍내(金海邑內)교회가 성립하다. 선시에 본지인 배성두가 부산에서 복음을 득문하고 귀가 전도하야 신자 10여 명이 계흥함으로 교회가 수성하니라.

1899년

함안군 이영리(二靈里)교회가 설립하다. 선시에 선교사 노세영과 의사 어을빈 인도로 김세민이 신도하야 교회가 성립되니라.

1901년

부산진(釜山鎭)교회가 성립하다. 선시에 여선교원 영국인 맨지쓰 양이 당시에 래왕하야 각양의 시험과 핍박을 모하고 전도한 결과 신자가 계기하얏고 선교사 왕길지가 래왕하야 교회를 설립하니라.

구마산(舊馬山)교회가 성립하다. 선시에 백도명의 전도로 김씨 마리아 김씨 인모가 신도하고 열심 전도하야 여자 7인이 회집 예배하니 교회가 성립되얏고 그 후 선교사 노세영이 래하야 학습 7인을 세우고 부산(釜山)교회 제직에 윤회인도 하얏스며 그 후에 동지거 김씨 주은이 영국 선교사 손안로에게셔 문도신주하고 손안로와 해도하야 그자 이승규에게 전도하야 귀주케 하니 동지 수십인이 입교하난지라 손안로가 가옥을 매수하야 예배당으로 사용하니 자차로 마산에 양(兩)교회가 반립하야 종종 분쟁이 유하니라.

부산의 첫 선교사들

김해군 신룡(新龍)교회가 성립하다. 선시에 선교사 심익순의 전도로 신자 진하야 최익준가에 회집 예배하니 교회가 시설되니라.

부산부 영주동(瀛洲洞)교회가 성립하다. 선시에 선교사 노세영의 전도로 강형린, 장여익, 박원일, 김성윤이 신도하야 사가에 예배하다가 교유가 점가하야 초옥을 매수하야 예배당으로 사용하얏고 그 후에 와제 14평 예배당을 개축하니라.

울산군 전읍(錢邑)교회가 성립하다. 선교사 안의와 조사 서성오의 전도로 김재영, 김용주, 이성옥, 김현가, 정단만, 이기행, 최위백 등이 신주하고 합심하야 율림리 안암에 교회당을 건축하얏더니 그 후에 대밀리에 이전하니라.

1903년

김해군 시예(詩禮)교회가 성립하다. 초에 선교사 위철치 전도로 이영옥, 신용옥이 신도하야 교회가 성립되고 선교사 추마전조사님 치수가 시무하다.

1904년

부산진(釜山鎭)교회에서 심취명을 장로로 장립하야 당회를 조직하얏고 기후에난 권기현, 김덕경이 장로로 계속시직하고 목사로난 심취명 감설 김현모가 상속시무하니라.

시년춘에 김해군 일천(日泉)교회가 성립하다. 초에 선교사 사보담 조사 김영찬의 전도로 김수익, 박무일이 신도함으로 교회가 성립되다.

동년추에 거창군 개명리(開明里)교회가 성립하다. 선시에 박순명, 김종한 외 10여 인이 신도하야 교회가 성립되고 선교사 심익순, 조사 김

주관이 시무하니라.

1905년

동래군 기장면 동부(東部)교회가 성립하다. 초에 선교사 왕길지가 조사 정덕생으로 더부러 전도하난 중 유봉수, 정영조 외 수십인이 밋고 공하를 차용하야 예배하다가 후에 예배당을 매수하얏스며 교회는 점점 진흥되야 1,700여 원의 손보로 장려한 예배당을 개축하니라.

동래읍(東萊邑)교회가 성립하다. 선시에 십여 명의 신자가 출함으로 남문내 사가를 차용 예배하더니 후에 조사 정덕생이 시무하난 중 박문길, 옥치욱 등이 귀주하니 교회가 진흥되고 윤상구, 박문길, 옥치욱 등의 열심 손보로 수안동에 예배당을 건출하니라.

선령군 서암(西岩)교회가 성립하다. 초에 김호용이 신종하야 설립되얏고 선교사 손안로 왕길지와 조사 정덕생, 곽경묵, 문덕인 등이 시무하다.

협천군읍내(陜川郡邑內)교회가 성립하다. 선시에 백경삼, 김천업, 유주원, 유판, 백기준 등이 신종하야 일시 교회가 흥성함으로 신자가 80여 인에 달하니라.

김해군 진례면 시례동(詩禮洞)교회가 성립하다. 초에 선교사 심익순의 전도로 김상범, 김길창 형제가 밋고 신풍리(新豊里)교회로 다니엿고 후에 최경광의 사저에서 예배하다가 예배당을 시례동에 건축하니라.

창원군 용원리(龍院里)교회가 성립하다. 선시에 이문서의 전도로 우춘국이 신종하고 김원선, 한성명, 배두동이 신교하얏고 김원선의 사저에서 예배하니라.

창원군 마천(馬川)교회가 성립하다. 초에 3인의 신자가 생기여 이기상가에서 예배함으로 교회가 성립되얏고 수년간 교회는 진흥되야 초가로 삼간 예배당을 건축하니라.

창원군 경화동(慶化洞)교회가 성립하다. 초에 안승순, 이극성, 홍승태 등이 신교함으로 교회가 성립되니라.

부산부 항서(港西)교회가 성립하다. 선시에 선교사 사보담의 전도로 김성우, 김공원, 박인서, 이치선이 신종하야 김공원의 사저에서 예배하니라.

진주읍 옥봉리(玉峯里)교회가 성립하다. 선시에 선교사 거열휴와 조사 박성액 전도하야 본군북문내에 초가삼간을 예배처소에 정하고 회집 예배하니라.

김해군내 삼리(三里)교회가 성립하다. 선시에 선교사 심익순의 전도로 조종환이 신교 후 이십여리되난 김해읍(金海邑)교회에 래왕하며 예배하고 김성화는 유치화의 전도로 밋고 조종환의 사저에서 예배하다가 그 후에 초가삼간을 매수하야 예배당으로 사용하고 30명 교인이 예배하더니 후에 무한리(武漢里)교회와 병합되얏나니라.

통영군 대화정(大和町)교회가 성립하다. 초에 부산부 초량에 주재한 선교사 손안로가 열심 전도한 결과로 권희순이 신교하고 그 사저에서 예배하더니 교인이 점점 증가되야 예방을 신축케 되니라.

1906년

창영군 오호리(五湖里)교회가 성립하다. 선시에 선교사 사보담의 전도로 김문옥이 밋고 자택에서 예배하다가 지시하야 예배당을 건축하고 김수홍이 조사로 시직하니라.

위안군 부봉리(釜峯里)교회가 성립하다. 선시에 선교사 왕길지와 조사 정덕생의 전도로 박희준의 전가가 회개 개주하야 문암리에서 예배함으로 교회가 성립하니라.

위안군 백산리(白山里)교회가 성립하다. 선시에 선교사 왕길지와 정덕생의 전도로 한흥석, 김연범이 신종하야 예배당을 주교리의 건축하고 집회하니라.

협천군 초계(草溪)교회가 성립하다. 선시에 선교사 사보담과 전도인 이윤팔의 전도로 신자 초진하야 예배당을 건축하니라.

동래군 구포(龜浦)교회가 성립하다. 선시에 선교사 심익순의 전도로 김문익이 귀도하야 가옥을 매수하야 예배당을 건축하니라.

거창군 노현리(老玄里)교회가 성립하다. 선시에 선교사 심익순의 전도로 안덕보, 김명칠, 김순일 등이 믿고 안덕보의 사저에서 회집 예배하니 조사 오형선이 시작하니라.

창원군 가음정(加音丁)교회가 성립하다. 선시에 선교사 권재학이 신주 전도함으로 김기원, 권종석, 김문익 등이 상계 귀도하야 권재학 사저에서 예배하다가 삼간초옥을 매수하야 회집하더니 교인이 증가되므로 예배당을 신축하니라.

김해군 시산리(匙山里)교회가 성립하다. 선시에 본리 이성찬의 모가 동군 금곡리 서명철의 전도로 인하야 믿고 일 년간 자택에서 예배하더니 일반 교인이 합심손보하야 가옥을 매수하야 예배당으로 사용하고 선교사 심익순이 시무하니라.

창원군 북동(北洞)교회가 성립하다. 선시에 유내삼이 신풍리교회에셔 전도를 밧고 56인이 사저에 회집 예배함으로 교회가 성립되고 일반 교인의 손보와 박화선의 특별 손보를 합하야 예배당을 건축하난대 부인들까지 부역하야 신속 낙성하니라.

함안군읍(咸安郡邑)교회가 성립하다. 선시에 선교사 왕길지와 전도인 박성태와 조사 정덕생, 김상율의 전도로 조동찬, 조동락, 조동벽이 신종하고 김상율 사택에 회집하다가 초옥을 매수하야 예배하며 전도한 결과 본군 객사 고재를 매수하야 봉성리에 예배당을 건축하랴난 중 조주한은 답 2두락을 예배당 부지로 기부하야 반양제로 건축하매 교인이 백여 명에 달하니라.

창원군 웅천 북부리(北部里)교회가 성립하다. 선시에 선교사 심익순의 전도로 약간 신도가 초진하야 송화여 사저에서 예배하얏고 교회점진하야 서중리에 예배당을 건축하얏다가 후에 북부리에 예배당을 이건하니라.

창원군 갈전리(葛田里)교회가 성립하다. 선시에 임영오의 전도로 김치수가 신종하여 초에 난 김치수가에서 그 후에 난 유목형우군서가에 집회 예배하다가 가옥을 매수하야 예배당으로 사용하니라.

함양군 화산리(花山里)교회가 성립하다. 선시에 선교사 심익순과 조사 김주관의 전도로 도주원 김응기가 신종하야 교회가 설립하얏스나 그 후 우인의 유혹으로 다수인이 안식교에 투입함으로 교회가 점약하게 되니라.

거창군 마상동(馬上洞)교회가 성립하다. 선시에 선교사 심익순의 전도로 양진규가 밋고 신자가 초진하야 교회가 성립하니라.

양산읍(梁産邑)교회가 성립하다. 선시에 영국 선교사 손안로가 전도할 시에 정준모 외 10여 인이 밋고 북부동 시정에셔 예배하얏고 그 후 이영한, 금석호 외 20여 인이 귀주하야 남부한문사숙을 예배당으로 사용하니라.

부산의 첫 선교사들

초판발행	2007년 3월 30일
2쇄발행	2015년 1월 10일
지은이	유영식, 이상규, 존 브라운, 탁지일
펴낸이	채형욱
펴낸곳	한국장로교출판사
주소	110-470 / 서울 종로구 대학로3길 29 한국교회100주년기념관 별관
전화	(02) 741-4381~2 / 팩스 (02) 741-7886
영업국	(031) 944-4340 / 팩스 (02) 944-2623
등록	No.1-84(1951. 8. 3.) / Printed in Korea

ISBN 978-89-398-0086-1
값 15,000원

편 집 장	정현선
본문편집	원지현

※ 이 출판물은 저작권법에 의해 보호를 받는 저작물이므로 무단전재와 무단복사를 할 수 없습니다.